Eurocode 桥梁混凝土结构设计

杨 春　张大伟　编著
贡金鑫　张文君　主审

中国建筑工业出版社

图书在版编目（CIP）数据

Eurocode 桥梁混凝土结构设计/杨春，张大伟编著.
北京：中国建筑工业出版社，2016.6
ISBN 978-7-112-19473-5

Ⅰ.①E… Ⅱ.①杨… ②张… Ⅲ.①桥梁结构-混凝土结构-结构设计 Ⅳ.①U443

中国版本图书馆 CIP 数据核字（2016）第 121663 号

本书是作者在长期深入研究欧洲规范桥梁混凝土结构设计理论方法的基础上，结合欧洲标准化委员会（CEN）最近颁布的与桥梁混凝土结构设计有关的系列欧洲规范（Eurocodes）编写而成。系统地介绍了结构设计基础、桥梁结构上的作用、材料特性、结构分析、构件承载能力设计、正常使用验算、构造细节、地基基础设计、耐久性设计和桥梁抗震设计等内容。由于篇幅有限，本书未对规范的理论背景作过深的介绍，而是侧重对规范的理解和应用。书中还对规范的一些概念性的理论进行了细化，包括构件的抗弯承载力设计、构件变形计算、地基沉降计算和桥梁抗震非线性元件建模等。

本书可供桥梁结构设计人员、规范编制人员，以及高等院校相关专业的教师和学生参考。

责任编辑：朱晓瑜
责任设计：李志立
责任校对：王宇枢　李美娜

Eurocode 桥梁混凝土结构设计
杨　春　张大伟　编著
贡金鑫　张文君　主审

*

中国建筑工业出版社出版、发行（北京西郊百万庄）
各地新华书店、建筑书店经销
北京佳捷真科技发展有限公司制版
北京富生印刷厂印刷

*

开本：787×1092毫米　1/16　印张：21¾　字数：541千字
2016 年 7 月第一版　　2016 年 7 月第一次印刷
定价：**49.00** 元
ISBN 978-7-112-19473-5
（28727）

版权所有　翻印必究
如有印装质量问题，可寄本社退换
（邮政编码 100037）

序

桥梁建筑在人类文明发展史中占有重要的一页，中国桥梁建筑与技术曾经有过辉煌的业绩，我国古代的石桥和铁索桥都长时间占据世界领先地位。由隋朝匠师李春设计建造的赵州桥是当今世界上最古老的石拱桥，距今已传世 1400 余年。如今，中国从桥梁古国成为桥梁大国，并向桥梁强国迈进。据统计，世界上跨径最大的 10 座悬索桥我国占了 5 座，跨径最大的 10 座斜拉桥我国占了 6 座，跨径最大的 10 座拱桥我国占了 5 座。这些无不体现我国桥梁工程师的聪明智慧和敢于探索的勇气。

面对我国桥梁工程已经取得的巨大成就，我们该何去何从？这是我们桥梁工程界在不断思考的问题。作为国内众多设计院中的一员，上海浦东建筑设计研究院深刻认识到唯有创新才是驱动桥梁工程继续发展的动力，整个桥梁工程界才不会故步自封、裹足不前。浦东设计院一直秉持"砺炼品质，熔铸精华"的理念，坚持技术创新，不断吸纳国内外先进的结构设计理论和建造方法。着眼于国家制定的"一带一路"发展战略，我国同其他亚洲国家、欧洲以及非洲国家将开展大范围、深层次的合作交流，国内的设计院有更多机会开拓国际市场，但也面临更大的挑战。为了适应国家发展的需要，浦东设计院于 2015 年制定了"立足国内市场，探索国际市场"的企业规划，组织院内精英团队编写基于 Eurocode 的桥梁混凝土结构设计和桥梁钢结构设计两套专著。经过一年多的辛勤写作，姊妹篇之一的《Eurocode 桥梁混凝土结构设计》终于问世了，这是我国第一本介绍欧洲规范桥梁混凝土结构设计原理的书籍。毋庸置疑，这本书的出版有助于将我国桥梁设计技术提高到一个更高的水平，为推动我国"一带一路"战略以及今后修订桥梁设计规范起到积极的作用。

杨春同志是年轻一代从事桥梁结构设计理论研究的中坚力量，他在攻读研究生期间就开始接触欧洲规范，长期以来对欧洲规范桥梁设计的原理和方法进行了深入的研究。在这次浦东设计院组织的编书工作中，杨春同志勇挑重担，同院内其他桥梁工程师一起利用业余时间翻阅了大量参考资料，将欧洲规范中桥梁混凝土结构设计原理的主要内容浓缩成本书。为了尽可能做到对欧洲规范内容的正确理解，特邀请大连理工大学贡金鑫教授对本书做了细致的审查。

在本书出版之际，谨向全体作者及中国建筑工业出版社有关工作者的辛勤付出和珍贵成果表示热烈祝贺，对贡金鑫教授的热情帮助表示衷心感谢。

上海浦东建筑设计研究院有限公司总经理
2016 年 3 月 31 日

前 言

欧洲规范（Eurocodes）是当今土木工程领域最具影响力和权威性的国际标准。早在1975年，欧洲共同体内部就在酝酿用一部欧洲的指导规范来协调、统一各成员国的规范。1980年正式成立了混凝土结构欧洲规范的起草小组，并于1984年颁布了第一本欧洲规范。1990年欧洲标准化委员会CEN/TC—250成立了9个分委会，分别负责结构荷载作用、混凝土结构、钢结构、组合结构、木结构、砌体结构、岩土、结构抗震和铝合金结构技术标准的制定。欧洲规范首先以试行标准（ENV）的名义公布，在各成员国试行一段时间，经过评议、讨论和修订，于2006年颁布正式的欧洲规范EN 1990~1999。截至2010年，成员国的所有与欧洲规范相抵触的国家标准均被废除。如今，欧洲规范不仅成为欧盟国家的官方标准，也逐渐被许多非欧盟国家采用。

三十多年来，我国的经济高速发展，国家建设日新月异。传统的土木工程行业获得了技术积累和科研创新的良机，在当前国家制定的"一带一路"战略引领下，国内许多知名设计院由以前的技术输入型企业转变成技术输出型企业，纷纷开始涉猎国际市场，熟悉和掌握国际标准成为这些企业的当务之急。另外，我国的建筑行业虽然有自己的规范体系，但还有很多理论方法比较落后，某些规范要求还不完善，设计人员不得不参考国际标准。因此，欧洲规范近年来受到了许多科研工作者和设计人员的关注。然而，欧洲规范与我国规范在编排上的最大差别是没有条文说明，这使得设计者在很多时候感到迷惑和费解。本书第一作者从2008年开始接触欧洲规范，多年来结合自身工作，对桥梁结构设计的相关内容做了深入研究，掌握了欧洲规范的基本理论。为了使这套先进的规范早日被国内的桥梁技术人员理解和应用，本书作者以桥梁混凝土结构设计为主线，将欧洲规范的重点理论整理编撰，并辅以大量算例，形成本书。

编写本书的目的是让读者能够系统地认知欧洲规范，因此本书内容并不局限于混凝土结构五种基本受力状态的设计，而是涵盖了结构设计基础、桥梁结构上的作用、材料特性、结构分析、构件承载能力设计、正常使用验算、构造细节、地基基础设计、耐久性设计和抗震设计等内容。为了方便读者理解，欧洲规范中的一些专业术语被替换成我国的习惯表述，一些变量符号也参照我国规范作了相应的修改。

全书共17章和1个附录，上海浦东建筑设计研究院有限公司杨春编写第1~3、5、6、15、17章和附录，张大伟编写第4、10~12、16章，孔令熙编写第13、14章，上海河图工程股份有限公司梁田甜编写第7~9章。

本书在编写过程中得到了上海浦东建筑设计研究院有限公司张大伟总经理、凌宏伟院长的鼓励和支持。大连理工大学贡金鑫教授和浦东设计院张文君总工对本书进行了认真审阅，提出了许多宝贵建议。浦东设计院张芳途、马晓刚等为本书做了全程的技术咨询和细心的校对。我的导师欧进萍院士充分认可和肯定了本书的编写工作。责任编辑朱晓瑜为本书的顺利出版做了大量工作。在此表示衷心感谢！

限于作者的学识和水平,书中难免存在一些谬误和不完善之处,恳请读者不吝指正,并将意见和建议反馈给作者(Email:yangchun4754@163.com),以供本书今后修订时参考。

杨 春

2016年1月于上海

目 录

第1章 绪论	1
1.1 欧洲规范体系	1
1.2 重要概念术语	4
1.3 主要符号说明	7
第2章 结构设计基础	12
2.1 作用	12
2.2 材料特性	16
2.3 极限状态设计原理	17
2.4 可靠度设计法	20
2.5 荷载与抗力分项系数设计法	23
2.6 设计使用年限与耐久性	37
2.7 可靠性管理	38
第3章 桥梁结构上的作用	42
3.1 自重	42
3.2 交通荷载	44
3.3 雪荷载	58
3.4 风荷载	61
3.5 温度作用	71
3.6 施工期荷载	77
3.7 偶然荷载	80
第4章 材料	86
4.1 混凝土	86
4.2 普通钢筋	97
4.3 预应力钢筋	100
第5章 结构分析	104
5.1 几何建模	104
5.2 线弹性分析	108
5.3 有限重分布的线弹性分析	108
5.4 塑性分析	109
5.5 非线性分析	116
5.6 二阶效应分析	119
5.7 预应力效应分析	126

第6章　构件抗弯和抗压承载力 ······ 135
6.1　基本假定 ······ 135
6.2　混凝土受压区等效应力图 ······ 136
6.3　相对界限受压区高度 ······ 136
6.4　钢筋混凝土构件抗弯承载力 ······ 137
6.5　预应力混凝土构件抗弯承载力 ······ 144
6.6　钢筋混凝土构件轴心抗压承载力 ······ 147
6.7　钢筋混凝土偏心受压构件的正截面承载力 ······ 147
6.8　钢筋混凝土双向偏心受压构件的正截面承载力 ······ 153

第7章　构件抗剪承载力 ······ 154
7.1　计算截面 ······ 154
7.2　无腹筋构件抗剪承载力 ······ 154
7.3　有腹筋构件抗剪承载力 ······ 158
7.4　T形截面腹板与翼缘交界面的剪切 ······ 162
7.5　构件施工缝的剪切 ······ 164

第8章　构件抗扭承载力 ······ 167
8.1　构件扭转类型 ······ 167
8.2　闭口薄壁截面抗扭承载力计算 ······ 168
8.3　开口截面抗扭承载力计算 ······ 171
8.4　翘曲扭转 ······ 173

第9章　构件抗冲切承载力 ······ 174
9.1　荷载分布和基本控制周长 ······ 174
9.2　冲切应力计算 ······ 176
9.3　无抗冲切钢筋板的抗冲切强度 ······ 178
9.4　有抗冲切钢筋板的抗冲切强度 ······ 180
9.5　桩基承台抗冲切验算截面 ······ 181

第10章　构件局部抗压与压杆—拉杆模型承载力 ······ 185
10.1　局部抗压承载力 ······ 185
10.2　压杆—拉杆模型的验算强度 ······ 187
10.3　按压杆—拉杆模型的设计方法 ······ 190

第11章　构件疲劳 ······ 195
11.1　疲劳应力幅 ······ 195
11.2　钢筋疲劳强度验算 ······ 198
11.3　混凝土疲劳强度验算 ······ 202

第12章　构件应力、裂缝与变形 ······ 205
12.1　应力控制 ······ 205
12.2　裂缝控制 ······ 207
12.3　温度与收缩裂缝控制 ······ 216

12.4	变形计算	216
第13章	钢筋和预应力筋的构造要求	227
13.1	钢筋间距	227
13.2	钢筋弯钩直径	227
13.3	纵向钢筋锚固	228
13.4	箍筋锚固	232
13.5	用焊接钢筋锚固	232
13.6	钢筋搭接	233
13.7	粗钢筋的附加规定	236
13.8	钢筋束	237
13.9	预应力筋	238
第14章	构件构造要求及特殊规定	242
14.1	钢筋混凝土梁	242
14.2	实心板	245
14.3	柱	246
14.4	深梁	247
14.5	基础	247
14.6	预应力混凝土梁	248
第15章	地基和基础设计	250
15.1	土工设计基础	250
15.2	浅基础	261
15.3	桩基础	273
第16章	耐久性设计	282
16.1	环境暴露等级	282
16.2	混凝土材料要求	284
16.3	混凝土保护层厚度	285
第17章	桥梁抗震设计	291
17.1	抗震性能要求与抗震结构体系	291
17.2	场地类别与地震作用	292
17.3	抗震概念设计	298
17.4	计算模型与分析方法	303
17.5	结构验算	316
17.6	构造设计	321
17.7	桥梁隔震设计	324
17.8	算例	330
附录A	欧洲地面雪荷载标准值	336
参考文献		337

第1章 绪 论

欧洲规范（Eurocodes）是具有当代技术水平、系统性较强的一系列关于建筑设计、土木工程和建筑产品的欧洲标准。它们凝聚了欧洲各国的经验和研究成果，以及欧洲标准技术委员会 CEN/TC—250 和国际科技与科学组织的专家意见，对当今国际建筑业产生了重大影响。一些非欧盟国家参照欧洲规范，修改或制定了本国规范，另有一些国家正打算直接采用欧洲规范作为本国标准，许多国际性的工程公司也推荐采用欧洲规范。

可见，研究欧洲规范的最新体系不仅对我国土木工程行业的发展有重要的学习借鉴作用，而且对实践"一带一路"发展战略、提升我国建筑企业的国际竞争力都有现实意义。

1.1 欧洲规范体系

1.1.1 欧洲规范的组成

1975 年，为协调欧洲各国土木建筑方面的技术条件，并消除统一市场内部贸易的技术壁垒，欧洲经济共同体委员会决定在建筑、土木工程领域编制一套适用于欧洲工程结构的设计规范，即欧洲规范（Eurocodes，简记为 EC）。1980 年，开始在国际范围征询建筑法规的实施意见。1984 年，颁布了第一部欧洲规范。1989 年，欧共体颁布了《关于统一成员国建设产品的法律、法规和管理条例的指令》（89/106/EEC），并决定由欧洲标准化委员会（CEN）下属的技术委员会 CEN/TC—250 来编制和出版欧洲规范。

在欧洲标准技术委员会 CEN/TC—250 的组织和协调下，根据欧洲规范的规划又成立了 9 个分技术委员会。1990 年，开始编制欧洲试行规范（ENVs），并自 1992 年起陆续出版 9 卷 57 分册的欧洲试行规范。并且明确指出，试行规范只供试用并提交委员会讨论，自开始试行之日起，两年后还将邀请欧洲标准化委员会成员提交正式的评论以决定未来要进行的进一步工作。在经过一段时间的使用后，1998 年，逐步将试行规范（ENVs）转化为欧洲规范（ENs，若为标准草案则编号为 prEN）。2006 年欧洲规范最终形成 10 卷 58 分册，并于 2010 年替代所有成员国的国家标准。

欧洲规范是一相互配套使用的土木工程结构设计规范，这套规范具体由下面的规范组成（每一规范又包括几个部分）：

EN 1990　　Eurocode 0：《结构设计基础》；
EN 1991　　Eurocode 1：《结构上的作用》；
EN 1992　　Eurocode 2：《混凝土结构设计》；
EN 1993　　Eurocode 3：《钢结构设计》；
EN 1994　　Eurocode 4：《钢—混凝土组合结构设计》；

EN 1995　　　Eurocode 5：《木结构设计》；
EN 1996　　　Eurocode 6：《砌体结构设计》；
EN 1997　　　Eurocode 7：《土工设计》；
EN 1998　　　Eurocode 8：《结构抗震设计》；
EN 1999　　　Eurocode 9：《铝合金结构设计》。

欧洲规范具有如下特点：

(1) 欧洲规范体系中，EN1990 为 EN1991～EN1999 的指导性文件，就建筑物的安全性、适用性、健壮性、耐久性及防火要求为所有欧洲规范确立了设计的一般准则。EN1990 执行极限状态设计结合分项系数法的设计理念，给出了作用及其组合，建立了材料和结构的模型，并提出了可靠性公式中的数值，体现了创新性和灵活性。EN1991～EN1999 必须与 EN1990 一同使用，一些特殊的结构（如核电站、大坝等）则在 EN1991～EN1999 的附加规定中加以考虑。图 1-1 给出了欧洲规范的结构体系和相互关系。

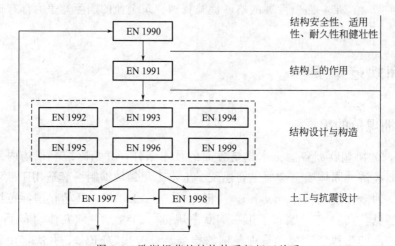

图 1-1　欧洲规范的结构体系与相互关系

(2) 欧洲规范条文分为"基本原则"和"应用规则"两类，前者在条文序号后加标识"P"，后者则无标识符。基本原则是指无选择、通用的定义和陈述，以及不允许选择的分析模式和技术要求。应用规则是指满足基本原则要求、普遍认可的规则，允许各成员国在欧洲规范给出的应用规则和与它不同的其他规则间来加以选择，但后者必须满足基本原则，即至少与欧盟指令 89/106/EEC 基本要求的相关规定及其解释性文件等效。

(3) 考虑到各成员国规范管理机构的责任，国与国之间安全水平的不同，保留各成员国根据他们的具体情况确定与安全有关的参数值的权利。国家附录为那些欧洲规范中留做待定、供成员国选择的参数和有关信息，这些参数称为用来进行建筑和土木工程设计的国家参数，包括：①欧洲规范给出的可供选择的值或等级；②在欧洲规范中只给出了符号的值；③国家的专用数据（地理、气候等），如雪压分布图；④欧洲规范给出的可供选择的方法，包括应用信息性附录和为帮助用户使用欧洲规范、无抵触的补充参考资料。

(4) 欧洲规范的附录包括"标准性的"和"信息性的"。"标准性的"具有与正文同等的效力，而"信息性的"只是为国家或规范使用者提供有关的背景和资料，国家有权不承认信息性附录在本国得到认同。在这种情况下，相关的国家附录❶中必须明确不采纳信息性附录。如果被抵制的信息性附录内容出现在适当的国家文件中，那么在国家附录中的"非抵触补充信息"项下允许以此文件作参考。

1.1.2 桥梁混凝土结构设计相关规范

桥梁混凝土结构设计需用到 5 套欧洲规范，共 14 分册。各分册的中文名称和主要使用内容见表 1-1。

桥梁混凝土结构设计相关规范　　　　　　　　　表 1-1

规范名称	分册编号	中文名称/主要使用内容
Eurocode 0	EN 1990：2002	名称：结构设计基础； 内容：结构设计基础，包括结构安全性、耐久性和可靠性管理
Eurocode 1	EN 1991-1-1：2002	名称：一般作用——建筑的材料重度、自重及施加的荷载； 内容：材料重度
	EN 1991-1-3：2003	名称：一般作用——雪荷载； 内容：雪荷载
	EN 1991-1-4：2005	名称：一般作用——风荷载； 内容：风荷载
	EN 1991-1-5：2003	名称：一般作用——温度作用； 内容：温度作用
	EN 1991-1-6：2005	名称：一般作用——施工期荷载； 内容：桥梁施工期荷载
	EN 1991-1-7：2006	名称：一般作用——偶然荷载； 内容：偶然荷载，包括车辆撞击和船舶撞击
	EN 1991-2：2003	名称：桥梁交通荷载； 内容：交通荷载，包括公路桥梁、人行桥梁的交通荷载
Eurocode 2	EN 1992-1-1：2004	名称：混凝土结构设计的一般规定及建筑的准则； 内容：混凝土结构设计一般原理和混凝土耐久性
	EN 1992-2：2005	名称：桥梁混凝土结构设计与细部规定； 内容：桥梁混凝土结构设计原则和细部规定，配合 EN 1992-1-1：2004 使用
Eurocode 7	EN 1997-1：2004	名称：土工设计的一般规定； 内容：土工设计一般原理，包括地基和基础设计
Eurocode 8	EN 1998-1：2004	名称：结构抗震设计的一般规定及建筑的地震作用与准则； 内容：抗震设计一般原则及场地类别、地震作用
	EN 1998-2：2005	名称：桥梁结构抗震设计； 内容：桥梁抗震设计原理，包括延性、有限延性性能设计和桥梁隔震设计
	EN 1998-5：2004	名称：结构抗震设计的基础、挡土结构及其土工问题； 内容：桩土相互作用的等效刚度

注：本书后文讲到的欧洲规范均用其编号表示。

---

❶ 国家附录为某成员国将欧洲规范转化成本国的国家标准时，附加在欧洲规范全文之后的附录，内容主要为该成员国根据本国结构安全度而设定的国家参数值。

1.2 重要概念术语

1. 结构体系　structural system
建筑或土木工程结构中的所有受力构件及其工作的方式。

2. 结构模型　structural model
用于计算分析、设计和验算等的理想化结构体系。

3. 极限状态　limit states
结构或构件超过某一特定状态就不能满足某一预定功能要求，此特定状态为该功能的极限状态。

4. 承载能力极限状态　ultimate limit states
对应于结构倒塌或其他类似结构失效形式的极限状态。

5. 正常使用极限状态　serviceability limit states
结构或构件不再满足某一设计使用功能时对应的特定状态。

6. 可逆正常使用极限状态　reversible serviceability limit states
当导致结构或构件使用功能丧失的外部作用移除后，已失去的使用功能可以恢复，与之相应的正常使用极限状态。

7. 不可逆正常使用极限状态　irreversible serviceability limit states
当导致结构或构件使用功能丧失的外部作用移除后，已失去的使用功能不能恢复，与之相应的正常使用极限状态。

8. 设计准则　design criterion
用于描述满足极限状态条件的量化公式。

9. 使用准则　serviceability criterion
用于正常使用极限状态的设计准则。

10. 设计使用年限　design working life
结构或构件不需进行大修即可按其预定功能使用的年限。

11. 设计状况　design situations
代表一定时段内所有实际情况的一组设计条件，设计时必须做到结构在该时段内不超越有关的极限状态。

12. 持久设计状况　persistent design situation
设计持续期与结构设计使用年限同一数量级的设计状况。

13. 短暂设计状况　transient design situation
设计持续期远小于结构设计使用年限，且出现概率较大的设计状况。

14. 偶然设计状况　accidental design situation
设计持续期很短，且出现概率很小的设计状况。

15. 地震设计状况　seismic design situation
结构遭受地震作用时的设计状况。

16. 荷载工况　load case
为特定的验算目的，一组同时考虑的由永久作用、可变作用组成的某种相容荷载布置以及变形和几何偏差。

17. 抗力　resistance
在不出现力学破坏的情况下，结构、构件或构件截面承受作用效应的能力。

18. 可靠性　reliability
结构在设计使用年限内，在规定条件（安全、适用、耐久）下，完成预定功能的能力。

19. 可靠度　degree of reliability
结构在设计使用年限内，在规定条件（安全、适用、耐久）下，完成预定功能的概率。

20. 基本变量　basic variable
用于表征荷载作用、环境影响、材料特性和几何参数等物理量的一组指定变量。

21. 设计基准期　design reference period
用于评估可变作用的统计特征和偶然作用出现的可能性而选用的时间参数。

22. 作用　action
施加在结构上的力（直接作用）和引起结构变形或振动的原因（间接作用）。

23. 作用效应　effect of action
由作用引起的结构或构件的反应。

24. 永久作用　permanent action
在所考虑的基准期内始终存在且量值变化可忽略不计，或其变化是单调的并趋于某个限值的作用。

25. 可变作用　variable action
在设计基准期内量值变化既不能忽略也不呈单调变化的作用。

26. 偶然作用　accidental action
在结构设计使用年限内不一定出现，而一旦出现其量值很大，且持续期很短的作用。

27. 地震作用　earthquake action
地面运动对结构产生的作用。

28. 土工作用　geotechnical action
由岩土、填土或地下水传递到结构的作用。

29. 静力作用　static action
使结构或构件产生的加速度可以忽略不计的作用。

30. 动力作用　dynamic action
使结构或构件产生显著加速度的作用。

31. 准静力作用　quasi-static action
动力作用按某种等效原则转化而成的静力作用。

32. 作用的标准值　characteristic value of an action
作用的主要代表值，一般取设计基准期内作用的统计概率分布的某一分位值。

33. 可变作用的组合值　combination value of a variable action
使组合后的作用效应在设计基准期内的超越概率，与该作用单独出现时其标准值作用效应的超越概率趋于一致的作用值。

34. 可变作用的频遇值　frequent value of a variable action
在设计基准期内，超越的总时间与设计基准期之比为一较小的规定比例，或超越频率为一较小的规定频率的作用值。

35. 可变作用的准永久值　quasi-permanent value of a variable action
在设计基准期内，超越的总时间占设计基准期的比例较大的作用值。

36. 可变作用的伴随值　accompanying value of a variable action
在作用组合中，伴随主导作用的可变作用值。可变作用的伴随值可以是组合值、频遇值或准永久值。

37. 作用的代表值　representative value of an action
极限状态设计所采用的作用值。代表值可以是作用的标准值或伴随值。

38. 作用的设计值　design value of an action
作用的代表值与作用分项系数相乘所得的作用值。

39. 作用组合　combination of actions
在不同作用的同时影响下，为验证结构在某一极限状态下的可靠度而采用的一组作用设计值。

40. 名义值　nominal value
用非统计方法确定的值。

41. 材料特性的标准值　characteristic value of a material
材料特性统计概率分布的某一分位值或材料特性的名义值。

42. 材料特性的设计值　design value of a material
材料特性的标准值除以材料特性分项系数所得的值。

43. 材料特性的名义值　nominal value of a material
根据某些适当的标准法规（如 European Standard 或 European Prestandard）建立而作为标准值的材料特性值。

44. 几何特征的标准值　characteristic value of a geometrical property
设计规定的几何特征名义值或几何特征统计概率分布的某一分位值。

45. 几何特征的设计值　design value of a geometrical property
一般取标准值，或者几何特征统计概率分布的某一分位值。

46. 一阶线弹性分析　first order linear-elastic analysis
基于线性应力-应变关系或弯矩-曲率关系，对结构的初始几何形体采用的弹性理论分析方法。

47. 有重分布的一阶线弹性分析　first order linear-elastic analysis with redistribution
结构设计中对内力进行调整的一阶线弹性分析，与结构的外部作用协调，不做明确的转动能力计算的结构分析。

48. 二阶线弹性分析　second order linear-elastic analysis
基于线性应力-应变关系，对已变形的结构几何形体采用的弹性理论分析方法。

49. 一阶非线性分析　first order non-linear analysis
采用材料的非线性变形关系，对结构的初始几何形体进行的结构分析。

50. 二阶非线性分析　second order non-linear analysis
采用材料的非线性变形关系，对已变形的结构几何形体进行的结构分析。

51. 一阶理想弹塑性分析　first order elastic-perfectly plastic analysis
基于线弹性阶段和随后的无硬化阶段构成的弯矩-曲率关系，对结构的初始几何形体进行的结构分析。

52. 二阶理想弹塑性分析　second order elastic-perfectly plastic analysis

基于线弹性阶段和随后的无硬化阶段构成的弯矩-曲率关系，对已变形的结构几何形体进行的结构分析。

53. 弹塑性分析　elasto-plastic analysis

基于线弹性阶段和随后的硬化阶段构成的应力-应变关系或弯矩-曲率关系的结构分析。

54. 刚塑性分析　rigid plastic analysis

假定弯矩-曲率关系为无弹性变形和无硬化阶段，对结构的初始几何形体采用极限分析理论直接确定其极限承载力的结构分析。

55. 地面雪荷载标准值　characteristic value of snow load on the ground

年超越概率为 0.02 的地面雪荷载。

56. 罕遇地面雪荷载　exceptional snow load on the ground

罕遇降雪形成的地面雪荷载。

57. 原始基本风速　fundamental basic wind velocity

空旷平坦地面 10m 高度处，不计风向，年超越概率为 0.02 的 10min 平均风速的年最大值。

58. 基本风速　basic wind velocity

经风向因子和季节性因子修正后的原始基本风速。

59. 平均风速　mean wind velocity

经地面粗糙度因子和地形因子修正后的基本风速。

60. 气温　shade air temperature

在标准百叶箱内测量所得按小时定时记录的温度。

61. 最高气温　maximum shade air temperature

年超越概率为 0.02 的年最高气温值。

62. 最低气温　minimum shade air temperature

年超越概率为 0.02 的年最低气温值。

63. 性能因子　behavior factor

结构抗震设计时，为了简化地获取由结构材料、结构体系和设计方法引起的结构非线性响应，对线性理论分析结果的折减因子。

64. 能力设计方法　capacity design method

通过选择部分构件进行合理设计、合理构造，使其可以消耗大量的变形能量，而其余构件提供足够的强度以确保耗能构件持续耗能的一种抗震设计方法。

1.3　主要符号说明

1.3.1　与作用和作用效应有关的符号

a_g——设计地面加速度；

d_{set}——基础不均匀沉降量；

Δd_{set}——基础不均匀沉降的不确定性附加量；

d_u——极限位移；

d_y——屈服位移；

F——作用；

F_{Ad}——偶然作用设计值；

F_d——作用设计值；

F_{Ed}——地震作用设计值；

F_{Ek}——地震作用标准值；

F_{fr}——风荷载摩擦力；

F_k——作用标准值；

F_{rep}——作用代表值；

F_W——风荷载；

F_{Wk}——风荷载标准值；

F_W^*——车辆荷载同时参与组合情况下的主梁横向风荷载组合值的上限值；

G——永久作用；

G_d——永久作用设计值；

$G_{d,inf}$——永久作用下限设计值；

$G_{d,sup}$——永久作用上限设计值；

$G_{d,dst}$——抗浮验算的非稳定永久作用设计值；

$G_{d,stb}$——抗浮验算的稳定永久作用设计值；

G_k——永久作用标准值；

G_{set}——不均匀沉降导致的永久作用；

M_0——超强弯矩；

M_d——弯矩设计值；

M_{cr}——混凝土构件的开裂弯矩；

N_d——构件轴力设计值（拉力或压力）；

P——预应力作用代表值；

P_d——预应力作用设计值；

P_k——预应力作用标准值；

P_m——预应力作用平均值；

Q——可变作用；

Q_d——可变作用设计值；

Q_k——可变作用标准值；

$Q_{d,dst}$——抗浮验算的非稳定可变作用设计值；

Q_{fat}——车辆疲劳荷载；

Q_{ak}——公路桥梁荷载模型LM2的轴载标准值；

Q_{ik}——公路桥梁名义车道上荷载模型LM1的轴载标准值；

Q_{lk}——公路桥梁纵向水平力（制动力和加速度力）标准值；

Q_{tk}——公路桥梁横向水平力或离心力标准值；

Q_{trk}——公路桥梁横向制动力标准值；

q_{ik}——公路桥梁名义车道上荷载模型 LM1 的均布力标准值；

q_{rk}——公路桥梁保留区域上荷载模型 LM1 的均布力标准值；

S——作用效应；

S_d——作用效应设计值；

S_k——作用效应标准值；

$S_{d,dst}$——非稳定作用的效应设计值；

$S_{d,stb}$——稳定作用的效应设计值；

$S_d(T)$——设计加速度反应谱值；

s——屋面雪压；

s_{Ad}——罕遇地面雪压设计值；

s_k——地面雪压标准值；

T——温度作用；构件扭矩；结构振动基本周期；

T_d——构件扭矩设计值；

T_k——温度作用标准值；

T_{max}——最高气温；

T_{min}——最低气温；

V——构件剪力；

V_d——构件剪力设计值；

V_{Ed}——地震作用剪力设计值；

v_g——设计地面速度；

v_s——岩土剪切波速；

ε_c——混凝土压应变；

ε_{c1}——混凝土峰值应力对应的压应变；

ε_{cu}——混凝土极限压应变；

ε_u——最大荷载对应的普通钢筋或预应力筋应变；

ε_{uk}——最大荷载对应的普通钢筋或预应力筋应变标准值；

σ_c——混凝土压应力；

σ_{cu}——混凝土极限压应变 ε_{uk} 对应的压应力；

τ——剪应力。

1.3.2 与材料特性和承载能力有关的符号

C_d——材料特性名义值，或设计材料特性的函数值；

E——材料弹性模量；

E_c——无应力状态下混凝土材料的切线弹性模量；

$E_{cm,eff}$——混凝土材料的有效弹性模量；

E_{cd}——混凝土材料弹性模量设计值；

E_{cm}——混凝土材料的弹性模量；

E_p——预应力筋弹性模量；

E_s——普通钢筋弹性模量;
f_c——混凝土抗压强度;
f_{cd}——混凝土抗压强度设计值;
f_{ck}——混凝土圆柱体 28d 抗压强度标准值;
f_{cm}——混凝土抗压强度平均值;
f_{ctk}——混凝土轴心抗拉强度标准值;
f_{ctm}——混凝土轴心抗拉强度平均值;
f_p——预应力筋抗拉强度;
f_{pk}——预应力筋抗拉强度标准值;
$f_{p0.1}$——预应力筋 0.1% 残余应变对应的应力;
$f_{p0.1k}$——预应力筋 0.1% 残余应变对应的应力标准值;
$f_{0.2k}$——普通钢筋 0.2% 残余应变对应的应力标准值;
f_t——混凝土抗拉强度;
f_{tk}——混凝土抗拉强度标准值;
f_y——普通钢筋屈服强度;
f_{yd}——纵向钢筋屈服强度设计值;
f_{yk}——纵向钢筋屈服强度标准值;
f_{ywd}——横向钢筋屈服强度设计值;
R——承载能力;
R_d——承载能力设计值;
R_k——承载能力标准值;
$R_{b,cal}$——根据现场试验数据计算得到的单桩端阻力;
$R_{b,d}$——单桩端阻力设计值;
$R_{b,k}$——单桩端阻力标准值;
R_c——单桩受压承载力;
$R_{c,d}$——单桩受压承载力设计值;
$R_{c,k}$——单桩受压承载力标准值;
$R_{s,cal}$——根据现场试验数据计算得到的单桩侧摩阻力;
$R_{s,d}$——单桩侧摩阻力设计值;
$R_{s,k}$——单桩侧摩阻力标准值;
$R_{t,d}$——单桩或群桩抗拉承载力设计值;
$R_{t,k}$——单桩或群桩抗拉承载力标准值;
$R_{tr,d}$——单桩水平承载力设计值;
M_{Rd}——抗弯承载力设计值。

1.3.3 与几何特征有关的符号

A——荷载作用面积;
A_c——混凝土构件横截面面积;
A_{fr}——风荷载扫掠面积;

A_p——预应力筋横截面面积；

A_s——普通钢筋横截面面积；

$A_{s,\min}$——普通钢筋最小配筋面积；

A_{sw}——横向钢筋截面面积；

b——构件截面宽度；

b_w——T梁腹板宽度；

$c_{\min}$——混凝土最小保护层厚度；

e——偏心距；

h——构件截面高度。

1.3.4 计算系数及其他符号

C_e——暴露系数；

C_t——热工系数；

g——重力加速度；

Re——雷诺数；

T_{eff}——隔震结构等效自振周期；

α_T——线性膨胀系数；

β——动力放大系数；

γ_0——超强因子；

γ_F——同时考虑模型不确定性和几何尺寸变异影响的作用分项系数；

γ_G——同时考虑模型不确定性和几何尺寸变异影响的永久作用分项系数；

γ_{Gset}——基础不均匀沉降永久作用分项系数；

γ_I——结构重要性系数；

γ_M——同时考虑模型不确定性和几何尺寸变异影响的材料特性分项系数；

γ_P——预应力作用分项系数；

γ_Q——同时考虑模型不确定性和几何尺寸变异影响的可变作用分项系数；

λ——构件长细比；

μ——摩擦系数；

μ_d——位移延性系数；摩擦摆支座动摩擦系数；

ν——泊松比；

ξ——黏性阻尼比；

ξ_{eff}——隔震结构等效阻尼比；

ψ_0——可变作用的组合值系数；

ψ_1——可变作用的频遇值系数；

ψ_2——可变作用的准永久值系数。

第 2 章　结构设计基础

工程结构是用不同建筑材料建造的，用于满足人们居住、办公、文化交流、交通运输等功能需求的建筑物或构筑物。在长达几十年甚至上百年的使用寿命中，工程结构受所处环境的物理和化学侵蚀，其性能会逐年劣化。为了使工程结构能在使用寿命中不需过多维护而能保持正常的工作性能，在设计之初即应考虑结构的安全性、适用性和耐久性。这三方面构成了工程结构可靠性的基本内容。

为了保证结构的可靠性，首先需要研究结构长期使用过程中可能遭受的各种荷载作用的特征、所使用建筑材料的各项力学性能，以及结构在荷载作用下的破坏机理，在此基础上研究可以保证结构安全性和维持结构使用性能的设计方法。这些构成了结构设计的基础。

2.1　作用

作用可以是施加于结构上的荷载，也可以是温度变化、湿度变化、不均匀沉降引起的结构强迫变形或地震产生的加速度。作用一般通过数学模型来描述，一个完整的作用模型包括幅值、位置、方向和持时，某些情况下还应考虑作用和结构响应的相互作用，譬如风激振、土压力、强迫变形等。

2.1.1　作用的分类

作用分类是为了区分各种作用的特征差异，并根据作用的特征选用适合的描述模型。作用的分类标准主要有四个方面：时间变异性、成因、空间变异性和结构响应。

2.1.1.1　按时间变异性划分

根据作用在结构使用年限内出现的可能性和幅值大小随时间的变异性，可以将作用划分为四类：

(1) 永久作用（G）。在所考虑的基准期内始终存在且量值变化可忽略不计，或其变化是单调的并趋于某个限值的作用。如结构自重、材料收缩和不均匀沉降。

(2) 可变作用（Q）。在设计基准期内量值变化既不能忽略也不呈单调变化的作用。如桥梁上的交通荷载、风荷载和雪荷载。

(3) 偶然作用（F_A）。在结构使用年限内不一定出现，而一旦出现其量值很大，且持续时间很短的作用。如火灾、爆炸和车辆撞击。

(4) 地震作用（F_E）。地震引起的地面运动对结构产生的惯性作用。

这种划分方式是最为重要的一种作用分类方式，其本质是将作用视为随机变量或随机过程，这与可靠度设计理论一脉相承，使得建立荷载组合、运用荷载抗力分项系数法具备了可操作性。

2.1.1.2 按作用的成因划分

按成因划分可将作用划分为直接作用和间接作用。直接作用是作用在结构上的力，而间接作用是温度变化、湿度变化、不均匀沉降引起的变形或地震产生的加速度等。直接作用的特点是其模型可以独立地确定，与结构材料特性或结构的响应无关。

2.1.1.3 按空间变异性划分

按空间变异性可将作用划分为固定作用和自由作用。分布形式固定，位置、方向和大小都确定的作用称为固定作用；反之，任一要素不符的作用称为自由作用。实际上，大多数自由作用的空间变异性是有限的，这些变异性可间接性地考虑甚至忽略。

2.1.1.4 按作用的性质和结构响应划分

以作用的性质和结构响应为原则，所有作用均可划分为静力作用和动力作用。静力作用不会引起结构或构件产生显著的加速度，而动力作用则相反。一般情况下，动力作用可以通过乘以动力放大系数的方式等效地转化为准静力作用。

2.1.2 作用的标准值

作用的标准值是作用的主要代表值，也是定义其他代表值的基础。当有足够的数据可以利用统计方法确定标准值时，取基准期内不利时的概率分位值，否则采用名义值。

2.1.2.1 永久作用

永久作用 G 的代表值是标准值 G_k。根据对作用观测的已有统计数据和工程经验，标准值可以被指定为平均值、上限值、下限值或名义值。

如果某种永久作用 G 的观测数据在统计意义上的变异较小（变异系数 δ_G 不大于 0.05~0.1 时，可认为变异性较小），其标准值 G_k 可按平均值取用，反之，则须根据设计的安全需求采用上限值 $G_{k,sup}$ 或下限值 $G_{k,inf}$ 作为标准值。一般情况下，永久作用服从正态分布，EN 1990 规定下限值 $G_{k,inf}$ 和上限值 $G_{k,sup}$ 分别取 5% 和 95% 分位值，如图 2-1 所示。

$$G_{k,inf} = \mu_G - 1.645\sigma_G = \mu_G(1 - 1.645\delta_G) \tag{2-1}$$

$$G_{k,sup} = \mu_G + 1.645\sigma_G = \mu_G(1 + 1.645\delta_G) \tag{2-2}$$

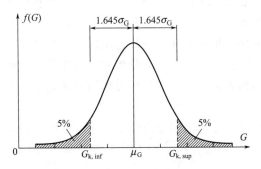

图 2-1 永久作用三种标准值的概率统计定义

但是，如果结构的受力情况对永久作用的变异性非常敏感时，即使永久作用的变异系数较小，也需要同时考虑上限值和下限值两种情况，譬如某些类型的预应力结构。

事实上，工程中能记录到的荷载作用或环境作用实测数据比较有限，某些情况下甚至缺乏统计数据。在这种情况下，采用概率统计方法确定这些作用的标准值会存在较大误差，只能通过主观评估、判断或决策的方式来确定，由这种方法确定的标准值称为名义值。

2.1.2.2 可变作用

可变作用的标准值通常也是基于大量的观测数据，采用概率统计方法来确定，譬如欧盟许多国家收集了过去 40 多年的气象数据，这样就能非常科学地评估风荷载、雪荷载和温度作用的设计标准；对于公路汽车荷载标准值也是通过采集高速公路上 20 多万组重型车辆的数据统计确定的。对于统计观测数据量较少或者统计分布特征不明显的可变荷载，仍然采用主观评估、判断或决策的方式来确定。

确定可变作用标准值 Q_k 的概率统计方法需要两个参数：极值观测的基准期和极值的超越概率。通常情况下，极值观测的基准期设为 1 年，年超越概率取为 0.02。图 2-2 表述了可变作用 Q 的标准值 Q_k 的确定过程，将 Q 的时间观测记录 $Q(t)$ 在时间轴上按基准期 τ 划分为 50 段，每个基准期 τ_i 内的最大值记为 $Q_{i,\max}$，再将这 50 个 $Q_{i,\max}$ 进行统计分析，取具有 98% 保证率的分位值作为标准值 Q_k。

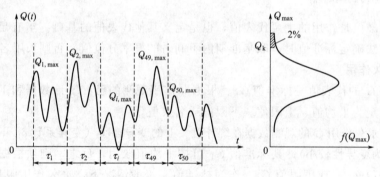

图 2-2 可变作用标准值概率统计确定方法示意图

2.1.2.3 偶然作用

工程中所谓的偶然作用主要指撞击、火灾，以及异常灾害天气现象。之所以称为偶然作用是因为它的发生对工程结构来说属于极小概率事件。偶然作用的数据非常缺乏，不能采用统计分析的手段来处理，一般以指定的名义值作为设计值。另外，偶然作用对工程结构的破坏力极强，若采取强行抵抗的策略需要付出巨大的代价，在经济上不合理。由于缺少偶然作用的统计数据，因此主要采用风险分析和动力非线性分析方法进行设计。对于出现中等失效后果的桥梁结构，也可采用等效静力作用的简化分析方法进行设计。

2.1.2.4 地震作用

地震作用是由地面运动引起的结构动力作用。地震作用的表示方法、桥梁抗震分析与设计方法将在本书第 17 章作系统介绍，相关条文规定参见 EN 1998-1、EN 1998-2 和 EN 1998-5。

2.1.3 可变作用的其他代表值

可变作用的代表值除标准值外，还有三个伴随值，分别为组合值 $\psi_0 Q_k$、频遇值 $\psi_1 Q_k$ 和准永久值 $\psi_2 Q_k$。三个伴随值系数 ψ 均不大于 1，在形式上是对标准值进行折减，但在物理上却有不同的含义。组合值系数 ψ_0 用于体现多个独立的可变作用标准值同时出现的概率应比单个可变作用标准值出现的概率更低,因此对参与组合的标准值进行一定的折减。频遇值系数 ψ_1 和准永久值系数 ψ_2 均用于衡量可变作用在设计基准期内出现超越的总时间长短。例如公路桥梁交通荷载,频遇值的重现期为1周,准永久值一般取为零。

图 2-3 给出了可变作用代表值及后面将要介绍的可变作用设计值的物理含义。表 2-1 列举了承载能力极限状态和正常使用极限状态下,以上三个伴随值系数用于主导可变作用和伴随可变作用的情况。表 2-2 和表 2-3 为 EN 1990 给出的公路桥梁和人行桥梁可变作用伴随值系数的推荐值。

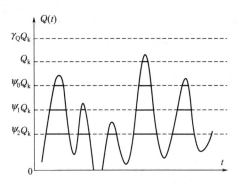

图 2-3 可变作用代表值及设计值

伴随值系数 ψ_0、ψ_1 和 ψ_2 的应用情况   表 2-1

极限状态	设计状况或荷载组合	ψ_0	ψ_1	ψ_2
承载能力极限状态	持久状况和短暂状况	伴随值	/	/
	偶然状况	/	主导值	主导值和伴随值
	地震状况	/	/	伴随值
正常使用极限状态	标准组合	伴随值	/	/
	频遇组合	/	主导值	伴随值
	准永久组合	/	/	伴随值

公路桥梁可变作用伴随值系数推荐值   表 2-2

作用		符号	ψ_0	ψ_1	ψ_2
交通荷载	gr1a[①]	双轴集中力	0.75	0.75	0
		分布力	0.4	0.4	0
		行人及非机动车荷载	0.4	0.4	0
	gr1b(单轴载)		0	0.75	0
	gr2(水平力)		0	0	0
	gr3(行人荷载)		0	0.4	0
	gr4(LM4 人群荷载)		0	/	0
	gr5(LM3 特殊车辆荷载)		0	/	0
风荷载	F_{Wk}	持久设计状况	0.6	0.2	0
		施工验算	0.8	/	0
	F_W^*		1.0	/	/
温度作用	T_k		0.6[②]	0.6	0.5
雪荷载	s_n(施工期)		0.8	/	/
施工荷载	Q_c		1.0	/	1.0

注:① gr1a 和 gr1b 的系数 ψ_0、ψ_1 和 ψ_2 适用于公路交通荷载修正系数 α_{Qi}、α_{qi}、α_{qr} 和 β_Q 均等于 1 的情况;
② 土工设计的 EQU、STR 和 GEO 三种承载能力极限状态下的温度作用组合值系数 ψ_0 可取为 0。

人行桥梁可变作用伴随值系数推荐值　　　　　表 2-3

作用	符号	ψ_0	ψ_1	ψ_2
交通荷载	gr1	0.4	0.4	0
	Q_{fwk}	0	0	0
	gr2	0	0	0
风荷载	F_{Wk}	0.3	0.2	0
温度作用	T_k	0.6①	0.6	0.5
雪荷载	s_n(施工期)	0.8	/	0
施工荷载	Q_c	1.0	/	1.0

注：①土工设计的 EQU、STR 和 GEO 三种承载能力极限状态下的温度作用组合值系数 ψ_0 可取为 0。

2.2 材料特性

材料特性包括材料的力学特性和物理特性。其中，力学特性主要指材料的抗压强度、抗拉强度、屈服强度和极限强度等，物理特性主要指弹性模量、泊松比、热膨胀系数等。这些材料特性是结构设计的重要参数，它们的标准值一般也是通过概率统计方法确定。

2.2.1 结构材料特性

材料特性标准值通常由一系列指定条件下的标准试验来获得。如果标准试验获取的材料特性参数的观测数据足够多，且其概率模型已知，则可直接计算确定相应的材料特性标准值；当材料特性的概率模型尚不明确，还需采用假设检验的手段确定概率模型；如果标准试验的观测数据有限，则应计入统计不确定性，也可采用主观评估、判断或决策的方式确定的名义值作为材料特性标准值。

EN 1991~EN 1999 中由概率统计方法确定的材料特性标准值也分为平均值、上限值和下限值，针对不同的设计需要可采用不同的标准值。结构或构件的"抗力"计算时，材料特性采用下限标准值更为保守；当材料特性与结构的作用效应正相关时，材料特性采用上限标准值反而更为安全；若某种材料特性在极限状态设计中属于重要参数，材料特性的上限和下限标准值应同时考虑。无特殊说明时，EN 1991~EN 1999 中的下限标准值取概率统计分布的 5% 分位值，上限标准值取概率统计分布的 95% 分位值。

已有研究表明，大部分工程材料特性参数 X 均服从正态分布，相应的下限标准值 $X_{k,inf}$ 和上限标准值 $X_{k,sup}$ 为：

$$X_{k,inf} = \mu_X - 1.645\sigma_X = \mu_X(1 - 1.645\delta_X) \tag{2-3}$$

$$X_{k,sup} = \mu_X + 1.645\sigma_X = \mu_X(1 + 1.645\delta_X) \tag{2-4}$$

另外，某些材料特性参数不服从正态分布，如混凝土抗压强度和岩土的部分特性参数服从对数正态分布。下界为 0 的对数正态分布的分位值可按以下公式计算：

$$X_P = \mu_X \exp[k_{P,0}\sqrt{\ln(1+\delta_X^2)}]/\sqrt{1+\delta_X^2} \tag{2-5}$$

其中，$k_{P,0}$ 为相应于偏度系数 $\alpha_X = 0$、概率 P 的分位数。表 2-4 汇总了几种变异系数情况下，服从对数正态分布的材料特性下限和上限标准值与均值的关系。

2.3 极限状态设计原理

几种对数正态分布材料特性标准值　　　　表 2-4

变异系数 δ_X	$X_{0.05}$	$X_{0.95}$
0.05	$0.920\mu_X$	$1.084\mu_X$
0.10	$0.844\mu_X$	$1.172\mu_X$
0.15	$0.774\mu_X$	$1.264\mu_X$
0.20	$0.708\mu_X$	$1.358\mu_X$

材料弹性模量、泊松比、徐变系数和热膨胀系数等材料物理特性，它们与结构的力学行为直接相关，为了防止结构分析的计算结果失真，这些物理特性参数的取值应具有代表意义。因此，通常情况下它们的标准值均取为概率统计分布的平均值。

2.2.2 岩土特性

岩土的内摩擦系数、黏聚力、压缩模量等特性参数具有较大的不确定性，这主要来自于两方面：一是岩土特性参数本身具有较强的随机性，二是岩土勘察工程技术人员对岩土特性参数的预测和估计存在误差，因此，岩土特性参数标准值不能简单地使用概率统计方法确定。EN 1997规定岩土特性参数标准值需采用谨慎估计方法确定，具体为：

(1) 当观测数据足够多时，可使用概率统计方法取具有95%保证率的上限值或下限值，也可根据导出数据按经验估计；

(2) 当观测数据不足时，应从岩土特性参数标准值的标准表取值；

(3) 所有方法给出的特性参数标准值还须符合以往的成功经验。

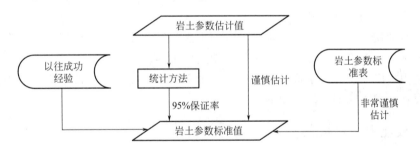

图 2-4　岩土特性参数标准值确定流程

2.3 极限状态设计原理

2.3.1 极限状态的概念

结构能够满足功能要求而且能够良好地工作，称为结构"可靠"或"有效"，反之则称结构"不可靠"或"失效"。区分结构可靠与失效状态的标志是"极限状态"。结构或构件超过某一特定状态时，就不能满足设计规定的某一功能要求，此特定状态称为该功能的极限状态。对于具体的极限状态设计需要对极限状态作更为精确的描述，也即将所有功能的极限状态量化为一系列的设计准则。

根据传统的极限状态概念，结构的荷载效应不超过某一指定值 S_0 时，认为结构完全满足该极限状态的要求，反之则认为结构完全不满足该极限状态的要求，如图 2-5（a）所示。实际上，这个荷载效应的阈值 S_0 很难精确定义，因为极限状态的概念存在一定的不确定性，我们很难对结构的功能需求作定性描述，也很难明确其极限状态，譬如延性结构的承载能力、结构使用舒适性等。这种不确定性在数学上属于模糊数学的范畴。利用模糊数学的方法，可以将极限状态定义为一个模糊集 $[S_1, S_2]$，荷载效应 S 在模糊集 $[S_1, S_2]$ 中的位置代表了结构失效可能性的大小，如图 2-5（b）所示。关于结构模糊设计理论不在本书的讨论范畴，感兴趣的读者可参阅相关书籍。

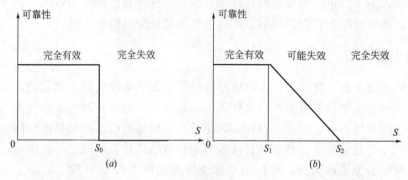

图 2-5 极限状态的两种定义方式

根据功能需求，结构极限状态可分为两类：

（1）承载能力极限状态：指结构出现倒塌或其他类似结构失效时的状态，包括结构或构件达到最大承载力、疲劳破坏等；

（2）正常使用极限状态：指结构或构件不再满足某一设计使用功能时的状态，包括结构或构件出现过大变形、裂缝宽度超过外观使用要求等。

承载能力极限状态针对结构的安全性，而正常使用极限状态侧重结构的适用性，因此这两种极限状态有不同的可靠性水平。

2.3.2 承载能力极限状态

承载能力极限状态是结构达到极限承载力的状态。凡是关乎人身安全、结构安全以及具有潜在危险的各种情况都可认为是达到了极限状态。具体来讲，当出现下列状态之一时，即认为结构已经达到承载能力极限状态：

（1）结构或结构的一部分作为刚体失去平衡，如倾覆、上浮和滑移；

（2）结构或结构的一部分由于断裂、疲劳或过大变形导致的失效；

（3）结构或构件丧失稳定，包括整体失稳和局部失稳；

（4）结构或结构的一部分变形而转变成机构。

承载能力极限状态还包括构件钢筋的粘结滑移破坏，地震作用下由于构件缺乏延性而出现的脆性破坏，以及由火灾、爆炸或撞击等突发事件导致结构出现的破坏。

EN 1990 将与承载能力极限状态相关的失效模式分为六类：

（1）静力平衡失稳（EQU）：是指结构或结构的一部分作为刚体失去平衡，对于这种失效模式，结构材料和地基的强度一般不起控制作用，永久作用大小和空间分布的变化才是主导因素。

（2）强度破坏（STR）：是指结构或构件的应力超过材料强度或因过度变形而引起的破坏，对于这种失效模式，材料的强度起控制作用。

（3）地基破坏（GEO）：是指地基剪切破坏或出现过度的变形，这种失效模式主要在于岩土的抗剪强度不足。

（4）疲劳破坏（FAT）：是指在远低于材料强度的交变应力作用下，结构材料出现的破坏。这种失效模式与荷载作用的设计值无关，而是往复荷载频繁作用的结果。

（5）抗浮失稳（UPL）：是指结构的永久作用无法抵抗水的浮力而导致的失稳。

（6）水力破坏（HYD）：是指岩土中由水力梯度导致的突涌、内部侵蚀和管涌等地基破坏现象。

2.3.3 正常使用极限状态

正常使用极限状态是指结构或构件不再满足某一设计使用功能时对应的特定状态。正常使用极限状态的设计准则与结构的功能、耐久性、用户的舒适度和结构的外观等标准有关。正常使用极限状态的验算应考虑以下三个方面的内容：

（1）变形。结构出现过大的变形、位移、凹陷或倾斜将会对结构外观、用户舒适度以及结构功能造成影响，甚至导致非结构构件的损坏。

（2）振动。结构出现过度的振动（包括加速度、振幅和频率）将会使结构的使用功能受到影响，也会使人感到不舒服。

（3）损坏。结构发生损坏的直接后果是经济损失，因为需要有关部门对损伤的部分进行修复。此外，结构的损坏还会对结构的外观、耐久性和使用功能带来不利影响。

根据荷载效应的时间依赖性，正常使用极限状态可以分为可逆正常使用极限状态和不可逆正常使用极限状态。可逆正常使用极限状态是指引起结构或构件使用功能丧失的外部作用移除后，已失去的使用功能可以恢复的极限状态，而不可逆正常使用极限状态则指导致结构或构件使用功能丧失的外部作用移除后，已失去的使用功能不能恢复的极限状态，如图 2-6 所示。譬如，钢筋混凝土梁在中等荷载作用下出现的裂缝可在荷载移除后闭合，而在超负荷荷载作用下出现的裂缝在荷载移除后会保留残余裂缝，后者就属于不可逆的开裂现象。鉴于结构达到不可逆正常使用极限状态后造成的后果比可逆正常使用极限状态严重得多，其首次超越极限状态的时间有决定性作用，在设计之初应有明确的考虑。

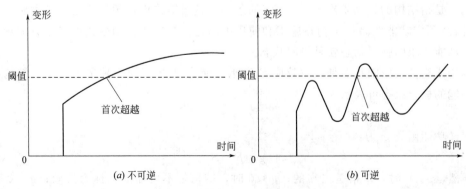

图 2-6 两种正常使用极限状态

2.3.4 设计状况

设计状况代表一定时段内所有实际情况的一组设计条件,不同的设计状况反映了结构设计使用年限内荷载作用、环境影响及结构材料特性的变化。根据设计基准期的长短,EN 1990 要求对四种设计状况进行验算,包括:

(1) 持久设计状况,是指与结构使用年限相关的正常使用设计条件,在该设计状况下,结构须满足极限荷载作用下的承载能力要求和正常使用要求。

(2) 短暂设计状况,是指结构在短时间内出现临时使用状况的设计条件。譬如桥梁在维修期间,因车道的临时封闭引起桥梁使用条件的变化。在该设计状况下,结构须满足相关荷载作用下的承载能力要求和正常使用要求。

(3) 偶然设计状况,是指结构在极短时间内发生特殊状况的设计条件。譬如火灾、爆炸和撞击等。在该设计状况下,结构须满足偶然荷载作用下的承载能力要求。

(4) 地震设计状况,是指结构遭受地震作用的设计条件。在该设计状况下,应根据结构自身特点进行性能(延性或有限延性)设计,满足承载能力或变形要求。

2.3.5 极限状态设计

极限状态设计是通过设计构件的几何尺寸和材料特性,使结构在相关设计荷载作用下能够满足所有设计状况下任一极限状态的要求。

极限状态设计可以采用可靠度设计方法,也可以采用荷载抗力分项系数法。可靠度设计方法一般用于非常规的重要结构,为用户提供综合风险分析的数据。荷载抗力分项系数法是在可靠度设计方法基础上衍生出来的一种半概率设计方法,在当前的工程结构设计中广泛使用。以下两节介绍这两种极限状态设计方法的原理。

2.4 可靠度设计法

2.4.1 结构可靠度原理

结构的可靠度是结构在规定时间内、规定的条件下完成预定功能的概率。这里"规定的时间"是指结构的设计基准期,"规定的条件"是指结构设计预先规定的各种施工和使用条件;"预定功能"是指结构在施工和使用中满足安全、适用和耐久性三个方面规定的要求。功能要求的临界状态就是极限状态。

结构或构件的极限状态是荷载效应 S 和承载能力 R 之间的一种平衡状态,结构某项使用功能的极限状态可表示为:

$$R-S=0 \tag{2-6}$$

定义功能函数 g 为:

$$g=R-S \tag{2-7}$$

显然,$g>0$ 时,结构是可靠的;$g<0$ 时,结构是不可靠的,称为失效;$g=0$ 表示结构处于极限状态。

结构可靠的概率：

$$P_s = P\{g>0\} = P\{R-S>0\} \quad (2-8)$$

称为结构的可靠度。而失效概率则为：

$$P_f = P\{g<0\} = 1-P_s \quad (2-9)$$

假设承载能力 R 和荷载效应 S 相互独立且服从正态分布，于是功能函数 g 也服从正态分布，功能函数 g 的均值 μ_g 和标准差 σ_g 分别为：

$$\mu_g = \mu_R - \mu_S \quad (2-10)$$

$$\sigma_g = (\sigma_R^2 + \sigma_S^2)^{1/2} \quad (2-11)$$

失效概率为：

$$P_f = 1 - \Phi(\mu_g/\sigma_g) = 1 - \Phi(\beta) = \Phi(-\beta) \quad (2-12)$$

其中，$\Phi(\cdot)$ 为标准正态分布函数，$\beta = \mu_g/\sigma_g$ 称为结构可靠度指标。结构的失效概率 P_f 与可靠度指标 β 的关系如图 2-7 所示。显然，可靠度指标 β 越大，失效概率 P_f 越小。表 2-5 列出了失效概率对应的可靠度指标。

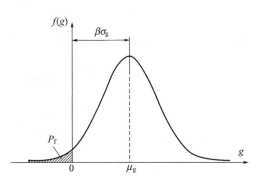

图 2-7 可靠度指标与失效概率的关系

失效概率与可靠度指标的关系　　表 2-5

P_f	1×10^{-1}	1×10^{-2}	1×10^{-3}	1×10^{-4}	1×10^{-5}	1×10^{-6}	1×10^{-7}
β	1.282	2.326	3.090	3.719	4.265	4.753	5.199

一般情况下，承载能力 R 和荷载效应 S 并不服从正态分布，这种情况下，失效概率 P_f 的概率积分为：

$$P_f = \int_{-\infty}^{+\infty} f_S(s) F_R(s) ds \quad (2-13)$$

其中，$F_R(\cdot)$ 为承载能力 R 的概率分布函数，$f_S(\cdot)$ 为荷载效应 S 的概率密度函数。

2.4.2 可靠度指标与设计值的几何意义

将承载能力 R 和荷载效应 S 进行标准正态化，得到两个标准正态分布的随机变量：

$$R' = (R-\mu_R)/\sigma_R \quad 和 \quad S' = (S-\mu_S)/\sigma_S \quad (2-14)$$

则功能函数 $g = R-S$ 可以表示为

$$g = \sigma_R R' - \sigma_S S' + \mu_R - \mu_S \quad (2-15)$$

ROS 坐标系和 $R'O'S'$ 坐标系的关系，以及在这些坐标系中极限状态方程 $g=0$ 如图 2-8 所示。

$g=0$ 时，式（2-15）是一般直线方程，将其改写成法线式方程：

$$-\frac{\sigma_R}{\sqrt{\sigma_R^2+\sigma_S^2}}R' + \frac{\sigma_S}{\sqrt{\sigma_R^2+\sigma_S^2}}S' - \frac{\mu_R-\mu_S}{\sqrt{\sigma_R^2+\sigma_S^2}} = 0 \quad (2-16)$$

式中 R' 和 S' 的系数是极限状态直线 $g=0$ 的方向余弦，即

$$\cos\theta_R = -\frac{\sigma_R}{\sqrt{\sigma_R^2+\sigma_S^2}} = \alpha_R \quad (2-17)$$

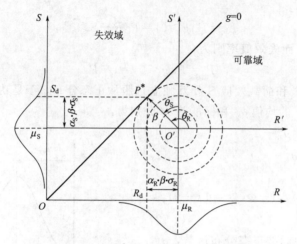

图 2-8　可靠度指标 β 与设计点 P^* 的几何含义

$$\cos\theta_S = \frac{\sigma_S}{\sqrt{\sigma_R^2 + \sigma_S^2}} = \alpha_S \tag{2-18}$$

式（2-16）中最后一项是 $R'O'S'$ 坐标原点 O' 到极限状态直线 $g=0$ 的距离，即

$$\overline{O'P^*} = \frac{\mu_R - \mu_S}{\sqrt{\sigma_R^2 + \sigma_S^2}} = \beta \tag{2-19}$$

原点 O' 到极限状态直线 $g=0$ 的垂足 P^* 称为设计点。P^* 在 ROS 坐标系中的坐标值即为承载能力 R 和荷载效应 S 的设计值：

$$R_d = \mu_R + \alpha_R \beta \sigma_R \tag{2-20}$$

$$S_d = \mu_S + \alpha_S \beta \sigma_S \tag{2-21}$$

则具有不低于可靠度指标 β 的结构或构件设计验算表达式为：

$$R_d \geqslant S_d \tag{2-22}$$

式（2-19）表明，在几何意义上，可靠度指标 β 是 $R'O'S'$ 坐标原点（中心点）到极限状态直线 $g=0$ 的距离。中心点一般在可靠域内，它离极限状态直线 $g=0$ 越远，β 越大、结构越可靠。

【例 2-1】 某钢筋混凝土 T 形截面简支梁，计算跨度 $L=6\text{m}$，梁高 $h=500\text{mm}$，腹板宽度 $b=300\text{mm}$，翼缘厚度 $h_f=160\text{mm}$，梁底纵向钢筋截面面积 $A_s=1400\text{mm}^2$，钢筋屈服强度为 f_y，梁顶面承受均布线荷载 q，如图 2-9 所示。假定随机变量 f_y 和 q 均服从正态分布，其中，$\mu_{f_y}=580\text{MPa}$，$\sigma_{f_y}=50\text{MPa}$，$\mu_q=40\text{kN/m}$，$\sigma_q=5\text{kN/m}$，其余结构、材料参数的统计变异性忽略不计。试确定该梁的受弯可靠度指标和极限状态的设计值。

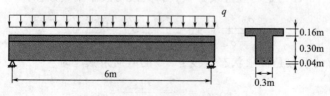

图 2-9　T 形截面简支梁

解答：

假设混凝土的抗压强度设计值恰好使在受弯状态下构件截面受压区高度等于 h_f，于是跨中截面受弯极限状态方程为：

$$g(q,f_y) = M_R - M_S = f_y A_s (h_0 - 0.5h_f) - qL^2/8 = 0$$

其中，随机变量 f_y 和 q 的系数分别为：

$$A_s(h_0 - 0.5h_f) = 0.0014 \times (0.46 - 0.16/2) = 0.000532 \text{m}^3$$

$$L^2/8 = 6^2/8 = 4.5 \text{m}^2$$

根据式（2-19），计算受弯可靠度指标

$$\beta = \frac{\mu_{MR} - \mu_{MS}}{\sqrt{\sigma_{MR}^2 + \sigma_{MS}^2}} = \frac{0.000532 \times 580000 - 4.5 \times 40}{\sqrt{(0.000532 \times 50000)^2 + (4.5 \times 5)^2}} = 3.69$$

根据式（2-12），计算受弯失效概率

$$P_f = \Phi(-\beta) = \Phi(-3.69) = 0.00011$$

设计点的方向余弦为：

$$\alpha_{MR} = -\frac{\sigma_{MR}}{\sqrt{\sigma_{MR}^2 + \sigma_{MS}^2}} = -\frac{0.000532 \times 50000}{\sqrt{(0.000532 \times 50000)^2 + (4.5 \times 5)^2}} = -0.763$$

$$\alpha_{MS} = \frac{\sigma_{MS}}{\sqrt{\sigma_{MR}^2 + \sigma_{MS}^2}} = \frac{4.5 \times 5}{\sqrt{(0.000532 \times 50000)^2 + (4.5 \times 5)^2}} = 0.646$$

极限状态的抗弯承载能力 M_R 和弯矩 M_S 设计值分别为：

$$M_R = \mu_{MR} + \alpha_{MR}\beta\sigma_{MR} = 0.000532 \times 580000 - 0.763 \times 3.69 \times 0.000532 \times 50000 = 234 \text{kN} \cdot \text{m}$$

$$M_S = \mu_{MS} + \alpha_{MS}\beta\sigma_{MS} = 4.5 \times 40 + 0.646 \times 3.69 \times 4.5 \times 5 = 234 \text{kN} \cdot \text{m}$$

以上基于直线型极限状态方程介绍了可靠度指标的几何意义，其本身也是一种最为简单的可靠度设计方法。然而实际工程中的极限状态方程往往是曲面甚至超曲面形式，这时需要将极限状态方程做一次近似或二次近似，采用迭代方法搜索设计点。将极限状态方程做一次近似的迭代搜索方法称为一次可靠度方法（FORM），做二次近似的迭代搜索方法称为二次可靠度方法（SORM）。具体的算法不是本书的重点，感兴趣的读者可查阅相关资料。

2.5 荷载与抗力分项系数设计法

根据荷载作用、结构几何尺寸和材料参数，直接计算结构的可靠度指标，并校核目标可靠度指标是否得到满足，这是比较合理的方法。由上一节介绍的相关知识可知，计算结构可靠度需要事先给定基本变量的不确定性信息，如变量的概率分布模型、均值和变异系数。但是，目前大部分变量的统计资料还不够充分，而且这种方法的计算工作量也很大，因此，可靠度设计方法很难大范围应用，只有特殊重要结构才必须采用这种方法。

鉴于以上原因，欧洲规范 EN 1992～EN 1999 均采用以可靠度理论为基础的荷载与抗力分项系数设计法（LRFD）。这种方法设计不需进行概率方面的运算，根据给定的分项系数设计的结构构件具有与目标可靠度一致的可靠度指标。

2.5.1 设计值

2.5.1.1 作用设计值

作用 F 的设计值 F_d 的一般表述为：

$$F_d = \gamma_f F_{rep} = \gamma_f \psi F_k \tag{2-23}$$

其中，F_k 为作用的标准值；

F_{rep} 为作用的代表值，可以是作用的标准值或伴随值；

ψ 为代表值系数，根据作用性质的不同，可取 1.0 或伴随值系数 ψ_0、ψ_1、ψ_2；

γ_f 为作用分项系数，反映作用代表值的不利偏差。

2.5.1.2 作用效应设计值

作用效应表现为结构构件的响应，即内力（弯矩、剪力、扭矩和应力等）或变形（位移、应变等），既可以是结构整体响应，也可以是构件响应。

作用效应的一般表述为：

$$S_d = \gamma_{Sd} S\{\gamma_{f,i} F_{rep,i}; a_d\} \quad (i \geqslant 1) \tag{2-24}$$

其中，a_d 为几何尺寸设计值；

γ_{Sd} 为计算模型不确定性分项系数。

分项系数 γ_{Sd} 反映了计算模型的不确定性，包含两方面的内容：作用效应的不确定性和作用本身的不确定性。一般来说，模型要表达的是一种合理、定量而确切的陈述，与边界条件和材料特性等有关。模型考虑的因素越多，数学计算过程就越复杂，分析中对于现象的描述也就越真实。但是，尽管模型能够达到相当复杂的水平，但是计算得出的值永远不可能是准确的，实际效应值与模型预测值之间的误差总是存在的。因此，在可控制的条件下，实际采用的是简单实用的模型，即模型应当合理，符合客观规律，包含较少的不确定因素。

实际应用过程中，通常将计算模型不确定性分项系数和作用分项系数合并考虑，即 $\gamma_{F,i} = \gamma_{Sd}\gamma_{f,i}$，于是式（2-24）可简化为：

$$S_d = S\{\gamma_{F,i} F_{rep,i}; a_d\} \quad (i \geqslant 1) \tag{2-25}$$

不过在一些复杂的数值模拟计算中，按式（2-24）将 γ_{Sd} 和 $\gamma_{f,i}$ 分开考虑也非常有必要。譬如结构的风载动力效应分析，结构为风速场的边界，结构的振动和风速场的变化相互耦合，这种情况下，确定风载作用和结构的动力响应是同一个过程，只需考虑作用分项系数 $\gamma_{f,i}$，而不必考虑计算模型不确定性分项系数 γ_{Sd}。

对于永久作用效应，EN 1990 将其分为有利作用和不利作用。"有利"和"不利"须根据具体情况做具体分析，尤其是伴随有其他可变作用时。EN 1990 对有利和不利的永久作用分别给出了分项系数 $\gamma_{G,sup}$（不利）和 $\gamma_{G,inf}$（有利）。

当进行非线性分析时（即考虑作用与其效应之间的非线性），问题比较复杂。对于只有一个主要作用的情况，作用效应如何确定取决于效应与作用相对增长的快慢。作用效应可按以下两种规则之一确定：①如果效应比作用自身增长得快（图 2-10（a）），则作用分项系数与作用代表值相乘，再计算效应，即：

$$S_d = S\{\gamma_F F_{rep}\} \tag{2-26}$$

②如果作用自身比效应增长得快（图 2-10（b）），则作用分项系数直接与效应相乘，即：

$$S_d = \gamma_F S\{F_{rep}\} \tag{2-27}$$

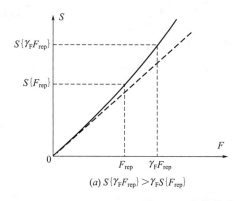 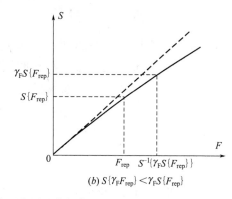

图 2-10 非线性分析作用分项系数的使用

这是一种简化处理方法，也是比较好的估计方法，除索、膜结构外，大多数结构的非线性都属于图 2-10（a）的情况。

实际工程中，情况可能比较复杂，如永久作用 G 和可变作用 Q 同时出现的情况，当效应比作用自身增长得快时，计算模型不确定性分项系数在作用中考虑，即：

$$S_d = S\{\gamma_G G_k'' +'' \gamma_Q Q_k\} \tag{2-28}$$

其中，$\gamma_G = \gamma_{Sd} \gamma_g$，$\gamma_Q = \gamma_{Sd} \gamma_q$。当作用自身比效应增长得快时，计算模型不确定性分项系数在效应中考虑，即：

$$S_d = \gamma_{Sd} S\{\gamma_g G_k'' +'' \gamma_q Q_k\} \tag{2-29}$$

2.5.1.3 材料特性设计值

材料特性设计值 X_d 由标准值 X_k 和材料分项系数确定：

$$X_d = \eta X_k / \gamma_m \tag{2-30}$$

其中，η 为转换系数，用于考虑尺寸效应、湿度和温度等的影响；

γ_m 为材料特性分项系数，用于考虑材料特性实际值与标准值之间存在不利偏差的可能性。

实际应用时，通常将转换系数 η 隐含于材料特性标准值中。

2.5.1.4 几何尺寸设计值

结构几何尺寸的变异性通常比较小，在许多情况下可忽略几何尺寸的变异。因此，几何尺寸设计值可取为名义值

$$a_d = a_{nom} \tag{2-31}$$

名义值是设计图件中标注的几何尺寸。

在实际工程中，有时几何尺寸的变化对计算结果有很大的影响，如二阶效应，这种情况下的几何尺寸设计值不能再用名义值，而需要在名义值的基础上计入一个不利偏差 Δa：

$$a_d = a_{nom} \pm \Delta a \tag{2-32}$$

其中，Δa 不仅考虑了几何尺寸真实值与名义值间的不利偏差，还考虑了各种几何偏差的综合影响，其正负号根据不利情况确定。在 EN 1992~EN 1999 中对 Δa 均有明确的规定。

2.5.1.5 抗力设计值

承载能力设计值的一般表达式为：

$$R_d = \frac{1}{\gamma_{Rd}} R\{X_{d,i}; a_d\} = \frac{1}{\gamma_{Rd}} R\left\{\eta_i \frac{X_{k,i}}{\gamma_{m,i}}; a_d\right\} \quad (i \geqslant 1) \tag{2-33}$$

其中，γ_{Rd} 为同时考虑了抗力计算模型不确定性和构件几何偏差的分项系数。

抗力是一个广义的概念，包括材料的抗力（以应力或应变的形式出现）、结构或构件的抗倾覆能力、结构的稳定性及抗变形能力等。

实际应用时，通常将抗力计算模型不确定性分项系数和材料特性分项系数合并成 $\gamma_{M,i}$，即 $\gamma_{M,i} = \gamma_{Rd} \gamma_{m,i}$，于是式（2-33）可写为：

$$R_d = R\left\{\eta_i \frac{X_{k,i}}{\gamma_{M,i}}; a_d\right\} \quad (i \geqslant 1) \tag{2-34}$$

EN 1992 和 EN 1998 给出的混凝土结构材料强度分项系数的推荐值见表 2-6。地基抗力设计值中涉及的分项系数种类较多，将在本书第 15 章专门介绍。

混凝土结构材料强度分项系数推荐值　　　　表 2-6

材料类型	承载能力极限状态 γ_M			正常使用极限状态 γ_M
	持久/短暂设计状况	偶然设计状况	地震设计状况	
混凝土	1.5	1.2	1.5	1.0
普通钢筋和预应力钢筋	1.15	1.0	1.15	1.0

2.5.2　荷载组合

为验证结构的可靠性，首先需要确定结构的最不利荷载效应。引起结构某种最不利荷载效应的荷载组合称为最不利荷载工况，包括参与组合的荷载类型及相应的荷载布置（位置、大小和方向）。针对不同的结构构件和设计状况，会有几种甚至几十种最不利荷载工况。

2.5.2.1　承载能力极限状态的荷载组合

1. 持久设计状况或短暂设计状况的荷载组合（基本组合）

持久设计状况和短暂设计状况的承载能力极限状态验算包括静力平衡失稳（EQU）、强度破坏（STR）和地基破坏（GEO）三种失效模式。EN 1990 给出的承载能力极限状态验算的基本荷载组合为：

$$\sum_{j \geqslant 1} \gamma_{G,j} G_{k,j} " + " \gamma_P P " + " \gamma_{Q,1} Q_{k,1} " + " \sum_{i \geqslant 2} \gamma_{Q,i} \psi_{0,i} Q_{k,i} \tag{2-35}$$

另外，STR 和 GEO 两种失效模式的基本组合还应考虑下式中两种组合的不利情况：

$$\sum_{j \geqslant 1} \gamma_{G,j} G_{k,j} " + " \gamma_P P " + " \gamma_{Q,1} \psi_{0,1} Q_{k,1} " + " \sum_{i \geqslant 2} \gamma_{Q,i} \psi_{0,i} Q_{k,i} \tag{2-36}$$

$$\sum_{j \geqslant 1} \xi_j \gamma_{G,j} G_{k,j} " + " \gamma_P P " + " \gamma_{Q,1} Q_{k,1} " + " \sum_{i \geqslant 2} \gamma_{Q,i} \psi_{0,i} Q_{k,i} \tag{2-37}$$

其中，"+"表示组合，而非荷载设计值直接相加；ξ_j 为不利永久作用的折减系数；其余符号的含义参见本书 1.3 节。

在桥梁设计中，对 EQU 失效模式验算的情况不多，一般只有吊装桥面板的倾覆验算、悬臂节段安装的倾覆验算。EN 1990 给出了上述三种失效模式的荷载设计值，包括 A 组、B 组和 C 组。其中，静力平衡验算采用表 2-7 中的荷载设计值（A 组）；不涉及土工作用的结构强度验算采用表 2-8 中的荷载设计值（B 组）；涉及土工作用的结构（浅基础、桩基、墩柱、翼墙等）强度和地基承载力验算采用的荷载设计值按以下三种补充方法之一选用：

（1）方法1：对土工作用和来自于上部结构的作用，分别采用表2-8中（B组）和表2-9中（C组）的荷载设计值，取最不利者进行设计验算。

具体为：B组中的作用分项系数用于来自上部结构和土工的作用力，土工参数不使用材料分项系数，地基承载力计算不使用分项系数（桩基除外）；C组中的作用分项系数用于来自上部结构和土工的作用力，土工参数使用材料分项系数。

（2）方法2：对土工作用和来自于上部结构的作用采用表2-8中（B组）的荷载设计值。

具体为：B组中的作用分项系数用于来自上部结构和土工的作用力，地基承载力使用抗力分项系数，土工参数不使用材料分项系数。

（3）方法3：对土工作用采用表2-9中（C组）的荷载设计值，对来自上部结构的作用采用表2-8中（B组）的荷载设计值。

荷载设计值（EQU）（A组） 表2-7

持久和短暂设计状况	永久作用		预应力	主导可变作用	伴随可变作用	
	不利情况	有利情况			主要（若有）	其他
式(2-35)	$\gamma_{G,j,\sup}G_{k,j,\sup}$	$\gamma_{G,j,\inf}G_{k,j,\inf}$	$\gamma_P P$	$\gamma_{Q,1}Q_{k,1}$		$\gamma_{Q,i}\psi_{0,i}Q_{k,i}$

注：1. γ值由国家附录指定。对于持久设计状况，γ的推荐值为：$\gamma_{G,\sup}=1.05$，$\gamma_{G,\inf}=0.95$，公路和人行桥梁的交通荷载不利时$\gamma_Q=1.35$（有利时取0），其他可变作用不利时$\gamma_Q=1.50$（有利时取0），γ_P的取值参考相关欧洲规范。对于短暂设计状况，γ的推荐值为：$\gamma_{G,\sup}=1.05$，$\gamma_{G,\inf}=0.95$，施工荷载不利时$\gamma_Q=1.35$（有利时取0），其他可变作用不利时$\gamma_Q=1.50$（有利时取0）。以上两种设计状况中，作为配重考虑的永久荷载未准确定时，$\gamma_{G,\inf}$值取0.8。

2. 对于连续桥梁的抗浮承载力验算或依靠结构构件受力的静力平衡验算，既可按A组和B组的荷载设计值分别进行验算，也可按A组的荷载设计值进行联合验算。γ值由国家附录指定，其推荐为：当对永久作用的不利部分和有利部分均使用分项系数$\gamma_{G,\inf}=1.0$而不能给出更不利的效应时，则取$\gamma_{G,\sup}=1.35$，$\gamma_{G,\inf}=1.25$，公路和人行桥梁的交通荷载不利时$\gamma_Q=1.35$（有利时取0），持久设计状况的其他可变作用不利时$\gamma_Q=1.50$（有利时取0），其他可变作用不利时$\gamma_Q=1.35$（有利时取0）。

3. 以上作用分项系数不能用于铁路桥梁相关交通荷载。

荷载设计值（STR/GEO）（B组） 表2-8

持久和短暂设计状况	永久作用		预应力	主导可变作用	伴随可变作用	
	不利情况	有利情况			主要（若有）	其他
式(2-35)	$\gamma_{G,j,\sup}G_{k,j,\sup}$	$\gamma_{G,j,\inf}G_{k,j,\inf}$	$\gamma_P P$	$\gamma_{Q,1}Q_{k,1}$		$\gamma_{Q,i}\psi_{0,i}Q_{k,i}$
式(2-36)	$\gamma_{G,j,\sup}G_{k,j,\sup}$	$\gamma_{G,j,\inf}G_{k,j,\inf}$	$\gamma_P P$		$\gamma_{Q,1}\psi_{0,1}Q_{k,1}$	$\gamma_{Q,i}\psi_{0,i}Q_{k,i}$
式(2-37)	$\xi_j\gamma_{G,j,\sup}G_{k,j,\sup}$	$\gamma_{G,j,\inf}G_{k,j,\inf}$	$\gamma_P P$	$\gamma_{Q,1}Q_{k,1}$		$\gamma_{Q,i}\psi_{0,i}Q_{k,i}$

注：1. 根据国家附录选择使用式（2-35）或式（2-36）和式（2-37）。对于式（2-36）和式（2-37），国家附录可对式（2-36）进行修改，以只包含永久作用。

2. γ和ξ值由国家附录指定。其推荐值为：$\gamma_{G,\sup}=1.35$，$\gamma_{G,\inf}=1.0$，公路和人行桥梁的交通荷载不利时$\gamma_Q=1.35$（有利时取0），其他交通荷载和可变作用$\gamma_Q=1.50$，$\xi_j=0.85$。对于可产生不利效应的基础不均匀沉降，当采用线弹性分析时，分项系数$\gamma_{Gset}=1.20$，当采用非线性分析时$\gamma_{Gset}=1.35$；产生有利效应的基础不均匀沉降不作考虑。强加变形的分项系数γ值见EN 1991~EN 1999相关规定。γ_P的取值参考相关欧洲规范。

3. 对由同一因素引起的永久作用，如果总体作用效应是不利的，则均乘$\gamma_{G,\sup}$，如果总体作用效应是有利的，则均乘$\gamma_{G,\inf}$。例如，任何构件的自重均是由同一因素——地心引力——引起的，即使所使用的材料不同。

4. 对于特殊验算，γ_G和γ_Q可分解成γ_g和γ_q与模型不确定性系数γ_{Sd}分别考虑。大多数情况下，γ_{Sd}值的范围为1.0~1.15，在国家附录中可以修改。

5. EN 1997中未涵盖的水力作用（如流水作用），可根据具体工程考虑是否参与组合。

6. 以上作用分项系数不能用于铁路桥梁相关交通荷载。

荷载设计值（STR/GEO）（C 组） 表 2-9

持久和短暂设计状况	永久作用		预应力	主导可变作用	伴随可变作用	
	不利情况	有利情况			主要（若有）	其他
式(2-35)	$\gamma_{G,j,sup}G_{k,j,sup}$	$\gamma_{G,j,inf}G_{k,j,inf}$	$\gamma_P P$	$\gamma_{Q,1}Q_{k,1}$		$\gamma_{Q,i}\psi_{0,i}Q_{k,i}$

注：1. γ 值由国家附录指定。其推荐值为：$\gamma_{G,sup}=1.0$，$\gamma_{G,inf}=1.0$，公路和人行桥梁的交通荷载不利时 $\gamma_Q=1.15$（有利时取 0），填土、地下水、交通荷载等产生的水平土压力的可变作用部分不利时 $\gamma_Q=1.3$（有利时取 0），其他可变作用不利时 $\gamma_Q=1.3$（有利时取 0）。对于可产生不利效应的基础不均匀沉降，其分项系数 $\gamma_{Gset}=1.0$，产生有利效应的基础不均匀沉降不作考虑。γ_P 的取值参考相关欧洲规范。
2. 以上作用分项系数不能用于铁路桥梁相关交通荷载。

具体为：B 组中的作用分项系数用于来自上部结构的作用力，C 组中的作用分项系数用于土工的作用力，土工参数使用材料分项系数。

EN 1990 没有明确规定使用 1、2 或 3 中的哪一种方法，而是由欧洲规范的国家附录指定，譬如英国国家附录要求使用方法 1。为了方便读者正确理解如何使用方法 1~3，下面以一个挡土墙的主动土压力计算为例进行说明。

【例 2-2】 一悬臂式挡土墙，如图 2-11 所示，墙后填土高度 $H=5\text{m}$，填土重度标准值 $\gamma_{k,soil}=19\text{kN/m}^3$，内摩擦角标准值 $\varphi'_k=35°$，填土顶面无附加荷载，试根据朗肯土压力理论确定填土对挡土墙的主动土压力合力设计值 F_d。

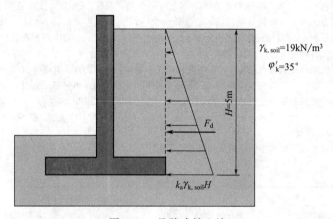

图 2-11 悬臂式挡土墙

解答：根据朗肯土压力理论，主动土压力合力的标准值为

$$F_k=\frac{1}{2}k_a\gamma_{k,soil}H^2=\frac{1}{2}\tan^2\left(\frac{\pi}{4}-\frac{\varphi'_k}{2}\right)\gamma_{k,soil}H^2$$

F_k 可简化表示成函数形式 $F_k=F(\gamma_{k,soil},\varphi'_k)$。很明显，主动土压力是涉及土工作用的荷载，因此须按上述方法 1~3 之一确定其设计值，也即根据 B 组或 C 组的相关分项系数进行计算。

若采用 B 组的分项系数，将作用分项系数直接用于填土重度标准值，相应的作用分项系数 $\gamma_G=1.35$，则 $\gamma_{d,soil}=\gamma_G\gamma_{k,soil}=25.65\text{kN/m}^3$，于是可得：

$$F_d=\frac{1}{2}\tan^2\left(\frac{\pi}{4}-\frac{\varphi'_k}{2}\right)\gamma_{d,soil}H^2=\frac{1}{2}\times\tan^2\left(\frac{180°}{4}-\frac{35°}{2}\right)\times25.65\times5^2=86.9\text{kN}$$

若采用 C 组的分项系数，将材料分项系数直接用于填土的内摩擦角标准值 φ'_k，由 EN

1997 可知 $\gamma_{\tan\varphi'}=1.25$，则 $\varphi'_\mathrm{d}=\tan^{-1}[(\tan\varphi'_\mathrm{k})/\gamma_{\tan\varphi'}]=29.3°$，又因主动土压力一般作为永久作用，其作用分项系数 $\gamma_\mathrm{F}=1.0$。于是可得：

$$F_\mathrm{d}=\gamma_\mathrm{F}\frac{1}{2}\tan^2\left(\frac{\pi}{4}-\frac{\varphi'_\mathrm{d}}{2}\right)\gamma_\mathrm{k,soil}H^2=1.0\times\frac{1}{2}\times\tan^2\left(\frac{180°}{4}-\frac{29.3°}{2}\right)\times19\times5^2=81.4\mathrm{kN}$$

由此可见，采用不同组的分项系数计算得到的主动土压力设计值不同，但比较接近。

2. 偶然设计状况的荷载组合

对于偶然设计状况，参与组合的各种荷载除偶然作用采用设计值外，其余荷载均采用代表值，也即分项系数均取 1.0，荷载组合表示为：

$$\sum_{j\geqslant1}G_{\mathrm{k},j}''+''P''+''F_\mathrm{Ad}''+''(\psi_{1,1}\text{ or }\psi_{2,1})Q_{\mathrm{k},1}''+''\sum_{i\geqslant2}\psi_{2,i}Q_{\mathrm{k},i} \tag{2-38}$$

其中，偶然作用设计值作为主导可变作用，其余可变作用均采用伴随值，主要的伴随值根据具体的偶然设计状况采用频遇值或者准永久值，次要的伴随值均采用准永久值。当不能明显确定主要的伴随值时，应将参与组合的可变作用轮换作为主要伴随值，选择其中最不利的组合方案。具体的规定查阅国家附录。偶然设计状况承载能力验算采用的荷载设计值见表2-10。

偶然和地震设计状况的荷载设计值　　　　表 2-10

设计状况	永久作用		预应力	偶然或地震作用	伴随可变作用	
	不利情况	有利情况			主要（若有）	其他
偶然，式(2-38)	$G_{\mathrm{k},j,\sup}$	$G_{\mathrm{k},j,\inf}$	P	F_Ad	$\psi_{1,1}Q_{\mathrm{k},1}$ 或 $\psi_{2,1}Q_{\mathrm{k},1}$	$\psi_{2,i}Q_{\mathrm{k},i}$
地震，式(2-40)	$G_{\mathrm{k},j,\sup}$	$G_{\mathrm{k},j,\inf}$	P	$F_\mathrm{Ed}=\gamma_\mathrm{I}F_\mathrm{Ek}$	$\psi_{2,i}Q_{\mathrm{k},i}$	

注：1. 表中的荷载设计值可根据国家附录调整。非地震作用的作用分项系数推荐值均为 1.0。
2. 地震设计状况中，交通荷载应作为伴随作用参与组合，一般公路桥梁和人行桥梁的 $\psi_{2,i}$ 取 0，交通拥堵的桥梁 $\psi_{2,i}$ 取 0.2。
3. 表中 γ_I 为结构重要性系数，取值参见第 17 章。

在桥梁施工阶段，存在静力平衡失稳的偶然设计状况，其荷载组合表示为：

$$\sum_{j\geqslant1}G_{\mathrm{k},j,\sup}''+''\sum_{j\geqslant1}G_{\mathrm{k},j,\inf}''+''P''+''F_\mathrm{Ad}''+''\psi_2Q_\mathrm{c,k} \tag{2-39}$$

其中，$Q_\mathrm{c,k}$ 为施工荷载标准值，具体参见 EN 1996-1-6。

3. 地震设计状况的荷载组合

对于地震设计状况，偶然作用不同时参与组合，参与组合的各种荷载除地震作用采用设计值外，其他荷载均采用代表值，也即分项系数均取 1.0，荷载组合表示为：

$$\sum_{j\geqslant1}G_{\mathrm{k},j}''+''P''+''F_\mathrm{Ed}''+''\sum_{i\geqslant1}\psi_{2,i}Q_{\mathrm{k},i} \tag{2-40}$$

其中，地震作用设计值作为主导可变作用，其他可变作用均采用准永久值。地震设计状况承载能力验算采用的荷载设计值见表2-10。

2.5.2.2 正常使用极限状态的荷载组合

EN 1990 将正常使用极限状态分为三种类型：不可逆正常使用极限状态、可逆正常使用极限状态和长期效应。相应的验算荷载组合分别为：标准组合、频遇组合和准永久组合。

1. 标准组合

标准组合的主导可变作用采用标准值，伴随可变作用采用组合值，荷载组合表示为：

$$\sum_{j\geqslant1}G_{\mathrm{k},j}''+''P''+''Q_{\mathrm{k},1}''+''\sum_{i\geqslant2}\psi_{0,i}Q_{\mathrm{k},i} \tag{2-41}$$

标准组合在形式上与承载能力极限状态的基本组合相同,但所有荷载分项系数均取 1.0。标准组合也是一种半概率的结构验算,通常用于不可逆正常使用极限状态。

2. 频遇组合

频遇组合的主导可变作用采用频遇值,伴随可变作用采用准永久值,荷载组合表示为:

$$\sum_{j\geqslant 1} G_{k,j} ''+'' P ''+'' \psi_{1,1} Q_{k,1} ''+'' \sum_{i\geqslant 2} \psi_{2,i} Q_{k,i} \tag{2-42}$$

频遇组合通常用于可逆正常使用极限状态验算。

3. 准永久组合

准永久组合的可变作用均采用准永久值,荷载组合表示为:

$$\sum_{j\geqslant 1} G_{k,j} ''+'' P ''+'' \sum_{i\geqslant 1} \psi_{2,i} Q_{k,i} \tag{2-43}$$

准永久组合主要用于计算结构长期效应,譬如混凝土结构的收缩、徐变,某些情况下也用于可逆正常使用极限状态验算。

以上三种荷载组合中的预应力可采用标准值 P_k 或平均值 P_m,具体参考 EN 1991~EN 1999 的相关规定。

2.5.2.3 荷载作用分项系数汇总

综合承载能力极限状态和正常使用极限状态的六种主要荷载组合形式,可以将这些荷载组合融合成一种表达形式:

$$\sum_{j\geqslant 1} \xi_j \gamma_{G,j} G_{k,j} ''+'' \gamma_P P ''+'' \gamma F_{A/Ed} ''+'' \gamma_{Q,1} \psi_{Q,1} Q_{k,1} ''+'' \sum_{i\geqslant 2} \gamma_{Q,i} \psi_{Q,i} Q_{k,i} \tag{2-44}$$

表 2-11 汇总了桥梁结构的作用分项系数 γ 和伴随值系数 ψ_Q。

桥梁结构荷载组合相关系数汇总表　　　　表 2-11

极限状态			永久作用上限 $\xi\gamma_{G,sup}$	永久作用下限 $\gamma_{G,inf}$	预应力 γ_P	偶然/地震作用 γ	主导可变作用 $\gamma_{Q,1}\psi_{Q,1}$	伴随可变作用 $\gamma_{Q,i}\psi_{Q,i}$	备注
承载能力	持久或短暂状况	EQU	1.05	0.95	1.0	0	1.35/0	$1.5\psi_{0,i}/0$	普通静力平衡
			1.35	1.25	1.0	0	1.35/0	$1.5(1.35)\psi_{0,i}/0$	依靠结构构件受力的静力平衡
		STR	1.35	1.0	1.0	0	1.35/0	$1.5\psi_{0,i}/0$	不涉及土工作用的结构强度验算
			1.35	1.0	1.0	0	$1.35\psi_{0,1}/0$	$1.5\psi_{0,i}/0$	
			1.15	1.0	1.0	0	1.35/0	$1.5\psi_{0,i}/0$	
		STR/GEO	1.35	1.0	1.0	0	1.35/0	$1.5\psi_{0,i}/0$	涉及土工作用的结构强度验算和地基验算
			1.35	1.0	1.0	0	$1.35\psi_{0,1}/0$	$1.5\psi_{0,i}/0$	
			1.15	1.0	1.0	0	1.35/0	$1.5\psi_{0,i}/0$	
			1.0	1.0	1.0	0	1.15	$1.3\psi_{0,i}/0$	
	偶然状况		1.0	1.0	1.0	1.0	$\psi_{1,1}/\psi_{2,1}/0$	$\psi_{2,i}/0$	
	地震状况		1.0	1.0	1.0	1.0		$\psi_{2,i}/0$	
正常使用	标准组合		1.0	1.0	1.0	0	1.0/0	$\psi_{0,i}/0$	
	频遇组合		1.0	1.0	1.0	0	$\psi_{1,1}/0$	$\psi_{2,i}/0$	
	准永久组合		1.0	1.0	1.0	0	$\psi_{2,1}/0$	$\psi_{2,i}/0$	

注:1. 表中预应力作用不包括体外预应力稳定验算和预应力局部效应验算的情况。
　　2. 涉及公路和人行桥梁交通荷载参与组合的情况,其荷载组合系数暂作为主导可变作用考虑,实际使用时尚应按最不利组合作相应调整。

2.5.2.4 桥梁结构不同时组合的可变作用

桥梁结构设计需要考虑的可变作用种类较多，包括施工荷载、交通荷载，以及环境作用等。这些荷载作用中，某些荷载的出现有先后顺序，比如施工荷载先于交通荷载作用在桥梁结构上，它们在时间上不存在交集，因此二者不应同时参与组合；某些荷载同时出现的可能性极小，比如雪荷载与交通荷载，当地面积雪达到设计荷载水平时，桥上出现大量车辆和行人的概率几乎为零，因此二者也不必同时参与组合。EN 1990 和 EN 1991-2 对不需同时参与组合的荷载作了明确规定，见表 2-12 和表 2-13。需要注意的是，廊桥结构应考虑雪荷载与交通荷载同时参与组合。

公路桥梁不同时组合的可变作用   表 2-12

	LM1	LM2	LM4	制动力	离心力	人行道分布力	F_W^*	风荷载	雪荷载	温度	施工
LM1		×	×				$\max(\psi_0 F_{wk}, F_W^*)\times$①		×		×
LM2	×			×	×	×	×	×	×	×	×
LM4	×			×	×	×	×	×	×	×	×
制动力		×	×				同①		×		×
离心力		×	×				同①		×		×
人行道分布力		×	×				同①		×		×
F_W^*	同①	×	×	同①	同①	同①			×		×
风荷载		×	×						×	×	
雪荷载	×	×	×	×	×	×	×	×			
温度		×						×			
施工	×	×	×	×	×	×	×				

注：① 可变作用 LM1、LM2 和 LM4 为公路桥梁竖向交通荷载模型，具体参见第 3 章。

人行桥梁不同时组合的可变作用   表 2-13

	分布力 q_f	集中力 Q_{fw}	检修车辆 Q_{serv}	水平力 Q_{fl}	风荷载	雪荷载	温度	施工
分布力 q_f		×	×		×			×
集中力 Q_{fw}	×		×	×	×			×
检修车辆 Q_{serv}	×	×		×				×
水平力 Q_{fl}		×	×		×			×
风荷载		×				×		
雪荷载		×			×			
温度		×		×				
施工	×	×	×	×				

2.5.3 极限状态验算

2.5.3.1 承载能力极限状态验算

1. 静力平衡验算

桥梁结构中常见的静力平衡问题主要为倾覆和滑移。满足静力平衡的条件是导致失衡的作用效应设计值 $S_{d,dst}$ 不超过稳定作用效应设计值 $S_{d,stb}$，即

$$S_{d,dst} \leqslant S_{d,stb} \tag{2-45}$$

一般情况下,抗倾覆的稳定作用为永久荷载,譬如结构自重或配重;抗滑移的稳定作用为摩阻力或锚杆。

2. 结构强度/土工承载能力验算

结构强度和土工承载能力验算是为了保证结构使用的安全性,前者主要包括截面应力(正应力、剪应力)、构件内力(轴力、弯矩、剪力)和连接应力的验算,后者主要包括岩土抗剪承载力、扩展基础承载力和桩基承载力的验算,要求作用效应设计值 S_d 不能超过相应的承载力 R_d,即

$$S_d \leqslant R_d \tag{2-46}$$

承载能力极限状态验算中,与抗力计算有关的材料强度均使用设计值。

2.5.3.2 正常使用极限状态验算

正常使用极限状态验算主要包括变形、损坏和振动三个方面,需根据结构类型、结构材料和使用要求确定相应的验算内容,譬如混凝土桥梁结构需验算挠度和裂缝宽度,要求其作用效应设计值 S_d 不能超过相关准则的极限设计值 C_d,即

$$S_d \leqslant C_d \tag{2-47}$$

正常使用极限状态验算中,除非有特殊规定,材料特性分项系数 γ_M 均取 1.0。

2.5.4 算例

下面以一个两跨连续梁桥为例,介绍持久设计状况主梁抗弯验算、主梁裂缝宽度验算、桥墩承载能力验算和偶然设计状况桥墩承载能力验算的荷载组合。算例中涉及的公路桥梁交通荷载的含义参见第 3 章相关内容。

【例 2-3】 一座两跨钢筋混凝土连续梁桥,桥墩高度 6.5m,中间桥墩和两端桥台均设置横向位移约束支座,一个桥台设置纵向位移约束支座,桥下有一条横穿公路,桥墩存在侧面被撞击的可能性。桥梁结构的部分荷载效应标准值见表 2-14,其中,gr1a 荷载组代表竖向最大普通交通荷载,gr2 荷载组代表水平向最大普通交通荷载,gr5 荷载组代表竖向最大特殊交通荷载。试确定持久设计状况主梁抗弯验算、主梁裂缝宽度验算、桥墩承载能力验算和偶然设计状况桥墩承载能力验算的荷载效应设计值。

桥梁结构部分荷载效应标准值 表 2-14

作用效应		效应符号	作用效应标准值		
			跨中弯矩(kN·m)	桥墩竖向力(kN)	桥墩水平力(kN)
恒载作用效应		$S_{DL,k}$	1434	915	0
附加恒载作用效应		$S_{SDL,k}$	906	577(max)/223(min)	0
桥墩撞击作用效应		S_{Ad}	/	/	1500(主要) 750(次要)
风载作用效应		S_{Wk}	51	24	236
温度作用效应		$S_{Th,k}$	215	30	0
gr1a 作用效应	LM1	$S_{TS,k}$	2955	413	0
		$S_{UDL,k}$	1378	356	
	行人荷载	$S_{Ped,k}$	82	52	

续表

作用效应		效应符号	作用效应标准值		
			跨中弯矩(kN·m)	桥墩竖向力(kN)	桥墩水平力(kN)
gr2 作用效应	水平力,及并存的 LM1	$S_{TS,k}$	226	595(max)	226
		$S_{UDL,k}$	1117	712(max)	
gr5 作用效应	LM3	$S_{LM3,k}$	4154	1208	0
	与 LM3 并存的 LM1	$S_{TS,k}$	341	41	
		$S_{UDL,k}$	153	36	

解答：

（1）主梁抗弯验算

主梁抗弯验算属于持久设计状况的承载能力验算，不必考虑土工作用和失稳问题，故采用表 2-8 中的作用分项系数，具体取值见表 2-15。

主梁受弯验算的作用分项系数　　　　　　　　表 2-15

作用效应	分项系数符号	作用分项系数	
		不利情况，$\gamma_{G,sup}$ 或 γ_Q	有利情况，$\gamma_{G,inf}$ 或 γ_Q
恒载作用效应	$\gamma_{G,DL}$	1.35	1.0
附加恒载作用效应	$\gamma_{G,SDL}$	1.35	1.0
交通荷载作用效应	$\gamma_{Q,Tr}$	1.35	0
风载作用效应	$\gamma_{Q,W}$	1.5	0
温度作用效应	$\gamma_{Q,Th}$	1.5	0

根据表 2-14，由可变作用产生的跨中弯矩效应中，交通荷载最为不利，故将交通荷载作为主导可变作用，其余作为伴随可变作用。

另外，风荷载与温度作用不必同时考虑，因温度作用引起的跨中弯矩相对较大，故将温度作为伴随可变作用。

在交通荷载产生的跨中弯矩中，gr1a 和 gr5 比较接近，且都明显大于 gr2，故 gr2 不作考虑。又因 gr1a 为 LM1 的标准值与行人荷载组合值之和，而 gr5 为 LM3 的标准值与 LM1 的频遇值之和，gr1a 和 gr5 之间哪个更为不利尚不能立刻判断，因此需要分别计算确定，具体见表 2-16 和表 2-17。

主梁弯矩基本组合设计值（gr1a 参与组合）　　　　表 2-16

作用效应		效应符号	效应标准值 (kN·m)	分项系数 γ	组合值系数 ψ_0	荷载组系数	效应设计值 (kN·m)
恒载作用效应		$S_{DL,k}$	1434	1.35	/	/	1936
附加恒载作用效应		$S_{SDL,k}$	906	1.35	/	/	1223
gr1a 作用效应	LM1(TS)	$S_{TS,k}$	2955	1.35	/	1.0	3989
	LM1(UDL)	$S_{UDL,k}$	1378	1.35	/	1.0	1860
	行人荷载	$S_{Ped,k}$	82	1.35	/	0.4	44
温度作用效应		$S_{Th,k}$	215	1.5	0.6	/	194
合计							9246

主梁弯矩基本组合设计值（gr5 参与组合） 表 2-17

作用效应		效应符号	效应标准值 (kN·m)	分项系数 γ	组合值系数 ψ_0	荷载组系数	效应设计值 (kN·m)
恒载作用效应		$S_{DL,k}$	1434	1.35	/	/	1936
附加恒载作用效应		$S_{SDL,k}$	906	1.35	/	/	1223
gr5 作用效应	LM1(TS)	$S_{TS,k}$	341	1.35	/	0.75	345
	LM1(UDL)	$S_{UDL,k}$	153	1.35	/	0.4	83
	LM3	$S_{LM3,k}$	4154	1.35	/	1.0	5608
温度作用效应		$S_{Th,k}$	215	1.5	0.6	/	194
合计							9388

比较表 2-16 和表 2-17 的计算结果，可以看出 gr5 参与组合的主梁弯矩设计值更大，故主梁弯矩设计值为 9388kN·m。

(2) 主梁裂缝宽度验算

主梁裂缝宽度验算属于正常使用极限状态验算，采用准永久组合。交通荷载仍采用 gr5，风载作用不参与组合。具体计算见表 2-18。

主梁弯矩准永久组合设计值 表 2-18

作用效应		效应符号	效应标准值 (kN·m)	分项系数 γ	准永久值系数 ψ_2	荷载组系数	效应设计值 (kN·m)
恒载作用效应		$S_{DL,k}$	1434	1.0	/	/	1434
附加恒载作用效应		$S_{SDL,k}$	906	1.0	/	/	906
gr5 作用效应	LM1(TS)	$S_{TS,k}$	341	1.0	0	0.75	0
	LM1(UDL)	$S_{UDL,k}$	153	1.0	0	0.4	0
	LM3	$S_{LM3,k}$	4154	1.0	0	1.0	0
温度作用效应		$S_{Th,k}$	215	1.0	0.5	/	108
合计							2448

(3) 桥墩承载能力验算

桥墩承受的内力来自于上部结构自重及交通荷载产生的轴力，风荷载及交通荷载水平力产生的剪力和弯矩，其承载能力按压弯构件验算。桥墩承载能力也属于强度验算问题，荷载分项系数同表 2-15。由于风荷载与交通荷载水平力产生的墩柱剪力比较接近，不能立即判断哪个作为主导可变作用，需轮换试算确定，具体见表 2-19 和表 2-20。

桥墩剪力基本组合设计值（风荷载主导） 表 2-19

作用效应	效应符号	效应标准值 (kN)	分项系数 γ	组合值系数 ψ_0	荷载组系数	效应设计值 (kN)
恒载作用效应	$S_{DL,k}$	/				/
附加恒载作用效应	$S_{SDL,k}$	/				/
gr2 作用效应	$S_{gr2,k}$	226	1.35	0	1.0	0
风载作用效应	S_{Wk}	235	1.5	/	/	353
合计						353

2.5 荷载与抗力分项系数设计法

桥墩剪力基本组合设计值（gr2 主导） 表 2-20

作用效应	效应符号	效应标准值（kN）	分项系数 γ	组合值系数 ψ_0	荷载组系数	效应设计值（kN）
恒载作用效应	$S_{DL,k}$	/	/	/	/	/
附加恒载作用效应	$S_{SDL,k}$	/	/	/	/	/
gr2 作用效应	$S_{gr2,k}$	226	1.35	/	1.0	305
风载作用效应	S_{Wk}	235	1.5	0.6	/	212
合计						517

比较表 2-19 和表 2-20 的计算结果，可以看出 gr2 作为主导可变作用时的桥墩剪力设计值更大，故桥墩剪力设计值为 517kN。桥墩高度 6.5m，墩底弯矩设计值为 3361kN·m。

同桥墩最不利的剪力和弯矩并存的轴力设计值也应采用与表 2-20 相同的荷载组合方式，将 gr2 作为主导可变作用。轴力设计值分最大、最小两种情况，分别取 $\gamma_{G,sup}$ 和 $\gamma_{G,inf}$ 两种分项系数，具体见表 2-21 和表 2-22。

桥墩最大轴力基本组合设计值（gr2 主导） 表 2-21

作用效应	效应符号	效应标准值（kN）	分项系数 γ	组合值系数 ψ_0	荷载组系数	效应设计值（kN）
恒载作用效应	$S_{DL,k}$	915	1.35	/	/	1235
附加恒载作用效应	$S_{SDL,k}$	577	1.35	/	/	779
gr2 作用效应	$S_{TS,k}$	595	1.35	/	0	0
	$S_{UDL,k}$	712	1.35	/	0	0
风载作用效应	S_{Wk}	24	1.5	0.6	/	22
合计						2036

桥墩最小轴力基本组合设计值（gr2 主导） 表 2-22

作用效应	效应符号	效应标准值（kN）	分项系数 γ	组合值系数 ψ_0	荷载组系数	效应设计值（kN）
恒载作用效应	$S_{DL,k}$	915	1.0	/	/	915
附加恒载作用效应	$S_{SDL,k}$	223	1.0	/	/	223
gr2 作用效应	$S_{TS,k}$	595	1.35	/	0	0
	$S_{UDL,k}$	712	1.35	/	0	0
风载作用效应	S_{Wk}	24	1.5	0.6	/	22
合计						1160

综合表 2-19～表 2-22，桥墩持久设计状况的设计荷载效应为：弯矩 3361kN·m，剪力 517kN，最大轴力 2036kN，最小轴力 1160kN。

(4) 桥墩偶然设计状况承载能力验算

汽车对桥墩的撞击作用含主要撞击作用和次要撞击作用两部分，作用方向平行于桥梁轴线方向。主要撞击作用分布在离路面以上 0.75～1.5m 范围，次要撞击作用分布在离路面以上 1～3m 范围，本算例中均取为 1.25m。

根据 EN 1990：2002 附录 A.2.2.5 (1)、(2)，桥墩受汽车撞击的偶然设计状况，应将桥上交通荷载的频遇值作为伴随可变作用参与组合，并且不必考虑风荷载。根据表 2-2，公路桥梁交通荷载组（gr1a 至 gr5）中只有 gr1a、gr1b 和 gr3 的频遇值系数 ψ_1 不等于 0，因此本算例选择 gr1a 中的 LM1 参与荷载组合。具体计算见表 2-23～表 2-25。

桥墩偶然设计状况剪力设计值　　　　　　　　　　　　　　表 2-23

作用效应		效应符号	效应标准值 (kN)	分项系数 γ	伴随值系数 ψ	荷载组系数	效应设计值 (kN)
恒载作用效应		$S_{DL,k}$	/	/	/	/	/
附加恒载作用效应		$S_{SDL,k}$	/	/	/	/	/
桥墩撞击作用效应		S_{Ad}	1500 750	1.0	/	/	1500 750
gr1a 作用效应	LM1 TS	$S_{TS,k}$	/	/	/	/	/
	LM1 UDL	$S_{UDL,k}$	/	/	/	/	/
温度作用效应		$S_{Th,k}$	/	/	/	/	/
合计							2250

桥墩偶然设计状况最大轴力设计值　　　　　　　　　　　　表 2-24

作用效应		效应符号	效应标准值 (kN)	分项系数 γ	伴随值系数 ψ	荷载组系数	效应设计值 (kN)
恒载作用效应		$S_{DL,k}$	915	1.0	/	/	915
附加恒载作用效应		$S_{SDL,k}$	577	1.0	/	/	577
桥墩撞击作用效应		S_{Ad}	/	/	/	/	/
gr1a 作用效应	LM1 TS	$S_{TS,k}$	413	1.0	0.75	1.0	310
	LM1 UDL	$S_{UDL,k}$	356	1.0	0.4	1.0	142
温度作用效应		$S_{Th,k}$	30	1.0	0.5	/	15
合计							1959

桥墩偶然设计状况最小轴力设计值　　　　　　　　　　　　表 2-25

作用效应		效应符号	效应标准值 (kN)	分项系数 γ	伴随值系数 ψ	荷载组系数	效应设计值 (kN)
恒载作用效应		$S_{DL,k}$	915	1.0	/	/	915
附加恒载作用效应		$S_{SDL,k}$	223	1.0	/	/	223
桥墩撞击作用效应		S_{Ad}	/	/	/	/	/
gr1a 作用效应	LM1 TS	$S_{TS,k}$	/	/	/	/	/
	LM1 UDL	$S_{UDL,k}$	/	/	/	/	/
温度作用效应		$S_{Th,k}$	/	/	/	/	/
合计							1138

桥墩撞击作用分布在离路面 1.25m 高度处，故墩底弯矩设计值为 2813kN·m。综合以上荷载效应组合结果，桥墩偶然设计状况的设计荷载效应为：弯矩 2813kN·m，剪力

2250kN，最大轴力 1959kN，最小轴力 1138kN。

2.6 设计使用年限与耐久性

2.6.1 设计使用年限

设计使用年限是指结构或构件不需进行大修即可按其预定功能使用的年限。设计使用年限不是一个定值，不同类型工程结构的设计使用年限不尽相同，与结构的用途和重要性有关。EN 1990 划分了 5 种类别结构的设计使用年限。

EN 1990 规定的结构设计使用年限 表 2-26

类别	名义设计使用年限(年)	示 例
1	10	临时性结构
2	10～25	可更换的结构构件,如门式大梁、支座
3	15～30	农用及类似结构
4	50	房屋建筑及其他普通结构
5	100	纪念性建筑、桥梁及其他土木工程结构

使用年限是在结构设计之初就应明确规定的结构性能目标，它关系到结构整个生命周期可能遭受的环境腐蚀和疲劳损伤程度，使用年限越长，腐蚀和疲劳损伤越严重，结构需要采取的耐久性措施越严格。

需要说明的是，设计使用年限是对结构的使用功能而言，只要与使用功能有关的主要受力构件或不可更换构件能在设计使用年限完成预定功能即可，对次要构件可以进行维修甚至更换。以桥梁为例，其设计使用年限为 100 年，桥面铺装或支座都可以定期更换，只有主梁、桥墩和基础等受力结构的使用年限必须达到 100 年。

鉴于目前我们对影响结构使用年限的相关因素的认识不够充分，还不能精确预测结构的使用年限，只能大致估计结构和材料的长期使用性能，粗略地确定结构构件维修或更换的周期。尽管如此，在设计阶段明确结构的设计使用年限仍有以下积极作用：

（1）可以根据设计使用年限的长短确定用于结构设计的荷载，选择是否需要考虑材料性能的劣化，譬如临时结构就不必进行抗震设计，也不必考虑结构的疲劳损伤；

（2）比选不同的设计方案和建造材料，平衡初期建造成本和后期养护费用，使结构全寿命成本达到最优；

（3）系统性地优化结构维修养护策略。

2.6.2 耐久性

结构的耐久性是指结构在正常维护的条件下，在设计使用年限内维持使用功能的能力。它是结构可靠性的一个重要方面。耐久性问题是外部环境对结构材料的物理、化学、生物作用和结构材料内部的相互作用引起的结构性能劣化，这种过程一般是缓慢的，其最终结果是影响结构的正常使用性能和安全性。耐久性病害与结构的使用环境有关，对于混凝土结构，耐久性病害的形式多样，如风化、裂缝、混凝土碳化、氯离子侵蚀、钢筋锈蚀、碱骨料反应和冻融破坏等，其中比较典型的是混凝土中钢筋的锈蚀。

结构耐久性设计就是通过有效的防护措施，使结构性能在正常维护周期内不会出现显著的劣化，同时设计相应的检测维修通道。经过耐久性设计并采取相应措施的结构，其使用性能指标随时间的变化趋势如图 2-12 所示。在正常使用条件下，性能指标随时间单调下降，逐渐失去使用功能，最终破坏失效。若在结构丧失使用功能时采取适当的维修加固措施，其性能指标会得到一定的提升，进而延长结构的正常使用寿命，随时间推移，重复以上过程，直至达到结构的设计使用年限。

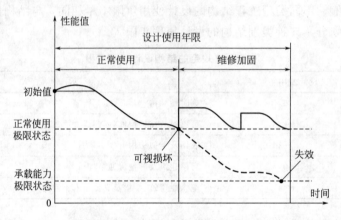

图 2-12 结构使用性能随时间的变化

EN 1990 对耐久性设计的规定比较详细，除了考虑对结构的正常维护外，还考虑了环境条件、工艺质量和控制水平、结构体系的选择等对结构性能的影响，具体需要考虑以下因素：

(1) 预期或可预见的使用范围；
(2) 要求的设计准则；
(3) 预期的环境条件；
(4) 材料和制品的组成、特性和性能；
(5) 岩土的特性；
(6) 结构体系的选择；
(7) 构件形状和结构细部构造；
(8) 工艺质量和控制水平；
(9) 特殊的保护措施；
(10) 设计使用年限内维护措施。

EN 1990 要求在设计阶段就对环境的状况进行评估，并做出保护结构所使用材料的规定，在有条件的情况下评估使用材料的劣化趋势，预测结构的使用年限。

2.7 可靠性管理

可靠性是指结构在设计使用年限内，在规定条件下完成预定功能的能力。影响结构可靠性的因素众多，不仅包括可靠度设计中各变量的概率统计模型是否准确，还包括设定的可靠度目标是否合理，以及结构在设计、施工和维护过程中的人为不利因素是否得到有效控制。因此，为了保证结构达到要求的可靠性，需要对这些影响因素进行科学管理。EN 1990采用了结构可靠性分级、设计监督分级和施工检查分级三项措施确保结构的可靠性。

2.7.1 可靠性分级

2.7.1.1 失效后果类别

根据结构失效后可能造成的生命财产损失和社会环境影响，EN 1990将结构的失效后果分为三个类别CC1、CC2和CC3，见表2-27。

失效后果类别定义　　　　　　　　　　　　表 2-27

失效后果类别	定义描述	举例
CC3	严重后果：对人的生命、财产损失和社会、环境的影响非常大	运动场看台、剧院、高层建筑、重要桥梁
CC2	中等后果：对人的生命、财产损失和社会、环境的影响相当大	住宅、办公楼、宾馆、学校、普通桥梁
CC1	轻微后果：对人的生命、财产损失和社会、环境的影响较小或可忽略	农用建筑、仓库、温室

另外，失效后果还与工程结构的使用频率有关，结构的使用频率越高，人的生命遭受损失的可能性越大、风险越高。这种情况下，即便是普通结构的失效都会带来比较严重的后果。根据以上几方面因素，还可以对失效后果作更为精细的分类，形成如表2-28所示的失效后果类别矩阵。

失效后果类别矩阵　　　　　　　　　　　　表 2-28

结构使用频率	失效后果类别		
	低	中	高
低	CC1	CC2	CC3
中	CC2	CC2	CC3
高	不适用	CC3	CC3

2.7.1.2 可靠度指标分级

相应于失效后果类别CC1、CC2和CC3，EN 1990定义了三个可靠度等级RC1、RC2和RC3。可靠度是结构失效概率的另一种表达形式，失效后果严重的结构在设计时必然要采用更高的目标可靠度。这里存在一个关键问题，不同可靠度等级的可靠度指标如何确定？这本身是一个非常复杂的风险分析问题，而且是一个有争议的问题，需要结合环境作用、结构材料、人身财产风险和社会环境风险等因素进行综合考虑。譬如，人们可接受的工程结构失效而导致的死亡率有多大，人的死亡带来的有形和无形的损失又如何估算？这类问题很难准确地回答，因此目前还不可能采用纯粹的理论方法确定不同等级的可靠度指标。

鉴于上述原因，EN 1990通过半理论半经验的方法确定承载能力极限状态的最低可靠度指标，一方面是对各种材料组成的结构构件的可靠度研究，另一方面考虑社会可接受的建筑结构安全事故最大死亡率,最终采用了《结构可靠性总原则》ISO 2394 建议的年致亡率 10^{-6} 作为建筑结构承载能力极限状态的年失效概率,相应的可靠度指标 $\beta_{1a}\approx 4.7$,以此为标准可以确定 50 年基准期的承载能力极限状态可靠度指标 $\beta_{50a}\approx 3.8$。对于失效后果严重或轻微的结构,其最低可靠度指标在此基础上浮动 ± 0.5。表 2-29 汇总了可靠度等级 RC1、RC2 和 RC3 对应的承载能力极限状态、疲劳和正常使用极限状态的最低可靠度指标。

三个可靠度等级的最低可靠度指标　　　　表 2-29

可靠度等级	失效后果类别	可靠度指标 β					
		承载能力极限状态		疲劳		正常使用极限状态	
		1 年基准期	50 年基准期	1 年基准期	50 年基准期	1 年基准期	50 年基准期
RC3	CC3	5.2	4.3	/	/	/	/
RC2	CC2	4.7	3.8	/	1.5～3.8	2.9	1.5
RC1	CC1	4.2	3.3	/	/	/	/

需要说明的是,EN 1990 推荐的最低可靠度指标并未考虑人为不利因素引起结构失效的可能性,因此,设计失效概率不代表实际的结构失效概率。

2.7.1.3　荷载作用分项系数分级

本书第 2.5 节介绍的荷载与抗力分项系数设计法中的荷载作用分项系数 γ_F 和材料强度分项系数 γ_M 取值是根据可靠度等级 RC2 对应的可靠度指标校准而来。可靠度等级 RC3 和 RC1 的分项系数如何确定,EN 1990 采用了一种简化处理的方法,即在相同的设计监督和施工检查等级下,对不利的荷载分项系数乘以系数 K_{FI},如表 2-30 所示。

荷载作用的 K_{FI} 系数　　　　表 2-30

用于荷载作用的系数 K_{FI}	可靠度等级		
	RC1	RC2	RC3
K_{FI}	0.9	1.0	1.1

2.7.2　设计监督分级

欧洲国家曾做过调查统计,发现建筑工程结构中的严重安全事故皆是因设计、施工人员不遵守相关规则而导致的。因此,除按失效后果的严重性对结构的可靠度进行分级外,EN 1990 还规定了结构设计过程中的监督分级,以减少设计人员的人为错误。设计监督分级由各组织的质量控制措施构成,这些措施可一起使用。表 2-31 示出了三种设计监督水平(DSL)。设计监督水平可根据可靠度等级或国家要求,以及设计原则确定,并通过适当的质量管理措施来执行。

设计监督水平(DSL)　　　　表 2-31

设计监督水平	可靠度分级	特征	对计算、绘图和审查的最低要求
DSL3	RC3	扩大监督	由非设计单位的第三方机构核查
DSL2	RC2	常规监督	由项目负责人之外的其他人员按组织程序核查
DSL1	RC1	常规监督	由设计人员自查

2.7.3 施工检查分级

除了设计监督外，EN 1990 规定了施工检查分级，以减少施工过程中的人为错误。表 2-32 示出了三种施工检查水平（IL），可根据选用的质量管理等级来确定，并通过适当的质量管理措施来执行。

检查水平（IL） 表 2-32

检查水平	可靠度分级	特征	要求
IL3	RC3	扩大检查	由第三方检查
IL2	RC2	常规检查	按组织程序检查
IL1	RC1	常规检查	自检

第3章 桥梁结构上的作用

桥梁结构设计首先需要了解桥梁在各个阶段承受的外部荷载和环境作用。本章将要介绍的桥梁结构作用包括结构自重、交通荷载、雪荷载、风荷载、温度作用、施工期荷载及偶然荷载。土工作用和地震作用,分别在本书第15章和第17章单独介绍。

3.1 自重

自重是结构构件自身的重量,从时间和空间上的变异性来看,结构构件的自重属于固定的永久作用。

EN 1991-1-1是欧洲规范关于建筑材料重力密度、结构自重的分册,其背景文件是由欧共体成员的国家标准、国际标准 ISO 9194 和 CIB 报告 115 和 116 构成的。然而,这些文件中的一些原则、规定和数据不完全一致。此外,关于材料重度、休止角的统计数据及取值都未达成统一。因此,EN 1991-1-1 只给出某些材料重度的范围,而没有给出具体的值。

3.1.1 结构自重

桥梁的自重包括结构构件和非结构构件自重,以及桥上回填土的自重。结构构件通常是指受力构件,包括基础、桥墩、主梁、拱肋、桥塔、索等构件;而非结构构件主要指非受力构件,包括过桥管线、桥面防水和铺装、涂装、交通防撞装置、声屏障,以及桥梁外装饰等附属设施。

结构构件的自重由构件材料的重度标准值和构件几何尺寸的名义值确定,名义尺寸一般取设计图件中标注的尺寸。如果材料重度的统计变异性较大,应根据设计需要取用重度的上限值或下限值。当某些材料的重度以取值范围的形式给出时,应在工程的设计原则中明确具体取值,若未作明确规定,可以采用取值范围的平均值。

对于非结构构件自重的标准值,应考虑其上限值和下限值。如果在设计原则中未明确指定,可按表3-1中的规定取值。

桥梁非结构构件自重标准值的确定　　　　　表3-1

非结构构件	标准值的变异性
防水、铺装和涂装	若名义值中包含后施工涂铺层,考虑±20%的偏差
	若名义值中不含后施工涂铺层,考虑+40%和-20%的偏差
线缆、管道	在平均值的基础上考虑±20%的偏差
防撞设施、声屏障、紧固件、连接件	取名义值,不考虑偏差

桥上回填土自重应根据局部条件、填土类型、地下水位变化以及固结度等因素,在具体工程中明确规定。

3.1.2 材料重度

表 3-2 汇总了 EN 1991-1-1 中关于桥梁结构常用材料的重度标准值。

桥梁结构常用材料的重度 表 3-2

材料类型	具体材料和等级	重度(kN/m³)	材料类型	具体材料和等级	重度(kN/m³)
混凝土	轻质 LC1.0 级	9.0~10.0①②	天然石材	花岗石、正长岩、斑岩	27.0~30.0
	轻质 LC1.2 级	10.0~12.0①②		玄武岩、闪长岩、辉长岩	27.0~31.0
	轻质 LC1.4 级	12.0~14.0①②		玄武玻璃	26.0
	轻质 LC1.6 级	14.0~16.0①②		玄武质熔岩	24.0
	轻质 LC1.8 级	16.0~18.0①②		灰色砂岩、砂岩	21.0~27.0
	轻质 LC2.0 级	18.0~20.0①②		致密石灰岩	20.0~29.0
	中质	24.0①②		其他石灰岩	20.0
	重质	>24.0①②		火山凝灰岩	20.0
砂浆	水泥砂浆	19.0~23.0		片麻岩	30.0
	石膏砂浆	12.0~18.0		板岩	28.0
	石灰水泥砂浆	18.0~20.0	木材	C14 级	3.5
	石灰砂浆	12.0~18.0		C30 级	4.6
砌体	黏土砖	见 EN 771-1		C50 级	7.8
	硅酸钙砖	见 EN 771-2		C70 级	10.8
	集料混凝土砌块	见 EN 771-3	胶合木材	均质 GL24h	3.7
	蒸压加气砌块	见 EN 771-4		均质 GL36h	4.4
	人造石砌块	见 EN 771-5		复合 GL24c	3.5
	空心玻璃块	见 EN 1051		复合 GL36c	4.2
	赤陶	21.0	金属	铝	27.0
桥面铺装	沥青混凝土	24.0~25.0		铜	87.0~89.0
	沥青玛蹄脂	18.0~22.0		铸铁	71.0~72.5
	热轧沥青	23.0		锻铁	76.0
桥梁填充料	干砂	15.0~16.0		铅	112.0~114.0
	砾石	15.0~16.0		钢	77.0~78.5
	硬核	18.5~19.5		锌	71.0~72.0
	碎渣	13.5~14.5		/	/
	填充碎石	20.5~21.5		/	/
	黏土胶泥	18.5~19.5		/	/

注：① 对于正常配筋率的钢筋和预应力筋混凝土，增加 1kN/m³；
② 对于未硬化混凝土，增加 1kN/m³。

3.2 交通荷载

3.2.1 公路桥梁交通荷载

公路桥梁交通荷载包括由车辆自重和动力放大效应组成的竖向荷载、伴随竖向荷载的水平制动力和离心力、疲劳荷载。

3.2.1.1 名义车道划分与布置及编号原则

1. 名义车道划分

名义车道是在桥梁结构计算分析中用于布置竖向交通荷载的虚拟车道，需根据道路宽度 w 和道路的分幅形式来划分。这里的道路宽度 w 是指防撞护栏或路缘石的内缘净宽度，其中有效的路缘石高度不应低于10cm。若道路中央的防撞护栏为临时性设置，道路宽度应包含防撞护栏宽度；若道路中央设置永久性防撞护栏，道路宽度应分幅单独考虑。图 3-1 示出了四种不同类型的道路宽度。

一般情况下，名义车道宽度 $w_1=3m$，名义车道数 n_1 取整。道路划分名义车道后的

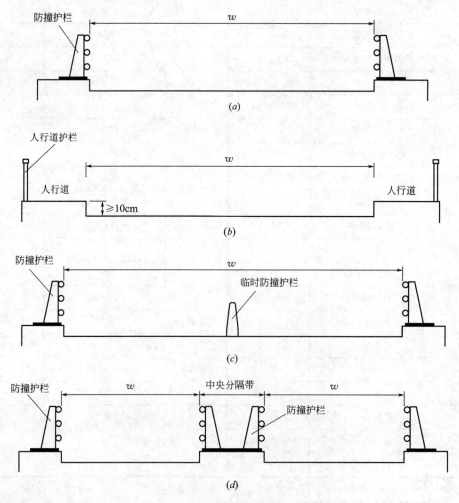

图 3-1 四种道路宽度示例

剩余部分称为保留区域。表3-3给出了三种道路宽度的名义车道划分规则。对于道路宽度w变化的情况，名义车道仍按表3-3的原则划分。对于同一主梁上的物理分幅道路，如图3-1（c）和（d），当中央分隔带为永久性设置，应对左右两个道路宽度w分别划分名义车道，当中央分隔带为临时性设置，应对整个道路宽度w划分名义车道。

名义车道宽度及车道数　　　　　　　　　　　　表3-3

道路宽度w(m)	名义车道数n_1	名义车道宽度w_1(m)	保留区域宽度(m)
$w<5.4$	1	3	$w-3$
$5.4\leqslant w<6$	2	$w/2$	0
$w\geqslant 6$	Int($w/3$)	3	$w-3n_1$

2. 名义车道布置与编号

桥梁结构汽车荷载效应分析，荷载模型应布置在使结构产生不利效应的所有名义车道上。其中，产生最不利效应的车道编号为名义车道1，产生次不利效应的车道编号为名义车道2，其余的以此类推，如图3-2所示。

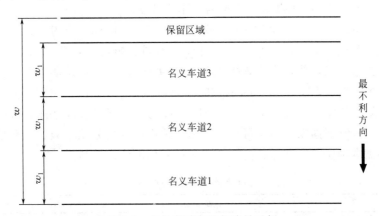

图3-2　名义车道布置与编号示例

对于在同一主梁上分幅的道路，不论中央分隔带是永久性设置或是临时性设置，所有的名义车道应统一编号。

对于按双幅主梁设计的道路，中央分隔带属于永久性设置。当对单幅主梁进行荷载效应分析时，只需对相应道路上的名义车道编号；当这两幅主梁支承于同一桥墩或桥台，对桥墩或桥台进行荷载效应分析时，应将两幅主梁上的道路作为整体来对名义车道编号。

3.2.1.2　竖向荷载模型

EN 1991-2规定了用于极限状态验算的4种竖向荷载模型，其加载长度原则上不超过200m。之所以有这个限制，是因为欧洲规范用于校验竖向荷载模型的几种结构模型的最大加载长度为200m，也即最大的影响线长度为200m。实际上，竖向荷载模型用于加载长度超过200m的情况也是安全的，譬如，英国国家附录就将加载长度的限制条件放宽到1500m。

荷载模型1（LM1）：由双轴四轮集中力（TS）和均布力（UDL）组成，覆盖了绝大多数卡车和轿车的荷载效应，用于桥梁结构的整体验算和局部验算。

荷载模型2（LM2）：为一单轴双轮的集中力，作为LM1荷载模型的补充，主要用于跨径 3~7m 的桥梁验算。

荷载模型 3（LM3）：由一系列的标准车辆模型组成，主要用于特殊交通情况下的桥梁整体和局部验算。

荷载模型 4（LM4）：为一均布荷载，用于考虑桥梁满载人群的特殊情况。

荷载模型 LM1 和 LM2 是通过采集欧洲高速公路上 20 多万组重型车辆的数据统计确定的，其中，标准值的重现期为 1000 年，相当于 50 年超越概率 5%，频遇值的重现期为 1 周，准永久值一般取为 0。荷载模型 LM3 和 LM4 的标准值均按名义值取用，而不考虑频遇值和准永久值。

1. 荷载模型 1（LM1）

荷载模型 LM1 由双轴四轮集中力（TS）和均布力（UDL）组成，它代表了绝大多数的公路交通荷载状况，如图 3-3 所示。LM1 可布置在名义车道和保留区域上，根据影响面选择最不利的位置进行加载，其中，TS 的 4 个轮载必须同时考虑，即使 4 个轮位分别布置在影响面的不利加载区和有利加载区；而 UDL 则可完全按最不利位置加载，即当某个名义车道在横向同时占据了不利加载区和有利加载区时，UDL 只需布置在不利加载区域，此时该名义车道上的 UDL 加载宽度小于名义车道宽度。

荷载模型 LM1 中，TS 的单轴标准值为 $\alpha_Q Q_k$，UDL 的标准值为 $\alpha_q q_k$，二者均包含了动力放大效应。不同名义车道上的 Q_{ik} 和 q_{ik} 取值不同，如表 3-4 所示。α_{Qi}、α_{qi} 和 α_{qr} 为修正因子，根据国家附录取值，未明确指定时均取为 1.0，代表有大量重型车辆通过的交通状况。对于高速公路，名义车道 1 的 α_{Q1} 和 α_{q1} 可折减 10%~20%。任何情况下，α_{Qi} 不应小于 0.8，名义车道编号 $i \geqslant 2$ 时，$\alpha_{qi} \geqslant 1$。欧洲规范在汽车荷载模型标准值中引入修正因子，是为了统一各欧盟国家的桥梁可靠度指标与荷载组合的分项系数、组合值系数，同时给予了各国根据本国实际的交通状况调整汽车荷载标准值的权利。

荷载模型 LM1 标准值　　　　　　　　　　　表 3-4

布载位置	TS 轴载 Q_{ik}(kN)	UDL 均布力 q_{ik} 和 q_{rk}(kN/m²)
名义车道 1	300	9
名义车道 2	200	2.5
名义车道 3	100	2.5
其他车道	0	2.5
保留区域	0	2.5

荷载模型 LM1 可以用于桥梁整体验算和局部验算，当做整体验算时，双轴集中力 TS 沿名义车道居中布置，车轮中心线距名义车道边线距离为 0.5m，如图 3-3 所示；当做局部验算时，TS 不必沿名义车道居中布置，但相邻名义车道的车轮中心线距离不应小于 0.5m，轮底接触面按边长 0.4m 的正方形考虑。

2. 荷载模型 2（LM2）

荷载模型 LM2 是一个单轴双轮的集中力，如图 3-4 所示，主要用于小跨径桥梁结构验算，特别是正交异性板的情况。LM2 模型使用了更大的轮底接触面积，修正了 LM1 模型轮压影响线加载长度较小的不足。LM2 的轴载标准值为 $\beta_Q Q_{ak}$，其中 $Q_{ak}=400\text{kN}$，β_Q 根据国家附录取值，推荐的 β_Q 取值与 α_{Q1} 相同。$\beta_Q Q_{ak}$ 已包含动力放大效应，但在桥梁伸缩缝附近还应考虑附加动力放大系数 $\Delta\beta$：

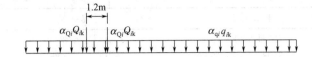

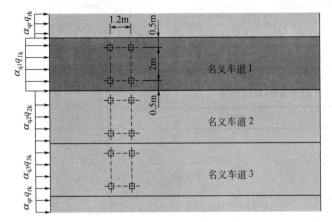

图 3-3 荷载模型 LM1

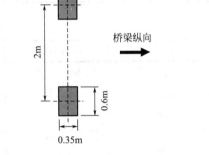

图 3-4 荷载模型 LM2

$$\Delta\beta = 1.3(1 - D/26) \geqslant 1.0 \tag{3-1}$$

其中，D 为所考虑的主梁截面与伸缩缝的距离（单位：m），距离超过 6m 时无须再考虑附加动力放大的影响。

3. 荷载模型 3（LM3）

荷载模型 LM3 由一系列的标准车辆模型组成，仅用于短暂设计状况特殊交通情况下的桥梁整体和局部验算，一般由建设单位根据需要决定是否选用。LM3 的标准车辆需要与 LM1 按最不利影响面同时布载。

LM3 的标准车辆为多轴双轮或三轮集中力模型，轴载均为名义值，不包含动力放大效应，有 100kN、150kN、200kN 和 240kN 四种轴载。轴载 100～200kN 的标准车辆宽度为 3m，轴载 240kN 的标准车辆宽度为 4.5m。标准车辆模型轴载的具体描述见表 3-5、表 3-6 及图 3-5。

LM3 标准车辆轴载分布　　　　　　表 3-5

车辆总重(kN)	轴载组成	符　号
600	4 轴 150kN	600/150
900	6 轴 150kN	900/150
1200	8 轴 150kN	1200/150
	6 轴 200kN	1200/200
1500	10 轴 150kN	1500/150
	7 轴 200kN+1 轴 100kN	1500/200
1800	12 轴 150kN	1800/150
	9 轴 200kN	1800/200
2400	12 轴 200kN	2400/200
	10 轴 240kN	2400/240
	6 轴 200kN+间距 12m+6 轴 200kN	2400/200/200

续表

车辆总重(kN)	轴载组成	符号
3000	15轴200kN	3000/200
	12轴240kN+1轴120kN	3000/240
	8轴200kN+间距12m+7轴200kN	3000/200/200
3600	18轴200kN	3600/200
	15轴240kN	3600/240
	9轴200kN+间距12m+9轴200kN	3600/200/200

LM3标准车辆轴距分布　　　　　表3-6

车辆总重(kN)	150kN轴线	200kN轴线	240kN轴线
600	$n=4\times150$ $e=1.5$m		
900	$n=6\times150$ $e=1.5$m		
1200	$n=8\times150$ $e=1.5$m	$n=6\times200$ $e=1.5$m	
1500	$n=10\times150$ $e=1.5$m	$n=1\times100+7\times200$ $e=1.5$m	
1800	$n=12\times150$ $e=1.5$m	$n=9\times200$ $e=1.5$m	
2400		$n=12\times200$ $e=1.5$m $n=6\times200+6\times200$ $e=5\times1.5$m$+12$m$+5\times1.5$m	$n=10\times240$ $e=1.5$m
3000		$n=15\times200$ $e=1.5$m $n=8\times200+7\times200$ $e=7\times1.5$m$+12$m$+6\times1.5$m	$n=1\times120+12\times240$ $e=1.5$m
3600		$n=18\times200$ $e=1.5$m $n=9\times200+9\times200$ $e=8\times1.5$m$+12$m$+8\times1.5$m	$n=15\times240$ $e=1.5$m $n=8\times240+7\times240$ $e=7\times1.5$m$+12$m$+6\times1.5$m

注：n 等于轴数乘以轴载；e 表示轴距。

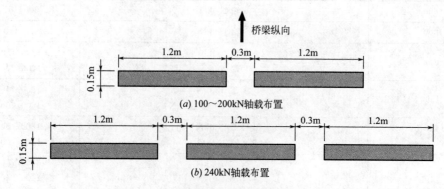

图3-5　LM3标准车辆模型轴载横向布置图

LM3 标准车辆模型的行驶速度分为慢速行驶（5km/h）和正常行驶（70km/h）两种情况。对于慢速行驶，标准车辆轴载不必考虑动力放大系数，而对于正常行驶则须计入动力放大系数 β：

$$\beta = 1.4 - L/500 \geqslant 1.0 \qquad (3-2)$$

其中，L 为影响长度（单位：m），L 所需考虑的最大影响长度为 200m。

当假定为慢速行驶的交通状况时，将 1 辆标准车辆模型布置于名义车道 1（或名义车道 1 和 2）的最不利位置，距最外车轴 25m 开外的名义车道 1（或名义车道 1 和 2）及其余车道和保留区域布置 LM1，LM1 采用频遇值，如图 3-6 所示。

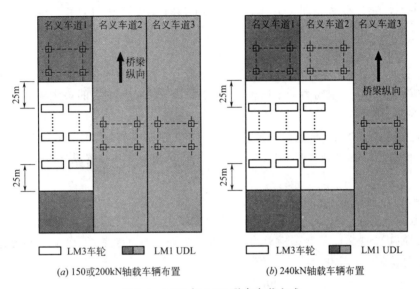

图 3-6　LM3 与 LM1 联合布载方式

当假定为正常行驶的交通状况时，将 2 辆标准车辆模型沿纵向布置于名义车道 1（或名义车道 1 和 2）的最不利位置，距最外车轴 25m 开外的名义车道 1（或名义车道 1 和 2）及其余车道和保留区域布置 LM1，LM1 采用频遇值。

4. 荷载模型 4（LM4）

荷载模型 LM4 为一均布荷载，一般用于城区内可能举行体育赛事或文化活动的桥梁（图 3-7）作短暂设计状况的整体验算。LM4 的名义值为 $5kN/m^2$，包含动力放大效应，根

图 3-7　桥梁满载人群的示例（纽约马拉松，维拉萨诺大桥）

据影响面布置在主梁的最不利区域,包括人行道和中央分隔带。

5. 局部验算集中力扩散模型

荷载模型 LM1 和 LM2 的轮压局部验算,将集中力视为在轮底接触面范围内均匀分布,并按 45°角经过铺装层扩散至桥面板。对于混凝土桥面板,局压应力扩散至桥面板的中间层,对于钢结构的正交异性板,局压应力扩散至顶板的中间层。

3.2.1.3 水平荷载

1. 制动力/加速度力

制动力是由车辆刹车时产生的纵向水平力,而加速度力则是车辆加速时反作用于桥梁的纵向水平力,二者本质相同,方向相反。EN 1991-2 规定制动力和加速度力取值相同,均按施加于名义车道 1 的竖向荷载 LM1 的摩擦力计算,即:

$$Q_{lk} = 0.6\alpha_{Q1}(2Q_{1k}) + 0.1\alpha_{q1}q_{1k}w_1 L \tag{3-3}$$

其中,L 为主梁长度或所考虑的部分主梁长度。当 $L<1.2\text{m}$ 时,只能布置一个轴载,故制动力的下限值为 $180\alpha_{Q1}$。制动力的上限值是根据军用车辆可能产生的最大制动力确定的,规定为 900kN。

某些特殊交通状况下,车辆由于紧急制动而产生漂移现象,此时制动力沿桥梁的斜向作用,在纵向和横向均有分量。EN 1991-2 规定了横向制动力 Q_{rk} 按纵向制动力 Q_{lk} 的 25% 取值。

2. 离心力

离心力是车辆在弯道行驶时作用在桥梁上的横向水平力,它与车辆的行驶速度和弯道半径有关。EN 1991-2 以重型车辆平均行驶速度 70km/h 为参考,给出了离心力标准值 Q_{tk}(含动力放大效应),并简化为三种取值情况:

$$Q_{tk} = \begin{cases} 0.2Q_v & r<200\text{m} \\ 40Q_v/r & 200\text{m} \leqslant r \leqslant 1500\text{m} \\ 0 & r>1500\text{m} \end{cases} \tag{3-4}$$

其中,r 为道路中心线的水平半径(单位:m);

Q_v 为竖向荷载 LM1 的集中力总和 $\sum \alpha_{Qi}(2Q_{ik})$(单位:kN)。

3.2.1.4 交通荷载组

1. 持久设计状况交通荷载组代表值

竖向交通荷载 LM1~LM4 是针对不同的设计需要和交通状况给出的四种荷载模型,实际上,这四种模型代表的设计条件基本不可能同时出现,另外,制动力和离心力等水平交通荷载又是伴随 LM1 出现的。因此,在荷载与抗力分项系数设计法中,不能将所有交通荷载同时参与荷载组合,而应根据桥梁构件设计的需要选择最不利的交通荷载与其他荷载组合。譬如,桥墩结构在受力形式上属于压弯构件,而压弯构件在弯矩大而轴压力小时最为不利,产生这种荷载效应的条件是桥上只有为数不多且在加速行驶的重型车辆,与之相应的交通荷载是加速度力和 LM1 频遇值的联合作用。基于这些原因,EN 1991-2 将公路桥梁交通荷载划分成 6 种相互独立的交通荷载组标准值,见表 3-7。各交通荷载组作为一个整体分别参与荷载组合。

持久设计状况交通荷载组的频遇值只考虑 LM1、LM2 或竖向行人均布荷载,一般不考虑准永久值。

3.2 交通荷载

公路桥梁交通荷载组的标准值 表 3-7

交通荷载 组名称	机动车道				制动力/加速度力①	离心力/横向制动力①	人行道及非机动车道 竖向均布荷载
	LM1	LM2	LM3	LM4			
gr1a	标准值						组合值②
gr1b		标准值					
gr2	频遇值				标准值	标准值	
gr3④							标准值③
gr4			标准值				标准值
gr5	频遇值		标准值				

注：① 可选用国家附录的定义。
② 根据国家附录取值。推荐值为 $3kN/m^2$。
③ 可单侧人行道布载，也可两侧人行道布载，按最不利效应选用。
④ 如果考虑 gr4 荷载组，不必再考虑 gr3 荷载组。

2. 短暂设计状况交通荷载组代表值

EN 1991-2 中没有明确指明短暂设计状况的交通荷载组，实际上短暂设计状况只涉及 LM3 和 LM4 两种竖向交通荷载。可见，隐含于 EN 1991-2 中的短暂设计状况交通荷载组为 gr4 和 gr5，并且 LM1 中的集中力 TS 的标准值需改为 $0.8\alpha_{Qi}Q_{ik}$。

3.2.1.5 疲劳荷载模型

车辆在行驶过程中形成的周期性应力谱，会对桥梁结构造成疲劳损伤。疲劳应力谱与车辆轴载、轴距、车距，以及车辆的组成和结构动力效应有关。EN 1991-2 定义了五种模型用于疲劳验算，它们的基本用法汇总于表 3-8。

疲劳荷载模型的基本用法 表 3-8

模型编号	疲劳荷载模型	计算效应	验算方法
FLM1	$0.7Q_{ik}"+"0.3q_{ik}"+"0.3q_{rk}$	应力幅	无限疲劳寿命验算
FLM2	5种"频遇"卡车	应力幅	无限疲劳寿命验算
FLM3	4轴车辆	应力幅	疲劳损伤验算
FLM4	5种"标准"卡车	应力谱	疲劳损伤验算
FLM5	实录车辆轴载	应力谱	疲劳损伤验算

桥梁结构疲劳分析，应根据正常的车辆行驶分布情况，将疲劳荷载模型布置在最可能出现的名义车道上。对于整体疲劳效应分析，所有荷载模型均置于名义车道的中心线上；对于局部疲劳效应分析，荷载模型可以布置在道路的任何位置，当荷载的布置位置对疲劳效应有显著影响时，FLM3~FLM5 在名义车道的横向布置应考虑如图 3-8 所示的概率分布特征。

疲劳荷载模型 FLM1~FLM4 的名义值包含了桥面铺装层质量较好条件下的动力放大系数，对于伸缩缝附近区域的疲劳效应还应考虑附加动力放大系数 $\Delta\beta_{fat}$，按式 (3-1) 计算。

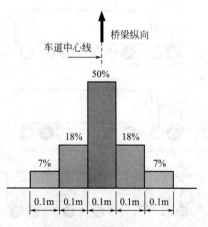

图 3-8 疲劳荷载模型横向布置概率分布

1. 疲劳荷载模型1（FLM1）

疲劳荷载模型FLM1的形式与LM1相似，也是由双轴集中力和均布力构成，但不考虑修正因子α，其中，轴载为$0.7Q_{ik}$，均布力为$0.3q_{ik}$和$0.3q_{rk}$，具体见表3-9。个别工程中，q_{rk}的疲劳效应可忽略不计。FLM1用于检验桥梁结构是否需要考虑疲劳寿命问题，即校验FLM1作用下的最大应力幅$\Delta\sigma_{max}$是否小于无限疲劳寿命容许应力幅$\Delta\sigma_D$。

疲劳荷载模型 FLM1　　　　　　　　　　　表 3-9

布载位置	TS轴载 $0.7Q_{ik}$(kN)	UDL均布力 $0.3q_{ik}$和$0.3q_{rk}$(kN/m²)
名义车道1	210	2.7
名义车道2	140	0.75
名义车道3	70	0.75
其他车道	0	0.75
保留区域	0	0.75

2. 疲劳荷载模型2（FLM2）

疲劳荷载模型FLM2也是用于校验桥梁无限疲劳寿命问题，多用作FLM1的疲劳验算准确度不高情况下的补充验算。FLM2模型由5种轴载取频遇值的卡车组成，称为"频遇"卡车，如表3-10所示。计算FLM2作用下的最大应力幅，应将5种"频遇"卡车分别从桥梁结构计算模型的慢车道驶过，选取其中最不利者与$\Delta\sigma_D$进行比较。

疲劳荷载模型 FLM2 的"频遇"卡车　　　　　　　　表 3-10

车型	轴距(m)	轴载频遇值(kN)	车轮型号
	4.5	90 190	A B
	4.2 1.3	80 140 140	A B B
	3.2 5.2 1.3 1.3	90 180 120 120 120	A B C C C
	3.4 6.0 1.8	90 190 140 140	A B B B
	4.8 3.6 4.4 1.3	90 180 120 110 110	A B C C C

3.2 交通荷载

FLM2 和 FLM4 模型车轮几何参数 表 3-11

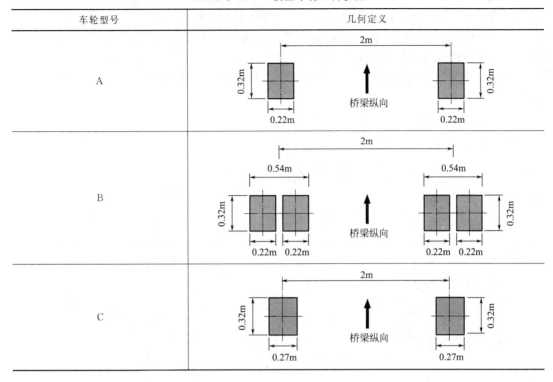

3. 疲劳荷载模型 3（FLM3）

疲劳荷载模型 FLM3 用于桥梁的等效疲劳损伤验算，是最为常用的疲劳荷载模型。FLM3 是一种对称 4 轴车辆，轴载 120kN，见图 3-9。定义这个疲劳"单车"的原则是，将该"单车"按目标疲劳循环次数重复驶过桥梁后，对桥梁造成的疲劳损伤程度与实际交通荷载在桥梁设计使用寿命期限内对桥梁造成的疲劳损伤相同。FLM3 对跨径大于 10m 的桥梁疲劳验算准确性较好，对跨径小于 10m 的桥梁偏于安全。

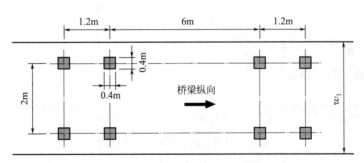

图 3-9 疲劳荷载模型 FLM3

某些情况下，可能需要考虑两辆"单车"验算桥梁的疲劳损伤，其中一辆为主车，另一辆为副车。副车模型的几何尺寸与图 3-9 相同，轴载为 36kN，与主车布置在相同车道，且两车中心间距不小于 40m。

4. 疲劳荷载模型 4（FLM4）

疲劳荷载模型 FLM4 由 5 种"标准"卡车组成，如表 3-12 所示。这 5 种卡车对桥梁结构造成的累计疲劳损伤与欧洲典型交通车流对桥梁结构造成的累计疲劳损伤等效。FLM4用于采用Miner法则的疲劳损伤验算,具体验算步骤如下:

(1) 根据交通类型,由表3-12确定交通流中各"标准"卡车的占比;

(2) 根据公路类别,确定所有车道一年的重车流量$\sum N_{obs}$,见表3-13;

(3) 由(2)的重车流量和(1)的卡车占比,确定一年内各种"标准"卡车的通过量;

(4) 将5种"标准"卡车分别在桥梁结构计算模型中通过,并计算疲劳应力谱;

(5) 根据Miner法则评估累计疲劳损伤。

疲劳荷载模型FLM4的"标准"卡车　　　　　表3-12

车型	轴距(m)	等效轴载(kN)	交通类型 长距离 卡车占比	交通类型 中距离 卡车占比	交通类型 短距离 卡车占比	车轮类型
	4.5	70 130	20%	40%	80%	A B
	4.2 1.3	70 120 120	5%	10%	5%	A B B
	3.2 5.2 1.3 1.3	70 150 90 90 90	50%	30%	5%	A B C C C
	3.4 6.0 1.8	70 140 90 90	15%	15%	5%	A B B B
	4.8 3.6 4.4 1.3	70 130 90 80 80	10%	5%	5%	A B C C C

注:"长距离"指数百千米,"中距离"指50~100km,"短距离"指少于50km。

各类公路每条慢车道的重车年流量　　　　　表3-13

	公路类别	每条慢车道重车年流量N_{obs}
1	每个方向有2条及以上车道的高速公路,卡车能高速行驶	2×10^6
2	卡车以中等速度行驶的高速公路	0.5×10^6
3	卡车慢速行驶的主干路	0.125×10^6
4	卡车慢速行驶的地方公路	0.05×10^6

注:1. 重车是指总重超过100kN的车辆;
　　2. 每条快车道上的重车年流量可取为慢车道N_{obs}的10%。

5. 疲劳荷载模型 5（FLM5）

疲劳荷载模型 FLM5 是一组实地测试得到的连续车辆轴载，用于直接分析桥梁结构"真实"的应力变化过程，形成疲劳应力谱，根据 Miner 法则评估累计疲劳损伤。具体的疲劳寿命评估方法本书不做详细介绍，读者可参考 EN 1991-2 附录 B。FLM5 一般用于悬索桥、斜拉桥，以及重要的现役桥梁或者承受特殊交通荷载桥梁的疲劳验算。

3.2.1.6 护栏荷载

EN 1991-2 规定桥梁人行道护栏的荷载按 EN 1317-6 中的 C 级荷载取用。C 级荷载为均布荷载形式，其名义值为 1kN/m，桥梁检修道护栏的荷载名义值为 0.8kN/m。桥梁设计时，人行道护栏荷载作为可变荷载作用于护栏顶部，同时考虑水平和竖直两个作用方向，并将其传递到主梁，参与主梁的荷载效应计算。

3.2.1.7 桥台及其前墙的荷载

1. 桥台荷载

桥台除了承受上部结构传递下来的荷载以外，还要承受填土产生的水平向主动土压力。主动土压力的来源包括填土自重和竖向交通荷载。为了简化计算，EN 1991-2 建议将 LM1 作为设计交通荷载，其中，双轴集中力 TS 等效为分布在 3m（横向）×2.2m（纵向）范围内的均布力，等效均布力在土中的扩散角取值参考 EN 1997，当填土完全固结时，建议按 30°取值。

由于竖向荷载模型 LM1 的标准值包含桥梁结构动力放大效应的影响，然而这种动力放大效应在岩土中是不存在的，因此在计算由竖向交通荷载引起的主动土压力时，应扣除这部分动力效应，一般可在荷载标准值的基础上乘以折减系数 0.7。EN 1991-2 规定，竖向交通荷载应采用除标准值以外的其他代表值。

2. 前墙荷载

桥台前墙主要起挡土作用，但在实际交通运行条件下，桥台前墙完全有可能遇到车辆在上桥时刹车的使用状况。在这种情况下，前墙顶面同时作用有竖向车辆轴载和水平制动力，如图 3-10 所示，此时填土的主动土压力不必参与荷载组合。

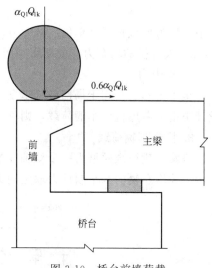

图 3-10 桥台前墙荷载

3.2.2 人行桥和人行道交通荷载

人行桥和人行道的交通荷载包括由行人、检修车辆和动力放大效应构成的竖向荷载、伴随竖向荷载的水平荷载，以及车辆上桥、车辆撞击下部结构或上部结构形成的偶然荷载。

3.2.2.1 竖向荷载

人行桥和人行道的竖向荷载包含三种相互独立的荷载形式：均布力 q_{fk}（图 3-11）、集中力 Q_{fwk} 和检修车辆荷载 Q_{serv}。

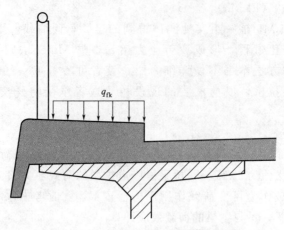

图 3-11 公路桥梁人行道均布力布载

1. 均布力

公路桥梁的人行道均布力 q_{fk} 一般按 $5kN/m^2$ 取值，相当于每平方米站 5 个很重的成年人。q_{fk} 在横向满布整个人行道，如图 3-11 所示。

人行桥梁站满人群的可能性与桥梁长度有关，桥梁越长，人群满布的可能性越小，故人行桥的均布力 q_{fk}（单位：kN/m^2）可按下式确定：

$$q_{fk} = 2 + 120/(L+30) \tag{3-5}$$

其中，L 为加载长度（单位：m）。q_{fk} 满足 $2.5kN/m^2 \leqslant q_{fk} \leqslant 5kN/m^2$，相当于 $10m \leqslant L \leqslant 210m$。人行桥的均布力应根据影响面按最不利位置加载。

2. 集中力

集中力 Q_{fwk} 只用于局部效应验算，其标准值为 10kN，作用面积为 $0.1m \times 0.1m$。当设计中指定考虑检修车辆荷载，则不必再考虑集中力作用。

3. 检修车辆荷载

检修车辆荷载模型为一个双轴 4 轮车辆，轴载 Q_{serv} 分别为 80kN 和 40kN，如图 3-12 所示。检修车辆的水平制动力取竖向力的 60%。只需考虑一辆检修车参与荷载组合。

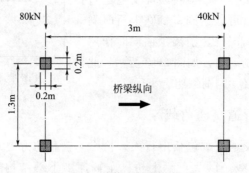

图 3-12 检修车辆荷载模型

3.2.2.2 水平荷载

人行桥梁水平荷载 Q_{flk} 的标准值按均布力总和的 10% 与检修车辆总重的 60% 二者中的不利者取值，并作用在桥面的主梁轴线上。

3.2.2.3 交通荷载组

同公路桥梁交通荷载组的概念一样，人行桥梁也有两种相互独立的荷载组标准值，见表 3-14。各交通荷载组作为一个整体分别参与荷载组合。

人行桥梁交通荷载组的标准值　　　　　　　　　　表 3-14

交通荷载组名称	竖向荷载		水平荷载
	均布力	检修车辆荷载	
gr1	q_{fk}	0	Q_{flk}
gr2	0	Q_{serv}	Q_{flk}

3.2.2.4 行人荷载动力模型

相对于公路桥梁而言，人行桥梁宽度通常比较窄，承受的交通荷载也更小，桥梁结构通常会被设计得比较纤细，因而人行桥梁的自振频率一般较低，容易被行人荷载激励产生共振现象。出于这个原因，EN 1990 要求对人行桥梁的竖向和水平向加速度进行限制。下面介绍一种基于谱估计的人行桥梁加速度计算方法，这个方法适用于桥梁质量均匀分布，跨径范围 20~200m，宽度范围 3~5m，行人密度 0.2~1.5 人/m²，竖向自振频率范围在 1.25~2.3Hz 之间，横向自振频率范围在 0.5~1.2Hz 之间的情况。

符合上述条件的人行桥梁最大加速度可按下式估算：

$$a_{\max}=k \cdot \frac{d \cdot L \cdot B}{M_j} \cdot \sqrt{C \cdot k_f^2 \cdot k_1 \cdot \xi^{k_2}} \qquad (3-6)$$

其中，d 为行人密度；

L 为桥梁跨径；

B 为桥梁宽度；

k_1 为与行人密度和桥梁共振频率有关的参数，$k_1=a_1 f_j^2+a_2 f_j+a_3$；

k_2 为与行人密度和桥梁共振频率有关的参数，$k_2=b_1 f_j^2+b_2 f_j+b_3$；

f_j 为桥梁结构的自振基频（竖向或横向）；

M_j 为相应于频率 f_j 的振型广义质量（振型最大点坐标等于1）；

ξ 为桥梁结构的阻尼比。

式 (3-6) 中其余参数的取值见表 3-15 和表 3-16。桥梁结构阻尼比见表 3-17。EN 1990 推荐的人行桥梁舒适度验算容许最大加速度见表 3-18。

竖向加速度计算参数　　　　　　　　　　表 3-15

d(人/m²)	k_f	C	a_1	a_2	a_3	b_1	b_2	b_3	k
≤0.5	1.2×10^{-2}	2.95	−0.07	0.6	0.075	0.003	−0.04	−1	3.92
1	7×10^{-3}	3.7	−0.07	0.56	0.084	0.004	−0.045	−1	3.8
1.5	3.335×10^{-3}	5.1	−0.08	0.5	0.085	0.005	−0.06	−1.005	3.74

横向加速度计算参数　　　　　　　　　　表 3-16

d(人/m²)	k_f	C	a_1	a_2	a_3	b_1	b_2	b_3	k
≤0.5		6.8	−0.08	0.5	0.085	0.005	−0.06	−1.005	3.77
1	2.85×10^{-4}	7.9	−0.08	0.44	0.096	0.007	−0.071	−1	3.73
1.5		12.6	−0.07	0.31	0.12	0.009	−0.094	−1.02	3.63

桥梁结构阻尼比　　　　　　　　　　　表3-17

桥梁类型		阻尼比 ξ
钢结构桥梁	焊接连接	0.02
	高强螺栓连接	0.03
	普通螺栓连接	0.05
组合结构桥梁		0.04
混凝土结构桥梁	预应力混凝土	0.04
	钢筋混凝土	0.10
木结构桥梁		0.06~0.12
铝合金桥梁		0.02
玻璃增强型塑料桥梁		0.04~0.08

人行桥梁舒适度验算容许加速度　　　　　　表3-18

验算条件	容许加速度（m/s²）
竖向振动	0.7
横向振动	0.2
满人条件	0.4

3.2.2.5 护栏荷载

人行桥梁的护栏荷载与公路桥梁相同，见本书第3.2.1.6节。

3.2.2.6 桥台及前墙的荷载

人行桥梁的桥台与前墙设计也应考虑来自填土的主动土压力，填土顶面的等效均布荷载按 $5kN/m^2$ 考虑。

3.3 雪荷载

EN 1990规定，在持久设计状况中，雪荷载和公路桥或人行桥的交通荷载不同时参与组合。但是对于诸如廊桥这类带有屋顶的桥梁结构，如图3-13所示，在持久设计状况中

图3-13 欧洲某廊桥实例

应该考虑雪荷载与交通荷载同时组合。

3.3.1 地面雪荷载

确定雪荷载标准值的统计观测量是地面雪荷载,其他罕遇雪荷载、堆积雪荷载,以及屋面雪荷载均是以地面雪荷载为基础,考虑局部地形、热量、风速等物理条件影响后换算而得。EN 1991-1-3 的地面雪荷载标准值 s_k 按 50 年一遇的概率水准确定,欧洲国家的 s_k 取值见本书附录 A。地面雪荷载的其他代表值(组合值、频遇值和准永久值)系数与所处地理位置和海拔高度有关,见表 3-19。罕遇雪荷载设计值由国家附录指定,其推荐值可按如下公式计算:

$$s_{Ad} = 2s_k \tag{3-7}$$

雪荷载其他代表值系数 表 3-19

区域	ψ_0	ψ_1	ψ_2
芬兰、冰岛、挪威、瑞典	0.7	0.5	0.2
海拔高于 1000m 的其他 CEN 成员国	0.7	0.5	0.2
海拔不高于 1000m 的其他 CEN 成员国	0.5	0.2	0

3.3.2 屋面雪荷载

屋面雪荷载的分布及大小受多种因素的影响,包括屋面形状、热工系数、屋面粗糙度、邻近建筑的贴近程度和风速等。廊桥结构的屋面雪荷载,一般不受热工的影响。

持久设计状况和短暂设计状况的屋面雪荷载标准值为:

$$s = \mu_i C_e C_t s_k \tag{3-8}$$

偶然设计状况,考虑罕遇情况的屋面雪荷载标准值为:

$$s = \mu_i C_e C_t s_{Ad} \tag{3-9}$$

偶然设计状况,考虑堆积情况的屋面雪荷载标准值为:

$$s = \mu_i s_k \tag{3-10}$$

其中,μ_i 为屋面形状系数,C_e 为暴露系数,C_t 为热工系数。廊桥雪荷载的 C_t 可取值为 1.0。暴露系数 C_e 的取值见表 3-20。

不同地形条件的暴露系数推荐值 表 3-20

地形条件	C_e
迎风地形:四周无或极少遮挡物的平坦区域	0.8
正常地形:雪不易被风吹散的区域	1.0
避风地形:四周地形较高或较高建筑、树木环绕的区域	1.2

廊桥的屋顶形状相对单一,主要有单坡屋顶、双坡屋顶和圆柱屋顶三种形式。EN 1991-1-3 给出了这三种屋顶形式的形状系数。

(1) 单坡屋顶和双坡屋顶

屋面形状系数取值见图 3-14 和图 3-15。

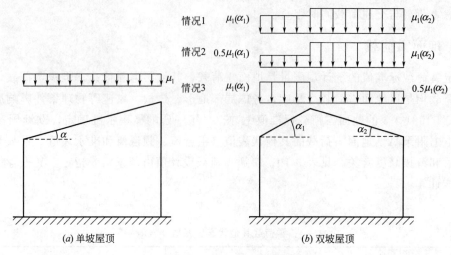

(a) 单坡屋顶　　　　　　　　　(b) 双坡屋顶

图 3-14　单坡屋顶和双坡屋顶示例

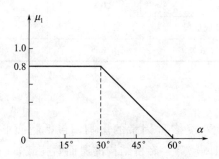

图 3-15　单坡屋顶和双坡屋顶的形状系数

（2）圆柱屋顶

屋面形状系数取值见图 3-16 和图 3-17。

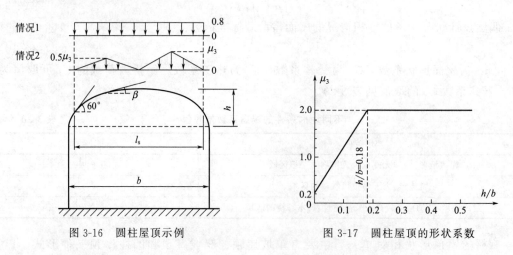

图 3-16　圆柱屋顶示例　　　　　图 3-17　圆柱屋顶的形状系数

屋面积雪容易在屋檐悬挂堆积，如图 3-18 所示，形成附加雪荷载 s_e。附加雪荷载不须参与桥梁整体计算，只用于屋面结构持久设计状况或短暂设计状况的局部验算。

$$s_e = ks^2/\gamma \tag{3-11}$$

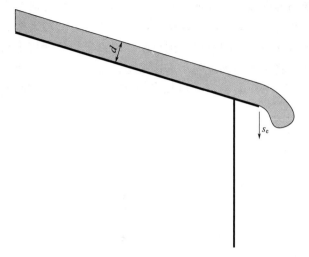

图 3-18 屋檐悬挂附加雪荷载示意

其中，s 为不考虑堆积的屋面雪荷载；γ 为雪的重度，一般可按 $3kN/m^3$ 考虑；k 为雪载不规则系数，推荐值为 $k=3/d \leqslant d\gamma$，d 为屋面积雪厚度（单位：m）。

3.4 风荷载

风是一种自然的空气流动现象，它是由太阳辐射热引起的。太阳光照射在地球表面上，使地表温度升高，地表的空气受热膨胀变轻而上升。热空气上升后，低温的冷空气横向流入，上升的空气因逐渐冷却变重而降落，由于地表温度较高又会加热空气使之上升，这种空气的流动就产生了风。

地表附近的风遇到结构的阻碍而形成高压气幕，对结构表面产生作用，即风压。风速越大，对结构产生的压力越大。风压力使结构产生变形和振动，结构的变形又改变风场的边界条件，从而改变风的流动，风流动的改变又反过来继续对结构产生激励，这便是所谓的结构与风的耦合作用。某些特殊形状的结构在与风的相互作用中不断吸收能量，产生自激振动，振幅越来越大，最终破坏。结构抗风设计就是研究风与结构的相互作用，避免结构出现风致破坏。

EN 1991-1-4 将风荷载导致的结构响应分为拟静力响应和气动弹性响应。当结构的一阶自振频率较高时，结构一般不会出现风致共振，此时的风荷载可作为拟静力荷载。若风场的漩涡脱落频率与结构自振频率接近，则结构会产生共振，其动力响应不能忽略，此时需对结构的气动弹性特性进行专门研究。跨径不超过 40m 的桥梁结构一般不须考虑风载动力效应。EN 1991-1-4 规定的风荷载计算方法适用于跨径不超过 200m、离地面高度不超过 200m 的桥梁，超过以上界限的桥梁风载效应需专门研究。

3.4.1 风速和风压

风速是一种随机过程，从简化研究的角度可以将其分解成平均分量和脉动分量，完整的风速就是平均风速与脉动风速的叠加。平均风速的大小与统计时距有很大关系，如果时距取得很短，例如3秒钟，则必定将风速记录中最大值附近的较大数据都突出反映在计算中，较小风速在平均风速中的作用难以得到反映，因而平均风速值很高；如果时距取得很长，例如1天，则必定将1天中大量的小风速平均进去，较大的风速在长时距中起不到显著作用，其值一般偏低。EN 1991-1-4 以原始基本风速 $v_{b,0}$ 作为其他风速和风压计算的基础。

3.4.1.1 基本风速

原始基本风速 $v_{b,0}$ 是空旷平坦地貌条件下（Ⅱ类地面粗糙度）地面以上 10m 高度处，不计风向，年超越概率为 0.02 的 10 分钟平均风速的年最大值。不同地区的原始基本风速由国家附录指定。

经方向因子 c_{dir} 和季节性因子 c_{season} 修正后的原始基本风速称为基本风速 v_b，即：

$$v_b = c_{dir} \cdot c_{season} \cdot v_{b,0} \tag{3-12}$$

其中，方向因子 c_{dir} 和季节性因子 c_{season} 均由国家附录指定，推荐值均为 1.0。

3.4.1.2 平均风速

经地面粗糙度因子 $c_r(z)$ 和地形因子 $c_o(z)$ 修正后的基本风速称为平均风速 $v_m(z)$，即：

$$v_m(z) = c_r(z) \cdot c_o(z) \cdot v_b \tag{3-13}$$

其中，地面粗糙度因子 $c_r(z)$ 用于表示离地高度和结构迎风向的地面粗糙程度对平均风速的影响；地形因子 $c_o(z)$ 用于表示地形地貌和离地高度对平均风速的影响。

1. 地面粗糙度因子

地面粗糙度因子 $c_r(z)$ 的计算方法可按国家附录执行。EN 1991-1-4 给出的推荐方法如下：

$$c_r(z) = \begin{cases} k_r \cdot \ln(z/z_0), & z_{min} \leqslant z \leqslant z_{max} \\ k_r \cdot \ln(z_{min}/z_0), & z < z_{min} \end{cases} \tag{3-14}$$

其中，k_r 为地表因子，$k_r = 0.19(z_0/z_{0,\text{Ⅱ}})^{0.07}$；

z_0 为粗糙高度，表示地面上平均风速为 0 的高度；

$z_{0,\text{Ⅱ}}$ 为Ⅱ类地面粗糙度高度；

z_{min} 为最小高度；

z_{max} 为最大高度，取值为 200m。

EN 1991-1-4 将地面粗糙度分为 5 类，并给出了不同类别的 z_0 和 z_{min} 值，见表 3-21。

地面粗糙度类别 表 3-21

类别编号	地形特征	z_0(m)	z_{min}(m)	图示
0	海上或海岸区	0.003	1	

续表

类别编号	地形特征	z_0(m)	z_{min}(m)	图示
Ⅰ	湖泊,少量植被或无障碍物的平坦区域	0.01	1	
Ⅱ	植被低,与障碍物距离至少为障碍物高度20倍的区域	0.05	2	
Ⅲ	覆盖规则植被的区域,或乡村、城郊、森林	0.3	5	
Ⅳ	平均高度超过15m的建筑占地面积超过15%的区域	1.0	10	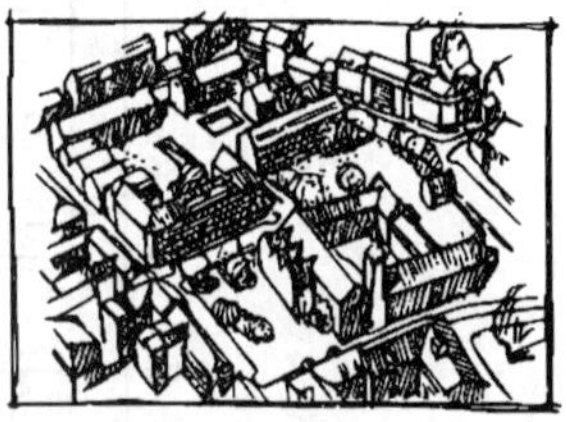

2. 地形因子

地形的影响包括结构所处位置,如上坡、坡顶、峭壁等,以及迎风向地形的坡度。EN 1991-1-4 规定当地形(丘陵、峭壁等)使得风速增加5%以上,或迎风向地形的坡度大于3°时,需要考虑地形的影响。一般情况下,地形因子 $c_o(z)$ 可取为1.0。

3.4.1.3 湍流强度

湍流强度是描述风速随时间和空间变化的程度,反映脉动风速的相对强度,是描述大气湍流运动特性最重要的特征量。湍流强度 $I_v(z)$ 定义为脉动风速标准差 $\sigma_v(z)$ 与平均风速 $v_m(z)$ 的比值,

$$I_v(z) = \frac{\sigma_v(z)}{v_m(z)} = \begin{cases} \dfrac{k_I}{c_o(z)\ln(z/z_0)} & z_{min} \leqslant z \leqslant z_{max} \\ \dfrac{k_I}{c_o(z_{min})\ln(z_{min}/z_0)} & z < z_{min} \end{cases} \quad (3-15)$$

其中,k_I 为湍流因子,由国家附录指定,推荐值为1.0。根据前面论述,最大峰值风速可表示为平均风速和脉动风速的叠加,即:

$$v(z)=v_m(z)+g(t)\sigma_v(z)=v_m(z)[1+g(t)I_v(z)] \tag{3-16}$$

其中，$g(t)$ 为脉动风速峰值因子，其值通常取为 3.0~4.0，EN 1991-1-4 中取为 3.5。

3.4.1.4 峰值风压

风压是垂直于气流方向的平面所受到的风压力。根据伯努利方程可以得到平均风压 q_m 与平均风速 v_m 的关系：

$$q_m=\frac{1}{2}\rho v_m^2 \tag{3-17}$$

其中，ρ 为空气密度，通常取值为 1.25kg/m^3。

根据式（3-16），离地面高度 z 处的峰值风压 $q_p(z)$ 可表示成平均风速的函数关系式，忽略其中较小的二阶项，即得

$$q_p(z)=[1+7I_v(z)]\cdot\frac{1}{2}\rho v_m^2(z)=[1+7I_v(z)]\cdot q_m(z) \tag{3-18}$$

为了便于工程应用，需将峰值风压转换成与基本风压的函数关系：

$$q_p(z)=c_e(z)\cdot q_b(z) \tag{3-19}$$

其中，$q_b(z)$ 为基本风压，$c_e(z)$ 为风压高度变化系数。对于开阔平坦地形，地形因子 $c_o(z)=1.0$，当湍流因子 $k_1=1.0$ 时，5 类地面粗糙度的风压高度变化系数与离地高度的关系曲线如图 3-19 所示。这样就能根据当地的基本风压以及地面粗糙度类别，查图计算峰值风压。

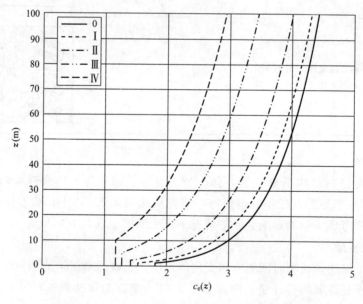

图 3-19　$c_o(z)=1.0$，$k_1=1.0$ 时的风压高度变化系数

3.4.2 桥梁结构风压阻力系数

当风遇到阻碍物，位于阻碍物迎风面的气流被压缩，侧表面与气流发生摩擦，背风面形成负压区，这些作用共同对阻碍物产生阻力。对于一般的桥梁结构，通常不必考虑气动稳定性问题，风对桥梁的阻力可以简化为迎风面的峰值风压与阻力系数的乘积。不同截面

形式的构件，其阻力系数不同。

3.4.2.1 主梁结构风压阻力系数

1. 风压阻力系数

主梁结构横向的风压阻力系数 $c_{f,x}$ 与主梁截面宽度和有效总高度的比值 b/d_{tot} 有关。图 3-20 为几种常见的主梁截面形式，其中，图 3-20（a）适用于施工阶段或护栏透空面积超过 50% 的情况，图 3-20（b）适用于有实体护栏、声屏障或行驶车辆的情况。当风向与桥面夹角不超过 10°时，风压阻力系数 $c_{f,x}$ 按图 3-21 取值。

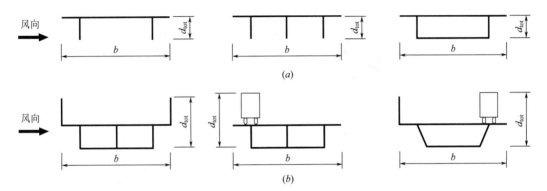

图 3-20 几种主梁截面的宽度和有效总高度

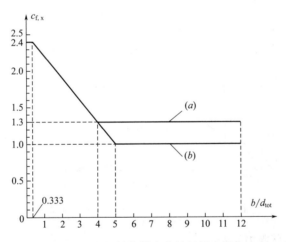

图 3-21 主梁结构横向的风压阻力系数

对于斜腹板主梁，如图 3-22（a）所示，角 α_1 每增大 1°，风压阻力系数 $c_{f,x}$ 减少 0.5%，最多可减少 30%。对于横向倾斜的主梁，如图 3-22（b）所示，角 β 每增大 1°，风压阻力系数 $c_{f,x}$ 增大 3%，最多可增大 25%。

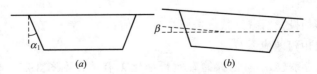

图 3-22 主梁腹板倾斜与主梁横向倾斜示意图

2. 风压升力系数

主梁结构竖向的风压升力系数 $c_{f,z}$ 与主梁截面宽度和有效总高度的比值 b/d_{tot}，以及风攻角 θ 有关。相关几何参数如图 3-23 所示，有效总高度 d_{tot} 仅为结构高度，不考虑车辆或护栏高度。风压升力系数 $c_{f,z}$ 按图 3-24 取值。在无风洞试验情况下，风压升力系数建议取 ± 0.9。升力 F_z 的横向偏心距 $e = b/4$。

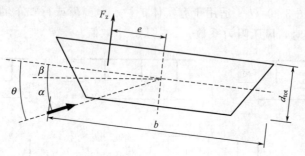

图 3-23 主梁截面几何参数

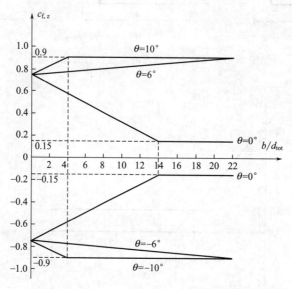

图 3-24 主梁结构竖向的风压升力系数

3.4.2.2 桥墩结构风压阻力系数

1. 矩形截面墩柱

矩形截面墩柱在正面气流作用下的阻力系数 c_f 可表示为：

$$c_f = c_{f,0} \cdot \psi_r \cdot \psi_\lambda \tag{3-20}$$

其中，$c_{f,0}$ 为不考虑末端自由流效应的矩形截面风压阻力系数，按图 3-25 取值，直线段部分按对数插值；

ψ_r 为方形截面圆角折减系数，按图 3-26 取值；

ψ_λ 为末端自由流效应系数。

末端自由流效应系数 ψ_λ 与构件的有效长细比 λ 有关，见图 3-27。桥墩结构的有效长细比 λ 按以下方法计算，末端自由流效应系数 ψ_λ 按图 3-28 取值。

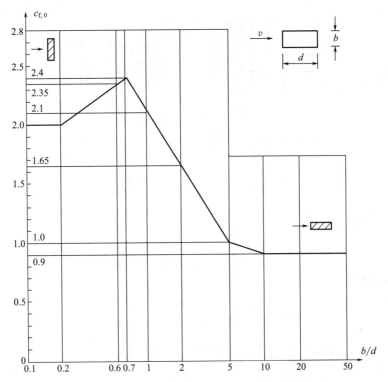

图 3-25 不考虑末端自由流效应的矩形截面风压阻力系数

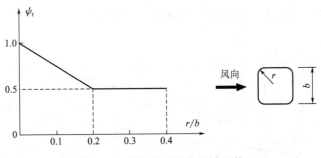

图 3-26 方形截面圆角折减系数

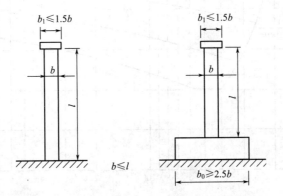

图 3-27 桥墩有效长细比计算的相关几何参数

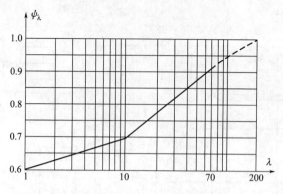

图 3-28 末端自由流效应系数

对于矩形截面墩柱：

$$\lambda = \begin{cases} \min(1.4l/b, 70) & l \geqslant 50\text{m} \\ \min(2l/b, 70) & l < 15\text{m} \end{cases} \quad (3-21)$$

对于圆形截面墩柱：

$$\lambda = \begin{cases} \min(0.7l/b, 70) & l \geqslant 50\text{m} \\ \min(l/b, 70) & l < 15\text{m} \end{cases} \quad (3-22)$$

对于墩柱高度 l 在 15～50m 之间的情况按线性插值。

2. 圆形截面墩柱

圆形截面墩柱在气流作用下的阻力系数 c_f 可表示为：

$$c_f = c_{f,0} \cdot \psi_\lambda \quad (3-23)$$

其中，$c_{f,0}$ 为不考虑末端自由流效应的圆形截面风压阻力系数，是雷诺数 Re 的函数，按图 3-29 取值；

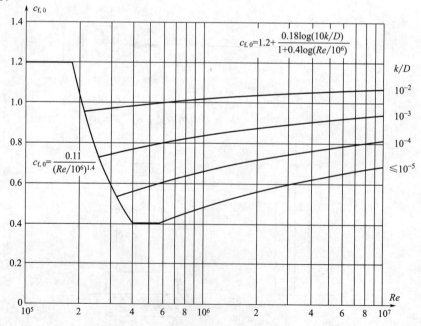

图 3-29 不考虑末端自由流效应的圆形截面阻力系数

ψ_λ 为末端自由流效应系数,按图 3-28 取值。

雷诺数 Re 是流体力学中表征黏性影响的无量纲数,为惯性力与黏性力的比值:

$$Re = \frac{Dv(z_e)}{\nu} \tag{3-24}$$

其中,D 为墩柱截面直径,$v(z_e)$ 为离地面高度 z_e 处的峰值风速,ν 为空气的运动黏滞系数,通常取为 $15 \times 10^{-6} \mathrm{m^2/s}$。

图 3-29 中的参数 k 为结构表面的等效粗糙度,光滑混凝土表面取 0.2mm,粗糙混凝土表面取 1.0mm,光亮钢表面取 0.05mm,镀锌钢表面取 0.2mm。

3.4.3 结构因子

当结构迎风面尺寸较大,由于风场的空间分布存在非一致性,迎风面所有部位的风压不可能同时达到峰值,这种现象称为尺寸效应。另外,脉动风压的频谱分布宽度较大,柔性结构在脉动风压作用下容易产生共振。EN 1991-1-4 分别用尺寸因子 c_s 和动力因子 c_d 考虑这两种效应,它们的乘积 $c_s c_d$ 总称为结构因子。

EN 1991-1-4 规定,对于单跨跨径不超过 40m 的桥梁结构,不必考虑风致动力响应,结构因子 $c_s c_d$ 可取值为 1.0。对于需要考虑风致动力响应的桥梁结构,$c_s c_d$ 按下式计算:

$$c_s c_d = \frac{1 + 2k_p I_v(z_s)\sqrt{B^2 + R^2}}{1 + 7I_v(z_s)} \tag{3-25}$$

其中,z_s 为计算参考高度,k_p 为结构振动的峰值因子,B^2 为脉动风压的背景因子,R^2 为脉动风压的共振因子,后面三个参数的计算方法参考国家附录。

对于高度不超过 15m、普通长细比的桥墩结构,持久设计状况的 $c_s c_d$ 取为 1.0,短暂设计状况取为 1.2。

3.4.4 主梁受风面积

主梁结构受横向风荷载作用的受风面积 $A_{\mathrm{rep},x}$ 为主梁长度 L 和总高度 d_{tot} 的乘积。对于不同的荷载组合,总高度 d_{tot} 的计算方法不同。当车辆交通荷载作为主导可变作用时,d_{tot} 为主梁截面高度 d 与车辆高度 d^*(按 2m 计)之和,如图 3-30 所示;其他情况下的 d_{tot} 按表 3-22 取值。

横桥向主梁受风总高度　　表 3-22

道路护栏系统	单侧布置 d_{tot}(m)	双侧布置 d_{tot}(m)
透空式护栏或透空式防撞护栏	$d + 0.3$	$d + 0.6$
实体护栏或实体声屏障	$d + d_1$	$d + 2d_1$
透空式护栏和透空式防撞护栏	$d + 0.6$	$d + 1.2$

主梁结构受竖向风荷载作用的受风面积 $A_{\mathrm{rep},z}$ 为主梁长度 L 和主梁截面宽度 b 的乘积,如图 3-23 所示。

3.4.5 桥梁结构拟静力风荷载

主梁结构的横向风荷载标准值 $F_{\mathrm{wk},x}$ 按下式计算:

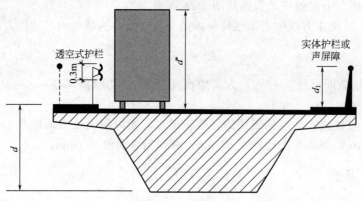

图 3-30　横桥向主梁受风面积尺寸参数

$$F_{\text{Wk},x}=c_{s}c_{d} \cdot c_{f,x} \cdot q_{p}(z_{e}) \cdot A_{\text{rep},x} \tag{3-26}$$

其中，z_e 为主梁结构参考截面中心线到地面最低部位的竖向距离。对于车辆交通荷载作为主导可变作用的情况，主梁受风面高度包含了车辆高度 d^*，这种情况下，横向风荷载组合值 $\psi_0 F_{\text{Wk},x}$ 的上限为 F_{W}^*。F_{W}^* 按 $v_{b,0}^*$ 作为原始基本风速进行计算，$v_{b,0}^*$ 由国家附录指定，推荐值为 23m/s。如图 3-30 所示。

主梁结构的竖向风荷载标准值 $F_{\text{Wk},z}$ 按下式计算，作用方向根据最不利荷载组合的需要而定。

$$F_{\text{Wk},z}=c_{f,z} \cdot q_{p}(z_{e}) \cdot A_{\text{rep},z} \tag{3-27}$$

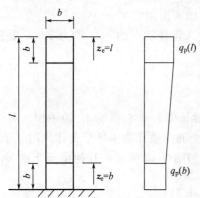

图 3-31　桥墩峰值风压分段计算方法

如果需要考虑沿桥梁纵向的风荷载 $F_{\text{Wk},y}$，对于平板式主梁，其标准值可按 $F_{\text{Wk},x}$ 的 25% 取值，对于桁架式主梁，其标准值可按 $F_{\text{Wk},x}$ 的 50% 取值。

对于高度不超过 15m 的桥墩结构，可以保守地认为沿墩柱高度的峰值风压相同，取墩顶作为参考高度计算峰值风压，水平风荷载标准值 F_{Wk} 为：

$$F_{\text{Wk}}=c_{s}c_{d} \cdot c_{f} \cdot q_{p}(z_{e}) \cdot A_{\text{rep}} \tag{3-28}$$

对于高度超过 15m 的桥墩结构，可按图 3-31 的方式分段计算峰值风压，再求和计算总体的水平风荷载：

$$F_{\text{Wk}}=c_{s}c_{d} \cdot \sum c_{f}q_{p}(z_{e}) \cdot A_{\text{rep}} \tag{3-29}$$

【**例 3-1**】 某钢筋混凝土实心板桥梁结构，桥面宽度 10m，结构高度 0.8m，铺装层厚度 0.11m，横向迎风面高度 1m，道路两侧采用透空式防撞护栏，桥梁横断面中心距离地面高度为 $z=6$m，如图 3-32 所示。桥梁建设区域的原始基本风速 $v_{b,0}=24$m/s，方向因子 c_{dir} 和季节性因子 c_{season} 均取 1.0，地面粗糙度类别为 Ⅱ 类，地形因子 $c_o(z)=1.0$。车辆高度按 2.0m 考虑。试计算桥梁单位长度所承受的横向风荷载。

解答：

根据式 (3-12)，考虑方向因子和季节性因子的基本风速为：

$$v_b=c_{\text{dir}}c_{\text{season}}v_{b,0}=1\times 1\times 24=24\text{m/s}$$

地面粗糙度类别为 Ⅱ 类，查表 3-21，$z_0=0.05$m，$z_{\min}=2$m，地表因子为：

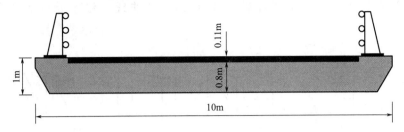

图 3-32　钢筋混凝土实心板横断面

$$k_r = 0.19(z_0/z_{0,\mathrm{II}})^{0.07} = 0.19 \times (0.05/0.05)^{0.07} = 0.19$$

因 $z_e = 6\mathrm{m} > z_{\min} = 2\mathrm{m}$，所以地面粗糙度因子为：

$$c_r = k_r \cdot \ln(z/z_0) = 0.19 \times \ln(6/0.05) = 0.91$$

根据式（3-13），平均风速为：

$$v_m = c_r(z) \cdot c_o(z) \cdot v_b = 0.91 \times 1 \times 24 = 21.84 \mathrm{m/s}$$

假定湍流因子 $k_l = 1.0$，根据式（3-15），湍流强度为：

$$I_v = k_l/c_o(z)/\ln(z/z_0) = 1.0/1.0/\ln(6/0.05) = 0.209$$

根据式（3-18），峰值风压为：

$$q_p = [1 + 7 I_v(z)] \cdot 0.5 \rho v_m^2(z) = (1 + 7 \times 0.209) \times 0.5 \times 1.25 \times 21.84^2$$
$$= 734 \mathrm{N/m^2} = 0.734 \mathrm{kPa}$$

对于桥上无车辆的情况，两侧防撞护栏透空，根据表 3-22，主梁受风面总高度 $d_{\mathrm{tot}} = 1 + 2 \times 0.3 = 1.6\mathrm{m}$，$b/d_{\mathrm{tot}} = 10/1.6 = 6.25$，查图 3-21 中的曲线（a），得阻力系数 $c_{f,x} = 1.3$。结构因子 $c_s c_d$ 按 1.0 取值，桥梁单位长度承受的风荷载为：

$$F_{\mathrm{wk},x} = c_s c_d \cdot c_{f,x} \cdot q_p \cdot A_{\mathrm{rep},x} = 1 \times 1.3 \times 0.734 \times 1.6 = 1.527 \mathrm{kN/m}$$

对于桥上有车辆的情况，车辆交通荷载通常作为主导可变作用，而风荷载作为伴随可变作用。主梁受风面总高度 $d_{\mathrm{tot}} = 0.8 + 0.11 + 2 = 2.91\mathrm{m}$，$b/d_{\mathrm{tot}} = 10/2.91 = 3.44$，查图 3-21 中的曲线（b），得阻力系数 $c_{f,x} = 1.468$。结构因子 $c_s c_d$ 按 1.0 取值，桥梁单位长度承受的风荷载为：

$$F_{\mathrm{wk},x} = c_s c_d \cdot c_{f,x} \cdot q_p \cdot A_{\mathrm{rep},x} = 1 \times 1.468 \times 0.734 \times 2.91 = 3.136 \mathrm{kN/m}$$

风荷载组合值为 $\psi_0 F_{\mathrm{wk},x} = 0.6 \times 3.136 = 1.881 \mathrm{kN/m}$。以 $v_{b,0}^* = 23\mathrm{m/s}$ 作为原始基本风速，按上述计算方法，风荷载组合值的上限值为 $F_w^* = 2.879 \mathrm{kN/m}$。因 $\psi_0 F_{\mathrm{wk},x} < F_w^*$，所以车辆交通荷载作为主导可变作用时的横向风荷载组合值应取为 1.881kN/m。

3.5　温度作用

自然界的绝大部分物质都有热胀冷缩的物理特性。建筑材料也不例外，结构自身温度升高时，几何尺寸会增大，温度降低时，几何尺寸会缩小。若这些由温度导致的结构几何尺寸变化受到强制约束，则会在结构中产生温度应力。对于三维几何尺寸都比较大的结构，内部温度场往往呈不均匀分布，整个结构处于自平衡的温度应力状态。

EN 1991-1-5 将结构构件的温度场分成 4 个基本组成部分，包括均匀温度分量 ΔT_u、

z轴线性温差分量 ΔT_{My}、y轴线性温差分量 ΔT_{Mz} 和非线性温差分量 ΔT_E，如图3-33所示。

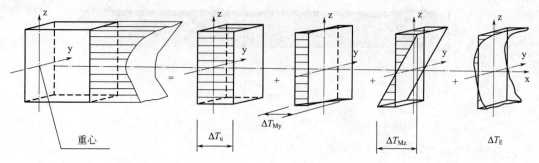

图3-33　构件温度场四分量

桥梁结构的主要材料为混凝土和钢，二者的热传递特性有显著差别，EN 1991-1-5 根据主要材料的热传递特性，将主梁结构分为3类，见表3-23。

主梁温度特性分类　　　　表3-23

类别编号	主梁类型	示例
类型1	钢梁	钢箱梁、钢桁架、钢板梁
类型2	组合梁	
类型3	混凝土梁	混凝土板、混凝土梁、混凝土箱梁

3.5.1　均匀温度分量

桥梁结构的均匀温度变化范围直接受当地气温变化的影响。EN 1991-1-5 规定的气温标准值是海平面处，年超越概率为0.02的最高值和最低值，具体值可查阅国家附录中的温度等高线。海拔高度每上升100m，气温减小0.5℃，海拔高度每下降100m，气温增加1℃。

构件的有效均匀温度与气温呈线性关系，具体见表3-24。其中，T_{max} 为最高气温，T_{min} 为最低气温。构件的最大收缩和最大膨胀温度范围分别为最低均匀温度 $T_{e,min}$ 和最高均匀温度 $T_{e,max}$ 与构件初始温度 T_0 的差值。初始温度 T_0 由国家附录或具体工程指定，若无具体说明，T_0 可取为10℃。桥梁结构常用材料的热膨胀系数 α_T 见表3-25。

对于伸缩缝和支座的设计，若能指定伸缩缝和支座安装时的构件初始温度 T_0，最大收缩和最大膨胀温度范围在上述范围的基础上增加10℃；反之，则在上述范围的基础上增加20℃。

构件有效均匀温度与气温的关系　　　　表3-24

主梁类型	构件最高均匀温度 $T_{e,max}$（℃）	构件最低均匀温度 $T_{e,min}$（℃）
类型1	$T_{max}+16$	$T_{min}+8$
类型2	$T_{max}+4$	$T_{min}+4$
类型3	$T_{max}+2$	$T_{min}-3$

注：对于钢桁架或钢板梁，最高均匀温度可降低3℃。

桥梁主要材料的热膨胀系数	表 3-25
材料	α_T（$\times 10^{-6}$/℃）
结构钢	12
混凝土	10
砌体	6~10

注：组合桥梁结构钢的热膨胀系数可取 10×10^{-6}/℃，用以考虑其他材料的约束效应。

3.5.2 温差分量

主梁结构的上表面是接受日照辐射或冰雪冷却最为强烈的部位，由于热传递的滞后及热量损耗的影响，主梁上、下表面存在一定的温差，这种温差沿主梁高度呈非线性分布。当主梁侧面也接受日照辐射时，那么在主梁的宽度方向也会存在温差分布。

EN 1991-1-5 给出了两种竖向温差模型，一种是简化的线性温差模型，另一种是较精细的非线性温差模型。

3.5.2.1 竖向线性温差模型

线性温差模型直接给出了铺装厚度为 50mm 的主梁上、下表面的温差推荐值 $\Delta T_{M,heat}$ 和 $\Delta T_{M,cool}$，见表 3-26。其他铺装厚度的主梁温差可在表 3-26 的基础上乘以修正因子 k_{sur}，见表 3-27。

主梁线性温差模型推荐值			表 3-26
主梁类型		上表面温高 $\Delta T_{M,heat}$（℃）	下表面温高 $\Delta T_{M,cool}$（℃）
类型 1		18	13
类型 2		15	18
类型 3	混凝土箱梁	10	5
	混凝土梁	15	8
	混凝土板	15	8

不同铺装层厚度主梁线性温差修正因子						表 3-27
铺装层厚度（mm）	类型 1		类型 2		类型 3	
	上表面温高	下表面温高	上表面温高	下表面温高	上表面温高	下表面温高
无铺装	0.7	0.9	0.9	1.0	0.8	1.1
暗色防水层	1.6	0.6	1.1	0.9	1.5	1.0
50	1.0	1.0	1.0	1.0	1.0	1.0
100	0.7	1.2	1.0	1.0	0.7	1.0
150	0.7	1.2	1.0	1.0	0.5	1.0

3.5.2.2 竖向非线性温差模型

非线性温差模型给出了类型 1 主梁（铺装厚度为 40mm）、类型 2 和类型 3 主梁（铺装厚度 100mm）的温差推荐值 ΔT，见表 3-28~表 3-30。ΔT 包含了图 3-33 中线性温差分量

ΔT_{Mz} 和非线性温差分量 ΔT_E。其他铺装厚度的主梁非线性温差推荐值见表 3-31～表 3-33。

钢梁非线性温差模型推荐值　　　　表 3-28

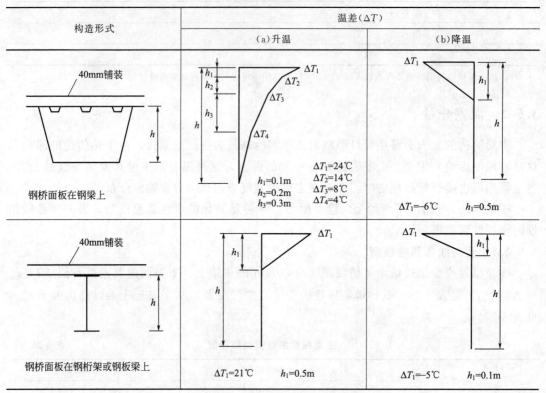

组合梁非线性温差模型推荐值　　　　表 3-29

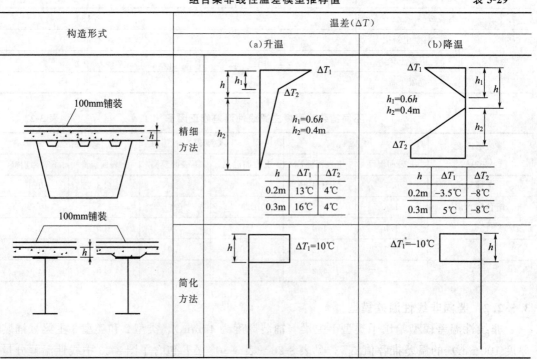

3.5 温度作用

混凝土梁非线性温差模型推荐值　　　　　　　　　　　　　　　　　　表 3-30

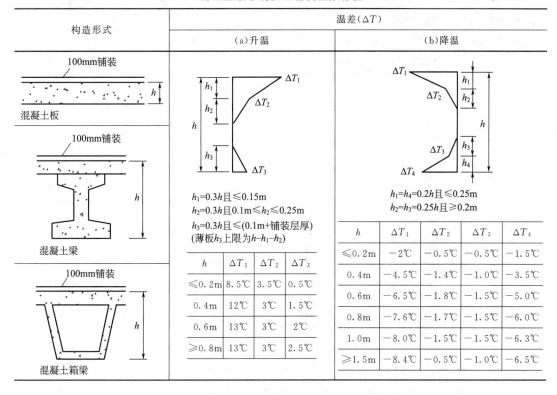

其他铺装层厚度钢梁非线性温差模型推荐值　　　　　　　　　　　　　表 3-31

铺装层厚度 (mm)	升温				降温
	ΔT_1(℃)	ΔT_2(℃)	ΔT_3(℃)	ΔT_4(℃)	ΔT_1(℃)
无铺装	30	16	6	3	8
20	27	15	9	5	6
40	24	14	8	4	6

其他铺装层厚度组合梁非线性温差模型推荐值　　　　　　　　　　　　表 3-32

桥面板厚度 h(m)	铺装层厚度(mm)	升温 ΔT_1(℃)	降温 ΔT_1(℃)
0.2	无铺装	16.5	5.9
	暗色防水层	23.0	5.9
	50	18.0	4.4
	100	13.0	3.5
	150	10.5	2.3
	200	8.5	1.6
0.3	无铺装	18.5	9.0
	暗色防水层	26.5	9.0
	50	20.5	6.8
	100	16.0	5.0
	150	12.5	3.7
	200	10.0	2.7

其他铺装层厚度混凝土梁非线性温差模型推荐值 表 3-33

桥面板厚度 h (m)	铺装层厚度 (mm)	升温 ΔT_1(℃)	升温 ΔT_2(℃)	升温 ΔT_3(℃)	降温 ΔT_1(℃)	降温 ΔT_2(℃)	降温 ΔT_3(℃)	降温 ΔT_4(℃)
0.2	无铺装	12.0	5.0	0.1	4.7	1.7	0.0	0.7
0.2	暗色防水层	19.5	8.5	0.0	4.7	1.7	0.0	0.7
0.2	50	13.2	4.9	0.3	3.1	1.0	0.2	1.2
0.2	100	8.5	3.5	0.5	2.0	0.5	0.5	1.5
0.2	150	5.6	2.5	0.2	1.1	0.3	0.7	1.7
0.2	200	3.7	2.0	0.5	0.5	0.2	1.0	1.8
0.4	无铺装	15.2	4.4	1.2	9.0	3.5	0.4	2.9
0.4	暗色防水层	23.6	6.5	1.0	9.0	3.5	0.4	2.9
0.4	50	17.2	4.6	1.4	6.4	2.3	0.6	3.2
0.4	100	12.0	3.0	1.5	4.5	1.4	1.0	3.5
0.4	150	8.5	2.0	1.2	3.2	0.9	1.4	3.8
0.4	200	6.2	1.3	1.0	2.2	0.5	1.9	4.0
0.6	无铺装	15.2	4.0	1.4	11.8	4.0	0.9	4.6
0.6	暗色防水层	23.6	6.0	1.4	11.8	4.0	0.9	4.6
0.6	50	17.6	4.0	1.8	8.7	2.7	1.2	4.9
0.6	100	13.0	3.0	2.0	6.5	1.8	1.5	5.0
0.6	150	9.7	2.2	1.7	4.9	1.1	1.7	5.1
0.6	200	7.2	1.5	1.5	3.6	0.6	1.9	5.1
0.8	无铺装	15.4	4.0	2.0	12.8	3.3	0.9	5.6
0.8	暗色防水层	23.6	5.0	1.4	12.8	3.3	0.9	5.6
0.8	50	17.8	4.0	2.1	9.8	2.4	1.2	5.8
0.8	100	13.5	3.0	2.5	7.6	1.7	1.5	6.0
0.8	150	10.0	2.5	2.0	5.8	1.3	1.7	6.2
0.8	200	7.5	2.1	1.5	4.5	1.0	1.9	6.0
1.0	无铺装	15.4	4.0	2.0	13.4	3.0	0.9	6.4
1.0	暗色防水层	23.6	5.0	1.4	13.4	3.0	0.9	6.4
1.0	50	17.8	4.0	2.1	10.3	2.1	1.2	6.3
1.0	100	13.5	3.0	2.5	8.0	1.5	1.5	6.3
1.0	150	10.0	2.5	2.0	6.2	1.1	1.7	6.2
1.0	200	7.5	2.1	1.5	4.3	0.9	1.9	5.8
1.5	无铺装	15.4	4.5	2.0	13.7	1.0	0.6	6.7
1.5	暗色防水层	23.6	5.0	1.4	13.7	1.0	0.6	6.7
1.5	50	17.8	4.0	2.1	10.6	0.7	0.8	6.6
1.5	100	13.5	3.0	2.5	8.4	0.5	1.0	6.5
1.5	150	10.0	2.5	2.0	6.5	0.4	1.1	6.2
1.5	200	7.5	2.1	1.5	5.0	0.3	1.2	5.6

3.5.2.3 水平向温差模型

当桥梁侧面受日照比较强烈时,应当考虑水平向温差。水平向温差由国家附录指定,推荐采用线性温差模型,两个侧面温差按5℃考虑。

3.5.2.4 混凝土箱梁的腹板间温差模型

单箱多室的混凝土箱梁,内部腹板不受日照辐射,外侧腹板与内部腹板之间会产生明显的温差效应。这种温差由国家附录指定,建议按15℃的线性温差考虑。

3.5.3 温度作用组合

一般情况下,均匀温度分量与温差分量不会孤立地存在,而是伴随而生,因此这两种温度作用应组合成整体后参与荷载组合。EN 1991-1-5规定按表3-34中的两种方式进行组合,取最不利效应。

均匀温度分量与温差分量组合系数 表3-34

	均匀温度分量	温差分量
组合1	0.35	1.0
组合2	1.0	0.75

3.5.4 构件间温差

类似于斜拉桥、悬索桥、拱桥这种单元构件在空间分布的桥梁结构,由于单元构件的材质差异、表面色差,在日照辐射下,这些空间单元构件之间存在一定的温差。具体由国家附录指定,推荐按以下取值采用:

(1) 主要受力构件之间存在15℃的温差,如拱肋和系杆;

(2) 斜拉桥、悬索桥的索结构与主梁(或索塔)之间存在10℃(浅色)或20℃(暗色)的温差。

单元构件之间的温差效应需与构件的均匀温度效应叠加。

3.5.5 桥墩温度作用

桥墩结构在日照辐射下也存在向阳面和背阴面,从而形成温差效应。EN 1991-1-5建议桥墩两个相反外表面的温差按5℃考虑,空心墩柱壁板的内外表面温差按15℃考虑。

3.6 施工期荷载

桥梁结构施工期荷载作用除了自重、施工荷载外,还包括风荷载、雪荷载、水流荷载、温度作用、偶然作用、地震作用,以及材料收缩、土压力和预应力等。这些荷载对结构的作用方式参见本书相关章节或规范条文,本节主要介绍它们的施工期荷载取值方法。

施工期的桥梁结构验算主要以短暂设计状况为主,必要时也需对偶然设计状况和地震设计状况进行验算。承载能力极限状态和正常使用极限状态的荷载分项系数 γ_F 和代表值系数 ψ 参见本书第2章。

3.6.1 施工期可变作用标准值

施工期的桥梁结构验算通常属于短暂设计状况,可变作用的大小可根据等超越概率理论做适当调整,具体的重现期由国家附录指定。EN 1991-1-6 给出的气候作用重现期与施工阶段的名义持续时间有关,名义持续时间越长,重现期越大,见表 3-35。名义持续时间在 3 个月以内的最小风速建议按 20m/s 取值。

施工期的气候作用重现期推荐值 表 3-35

名义持续时间	重现期(年)
$t \leqslant 3$ 天	2
3 天 $< t \leqslant 3$ 月	5
3 月 $< t \leqslant 1$ 年	10
$t > 1$ 年	50

3.6.1.1 施工期雪荷载

一般情况下,地面雪荷载的年最大值服从极值 I 型分布。如果当地的地面雪荷载统计规律也服从极值 I 型分布,则重现期为 n 年的雪荷载 s_n 可由重现期为 50 年的雪荷载标准值 s_k 换算得到:

$$s_n = s_k \left\{ \frac{1 - \sqrt{6}\delta[\ln(-\ln(1-P_n)) + 0.57722]/\pi}{1 + 2.5923\delta} \right\} \quad (3-30)$$

其中,P_n 为年超越概率,等于 $1/n$;δ 为地面雪荷载年最大值的变异系数。这里需要注意,式(3-30)不适用于重现期小于 5 年的情况。

3.6.1.2 施工期风荷载

欧洲的 10 分钟平均风速年最大值服从 Fisher-Tippett 极值 I 型分布,重现期为 n 年的基本风速 $v_{b,n}$ 可由重现期为 50 年的基本风速 v_b 换算得到:

$$v_{b,n} = v_b \left\{ \frac{1 - K\ln[-\ln(1-P_n)]}{1 - K\ln[-\ln(0.98)]} \right\}^m \quad (3-31)$$

其中,P_n 为年超越概率,等于 $1/n$;K 为 Fisher-Tippett 极值 I 型分布的形状因子,推荐值 0.2;m 为指数,推荐值 0.5。

3.6.1.3 施工期温度作用

欧洲的气温年最大值服从极值 I 型分布,重现期为 n 年的最高气温 $T_{max,n}$ 和最低气温 $T_{min,n}$ 可分别由重现期为 50 年的最高气温 T_{max} 和最低气温 T_{min} 换算得到:

$$T_{max,n} = T_{max}\{k_1 - k_2\ln[-\ln(1-P_n)]\} \quad (3-32)$$

$$T_{min,n} = T_{min}\{k_3 + k_4\ln[-\ln(1-P_n)]\} \quad (3-33)$$

其中,P_n 为年超越概率,等于 $1/n$;k_1、k_2、k_3 和 k_4 的推荐值分别为 0.781、0.056、0.393 和 -0.156。

3.6.2 水流荷载

水流同风一样,都属于流体,会对流场中的阻碍物产生阻力。水流荷载 F_{wa} 与水的密度、流速、水深和阻碍物形状有关,如图 3-34 所示。

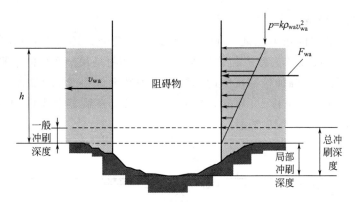

图 3-34　水流荷载示意图

$$F_{wa}=0.5k\rho_{wa}hv_{wa}^2 \tag{3-34}$$

其中，v_{wa} 为水流在深度方向的平均流速（m/s）；

ρ_{wa} 为水的密度（kg/m³）；

h 为水深（m），不计局部冲刷深度；

b 为阻碍物宽度（m）；

k 为阻碍物形状因子，矩形横截面取 1.44，圆形横截面取 0.7。

水流中的建筑垃圾等漂浮物，沿水流方向也会对阻碍物产生阻力，这种阻力 F_{deb} 与漂浮物的密度、流速有关，常用于矩形围堰设计。

$$F_{deb}=\rho_{deb}A_{deb}v_{wa}^2 \tag{3-35}$$

其中，ρ_{deb} 为漂流物平均密度，推荐值为 666kg/m³；

A_{deb} 为漂浮物在阻碍物上形成的拥堵面积（m²）。

3.6.3　施工荷载

3.6.3.1　施工荷载

施工荷载 Q_c 主要指建筑材料、施工机械、施工人员等在桥梁建造过程中形成的荷载作用，具体的荷载模型与取值见表 3-36。

施工荷载汇总　　　　表 3-36

施工荷载			表示方法	备注
类别	符号	描述		
工人和手工具	Q_{ca}	施工人员、访问人员，及手持工具或其他小型设备	均布荷载 q_{ca}，布置于最不利荷载效应位置	由国家附录指定，推荐标准值取 1kN/m²
移动储物设备	Q_{cb}	存储建筑材料、预制单元等的设备	均布荷载 q_{cb} 或集中力 F_{cb}	由国家附录指定，对于桥梁结构的推荐标准值为 $q_{cb,k}=0.2$kN/m²，$F_{cb}=100$kN
临时设备	Q_{cc}	脚手架、导梁、配重等	均布荷载 q_{cc}	由国家附录指定，推荐标准值为 0.5kN/m²
可移动重型机械	Q_{cd}	汽车吊车、履带吊车、运输卡车、挂篮、起重机等	项目具体指定，或参考 EN 1991 相关章节	
堆积垃圾废料	Q_{ce}	建筑余料、拆建废料、堆土等	根据具体物料质量考虑水平向、斜向和竖向的作用力	
结构临时状态荷载	Q_{cf}	吊装过程产生的作用力、现浇混凝土的湿重等		

3.6.3.2 顶推施工荷载

顶推施工的桥梁结构除了上述可能出现的施工荷载外，还有两项必须考虑的施工荷载，一项是支座实际高度的偏差引起的强加位移，另一项是顶推产生的水平摩阻力。

EN 1991-1-6 规定，强加位移按纵向和横向两种情况单独考虑。纵向强加位移是选取其中一个支墩在竖向施加位移±10mm，横向强加位移是选取某个支墩的一个支座在竖向施加位移±2.5mm，如图 3-35 所示。

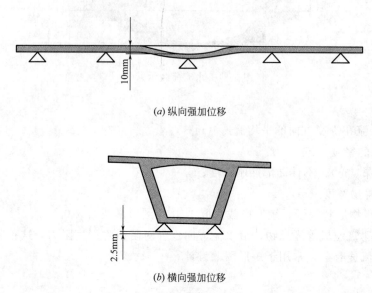

图 3-35 顶推施工桥梁的强加位移

顶推施工产生的水平摩阻力实际上是相关桥墩之间以及支座之间的一种作用力与反作用力。EN 1991-1-6 规定，总水平摩阻力不低于总竖向力的 10%，同时单个桥墩承受的水平摩阻力可保守地取为竖向力的 4%。

3.7 偶然荷载

桥梁结构遭遇的偶然事件主要包括立交桥梁的下部结构被车辆撞击，跨河、跨海大桥的下部结构被船舶撞击，以及桥上车辆撞击护栏等。

3.7.1 车辆撞击

按撞击能量的消散特点，撞击作用可分为硬冲击和软冲击。其中，硬冲击是指被撞结构为刚体且不可移动，撞击物在撞击过程中发生弹塑性变形而耗散能量；软冲击是指被撞结构具有弹性，而撞击物为刚体，撞击能量由被撞结构的弹塑性变形吸收。车辆、船舶撞击桥梁的过程均可视为硬冲击，撞击力等效为静力荷载。

3.7.1.1 桥梁下部结构受撞击

车辆对桥墩结构撞击力的大小主要与车辆行驶速度、桥墩和下穿道路的距离等因素有关。撞击等效静力荷载的名义值见表 3-37，具体取值应考虑撞击后果、车辆类型及是否采取了防护措施。货车的撞击高度 h 位于路面以上 $0.5\sim1.5$m 范围，撞击区域的高度 a 为 0.5m，宽度 1.5m（且不超过构件宽度）；轿车的撞击高度 h 位于路面以上 0.5m，撞击区域的高度 a 为 0.25m，宽度 1.5m（且不超过构件宽度），如图 3-36 所示。

车辆撞击桥墩的等效静力荷载　　　　　　　　　　　　　表 3-37

公路类别	正面 F_{dx}(kN)	侧面 F_{dy}(kN)
高速公路、国道和主干路	1000	500
郊区的乡村公路	750	375
城市公路	500	250
庭院或车库中的轿车	50	25
庭院或车库中的货车	150	75

注：货车是指总重超过 3.5t 的车辆。

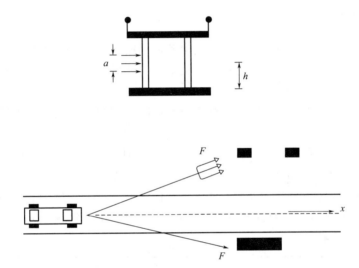

图 3-36　车辆撞击桥墩作用范围

3.7.1.2　桥梁上部结构受撞击

当桥下净空高度 h 不足 6m 时，应考虑下穿车辆对上部结构的撞击力。撞击等效静力荷载名义值见表 3-38，具体取值应考虑撞击后果、车辆类型及是否采取了防护措施。净空高度 h 超过 5m 时，撞击力随净空高度的增加而逐渐减小，相当于对 F_{dx} 乘一个折减系数 r_F，建议按图 3-37 取值。撞击力 F_{dx} 的作用位置需考虑两种情况，一种是水平作用于上部结构的侧面，另一种是斜向上作用于上部结构的底面，倾斜角按 10°考虑。撞击区域通常假定为边长 0.25m 的正方形。

车辆撞击上部结构的等效静力荷载　　　　　　　　　　　　表 3-38

公路类别	正面 F_{dx}(kN)
高速公路、国道和主干路	500
郊区的乡村公路	375
城市公路	250
庭院或车库	75

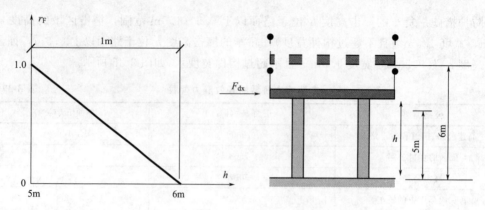

图 3-37　上部结构车辆撞击力折减系数

3.7.2　船舶撞击

船舶对桥梁的撞击作用与航道等级、洪水条件、船舶类型、吃水深度、船舶的撞击行为和结构的能量耗散特征有关。船舶撞击桥梁结构的过程通常可视为硬冲击，船舶的动能被自身的弹塑性变形耗散吸收。

内河航道船舶对桥梁的撞击力应根据欧洲运输部（CEMT）的航道等级划分而确定，相关参数见表 3-39。在港口区域，表 3-39 中的撞击力可乘折减系数 0.5。撞击作用分为正面撞击和侧面撞击，二者不同时考虑。当发生侧面撞击，会伴随有相应的侧向摩阻力，摩阻系数为 0.4。如果需要额外考虑桥梁的动力效应，正面撞击的动力放大系数可取 1.3，侧面撞击可取 1.7。桥梁的撞击部位离水面高度和撞击区域如图 3-38 所示。当桥梁上部结构存在被船舶撞击的可能性时，应考虑船舶对上部结构的撞击作用，建议的等效静力荷载为 1000kN。

内河航道船舶撞击桥墩作用力　　　　　表 3-39

CEMT 等级	参考船型	船舶长度 l(m)	质量 m(t)	正面 F_{dx} (kN)	侧面 F_{dy} (kN)	桥下净空高度 (m)
Ⅰ	驳船	30～50	200～400	2000	1000	4.0
Ⅱ	Campine 驳船	50～60	400～650	3000	1500	4.0～5.0
Ⅲ	Gustav Koenigs	60～80	650～1000	4000	2000	4.0～5.0
Ⅳ		80～90	1000～1500	5000	2500	5.25 或 7.0
V_a		90～110	1500～3000	8000	3500	5.25 或 7.0 或 9.1
V_b		110～180	3000～6000	10000	4000	5.25 或 7.0 或 9.1
$Ⅵ_a$		110～180	3000～6000	10000	4000	7.0 或 9.1
$Ⅵ_b$		110～190	6000～12000	14000	5000	7.0 或 9.1
$Ⅵ_c$		190～280	10000～18000	17000	8000	9.1
Ⅶ		300	14000～27000	20000	10000	9.1

3.7 偶然荷载

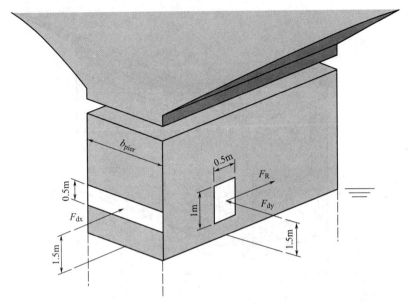

图 3-38 内河航道船舶撞击桥墩区域示意图

海轮对桥梁的撞击力根据船舶体型大小分为 4 类，见表 3-40。在港口区域，表 3-40 中的撞击力可乘折减系数 0.5。撞击作用也分为正面撞击和侧面撞击，二者不同时考虑。当发生侧面撞击，会伴随有相应的侧向摩阻力，摩阻系数为 0.4。如果需要额外考虑桥梁的动力效应，正面撞击的动力放大系数可取 1.3，侧面撞击可取 1.7。海轮对桥梁的撞击部位和撞击区域与海轮的几何尺寸、吃水深度、潮汐变化等因素有关，撞击部位在水面上下 $0.05l$ 范围之内，其中 l 为船舶的长度，如图 3-39 所示。当桥下净空高度不满足相关要求时，应考虑船舶对上部结构的撞击作用，等效静力荷载名义值为 1000kN。

海轮撞击桥墩作用力　　　　表 3-40

船型	船舶长度 l(m)	质量 m(t)	正面 F_{dx}(kN)	侧面 F_{dy}(kN)
小型	50	3000	30000	15000
中型	100	10000	80000	40000
大型	200	40000	240000	120000
巨轮	300	100000	460000	230000

注：正面、侧面撞击力基于航行速度 5m/s 确定，包含附加水力质量效应。

3.7.3 桥上车辆偶然作用

桥上可能出现的偶然作用主要有车辆撞击路缘石、车辆越过路缘石压上人行道，甚至撞击到桥面以上的主要受力构件，譬如斜拉索。

3.7.3.1 车辆撞击路缘石

路缘石的水平撞击力名义值为 100kN，作用于路缘石顶面以下 5cm 处，水平分布宽度

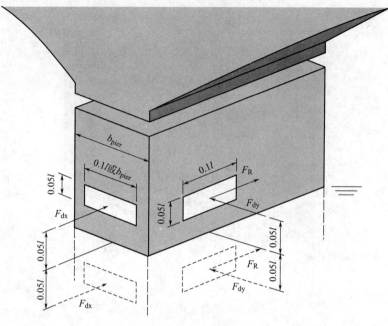

图 3-39　海轮撞击桥墩区域示意图

0.5m。若路缘石之后的人行道结构为刚性构件，水平力在这部分刚性结构中呈 45°角扩散。如果路缘石顶面伴随有竖向力的情况更为不利，须考虑大小为 $0.75\alpha_{Q1}Q_{1k}$ 的竖向力与水平撞击力共同作用，如图 3-40 所示。

3.7.3.2　车辆压人行道

如果公路桥梁的人行道与车行道之间未设置防撞安全护栏，应考虑车辆压上人行道的偶然荷载工况，但不与桥上其他可变荷载同时组合。一般只考虑单轴轮压荷载，具体的荷载模型见图 3-41，取（a）和（b）中的最不利布载方式。

3.7.3.3　车辆撞击防撞护栏

防撞护栏的支承结构设计主要考虑车辆撞击护栏产生的水平力和竖向力。水平撞击力的大小主要取决于护栏底座的连接刚度，刚度越大，撞击力越大。EN 1991-2 将护栏的撞击力分为 4 个等级，见表 3-41。水平撞击力作用于防撞护栏顶部以下 10cm 或路面以上 1m 二者的较低部位，水平分布宽度 0.5m。与水平力共同作用的竖向力建议按 $0.75\alpha_{Q1}Q_{1k}$ 考虑。防撞护栏的支承结构，其设计承载力不应小于连接强度标准值的 1.25 倍。

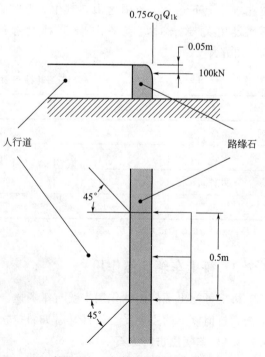

图 3-40　路缘石撞击力模型

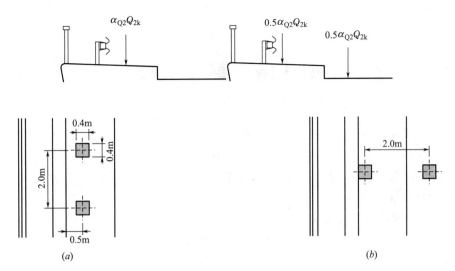

图 3-41 车辆压人行道荷载模型

防撞护栏水平撞击力   表 3-41

撞击等级	水平力(kN)
A	100
B	200
C	400
D	600

3.7.3.4 车辆撞击结构构件

桥面以上未受保护的结构构件应考虑车辆撞击作用,撞击力由国家附录指定,也可参考本章第 3.7.1 节中的车辆撞击下部结构的荷载模型,撞击部位在路面以上 1.25m 高度处。

第4章 材　　料

材料是组成结构的基本元素。材料的特性决定了结构的力学性能以及耐久性能。近代以来，国内外的建筑结构高度和桥梁跨度纪录被屡屡打破，很大原因是人们对建筑材料的认识更加深刻，新型的高强轻质材料不断出现。因此，了解材料的基本特性，是结构设计必备的理论基础。

混凝土桥梁结构主要是由混凝土、普通钢筋以及预应力筋三种材料组成的，所以对混凝土桥梁结构进行设计，首先需要掌握混凝土、钢筋和预应力筋的力学性能。

4.1　混凝土

混凝土是由水泥、砂、石子和水按一定的配合比拌和在一起，经凝结和硬化形成的人工石材。在混凝土凝结硬化过程中，水泥和水一部分形成硬化后的结晶体，另一部分是未硬化的水泥凝胶、被结晶体包围未水化的水泥颗粒、内部的细微孔隙和孔隙水，形成称之为水泥石的水泥胶块，同时它把砂和石子粘结成一整体，构成混凝土。

混凝土结构内部微观的力学特征表现为：水泥胶块中的结晶体和骨料组成弹性骨架承受荷载，并具有弹性变形的特点，而水泥胶块中的凝胶体需要在较长时间内逐渐硬化，故混凝土的强度亦随时间而提高，同时又因其内部的凝胶体、微裂缝和孔隙等缺陷的存在和发展，塑性变形也逐渐增大。混凝土的这种微观力学特征导致其外在力学行为极其复杂。

4.1.1　抗压强度

混凝土抗压强度一般是指混凝土单方向受压时的强度。抗压强度是混凝土的重要力学指标，与水泥的强度等级、骨料性质、水灰比大小、配合比、制作方法、养护条件以及混凝土的龄期等因素有关。试验时采用试件尺寸的大小和形状、试验方法和加载速度不同，测得的抗压强度数值亦不相同。因此，需要规定一个标准作为依据。

根据欧洲标准《混凝土：第1部分——规定、性能、制品及一致性》EN 206—1、《硬化混凝土试验——第2部分：强度试验试件的制作与养护》EN 12390—2 和《硬化混凝土试验——第3部分：试验试件的抗压强度》EN 12390—3 的相关规定，混凝土抗压强度是以直径150mm、高度300mm 的圆柱体或边长为150mm 的立方体两种标准试件，在温度 20±2℃ 的水中，或室温 20±2℃ 及相对湿度不低于 95% 的环境中养护 28 天，以每秒 0.2~1.0MPa 的速度加载试件，并取具有 95% 保证率的抗压强度极限值作为混凝土的抗压强度标准值，两种试件表示的抗压强度符号分别为 f_{ck} 和 $f_{ck,cube}$。欧洲规范将圆柱体的抗压强度标准值 f_{ck} 作为抗压设计的力学指标，并规定桥梁结构设计采用的最低强度等级不得低于 C_{min}，最高强度等级不得超过 C_{max}，具体由国家附录指定，建议值分别为 C30/37 和 C70/

85，其中，"/"号之前的数字为圆柱体抗压强度，之后的数字为立方体抗压强度。

EN 1992-1-1 和 EN 206-1 给出的混凝土强度等级，以及相应的圆柱体抗压强度标准值 f_{ck}、立方体抗压强度标准值 $f_{ck,cube}$ 和圆柱体抗压强度平均值 f_{cm} 见表 4-1。

混凝土强度等级及相关力学指标 表 4-1

强度等级	f_{ck}(MPa)	$f_{ck,cube}$(MPa)	f_{cm}(MPa)
C12/15	12	15	20
C16/20	16	20	24
C20/25	20	25	28
C25/30	25	30	33
C30/37	30	37	38
C35/45	35	45	43
C40/50	40	50	48
C45/55	45	55	53
C50/60	50	60	58
C55/67	55	67	63
C60/75	60	75	68
C70/85	70	85	78
C80/95	80	95	88
C90/105	90	105	98

混凝土圆柱体抗压强度平均值与圆柱体抗压强度标准值的关系为：

$$f_{cm} = f_{ck} + 8 ❶ \quad (4-1)$$

通过线性回归，见图 4-1，立方体抗压强度标准值与圆柱体抗压强度标准值的关系近似为：

$$f_{ck,cube} = 1.172 f_{ck} + 2 ❷ \quad (4-2a)$$

或

$$f_{ck,cube} = 1.207 f_{ck} \quad (4-2b)$$

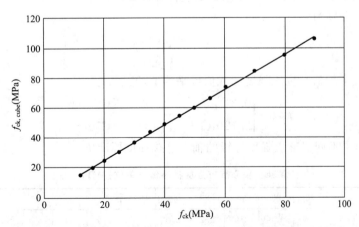

图 4-1 混凝土立方体抗压强度与圆柱体抗压强度的关系

---

❶ 单位为 MPa。
❷ 单位为 MPa。

4.1.2 抗拉强度

抗拉强度是混凝土的另一项基本力学指标,可以用来反映混凝土结构的抗裂性能,间接衡量混凝土的抗冲切强度及其他力学性能。

混凝土抗拉强度也受许多因素的影响,例如其强度随水泥活性、混凝土的龄期增加而提高。但是用增加水泥用量或提高混凝土强度等级的方法来提高混凝土抗拉强度的速度不如抗压强度快。提高抗拉强度的有效办法是使骨料级配均匀和增加混凝土的密实性。

4.1.2.1 轴心抗拉强度

在测定混凝土轴心抗拉强度时,采用直接抗拉试验法相当困难,因为在试件制作时预埋在两端的钢筋不容易对中,混凝土质量也不均匀,因此它的几何中心和质量中心不一致;此外安装试件时难免存在歪斜和偏心。所有这些因素都会对试验结果产生较大的影响。因此,EN 1992-1-1 规定采用劈裂试验间接测定混凝土轴心抗拉强度。《硬化混凝土试验——第 6 部分:试验试件的劈裂抗拉强度》EN 12390—6 采用高度/直径等于 1 的圆柱体作为试件,以每秒 0.04~0.06MPa 的速度施加试验荷载。根据弹性力学原理,圆柱体劈裂抗拉强度 $f_{ct,sp}$ 为:

$$f_{ct,sp} = 2F/(\pi L d) \tag{4-3}$$

其中,F 为施加的最大试验荷载,L 为试件高度,d 为试件直径。劈裂抗拉强度 $f_{ct,sp}$ 与轴心抗拉强度 f_{ct} 的换算关系为:

$$f_{ct} = 0.9 f_{ct,sp} \tag{4-4}$$

欧洲规范 EN 1992-1-1 将轴心抗拉强度作为混凝土抗拉强度的设计指标,采用 $f_{ctk,0.05}$ 和 $f_{ctk,0.95}$ 两个抗拉强度标准值,前者是混凝土抗拉强度概率分布的 0.05 分位值,具有 95% 的保证率,用于混凝土抗拉强度起重要作用的情况,如抗裂验算、梁的抗剪或板的抗冲切验算等;后者为混凝土抗拉强度概率分布的 0.95 分位值,主要用于使用混凝土受拉不起主要作用的情况。EN 1992-1-1 给出的抗拉强度标准值 $f_{ctk,0.05}$ 和 $f_{ctk,0.95}$ 与抗拉强度平均值 f_{ctm} 的关系分别为:

$$f_{ctk,0.05} = 0.7 f_{ctm} \tag{4-5}$$

$$f_{ctk,0.95} = 1.3 f_{ctm} \tag{4-6}$$

混凝土抗拉强度平均值与抗压强度标准值或平均值的关系为:

$$f_{ctm} = \begin{cases} 0.3 f_{ck}^{2/3} & \leqslant C50/60 \\ 2.12\ln(1+f_{cm}/10) & > C50/60 \end{cases} \tag{4-7}$$

表 4-2 给出了不同混凝土强度等级的轴心抗拉强度标准值。

混凝土轴心抗拉强度标准值(单位:MPa) 表 4-2

f_{ck}	12	16	20	25	30	35	40	45	50	55	60	70	80	90
$f_{ctk,0.05}$	1.1	1.3	1.5	1.8	2.0	2.2	2.5	2.7	2.9	3.0	3.1	3.2	3.4	3.5
$f_{ctk,0.95}$	2.0	2.5	2.9	3.3	3.8	4.2	4.6	4.9	5.3	5.5	5.7	6.0	6.3	6.6

4.1.2.2 弯曲抗拉强度

对于弯曲抗拉强度试验,《硬化混凝土试验——第 5 部分:试验试件的弯曲强度》EN

12390—5 以棱柱体为试件，采用三分点加载或中点加载试验方法，以每秒 0.04～0.06MPa 的速度施加试验荷载。对于三分点加载，弯曲抗拉强度 f_{cf} 为：

$$f_{cf}=FL/d^3 \qquad (4\text{-}8)$$

对于中点加载，弯曲抗拉强度为：

$$f_{cf}=1.5FL/d^3 \qquad (4\text{-}9)$$

其中，F 为施加的最大试验荷载，L 为支承辊轴间的距离，d 为试件截面的边长。

由于混凝土存在拉伸应变软化现象，当混凝土构件受弯时，受拉区混凝土达到一定的塑性状态，中性轴上移，构件破坏时承受的弯矩较完全脆性破坏时大，等效的弯曲抗拉强度较轴心抗拉强度有所提高，提高的程度与构件截面高度有关。EN 1992-1-1 给出的弯曲抗拉强度 $f_{ctm,fl}$ 与轴心抗拉强度平均值 f_{ctm} 的关系为：

$$f_{ctm,fl}=\max[(1.6-h/1000)f_{ctm},f_{ctm}] \qquad (4\text{-}10)$$

其中，h 为构件截面高度（mm）。

4.1.3 强度设计值

混凝土强度设计值是经可靠度校准后的用于结构极限状态设计的混凝土材料强度指标。EN 1992-2 给出的桥梁结构混凝土抗压强度设计值、抗拉强度设计值与相应标准值的关系为：

$$f_{cd}=\alpha_{cc}f_{ck}/\gamma_C \qquad (4\text{-}11)$$

$$f_{ctd}=\alpha_{ct}f_{ctk,0.05}/\gamma_C \qquad (4\text{-}12)$$

其中，γ_C 为混凝土材料的强度分项系数，综合考虑了抗力计算模型不确定性分项系数和材料特性分项系数，具体取值见第 2 章表 2-6；

α_{cc} 为考虑抗压强度长期效应及加载方式不利影响的系数，取值范围 0.8～1.0，具体由国家附录指定，推荐值取 0.85，对于构件抗剪计算，可取 1.0；

α_{ct} 为考虑抗拉强度长期效应及加载方式不利影响的系数，取值范围 0.8～1.0，具体由国家附录指定，一般情况下取 1.0，某些特殊情况下取 0.85，如压杆-拉杆模型。

在使用式（4-11）和式（4-12）确定混凝土的强度设计值时，需要注意以下两点：

(1) 如果混凝土的强度是按龄期大于 28 天的试件确定的，α_{cc} 和 α_{ct} 应进行折减，折减系数 k_t 由国家附录指定，推荐值为 0.85；

(2) 计算无永久性套管灌注桩的承载力时，γ_C 应乘放大系数 k_f，由国家附录指定，推荐值为 1.1。

表 4-3 给出了一般使用情况下不同强度等级的混凝土强度设计值。

混凝土轴心抗压和轴心抗拉强度设计值（单位：MPa）　　　表 4-3

f_{ck}	12	16	20	25	30	35	40	45	50	55	60	70	80	90
f_{cd}	6.8	9.1	11.3	14.2	17.0	19.8	22.7	25.5	28.3	31.2	34.0	39.7	45.3	51.0
f_{ctd}	0.7	0.9	1.0	1.2	1.3	1.5	1.7	1.8	1.9	2.0	2.1	2.1	2.3	2.3

4.1.4 弹性模量

弹性模量是用于描述混凝土变形性能的一个重要指标，有原点切线模量和割线模量两种定义方式。EN 1992-1-1 将应力-应变曲线上 $\sigma_c=0$ 和 $\sigma_c=0.4f_{cm}$ 的割线值定义为混凝土的弹性模量，如图 4-2 所示，弹性模量 E_{cm} 与抗压强度平均值 f_{cm}（单位 MPa）的关系为：

$$E_{cm}=22(f_{cm}/10)^{0.3} \quad (\text{GPa}) \tag{4-13}$$

混凝土的弹性模量与其组成材料有关，特别是骨料，所以使用不同骨料时需要对式（4-13）确定的弹性模量进行修正。对于石灰石和砂石骨料的混凝土，弹性模量分别降低10%和30%；对于玄武岩骨料的混凝土，弹性模量提高20%。

表 4-4 给出了不同强度等级的混凝土弹性模量。

混凝土弹性模量（单位：GPa） 表 4-4

f_{ck}	12	16	20	25	30	35	40	45	50	55	60	70	80	90
E_{cm}	27	29	30	31	33	34	35	36	37	38	39	41	42	44

4.1.5 泊松比与剪变模量

材料沿外力作用方向产生拉伸（或压缩）变形的同时，在垂直于外力的方向会产生收缩（或膨胀）变形，横向正应变与轴向正应变的绝对值之比称为材料的泊松比 ν_c。混凝土的泊松比与其强度、组成成分和其他因素有一定关系。EN 1992-1-1 规定，无裂缝混凝土的泊松比为 0.2，开裂混凝土的泊松比取为 0。

剪变模量为材料发生单位剪应变所需的剪应力。如果将混凝土视为弹性材料，按照材料力学理论，剪变模量与弹性模量及泊松比具有如下关系：

$$G_c=\frac{E_c}{2(1+\nu_c)} \tag{4-14}$$

将泊松比 0.2 代入式（4-14），得到欧洲规范的剪变模量为 $G_c=0.42E_{cm}$。

4.1.6 热膨胀系数

热膨胀系数 α_c 是材料的热力学参数，表示温度升高或降低 1℃，材料单位长度的伸长或缩短量。混凝土的热膨胀系数主要受骨料材质的影响。EN 1992-1-1 将混凝土热膨胀系数统一取为 $1\times10^{-5}\text{K}^{-1}$。

4.1.7 应力-应变关系

混凝土的单轴应力-应变关系反映了混凝土受荷各个阶段内部结构的变化及其破坏状态，是研究混凝土结构强度机理的重要依据，也是混凝土结构非线性分析和正截面强度计算的重要基础。设计中采用的一般都是简化但精度符合工程要求的表达式。

4.1.7.1 非线性分析混凝土压应力-压应变关系

EN 1992-1-1 给出的短期单轴加载的混凝土压应力-压应变关系曲线见图 4-2，具体的关系式为：

$$\frac{\sigma_c}{f_{cm}}=\frac{k\eta-\eta^2}{1+(k-2)\eta} \tag{4-15}$$

其中，$\eta=\varepsilon_c/\varepsilon_{c1}$，$k=1.05E_{cm}\varepsilon_{c1}/f_{cm}$。$\varepsilon_{c1}$ 为峰值压应力对应的压应变，按下式计算：

$$\varepsilon_{c1} = 0.0007 f_{cm}^{0.31} \leqslant 0.0028 \tag{4-16}$$

ε_{cu1} 为名义极限应变，按下式取值：

$$\varepsilon_{cu1} = \begin{cases} 0.0035 & \leqslant C50/60 \\ 0.0028 + 0.027\left[(98-f_{cm})/100\right]^4 & > C50/60 \end{cases} \tag{4-17}$$

图 4-3 示出了强度等级 C30/37、C40/50、C50/60、C60/75 和 C70/85 混凝土的压应力-压应变关系曲线。

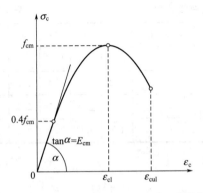

图 4-2 结构分析的混凝土应力-应变关系曲线

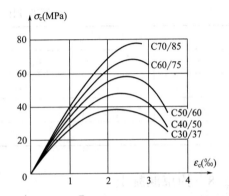

图 4-3 不同强度混凝土的应力-应变曲线

4.1.7.2 截面设计的混凝土压应力-压应变关系

对于构件截面设计，EN 1992-1-1 采用了抛物线和双折线两种形式的混凝土压应力-压应变曲线，分别如图 4-4 和图 4-5 所示。

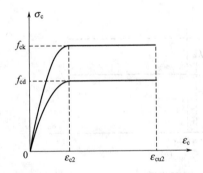

图 4-4 抛物线形应力-应变关系曲线

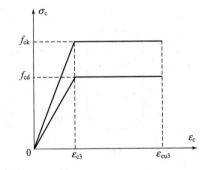

图 4-5 双折线型应力-应变关系曲线

抛物线形压应力-压应变关系为：

$$\sigma_c = \begin{cases} f_{cd}\left[1-(1-\varepsilon_c/\varepsilon_{c2})^n\right] & 0 \leqslant \varepsilon_c \leqslant \varepsilon_{c2} \\ f_{cd} & \varepsilon_{c2} < \varepsilon_c \leqslant \varepsilon_{cu2} \end{cases} \tag{4-18}$$

其中，n 为与混凝土强度等级有关的指数，ε_{c2} 为达到最大压应力时的压应变，ε_{cu2} 为极限压应变，

$$n = \begin{cases} 2.0 & \leqslant C50/60 \\ 1.4 + 23.4\left[(90-f_{ck})/100\right]^4 & > C50/60 \end{cases} \tag{4-19}$$

$$\varepsilon_{c2} = \begin{cases} 0.002 & \leqslant C50/60 \\ \left[2.0 + 0.085(f_{ck}-50)^{0.53}\right] \times 10^{-3} & > C50/60 \end{cases} \tag{4-20}$$

$$\varepsilon_{cu2} = \begin{cases} 0.0035 & \leqslant C50/60 \\ 0.0026 + 0.035[(90-f_{ck})/100]^4 & > C50/60 \end{cases} \quad (4-21)$$

双折线型压应力-压应变关系中的极限压应变 ε_{cu3} 取值与 ε_{cu2} 相同，ε_{c3} 取值如下：

$$\varepsilon_{c3} = \begin{cases} 0.00175 & \leqslant C50/60 \\ [1.75 + 0.55(f_{ck}-50)/40] \times 10^{-3} & > C50/60 \end{cases} \quad (4-22)$$

表 4-5 给出了不同强度等级的混凝土截面设计所采用压应力-压应变关系曲线的参数。

截面设计压应力-压应变曲线参数 表 4-5

f_{ck}	12	16	20	25	30	35	40	45	50	55	60	70	80	90
n					2.0					1.75	1.6	1.45	1.4	1.4
ε_{c2}(‰)					2.0					2.2	2.3	2.4	2.5	2.6
$\varepsilon_{cu2}=\varepsilon_{cu3}$(‰)					3.5					3.1	2.9	2.7	2.6	2.6
ε_{c3}(‰)					1.75					1.8	1.9	2.0	2.2	2.3

4.1.8 约束混凝土

如前所述，混凝土沿某个方向受压时，与之垂直方向会产生膨胀变形。对于大体积混凝土，或有横向约束箍筋的混凝土，膨胀变形会受到约束，受力区域的混凝土处于三向受压状态，如图 4-6（a）所示。已有试验研究表明，三向受压混凝土的抗压强度和塑性变形能力都会显著提升，这是因为围压阻止了混凝土的侧向变形和内部裂缝的发展。

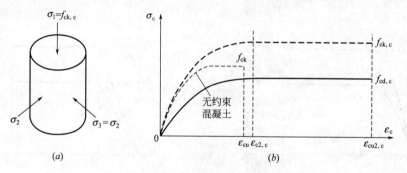

图 4-6 约束混凝土及应力-应变关系

EN 1992-1-1 规定的约束混凝土压应力-压应变关系曲线如图 4-6（b）所示。约束混凝土抗压强度标准值 $f_{ck,c}$ 及相关应变 $\varepsilon_{c2,c}$ 和 $\varepsilon_{cu2,c}$ 按下式确定：

$$f_{ck,c} = \begin{cases} (1.0 + 5.0\sigma_2/f_{ck})f_{ck} & \sigma_2 \leqslant 0.05 f_{ck} \\ (1.125 + 2.5\sigma_2/f_{ck})f_{ck} & \sigma_2 > 0.05 f_{ck} \end{cases} \quad (4-23)$$

$$\varepsilon_{c2,c} = \varepsilon_{c2}(f_{ck,c}/f_{ck})^2 \quad (4-24)$$

$$\varepsilon_{cu2,c} = \varepsilon_{cu2} + 0.2\sigma_2/f_{ck} \quad (4-25)$$

其中，σ_2 为承载能力极限状态下由约束产生的有效侧向压应力。由式（4-23）和式（4-25）可以看出，当 σ_2 为 $0.15f_{ck}$ 时，混凝土抗压强度提高 50%；当 σ_2 为 $0.35f_{ck}$ 时，混凝土抗压强度提高 1 倍，破坏时的应变增大 3~4 倍。

4.1.9 不同龄期混凝土的性能

混凝土是一种水化硬结材料,开始时水化比较快,常温下 28 天可完成 80% 的水化,之后水化速度减慢,但仍在不断进行之中,具体与水泥品种、温度和养护条件等有关。混凝土桥梁结构,特别是现浇预应力混凝土桥梁,往往需要在龄期不到 28 天就参与结构受力,另外混凝土长期的收缩、徐变对桥梁的内力重分布、挠曲变形影响也比较显著。这些都与混凝土龄期有很大关系,因此,设计和施工中考虑混凝土的龄期非常重要。

4.1.9.1 混凝土强度

1. 抗压强度

EN 1992-1-1 规定,t 时刻的混凝土抗压强度标准值为:

$$f_{ck}(t) = \begin{cases} f_{cm}(t) - 8(\text{MPa}) & 3d < t < 28d \\ f_{ck} & t \geq 28d \end{cases} \quad (4\text{-}26)$$

其中,$f_{cm}(t)$ 为龄期 t 时刻的混凝土圆柱体抗压强度平均值,取决于水泥品种、温度和养护条件。当平均温度为 20℃,养护条件符合 EN 12390 时,$f_{cm}(t)$ 可按下式估计:

$$f_{cm}(t) = \beta_{cc}(t) f_{cm} \quad (4\text{-}27)$$

$$\beta_{cc}(t) = \exp[s(1 - \sqrt{28/t}\,)] \quad (4\text{-}28)$$

其中,t 为混凝土龄期(d);

s 为水泥品种系数;对于速凝水泥(R 级)(含 CEM42.5R、CEM52.5N、CEM52.5R),s 取 0.2;对于普通水泥(N 级)(含 CEM32.5R、CEM42.5N),s 取 0.25;对于缓凝水泥(S 级)(含 CEM32.5N),s 取 0.38。

表 4-6 给出了不同品种水泥拌制的混凝土不同龄期的 $f_{cm}(t)$ 与 28 天抗压强度平均值 f_{cm} 的比值。

不同龄期混凝土抗压强度平均值与 28 天抗压强度平均值的比值   表 4-6

龄期(d)	R 级	N 级	S 级
3	0.66	0.60	0.46
7	0.82	0.78	0.68
14	0.92	0.90	0.85
28	1.00	1.00	1.00
90	1.09	1.12	1.18
360	1.16	1.20	1.32

2. 抗拉强度

EN 1992-1-1 规定的不同龄期混凝土抗拉强度平均值 $f_{ctm}(t)$ 按下式估计:

$$f_{ctm}(t) = [\beta_{cc}(t)]^\alpha f_{ctm} \quad (4\text{-}29)$$

其中,$\beta_{cc}(t)$ 的计算方法同式(4-28);指数 α 的取值与龄期有关,当 $t < 28d$ 时,$\alpha = 1$;当 $t \geq 28d$ 时,$\alpha = 2/3$。

表 4-7 给出了不同品种水泥拌制的混凝土不同龄期的 $f_{ctm}(t)$ 与 28 天抗拉强度平均值 f_{ctm} 的比值。

不同龄期混凝土抗拉强度平均值与 28 天抗拉强度平均值的比值   表 4-7

龄期(d)	R 级	N 级	S 级
3	0.66	0.60	0.46
7	0.82	0.78	0.68
14	0.92	0.90	0.85
28	1.00	1.00	1.00
90	1.06	1.08	1.12
360	1.10	1.13	1.20

4.1.9.2 弹性模量

EN 1992-1-1 规定的不同龄期混凝土弹性模量 $E_{cm}(t)$ 按下式估计：

$$E_{cm}(t)=[\beta_{cc}(t)]^{0.3}E_{cm} \tag{4-30}$$

其中，$\beta_{cc}(t)$ 的计算方法同式（4-28）。表 4-8 给出了不同品种水泥拌制的混凝土不同龄期的 $E_{cm}(t)$ 与 28 天弹性模量 E_{cm} 的比值。

不同龄期混凝土弹性模量与 28 天弹性模量的比值   表 4-8

龄期(d)	R 级	N 级	S 级
3	0.88	0.86	0.79
7	0.94	0.93	0.89
14	0.98	0.97	0.95
28	1.00	1.00	1.00
90	1.03	1.03	1.05
360	1.04	1.06	1.09

4.1.9.3 收缩

混凝土收缩是指混凝土凝结初期或硬化过程中出现的体积缩小现象。EN 1992-1-1 将混凝土总收缩应变分为干缩应变和自收缩应变。干缩应变是水分从硬化混凝土迁移而产生的，发展缓慢。自收缩应变是在混凝土硬化过程中水分因参与水化不断减少而产生的，是低水灰比混凝土早龄期收缩的主要部分。因此，总收缩应变 ε_{cs} 可表示为：

$$\varepsilon_{cs}=\varepsilon_{cd}+\varepsilon_{ca} \tag{4-31}$$

其中，ε_{cd} 为干缩应变，ε_{ca} 为自收缩应变。

1. 干缩应变

EN 1992-1-1 规定的终极干缩应变按下式计算：

$$\varepsilon_{cd,\infty}=k_h\varepsilon_{cd,0} \tag{4-32}$$

其中，k_h 为与截面名义厚度 h_{nom} 有关的系数，按表 4-9 取值；$\varepsilon_{cd,0}$ 为名义无约束干缩应变，按下式计算：

$$\varepsilon_{cd,0}=0.85[(220+110\alpha_{ds1})\cdot\exp(-\alpha_{ds2}f_{cm}/f_{cm0})]\times10^{-6}\beta_{RH} \tag{4-33}$$

式（4-33）中，α_{ds1} 为与水泥品种有关的系数，S 级取 3，N 级取 4，R 级取 6；α_{ds2} 为与水泥品种有关的系数，S 级取 0.13，N 级取 0.12，R 级取 0.11；f_{cm0} 等于 10MPa；β_{RH} 按下式计算：

$$\beta_{RH}=1.55[1-(RH/RH_0)^3] \tag{4-34}$$

RH 为周围环境的相对湿度（%），$RH_0=100\%$。

截面名义厚度 h_{nom} 按下式计算：

$$h_{nom}=2A_c/u \tag{4-35}$$

其中，A_c 为混凝土截面面积，u 为混凝土截面暴露于干燥环境部分的周长。

k_h 的值　　　　　　　　　　　　　　　表 4-9

h_{nom}(mm)	100	200	300	≥500
k_h	1.0	0.85	0.75	0.70

为方便使用，表 4-10 给出了三种品种水泥拌制混凝土在不同相对湿度环境中的名义无约束干缩应变常用值。

不同品种水泥拌制混凝土的名义无约束干缩应变（‰）　　表 4-10

水泥品种	强度等级	相对湿度(%)					
		20	40	60	80	90	100
S 级	C30/37	0.44	0.41	0.35	0.22	0.12	0.00
	C40/50	0.39	0.36	0.30	0.19	0.11	0.00
	C50/60	0.34	0.32	0.27	0.17	0.09	0.00
	C60/75	0.30	0.28	0.23	0.15	0.08	0.00
	C70/85	0.26	0.25	0.21	0.13	0.07	0.00
N 级	C30/37	0.55	0.52	0.43	0.27	0.15	0.00
	C40/50	0.48	0.46	0.38	0.24	0.13	0.00
	C50/60	0.43	0.41	0.34	0.21	0.12	0.00
	C60/75	0.38	0.36	0.30	0.19	0.10	0.00
	C70/85	0.34	0.32	0.27	0.17	0.09	0.00
R 级	C30/37	0.76	0.71	0.60	0.37	0.21	0.00
	C40/50	0.68	0.64	0.54	0.33	0.19	0.00
	C50/60	0.61	0.57	0.48	0.30	0.17	0.00
	C60/75	0.54	0.51	0.43	0.27	0.15	0.00
	C70/85	0.49	0.46	0.39	0.24	0.13	0.00

t 时刻混凝土的干缩应变为：

$$\varepsilon_{cd}(t)=\beta_{ds}(t,t_s)k_h\varepsilon_{cd,0} \tag{4-36}$$

$$\beta_{ds}(t,t_s)=\frac{t-t_s}{t-t_s+0.04\sqrt{h_{nom}^3}} \tag{4-37}$$

其中，t_s 为干缩开始时的混凝土龄期（d），通常为养护结束的时间。

2. 自收缩应变

自收缩应变按下式计算：

$$\varepsilon_{ca}(t)=\beta_{as}(t)\varepsilon_{ca}(\infty) \tag{4-38}$$

其中，
$$\varepsilon_{ca}(\infty) = 2.5(f_{ck} - 10) \times 10^{-6} \tag{4-39}$$
$$\beta_{as}(t) = 1 - \exp(-0.2t^{0.5}) \tag{4-40}$$

t 为所考虑时刻的混凝土龄期（d）。

4.1.9.4 徐变

混凝土在载荷保持不变的情况下，其应变随时间持续增长的现象称为徐变。产生徐变的原因通常可以认为：在骨料、水泥和水拌制成混凝土后，一部分水泥颗粒水化后形成一种结晶体化合物，它是一种弹性体；另一部分是被结晶体所包围尚未水化的水泥颗粒以及结晶体之间存在的游离水分和孔隙等形成的水泥凝胶体，它需要在较长的时间内进行水化和内部水分的迁移。由于水泥凝胶体具有很大的塑性，它在变形过程中要将其所受到的压力逐步转移至骨料和水化结晶体，二者形成应力重分布而造成徐变变形；另一原因是混凝土内部微裂缝在长期荷载作用下不断发展和增长，从而导致应变的增加。由此可知，徐变的发展，当应力不大时是以第一个原因为主，当应力较大时则以第二个原因为主。

影响混凝土徐变的因素很多，主要有：①内在因素，水泥用量越多、水灰比越大，徐变也越大。骨料越坚硬、弹性模量越高，对水泥石徐变的约束作用越大，徐变就越小。骨料的相对体积越大，徐变越小。另外，构件的形状、尺寸也会影响徐变值，大尺寸试件内部失水受到限制，徐变相对较小。混凝土的配筋量和钢筋应力性质对徐变也有影响；②环境因素，养护及使用条件下的温湿度是影响徐变的环境因素。养护时温度高、湿度大、水泥水化作用充分，徐变就小。受荷后的构件所处环境的温度越高，湿度越低，徐变越大，因此，高温干燥环境将使徐变显著增大；③应力条件，混凝土的徐变与应力大小有着密切关系。混凝土的应力越大、徐变越大；④加载龄期，加载时间越早，混凝土徐变越大，反之越小；⑤荷载持续时间，荷载持续时间越长，徐变越大，反之越小。

EN 1992-1-1 给出了随时间变化的徐变系数及徐变应变的计算方法。

1. 徐变系数的计算

随时间变化的徐变系数 $\varphi(t, t_0)$ 可按下式计算：
$$\varphi(t, t_0) = \varphi_0 \beta_c(t, t_0) \tag{4-41}$$

其中，φ_0 为名义徐变系数，可按下式估算：
$$\varphi_0 = \varphi_{RH} \beta(f_{cm}) \beta(t_0) \tag{4-42}$$

φ_{RH} 为相对湿度对名义徐变系数的影响系数，按下式计算：
$$\varphi_{RH} = \begin{cases} 1 + \dfrac{1 - RH/100}{0.1 \sqrt[3]{h_{nom}}} & f_{cm} \leq 35 \text{MPa} \\ \left(1 + \dfrac{1 - RH/100}{0.1 \sqrt[3]{h_{nom}}} \alpha_1 \right) \alpha_2 & f_{cm} > 35 \text{MPa} \end{cases} \tag{4-43}$$

$\beta(f_{cm})$ 为混凝土强度平均值 f_{cm}（MPa）对名义徐变系数的影响系数，按下式计算：
$$\beta(f_{cm}) = 16.8/\sqrt{f_{cm}} \tag{4-44}$$

$\beta(t_0)$ 为加载龄期 t_0(d) 对名义徐变系数的影响系数，按下式计算：
$$\beta(t_0) = 1/(0.1 + t_0^{0.2}) \tag{4-45}$$

$\beta_c(t, t_0)$ 为描述构件加载后徐变随时间发展的系数，可按下式估算：

$$\beta_c(t,t_0) = \left(\frac{t-t_0}{\beta_H + t - t_0}\right)^{0.3} \tag{4-46}$$

β_H 为依赖于相对湿度 RH 和截面名义厚度 h_{nom} 的系数，可按下式估算：

$$\beta_H = \begin{cases} 1.5[1+(0.012RH)^{18}]h_{nom} + 250 \leqslant 1500 & f_{cm} \leqslant 35\text{MPa} \\ 1.5[1+(0.012RH)^{18}]h_{nom} + 250\alpha_3 \leqslant 1500\alpha_3 & f_{cm} > 35\text{MPa} \end{cases} \tag{4-47}$$

α_1、α_2 和 α_3 为考虑混凝土强度的影响系数，按下式确定：

$$\alpha_1 = (35/f_{cm})^{0.7}, \alpha_2 = (35/f_{cm})^{0.2}, \alpha_3 = (35/f_{cm})^{0.5} \tag{4-48}$$

截面名义厚度 h_{nom} 仍按式（4-35）计算，但其中的 u 需替换成混凝土截面暴露于大气中的周长。

2. 温度的影响

温度会影响混凝土强度增长的速度，进而影响混凝土的徐变。可通过调整所考虑时刻的混凝土龄期来间接考虑温度变化（范围 0~80℃）对混凝土成熟度的影响：

$$t_T = \sum_{i=1}^{n} e^{-\{4000/[273+T(\Delta t_i)]-13.65\}} \cdot \Delta t_i \tag{4-49}$$

其中，t_T 为经过调整的所考虑时刻的混凝土龄期（d）；

$T(\Delta t_i)$ 为时间段 Δt_i 内的温度（℃）；

Δt_i 为温度 T 持续的天数（d）。

3. 水泥品种的影响

不同品种的水泥水化速度不同，因而相同压力下的持续变形不同。水泥品种对混凝土徐变的影响可通过调整加载龄期 t_0 来考虑：

$$t_0 = t_{0,T}\left(\frac{0.9}{2+t_{0,T}^{1.2}} + 1\right)^{\alpha} \geqslant 0.5 \tag{4-50}$$

其中，$t_{0,T}$ 为加载时的温度调整龄期（d），按式（4-49）计算；

α 为与水泥品种有关指数，S 级取 -1，N 级取 0，R 级取 1。

4. 非线性徐变

当 t_0 龄期加载时混凝土承受的压应力超过 $0.45f_{ck}(t_0)$ 时，应考虑非线性的徐变。这种情况下，非线性徐变系数可按下式计算：

$$\varphi_{nl}(t,t_0) = \varphi(t,t_0)\exp[1.5(k_\sigma - 0.45)] \tag{4-51}$$

其中，k_σ 为应力强度比 $\sigma_c/f_{ck}(t_0)$，σ_c 为混凝土压应力，$f_{ck}(t_0)$ 为加载时混凝土的抗压强度标准值。

5. 徐变应变

在常应力 σ_c 作用下，t 时刻的混凝土徐变应变按下式计算：

$$\varepsilon_{cc}(t,t_0) = \varphi(t,t_0)\frac{\sigma_c}{E_c} \tag{4-52}$$

其中，E_c 为 28 天混凝土的切线弹性模量，可取为 $1.05E_{cm}$。

4.2 普通钢筋

钢筋是混凝土桥梁结构的另一种组成材料，它不仅为结构提供抗拉强度和抗压强度，还赋予结构良好的延性性能,使结构在进入塑性阶段后发生内力重分布而不出现脆性破坏。

4.2.1 品种、规格和牌号

钢筋的品种、规格和牌号分别指钢筋的供货形式(直筋或盘卷)、直径或钢筋的表示方法。以 B500C 为例说明其含义,B 为钢筋的英文单词"bar"的第一个字母,500 表示钢筋的强度等级,也即钢筋的屈服强度,C 表示钢筋的延性等级。

EN 10080 规定的钢筋名义直径范围为 4~50mm。其中,10mm 以下的直径间隔为 0.5mm,10mm 以上的直径有 11mm、12mm、14mm、16mm、20mm、25mm、28mm、32mm、40mm 和 50mm。

4.2.2 强度

EN 1992-1-1 将热轧钢筋的屈服应力标准值 f_{yk} 作为划分钢筋强度等级的依据,对于没有明显屈服台阶的冷加工钢筋则以 0.2% 残余应变对应的应力 $f_{0.2k}$ 作为其屈服强度,如图 4-7 所示。混凝土结构设计中使用的钢筋强度标准值范围为 400~600MPa,使用欧洲规范的国家也可在其国家附录中对 f_{yk} 进行规定。钢筋的最大实测屈服强度 $f_{y,max}$ 不应超过 $1.3f_{yk}$,否则容易造成构件塑性铰的抗弯承载力过度的超强,而不能实现预期的延性屈服机制。

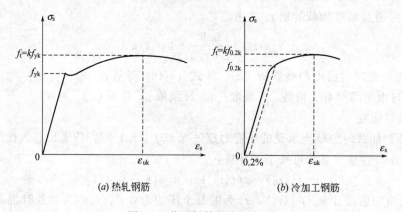

图 4-7 普通钢筋强度的定义

4.2.3 延性与强屈比

钢筋的延性是指钢筋屈服后继续变形的能力,是另一项重要的力学性能参数。许多工程事故调查表明,一些结构安全事故并非源于钢筋强度不足,而是因钢筋延性太差,导致结构发生脆性破坏。钢筋的延性由最大拉应力下的总伸长率 ε_{uk} 来表示,见图 4-7。

钢筋的抗拉强度 f_t 是指钢筋能承受的极限拉应力。钢筋的强屈比 k 为抗拉强度 f_t 与屈服强度 f_{yk} 的比值,反映了钢筋的强度储备。强屈比不宜过小,否则钢筋进入屈服状态后,结构变形将急剧增大。

EN 1992-1-1 将钢筋的延性和强屈比划分为 A、B、C 三个等级，具体要求见表 4-11。这些特性适用于 $-40^{\circ}\mathrm{C} \sim 100^{\circ}\mathrm{C}$ 的温度范围。桥梁结构推荐采用 B 和 C 级钢筋。

钢筋材料特性   表 4-11

产品形式	直筋和调直钢筋			分位值(%)
等级	A	B	C	
屈服强度标准值 f_{yk} 或 $f_{0.2k}$ (MPa)	400～600			5.0
强屈比 $k=f_t/f_{yk}$ 最小值	≥1.05	≥1.08	≥1.15 且＜1.35	10.0
最大拉应力的应变标准值 ε_{uk} (%)	≥2.5	≥5.0	≥7.5	10.0

4.2.4 设计强度

在结构承载能力极限状态设计中，钢筋强度采用设计值 f_{yd}（抗拉）和 f'_{yd}（抗压）。钢筋强度设计值是由钢筋强度标准值和材料分项系数共同确定的，即：

$$f_{yd}=f_{yk}/\gamma_S \tag{4-53}$$

其中，γ_S 为钢筋的强度分项系数，综合考虑了抗力计算模型不确定性分项系数和材料特性分项系数，具体取值见第 2 章表 2-6。

4.2.5 弹性模量

在按正常使用极限状态验算钢筋混凝土结构的裂缝宽度和变形时，需要使用钢筋特性的另一个参数，即弹性模量 E_s。尽管各类钢筋的强度差异很大，但其弹性模量差别很小。EN 1992-1-1 规定的钢筋弹性模量取值为 200GPa。

4.2.6 应力-应变关系

EN 1992-1-1 规定，钢筋可采用如图 4-8 所示的双折线应力-应变关系。对于一般设计，可采用极限应变为 ε_{ud} 的倾斜分支段，也可采用不需要检验极限应变的水平分支段，具体表达式为：

$$\sigma_s=\begin{cases}E_s\varepsilon_s & \varepsilon_s\leqslant\varepsilon_{yd}\\ f_{yd}+k(\varepsilon_s-\varepsilon_{yd}) & \varepsilon_{yd}<\varepsilon_s\leqslant\varepsilon_{ud}\end{cases} \tag{4-54}$$

或

$$\sigma_s=\begin{cases}E_s\varepsilon_s & \varepsilon_s\leqslant\varepsilon_{yd}\\ f_{yd} & \varepsilon_s>\varepsilon_{yd}\end{cases} \tag{4-55}$$

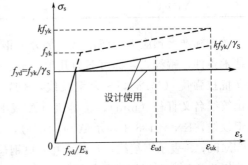

图 4-8 普通钢筋应力-应变关系

其中，ε_{yd} 为钢筋的屈服应变设计值，$\varepsilon_{yd}=f_{yd}/E_s$；$\varepsilon_{ud}$ 为钢筋极限应变设计值，由国家附录指定，推荐值为 $0.9\varepsilon_{uk}$。

4.2.7 疲劳应力幅限值

EN 1992-1-1 规定钢筋能经受的疲劳应力幅限值见表 4-12。

钢筋疲劳应力幅限值　　　　　　　　　　表 4-12

产品形式	直筋和调直钢筋			分位值(%)
等级	A	B	C	
疲劳应力幅限值	≥150MPa，且≤βf_{yk}			10.0

注：疲劳应力幅对应的循环次数 $N \geq 2 \times 10^6$；β 由国家附录指定，推荐值为 0.6。

4.3　预应力钢筋

4.3.1　品种和规格

欧洲常用的预应力钢筋有钢丝、钢绞线和热轧钢筋，规格及力学性能均应符合欧洲标准《预应力钢筋》(prEN 10138)。

《预应力钢筋：第 2 部分—钢丝》(prEN 10138-2) 规定了预应力钢丝的技术条件。钢丝名称由下面几项组成：①欧洲标准号；②钢材名称（Y 为预应力筋，名义抗拉强度 (MPa)，C 为冷拔钢丝）；③钢丝名义直径 (mm)；④钢丝外形（I 为刻痕）。例如名称为 EN 10138-2-Y1770C-5.0-I 的钢丝，EN 10138-2 表示欧洲标准号，Y 表示预应力筋，1770 表示名义抗拉强度为 1770MPa，C 表示冷拔钢丝，5.0 表示名义直径为 5.0mm，I 表示刻痕钢丝。也可用钢号代替钢材名称，如 EN 10138-2-1.1352-5.0-I。prEN 10138-2 中预应力钢丝的规格见表 4-13。

prEN 10138-2 中预应力钢丝规格　　　　　　　表 4-13

钢材名称	钢号	直径(mm)
Y1860C	1.1353	3.0、4.0、5.0
Y1770C	1.1352	3.2、5.0、6.0
Y1670C	1.1351	6.9、7.0、7.5、8.0
Y1570C	1.1350	9.4、9.5、10.0

欧洲标准《预应力钢筋：第 3 部分—钢绞线》(prEN 10138-3) 规定了预应力钢绞线的技术条件，钢绞线名称由下面几项组成：①欧洲标准号；②钢材名称（Y 为预应力筋，名义抗拉强度 (MPa)，S 为钢绞线，3 或 7 为钢绞线中钢丝数量，G 为压缩钢绞线）；③钢绞线名义直径 (mm)；④等级（A 或 B）。例如名称为 EN 10138-3-Y1860S7-16.0-A 的钢绞线，EN 10138-3 表示欧洲标准号，Y 表示预应力筋，1860 表示名义抗拉强度为 1860MPa，S 表示钢绞线，7 表示由 7 根钢丝组成，16.0 表示名义直径为 16.0mm，A 表示等级为 A。也可用钢号代替钢材名称，如 EN 10138-3-1.1366-16.0-A。prEN 10138-3 中预应力钢绞线的规格见表 4-14。

《预应力钢筋：第 4 部分—热轧预应力钢筋》(prEN 10138-4) 规定了热轧预应力钢筋的技术条件。钢筋名称由下面几项组成：①欧洲标准号；②钢材名称（Y 为预应力筋，名义抗拉强度 (MPa)，H 为热轧钢筋）；③钢筋名义直径 (mm)；④钢丝外形（R 为带肋，P 为光圆）。例如在名称为 EN 10138-4-Y1030H-26-R 的钢筋，EN 10138-4 表示欧洲标准号，Y 表示预应力筋，1030 表示名义抗拉强度为 1030MPa，H 表示热轧钢筋，26 表示名义直径为 26mm，R 表示带肋钢筋。也可用钢号代替钢材名称，如 EN 10138-4-1.1380-26-R。prEN 10138-4 中热轧预应力钢筋的规格见表 4-15。

prEN 10138-3 中预应力钢绞线规格　　　　　　　　　　　　　　　表 4-14

等级	钢材名称	钢号	直径(截面面积)[mm(mm²)]
A	Y1960S3	1.1361	5.2(13.6)
	Y1860S3	1.1360	6.5(21.1)、6.8(23.4)、7.5(29.0)
	Y1860S7	1.1366	7.0(30)、9.0(50)、11.0(75)、12.5(93)、13.0(100)、15.2(140)、16.0(150)
	Y1770S7	1.1365	15.2(140)、16.0(150)、18.0(200)
	Y1860S7G	1.1372	12.7(112)
	Y1820S7G	1.1371	15.2(165)
	Y1700S7G	1.1370	18.0(223)
B	Y2160S3		5.2(13.6)
	Y2060S3	1.1362	5.2(13.6)
	Y1960S3	1.1361	6.5(21.1)
	Y2160S7		6.85(28.2)
	Y2060S7	1.1368	7.0(30)
	Y1960S7	1.1367	9.0(50)

prEN 10138-4 中热轧预应力钢筋规格　　　　　　　　　　　　　　表 4-15

钢材名称	钢号	表面形状	直径(mm)
Y1100H	1.1381	R	15、25
Y1030H	1.1380	R	26.5、32、36、40
Y1030H	1.1380	P	25.5、26、27、32、36、40、50
Y1230H	1.1382	R	26.5、32、36、40
Y1230H	1.1382	P	26、32、36、40

4.3.2 强度

高强预应力钢丝、钢绞线以及热轧钢筋均无明显的屈服点，而只有抗拉强度以及相当于屈服强度的条件屈服点。

《预应力钢筋：第 1 部分——一般要求》（prEN 10138-1）规定预应力筋以 0.1% 残余应变对应的应力 $f_{p0.1k}$ 作为屈服强度，也即强度标准值，如图 4-9 所示。预应力筋也需满足一定的延性要求，抗拉强度与屈服强度的比值 $f_{pk}/f_{p0.1k}$ 不应小于 k，推荐值为 1.1。EN 1992-1-1 规定预应力筋强度设计值仍按式（4-53）确定，材料分项系数取值见第 2 章表 2-6。

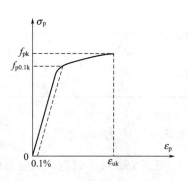

图 4-9　预应力钢筋强度定义

表 4-16 给出了预应力钢丝、钢绞线和热轧钢筋的抗拉强度、屈服强度和强度设计值。

prEN 10138 中预应力钢筋强度　　　　　　　　表 4-16

品种		抗拉强度 f_{pk}(MPa)	屈服强度 $f_{p0.1k}$(MPa)	强度设计值 f_{pd}(MPa)
预应力钢丝	Y1860C	1860	1600	1391
	Y1770C	1770	1522	1324
	Y1670C	1670	1436	1249
	Y1570C	1570	1303	1133
预应力钢绞线	Y1960S3	1960	1686	1466
	Y1860S3	1860	1600	1391
	Y1860S7	1860	1600	1391
	Y1770S7	1770	1522	1324
	Y1860S7G	1860	1600	1391
	Y1820S7G	1820	1565	1361
	Y1700S7G	1700	1462	1271
	Y2160S3	2160	1858	1615
	Y2060S3	2060	1772	1541
	Y1960S3	1960	1686	1466
	Y2160S7	2160	1858	1615
	Y2060S7	2060	1772	1541
	Y1960S7	1960	1686	1466
热轧预应力钢筋	Y1100H	1100	891	775
	Y1030H	1030	834	725
	Y1230H	1230	1082	941

4.3.3　弹性模量

预应力钢丝和热轧钢筋的弹性模量 E_p 取决于材料自身，而钢绞线是由钢丝捻绞而成，其弹性模量不仅取决于钢丝的弹性模量，还与捻绞的工艺条件有关。一般情况下，钢绞线的弹性模量低于钢丝。EN 1992-1-1 规定预应力钢筋的弹性模量见表 4-17。

预应力钢筋弹性模量　　　　　　　　表 4-17

品种	E_p(GPa)
钢丝、热轧钢筋	205
钢绞线	195

4.3.4　应力-应变关系

EN 1992-1-1 规定，预应力钢筋可采用如图 4-10 所示的双折线应力-应变关系。对于截面设计，可采用设计极限应变为 ε_{ud} 的倾斜分支段，也可采用无极限应变的水平分支段。

具体表达式为：

$$\sigma_p = \begin{cases} E_p \varepsilon_p & \varepsilon_p \leqslant \varepsilon_{yd} \\ f_{pd} + k(\varepsilon_p - \varepsilon_{yd}) & \varepsilon_{yd} < \varepsilon_p \leqslant \varepsilon_{ud} \end{cases} \quad (4\text{-}56)$$

或

$$\sigma_p = \begin{cases} E_p \varepsilon_p & \varepsilon_p \leqslant \varepsilon_{yd} \\ f_{pd} & \varepsilon_p > \varepsilon_{yd} \end{cases} \quad (4\text{-}57)$$

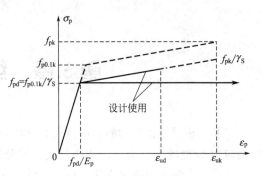

图 4-10 预应力钢筋应力-应变关系

其中，ε_{yd} 为预应力钢筋的屈服应变设计值，$\varepsilon_{yd} = f_{pd}/E_p$；$\varepsilon_{ud}$ 为预应力钢筋极限应变设计值，由国家附录指定，推荐值为 $0.9\varepsilon_{uk}$。EN 1992-1-1 没有规定各类预应力钢筋的极限应变 ε_{uk} 取值，按照 EN 10138，ε_{uk} 不应低于 3.5%。

4.3.5 应力松弛

EN 1992-1-1 中松弛导致的预应力损失 ρ_{1000} 定义为 20℃环境下，预应力钢筋张拉 1000 小时后的应力损失。根据应力损失 ρ_{1000} 的大小，预应力钢筋的松弛分为三个类别，见表 4-18。

预应力钢筋松弛类别   表 4-18

类别	预应力钢筋种类	ρ_{1000}（%）
1	普通松弛（钢丝、钢绞线）	8.0
2	低松弛（钢丝、钢绞线）	2.5
3	热轧和热处理钢筋	4.0

预应力钢筋的时变松弛应力损失 $\Delta\sigma_{pr}$ 按下式计算：

$$\frac{\Delta\sigma_{pr}}{\sigma_{pi}} = \begin{cases} 5.39 \times 10^{-5} \rho_{1000} e^{6.7\mu} (t/1000)^{0.75(1-\mu)} & \text{类别 1} \\ 0.66 \times 10^{-5} \rho_{1000} e^{9.1\mu} (t/1000)^{0.75(1-\mu)} & \text{类别 2} \\ 1.98 \times 10^{-5} \rho_{1000} e^{8.0\mu} (t/1000)^{0.75(1-\mu)} & \text{类别 3} \end{cases} \quad (4\text{-}58)$$

其中，σ_{pi} 为锚固或放张后预应力钢筋的瞬时应力，$\sigma_{pi} = \sigma_{pm0}$，计算方法见本书第 5 章；

t 为预应力钢筋张拉后的时长（小时）。

μ 等于 σ_{pi}/f_{pk}。

预应力钢筋的终极应力损失可按时长 $t = 500000$ 小时估算，约为 57 年。

第5章 结构分析

结构分析是根据结构的几何特征和材料力学特性，计算结构荷载效应的过程。根据结构材料应力-应变的发展阶段，会涉及线弹性分析、弹塑性分析和塑性分析；根据结构是否产生大变形，会涉及一阶效应分析和二阶效应分析。对于预应力混凝土结构，需要分析各种因素导致的预应力损失。通过结构分析，可以得到结构的内力（如应力、弯矩、剪力、轴力等）和变形、裂缝等，进而对结构进行设计。结构分析是结构设计的一个重要环节。

5.1 几何建模

桥梁结构的建模是根据结构的受力特点，对实体桥梁从力学上简化、抽象的过程。对于简单的桥梁结构，一般采用解析方法即可计算结构的内力和变形。对于结构形式较为复杂的桥梁结构，譬如预应力连续梁桥、拱桥、斜拉桥等，则需要借助有限元技术做分析计算，整个过程包括离散实体桥梁、确定构件几何参数、定义材料本构模型、选择单元类型、设定单元连接形式及边界条件、计算求解等主要步骤。其中，材料本构模型已在本书第4章做了详细介绍，本节主要介绍几项重要的构件几何参数。

5.1.1 主梁计算跨径

桥梁上部结构的支承方式主要有整体式支承和支座支承，其中，整体式支承包括连续梁与桥墩刚接，箱梁的翼缘刚接于腹板，支座支承广泛用于简支梁桥和连续梁桥。桥梁上部结构的计算跨径与支承方式有关，相应地分为两类。

5.1.1.1 整体式支承

整体式支承的梁式结构在梁柱结合处的受力状态比较复杂，很难准确地判定支点位置，只能采用简化处理方法。EN 1992-2 规定梁式结构的计算跨径 l_{eff} 取相邻支承的中心距，且不应超过净跨 l_n 与梁高度 h 之和，如图5-1（a）所示。

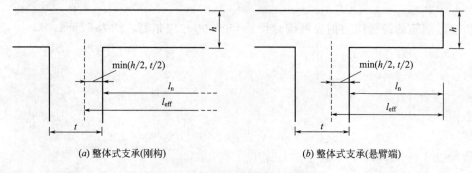

(a) 整体式支承(刚构)　　　　(b) 整体式支承(悬臂端)

图 5-1　整体式支承主梁的计算跨径

$$l_{eff}=l_n+t_1/2+t_2/2 \leqslant l_n+h \tag{5-1}$$

对于悬臂梁,计算跨径 l_{eff} 取悬臂净长 l_n 与二分之一支承结构厚度 $t/2$ 之和,且不应超过 $l_n+h/2$,如图 5-1(b)所示。

$$l_{eff}=l_n+t/2 \leqslant l_n+h/2 \tag{5-2}$$

5.1.1.2 支座支承

支座支承式上部结构的反力位置比较明确,一般认为支反力作用线位于支座的中心,EN 1992-2 规定计算跨径 l_{eff} 为相邻支座间的中心距,如图 5-2 所示。

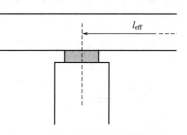

图 5-2 支座支承主梁的计算跨径

5.1.2 主梁有效翼缘宽度

箱梁、T 梁等宽翼缘受弯结构,由于翼缘的横向弯曲刚度相对较弱,导致腹板与翼缘的挠曲变形不完全一致,使得接近腹板的翼缘正应力高于平均应力,而远离腹板的翼缘正应力低于平均应力,这种翼缘宽度方向应力分布不均的现象称为剪力滞效应,而且剪力较大区域的剪力滞效应越为显著。通常情况下,梁在支点附近的剪力滞效应明显高于跨中区域。除此之外,剪力滞效应还使受弯构件截面的弯曲刚度产生表观损失。

受弯构件的剪力滞效应是可以通过计算模拟的,如果腹板和翼缘用实体单元或壳单元分别建模,计算分析结果会自动反映出剪力滞效应。然而,这种精细建模是一个非常复杂的过程,不宜直接用于桥梁结构设计计算。桥梁结构整体分析常采用欧拉梁理论和有效翼缘宽度相结合的一种简化分析方法。有效翼缘宽度是一种虚拟的宽度,是基于有效翼缘宽度范围内的平均应力与实际翼缘的峰值应力等效的原则,对实际翼缘宽度的折减。

如前面所述,有效翼缘宽度是对剪力滞效应的一种简化模拟方法,因此,有效翼缘宽度沿梁长度方向的分布与荷载形式、跨径组合、支承条件和横向钢筋等因素有关。EN 1992-1-1 规定,以梁的零弯矩点作为分界点,分段计算受弯构件的有效翼缘宽度。一般情况下,连续梁结构的负弯矩分布在支点左右各 0.15 倍跨径范围内,这样,有效翼缘宽度可按图 5-3 所示的分段长度 l_0 分别计算。如果实际弯矩分布不同于上述形式,分段长度 l_0 应由计算确定。

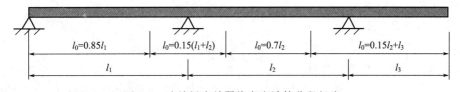

图 5-3 连续梁有效翼缘宽度计算分段长度

箱梁或 T 梁整个截面的有效翼缘宽度 b_{eff} 为

$$b_{eff}=\sum b_{eff,i}+b_w \leqslant b \tag{5-3}$$

其中,$b_{eff,i}=0.2b_i+0.1l_0 \leqslant \min(0.2l_0, b_i)$,各参数的含义如图 5-4 所示。

EN 1992-1-1 规定的有效翼缘宽度可同时用于承载能力极限状态和正常使用极限状态的分析计算。如果需要精确计算连续梁的内力分布或挠曲变形,正弯矩区和负弯矩区应使用不同的有效翼缘宽度。在内力分析精度要求不高的情况下,可简单地将正弯矩区的有效翼缘宽度用于整个跨径。但不论在内力分析时采用了何种有效翼缘宽度形式，截面应力验算必须使用实际的有效翼缘宽度（图5-4）。

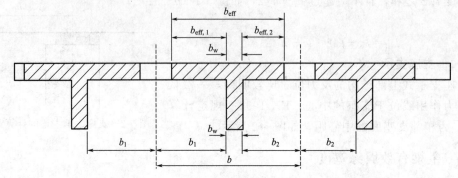

图5-4 截面有效翼缘宽度计算参数

【例5-1】 某3跨连续箱梁，跨径为(30+40+30)m，相关几何尺寸如图5-5所示。试计算中跨和中支点上翼缘的有效翼缘宽度。

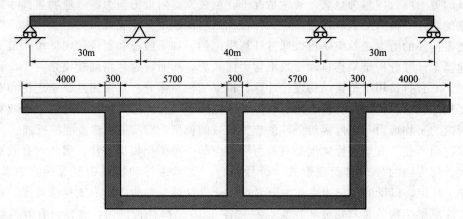

图5-5 三跨连续箱梁几何尺寸

解答：
(1) 中跨正弯矩区域
跨中正弯矩区域长度为：
$$l_0 = 0.7 l_2 = 0.7 \times 40000 = 28000 \text{mm}$$

截面悬臂翼缘的有效宽度为：
$$b_{\text{eff},i} = 0.2 b_i + 0.1 l_0 = 0.2 \times 4000 + 0.1 \times 28000 = 3600 \text{mm} < \min(0.2 l_0, b_i) = 4000 \text{mm}$$

截面中间翼缘的有效宽度为：
$$b_{\text{eff},i} = 0.2 b_i + 0.1 l_0 = 0.2 \times 2850 + 0.1 \times 28000 = 3370 \text{mm} > \min(0.2 l_0, b_i) = 2850 \text{mm}$$

取 $b_{\text{eff},i} = 2850 \text{mm}$

上翼缘有效翼缘宽度为：
$$b_{\text{eff}} = \sum b_{\text{eff},i} + b_w = 2 \times 3600 + 4 \times 2850 + 3 \times 300 = 19500 \text{mm}$$

(2) 中支点负弯矩区域
支点负弯矩区域长度为：

$$l_0 = 0.15(l_1 + l_2) = 0.15 \times (30000 + 40000) = 10500 \text{mm}$$

截面悬臂翼缘的有效宽度为：
$$b_{\text{eff},i} = 0.2b_i + 0.1l_0 = 0.2 \times 4000 + 0.1 \times 10500 = 1850 \text{mm} < \min(0.2l_0, b_i) = 2100 \text{mm}$$

截面中间翼缘的有效宽度为：
$$b_{\text{eff},i} = 0.2b_i + 0.1l_0 = 0.2 \times 2850 + 0.1 \times 10500 = 1620 \text{mm} < \min(0.2l_0, b_i) = 2100 \text{mm}$$

上翼缘有效翼缘宽度为：
$$b_{\text{eff}} = \sum b_{\text{eff},i} + b_w = 2 \times 1850 + 4 \times 1620 + 3 \times 300 = 11080 \text{mm}$$

5.1.3 几何缺陷

任何结构在施工过程中都不可避免地引入一定量的施工偏差，譬如几何线形偏差、初始偏心和初始弯曲等，这些施工偏差统称为几何缺陷。对于承受轴向力为主的结构构件，几何偏差会在构件中产生附加弯矩。特别是对二阶效应非常敏感的构件，几何偏差的影响不能忽略。EN 1992 规定，持久设计状况和偶然设计状况的承载能力极限状态分析中必须考虑几何缺陷，正常使用极限状态分析可忽略几何缺陷的影响。

一般情况下，几何缺陷可按"弓"形变形或角度倾斜两种方式模拟。有侧向支撑的构件，其最易失稳模态呈正弦曲线形式，这类构件的几何缺陷按"弓"形变形方式模拟；而无侧向支撑的构件，其最易失稳模态为摇摆形式，这类构件的几何缺陷则按角度倾斜方式模拟，如图 5-6 所示。

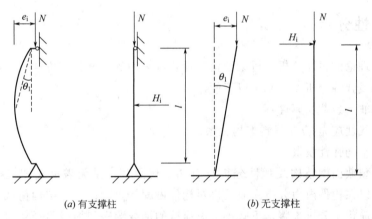

(a) 有支撑柱　　　　　　　　(b) 无支撑柱

图 5-6　几何缺陷计算模拟方式

几何缺陷理论上可直接通过计算模型来模拟，但是这种方法需要建立多个计算模型，以考虑最不利的几何缺陷形式，建模过程复杂繁琐；也可以根据结构的名义尺寸建模，将几何缺陷换算成等效力施加在结构上，这种方法需要经过一次迭代计算才能获得等效力，但相对简便易行。EN 1992 采用的是第二种模拟方法。首先计算表示几何缺陷的倾斜弧度 θ_1：

$$\theta_1 = \theta_0 \alpha_h \tag{5-4}$$

其中，θ_0 为倾斜弧度基本值，由国家附录指定，推荐值为 $1/200$；

α_h 为构件高度折减系数，$\alpha_h = 2/\sqrt{l}$ 且 $\alpha_h \leq 1$；

l 为构件高度 (m)。

于是可计算得到偏心尺寸 e_i 及相应的等效力 H_i：

有支撑柱：$e_i=\theta_1 l/2$，$H_i=Ne_i \cdot 4/l=2\theta_1 N$

无支撑柱：$e_i=\theta_1 l$，$H_i=Ne_i/l=\theta_1 N$

拱桥结构的拱肋也属于受压构件，其几何缺陷需考虑平面内和平面外两个方向，并根据失稳模态形式计算缺陷幅值 a。平面内失稳模态分两种情况，弹性基础拱桥的一阶失稳模态呈对称变形形式，缺陷幅值为 $a=\theta_1 L/2$；刚性基础拱桥的一阶失稳模态则呈反对称变形形式，缺陷幅值为 $a=\theta_1 L/4$，如图 5-7 所示。平面外的一阶失稳模态形式与图 5-7（a）相似，缺陷幅值为 $a=\theta_1 L/2$。

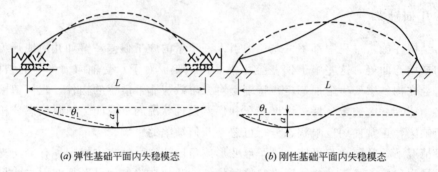

(a) 弹性基础平面内失稳模态　　(b) 刚性基础平面内失稳模态

图 5-7　拱肋平面内几何缺陷模拟方式

5.2　线弹性分析

基于弹性理论的线性分析是桥梁结构设计普遍采用的计算分析方法。一般情况下，确定荷载效应的线弹性分析方法基于以下假定：

（1）采用非开裂截面属性；

（2）采用线性应力-应变材料本构关系；

（3）采用平均弹性模量。

采用非开裂截面做结构线弹性分析具有两个优点：一是无需事先知道构件的配筋情况，这样就可以在构件内力分析完成后再对构件做配筋设计；二是结构荷载效应计算可采用叠加原理，简化了分析步骤，不必再考虑荷载的加载顺序和加载路径。对于正常使用极限状态分析，采用非开裂截面的线弹性分析结果更为安全保守，譬如连续梁的负弯矩无需考虑内力重分布引起的弯矩折减，其计算裂缝宽度大于实际裂缝宽度，这有利于提高结构的耐久性。对于承载能力极限状态，尽管在该状态下混凝土构件的开裂非常明显，但塑性力学的下限定理可以证明基于非开裂截面的线弹性分析方法是合理的，只要构件处于平衡状态、材料应力不超过屈服条件，下限定理求解出的都是承载能力的下限值。

5.3　有限重分布的线弹性分析

钢筋混凝土超静定受弯构件的支点负弯矩区域在达到承载能力极限状态后，构件进入塑性状态，内力不再随荷载的增加而变大，这相当于按弹性理论计算的支点负弯矩得到一定量的释放，即弯矩重分布。弯矩释放量与负弯矩塑性铰的转动能力有关，转动能力越大，相应的弯矩释放量越大。负弯矩区弯矩释放后，正弯矩区的弯矩相应增大。

钢筋混凝土桥梁结构设计，可利用塑性铰弯矩重分布特性，在一定条件下和一定范围内对按弹性分析得到的负弯矩进行调幅，以节省钢筋用量，缓解局部主筋拥挤现象。

按有限重分布方法设计钢筋混凝土桥梁，梁式构件负弯矩区的塑性铰转动能力是弯矩释放量的决定因素。塑性铰的转动能力检验计算过程比较复杂，如果有限的弯矩重分布满足一定的条件，可不做转动能力检验而直接进行设计。EN 1992-2 规定，相邻跨径比在 0.5~2.0 之间的梁式构件，当满足以下调幅条件时，不需检验转动能力而直接调幅：

$$\delta \geqslant k_1 + k_2 x_u/h_0, \quad f_{ck} \leqslant 50\text{MPa} \tag{5-5}$$

$$\delta \geqslant k_3 + k_4 x_u/h_0, \quad f_{ck} > 50\text{MPa} \tag{5-6}$$

$$\delta \geqslant k_5, \quad B \text{ 和 } C \text{ 级钢筋} \tag{5-7}$$

其中，调幅系数 δ 为调幅后的弯矩与弹性弯矩之比，x_u 为调幅后的混凝土受压区高度，h_0 为截面有效高度。参数 $k_1 \sim k_5$ 由国家附录指定，推荐值为：

$k_1 = 0.44$，

$k_2 = 1.25(0.6 + 0.0014/\varepsilon_{cu2})$，

$k_3 = 0.54$，

$k_4 = 1.25(0.6 + 0.0014/\varepsilon_{cu2})$，

$k_5 = 0.85$。

相邻跨径比超过 2，或者轴压力较大的压弯构件，须检验转动能力后方可调幅。对于采用 A 类钢筋的桥梁，或者弯桥、斜桥等转动能力不能准确确定的桥梁不应采用有限重分布方法设计。

受弯构件剪力设计值、构件间的相互作用力均应按弯矩调幅前后的最不利情况取值。

【例 5-2】 某 2 跨连续梁桥，单跨跨径 L，承受均布荷载 q，混凝土强度标准值 $f_{ck} = 40\text{MPa}$。线弹性分析计算的中支点弯矩为 $0.125qL$，跨中弯矩为 $0.07qL$。中支点抗弯承载能力为 $0.113qL$，相应的混凝土相对受压区高度 $x_u/h_0 = 0.35$，跨中抗弯承载能力为 $0.08qL$。试检验该桥采用有限重分布设计的可行性。

解答：

根据式（5-5），中支点弯矩的容许调幅系数 δ 为：

$$\delta \geqslant k_1 + k_2 x_u/h_0 = 0.44 + 1.25 \times (0.6 + 0.0014/0.0035) \times 0.35 = 0.88$$

实际调幅系数为 $0.113/0.125 = 0.9 > 0.88$，满足调幅限值要求。调幅后，中支点弯矩减少 $0.012qL$，跨中弯矩增量为 $0.012qL$ 的一半，即增长到 $0.07qL + 0.006qL = 0.076qL$。因 $0.076qL < 0.08qL$，说明调幅后的桥梁满足承载能力要求，故可以采用有限重分布设计方法。

5.4 塑性分析

塑性力学是连续介质力学的一个分支，塑性分析是对结构在塑性极限状态下力学特性的研究。当外荷载达到某一极限值时，结构转变成几何可变体系，变形无限增大，从而失去承载能力,这种状态称为结构的塑性极限状态,对应的荷载称为塑性极限荷载。

对结构进行塑性分析主要有三个目的:①反推极限荷载;②确定极限状态下满足应力边界条件的应力分布规律;③搜索结构破坏时的机构形式。对于桥梁结构,塑性分析则主要用于计算极限荷载。塑性分析是在假定材料具有理想刚塑性本构关系的前提下进行的,避免了弹塑性分析的复杂计算,所得到的极限荷载和由弹塑性分析得到的极限荷载完全相等。

塑性分析求解需要知道四个条件:①屈服条件,即结构屈服时的内力应满足的条件;②破坏机构条件,即结构失去承载能力时的运动形式;③平衡条件;④几何条件。如果所求得的解满足这四个条件及所给的边界条件,则该解称为完全解。对于梁、桁架、刚架、轴对称薄壳等简单结构都已找到大量的完全解,对于较复杂的结构,一般不易找到完全解。为了寻找极限荷载,可以利用下限定理或上限定理求出近似解。

下限定理可表述为:与静力容许内力场对应的外荷载不大于真实的极限荷载。下限定理提出了结构不破坏的必要条件,可用于计算结构承载力的下限。由于结构不破坏时所能承受的最大荷载与结构的真实极限荷载最接近,所以应选取由下限定理求出的极限荷载下限中最大的一个作为极限荷载的近似值。

上限定理可表述为:与机动容许位移场对应的外荷载不小于真实的极限荷载。上限定理提出了结构破坏的充分条件,用它可求得极限荷载的上限。由于假设结构已经破坏,所以应选取所求得的极限荷载上限中最小的一个作为极限荷载的近似值。

很显然,塑性分析只能用于结构的承载能力极限状态设计,且多用于偶然设计状况。在桥梁结构设计中,塑性分析一般用于桥面板结构设计,不能用作主梁、桥墩结构设计。

5.4.1 双向板结构塑性分析

双向板的截面高度小,板中钢筋的强度低、延性好,可以按塑性理论设计。但是,双向板为高次超静定结构,按塑性理论计算其极限荷载的完全解是非常困难的,一般只计算极限荷载的上限值和下限值。

5.4.1.1 上限定理方法

双向板的上限定理方法基于以下假定:

(1) 板在即将破坏时,最大弯矩处形成"塑性铰线"(或称屈服线),将板分割成若干板块,成为机动可变体系;

(2) 分布荷载作用下,塑性铰线为直线,塑性铰线的位置与板的形状、尺寸、边界条件、荷载形式、配筋数量等有关;

(3) 各板块的弹性变形远小于塑性铰线处的变形,故可视板块为刚体,整个板的变形都集中在塑性铰线上,破坏时,各板块皆绕塑性铰线转动;

(4) 板的破坏图形往往有许多种可能性,但其中必有一个最危险的是相应于极限荷载为最小的塑性铰线;

(5) 在塑性铰线上,钢筋达到屈服,混凝土达到抗压强度,此时已进入极限内力矩的工作状态。

图 5-8 为一承受均布荷载 q 的四边简支矩形双向板,短边和长边长度分别为 l_x 和 l_y,塑性铰线将矩形板分成 4 个板块,塑性发展角度 θ 未知,每个板块满足各自的内外力平衡条件,计算时仅考虑塑性铰上的弯矩,而忽略其扭矩及剪力。

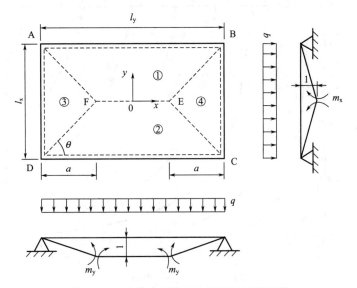

图 5-8 四边简支矩形双向板塑性铰线示意

设 m_x 和 m_y 分别为沿 l_x 和 l_y 方向塑性铰上单位板宽内的极限弯矩，由各方向的配筋情况而定。斜向塑性铰线上单位板宽内的极限弯矩 m_r 可由 m_x 和 m_y 投影计算得到：

$$m_r = m_x \cos^2\theta + m_y \sin^2\theta \tag{5-8}$$

平行于长边的塑性铰相对转角 γ_1 为：

$$\gamma_1 = 4/l_x \tag{5-9}$$

斜向塑性铰相对转角 γ_2 为：

$$\gamma_2 = \frac{1}{\sqrt{a^2+(0.5l_x)^2}}(\tan\theta+\cot\theta) \tag{5-10}$$

荷载 q 所做的总虚功 W 为：

$$W = \frac{q}{3}al_x + \frac{q}{2}l_x(l_y-2a) + \frac{q}{3}al_x = \frac{ql_x}{6}(3l_y-2a) \tag{5-11}$$

内力所接受的总虚变形功 U 为：

$$U = 4(m_x\cos^2\theta+m_y\sin^2\theta)(\tan\theta+\cot\theta)+m_x(l_y-2a)\frac{4}{l_x} \tag{5-12}$$

令 $m_y = \alpha m_x$，根据虚位移原理，$W=U$，可得

$$q = \frac{24m_x}{l_x} \cdot \frac{1}{3l_y-2a} \cdot \left(\frac{l_y}{l_x}+\frac{\alpha l_x}{2a}\right) \tag{5-13}$$

为使 q 取最小值，将 q 对 a 的导函数取为零，可得

$$a = \frac{\alpha l_x}{2l_y/l_x} \cdot \left[\sqrt{1+\frac{3}{\alpha}(l_y/l_x)^2}-1\right] \tag{5-14}$$

根据式（5-14）可绘制 a/l_x 的等值线图，如图 5-9 所示。可见，对于常规的双向板，$l_y/l_x = 1\sim 2$，$\alpha = 0.5\sim 1$，a/l_x 的理论取值为 0.5，即塑性发展角度 $\theta = 45°$。将 $a = 0.5l_x$ 代入式（5-13）即得到最小的上限极限荷载：

$$q = \frac{24m_x}{l_x^2} \cdot \frac{l_y/l_x+\alpha}{3l_y/l_x-1} \tag{5-15}$$

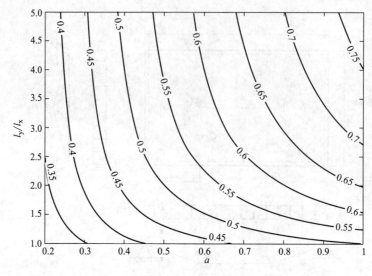

图 5-9　a/l_x 的等值线图

5.4.1.2　下限定理方法

如能找到一个应力场,它能够满足静力许可的全部条件,包括屈服条件、应力边界条件和平衡方程,则相应的荷载即为极限荷载的下限。对于矩形板来说,屈服条件是空间的一个曲面,静力许可的内力场难以确定,所以寻求下限解要困难得多。以下我们进行一些简化,假定内力场中扭矩为零。

承受均布荷载 q 的四边简支矩形双向板,见图 5-8,可取以下内力场:

$$m_x(y) = C_1(l_x^2/4 - y^2) \tag{5-16}$$

$$m_y(x) = C_2(l_y^2/4 - x^2) \tag{5-17}$$

为了满足平衡方程,必有

$$C_1 + C_2 = q/2 \tag{5-18}$$

最大弯矩发生在板的中心 $x=0$,$y=0$ 处,将 $x=y=0$、$m_x(0)=m_x$ 和 $m_y(0)=m_y$ 代入式(5-16)、式(5-17),可得

$$C_1 = 4m_x/l_x^2,\quad C_2 = 4m_y/l_y^2 \tag{5-19}$$

将式(5-19)代入式(5-18)即得最大的下限极限荷载:

$$q = 8(m_x/l_x^2 + m_y/l_y^2) \tag{5-20}$$

5.4.2　塑性铰转动能力

EN 1992-1-1 和 EN 1992-2 均规定,当结构构件临界截面具有足够的延性以形成期望的机构形式时,可对承载能力极限状态进行塑性分析而不需检验其转动能力。由于 EN 1992-2 中的规定是针对桥梁的梁、柱构件,然而梁和柱不宜采用塑性设计,只有桥面板可以采用塑性设计,因此,关于桥面板塑性设计的延性限制条件仍参照 EN 1992-1-1。即当满足下列全部条件时,可认为桥面板截面满足所需的延性要求,不需进行转动能力验算:

(1) 限制受拉钢筋截面面积,使得当混凝土强度等级不高于 C50 时,$x_u/h_0 \leqslant 0.25$;当混凝土强度等级不低于 C55 时,$x_u/h_0 \leqslant 0.15$;

(2) 钢筋等级为 B 或 C 级(参见第 4.2.3 节);

(3) 中支点弯矩与相邻跨中弯矩之比介于 0.5～2 之间。

如果不满足上述条件，则需要验算塑性铰的转动能力。塑性铰的转角 θ_s 应根据荷载设计值和材料弹性模量平均值确定。当塑性铰的转角 θ_s 小于其转动能力 $\theta_{pl,d}$，则构件能完成内力重分布，否则不能采用塑性设计。

图 5-10 示出了钢筋混凝土受弯构件截面应变随荷载的变化。其中，图 5-10（a）为构件正常使用时钢筋和混凝土的应变，图 5-10（b）为受拉钢筋屈服时的截面应变分布，相应的截面曲率 k_y 为：

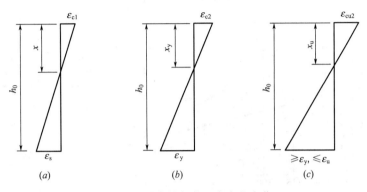

图 5-10　受弯构件截面应变的变化

$$k_y = \frac{\varepsilon_y}{h_0 - x_y} \tag{5-21}$$

图 5-10（c）为混凝土受压区达到极限压应变 ε_{cu2} 时的截面应变分布，相应的截面曲率 k_u 为：

$$k_u = \frac{\varepsilon_{cu2}}{x_u} \tag{5-22}$$

构件达到极限状态时的转动能力 $\theta_{pl,d}$ 为：

$$\theta_{pl,d} = (k_u - k_y) \cdot l_p \tag{5-23}$$

其中，l_p 为塑性铰区的平均长度。EN 1992 规定，连续梁和连续单向板的塑性转角区域长度取截面高度 h 的 1.2 倍，如图 5-11 所示。

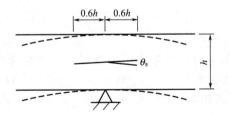

图 5-11　连续梁和连续单向板塑性转角区域长度

EN 1992-1-1 简化了 $\theta_{pl,d}$ 的计算，直接给出了 $\theta_{pl,d}$ 与代表延性能力的相对受压区高度 x_u/h_0 的关系图，见图 5-12。该图是在剪跨比 $\lambda=3$ 的基础上绘制的，对于 λ 不等于 3 的情况，可将图中的 $\theta_{pl,d}$ 值乘修正系数 k_λ：

$$k_\lambda = \sqrt{\lambda/3} \tag{5-24}$$

其中，剪跨比 λ 可用同一截面的弯矩和剪力设计值计算：

$$\lambda = \frac{M_d}{V_d h_0} \tag{5-25}$$

除此之外，对于桥面板结构的塑性铰区域，当混凝土强度标准值 $f_{ck} \leqslant$ C50 时，$x_u/h_0 \leqslant$ 0.45；当混凝土强度标准值 $f_{ck} \geqslant$ C55 时，$x_u/h_0 \leqslant 0.35$。

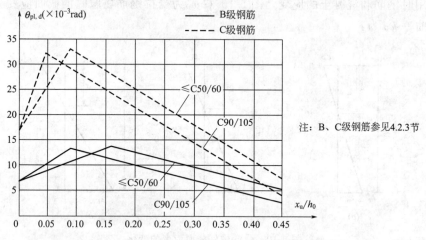

图 5-12　使用 B 和 C 级钢筋的塑性铰容许转角（$\lambda=3$）

5.4.3　压杆—拉杆模型分析

压杆—拉杆模型分析采用的是塑性力学的下限理论，其思想源于 Ritter 和 Mörch 在 20 世纪初期对 B 区抗剪设计时提出的桁架比拟方法，该方法以桁架模型为基础。作为静力容许应力场，在外部，压杆—拉杆模型必须保持所施加的荷载与反作用力（边界力）平衡，在内部，每一节点自平衡。对于一个允许的压杆—拉杆模型，只需满足平衡条件和屈服准则，不需考虑固体力学中的应变协调。也就是说只要结构与外荷载处于平衡状态，且各部分材料强度不超过屈服条件，那么，结构内部任何的应力分布形式假设都是允许的。

由于放宽了这些要求，所以对一个已知问题不存在唯一的压杆—拉杆模型。塑性力学中的下限定理保证了根据所有静定容许应力场得到的承载力小于或等于实际破坏荷载。然而，由于混凝土结构的延性有限，对于每一设计区域，只有少数几个可行的解。

压杆—拉杆模型一般用于分析结构内部的非线性应变分布区域，譬如集中力作用区域、截面突变区域、梁柱连接节点、洞口、深梁及牛腿构件，这些区域是扰乱区或不连续区，称为 D 区，如图 5-13 中阴影区域。结构内部应变呈线性分布，应力可按欧拉—伯努利梁理论确定的区域统称为 B 区，如图 5-13 中非阴影区域。图中实线表示拉杆，虚线表示压杆。压杆—拉杆模型为解决结构内部复杂应力区域的钢筋布置问题提供了一种非常简便有效的设计方法。

模型中的压杆用于模拟主压应力区域的混凝土，拉杆用于模拟主拉应力区域的钢筋。因此，建立压杆—拉杆模型应首先按非开裂截面做弹性应力分析，根据主应力的分布及走向布置压杆和拉杆。

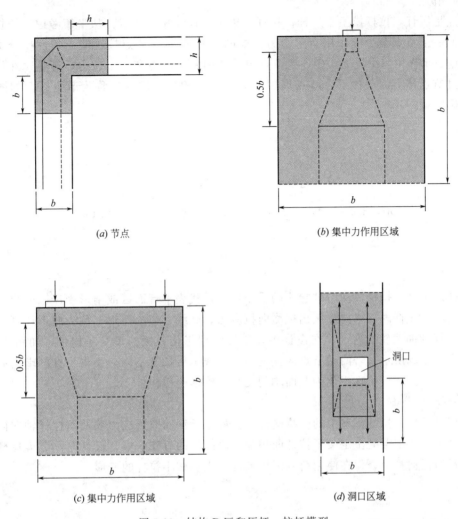

(a) 节点　　　　　　　　　　　　(b) 集中力作用区域

(c) 集中力作用区域　　　　　　　(d) 洞口区域

图 5-13　结构 D 区和压杆—拉杆模型

压杆—拉杆模型由压杆、拉杆和节点构成，如图 5-14 所示。压杆和拉杆是桁架的受力"部件"，而节点将这些"部件"连接在一起。

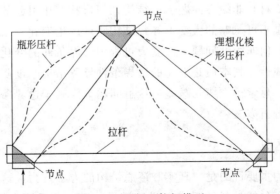

图 5-14　压杆—拉杆模型

(1) 节点

节点是压杆—拉杆模型中压杆、拉杆与集中力轴线相交的点。从平衡考虑，压杆—拉杆模型的一个节点至少应作用有三个力，如图 5-15 所示。节点按这些力的性质分类，C-C-C 节点表示作用三个压力，C-C-T 节点表示作用两个压力和一个拉力，等等。在压杆—拉杆通过节点传力的条件下，节点周围的混凝土体积所占的区域称为节点区，如图 5-14 中的阴影区域。

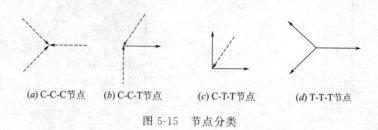

(a) C-C-C 节点　　(b) C-C-T 节点　　(c) C-T-T 节点　　(d) T-T-T 节点

图 5-15　节点分类

(2) 压杆

压杆是压杆—拉杆模型中理想化的受压构件，代表平行面区或扇形受压区的合力。由于泊松效应，压杆内部横向膨胀出现横向拉应力，力线近似为瓶形，称为瓶形压杆，如图 5-14 中压杆的曲线轮廓所示。在设计中，压杆常理想化为棱柱形受压构件，如图 5-14 中压杆的实线轮廓所示。若两端节点区强度不同，或承压长度不同，使得压杆两端的有效抗压强度不同，则压杆可理想化为截面均匀变化的锥形受压构件。

(3) 拉杆

拉杆是压杆—拉杆模型中的受拉构件。拉杆包括钢筋或预应力筋及与拉杆轴向同心的周围混凝土。周围混凝土定义了拉杆面积及锚固拉杆的有效区域。设计时不考虑拉杆中的混凝土承担任何拉力，但在使用荷载下周围混凝土会减小拉杆的变形。

5.5　非线性分析

结构的非线性分析问题包括三大类：材料非线性、几何非线性和边界条件非线性。由材料的非线性应力-应变本构关系引起的结构非线性响应称为材料非线性，混凝土的开裂和材料弹塑性等都属于材料非线性问题。由结构几何形状变化引起的结构非线性响应称为几何非线性，其本质是不可忽略的大变形导致结构刚度产生变化，柔性索的垂度、结构的受压稳定性等均属于几何非线性问题。由受力过程中边界条件的变化而引起的结构非线性响应称为边界条件非线性，其本质是变化的边界条件导致结构刚度随之改变，张拉预应力引起的支架脱空现象、悬索桥主缆与鞍座的接触问题等均属于边界条件非线性。本节主要介绍结构材料非线性分析方法。

5.5.1　材料本构模型

材料非线性分析的主要目的是"真实"还原结构的力学行为，这就要求采用具有平均意义的材料特性模型，包括材料的强度和弹性模量。对于承载能力极限状态，EN 1992-2

建议的材料本构模型如下：

(1) 钢筋采用双折线本构模型，屈服强度 f_{yk} 和极限强度 kf_{yk} 提高10%，如图5-16所示；

(2) 预应力钢筋采用双折线本构模型，极限强度 f_{pk} 提高10%，如图5-17所示；

(3) 混凝土采用式（4-15）的本构模型，其中峰值强度 f_{cm} 及参数 k 中的 f_{cm} 用 $1.1(\gamma_S/\gamma_C)f_{ck}$ 代替，如图5-18所示。

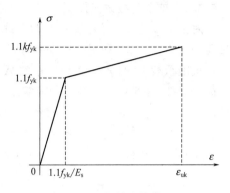

图5-16 钢筋本构模型

若考虑荷载长期作用的非线性分析，应计入混凝土的徐变效应。一种比较保守的处理方式是将混凝土本构模型的应变乘上放大因子 $(1+\varphi_{ef})$，其中 φ_{ef} 为有效徐变系数（定义见第5.6节），这相当于将本构模型的应变轴做水平拉伸。

对于正常使用极限状态，不必考虑对材料本构模型的修正，但需要考虑混凝土的徐变效应。

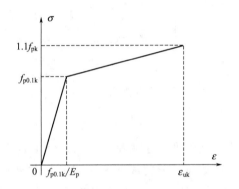

图5-17 预应力钢筋本构模型

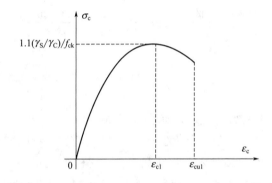

图5-18 混凝土本构模型

5.5.2 分析方法

由于材料非线性导致荷载与荷载效应之间呈非线性关系，因此用荷载效应和承载力来校验结构的安全性是一件比较麻烦的事情，取而代之的一种方法是由极限承载力反演荷载组合的容许值，从荷载层面校验结构的安全性。具体步骤如下：

(1) 将永久荷载和可变荷载以标准值作为加载起点，设计值作为加载终点，按比例分步加载，当结构的某个部位首次达到极限强度或结构整体失效时，相应的荷载记为 q_{ud}；

(2) 考虑整体安全因子 γ_O 和承载力模型不确定性系数 γ_{Rd}，得到容许承载力 $R(q_{ud}/\gamma_O)/\gamma_{Rd}$，其中 $\gamma_O=1.2$，$\gamma_{Rd}=1.06$；

(3) 根据响应面，将 $R(q_{ud}/\gamma_O)/\gamma_{Rd}$ 映射得到容许荷载 $(\gamma_G G+\gamma_Q Q)_{max}$；

(4) 校验 $\gamma_G G+\gamma_Q Q \leqslant (\gamma_G G+\gamma_Q Q)_{max}$ 或 $\gamma_{Sd}(\gamma_g G+\gamma_q Q) \leqslant (\gamma_G G+\gamma_Q Q)_{max}$ 是否满足。

5.5.2.1 单个荷载效应控制

对于单个荷载效应控制的材料非线性分析，如受弯的梁式构件，容许荷载组合的反演过程如图 5-19（a）和图 5-19（b）所示。将荷载组合按比例加载得到控制荷载效应的响应线，极限承载力 $R(q_{ud})$ 对应图中的 A 点，与之相应的荷载组合 q_{ud} 为 B 点。考虑整体安全因子 γ_O，得到 C 点折减后的荷载组合 q_{ud}/γ_O。将 q_{ud}/γ_O 由响应线映射得到 E 点的荷载效应 $S(q_{ud}/\gamma_O)$。考虑承载力模型不确定性系数 γ_{Rd}，得到 F 点折减后的荷载效应 $S(q_{ud}/\gamma_O)/\gamma_{Rd}$。再由响应线将 F 点映射得到 H 点的容许荷载组合 $(\gamma_G G + \gamma_Q Q)_{max}$。图 5-19（b）表示单独考虑荷载效应计算模型的不确定性系数 γ_{Sd} 的情况。

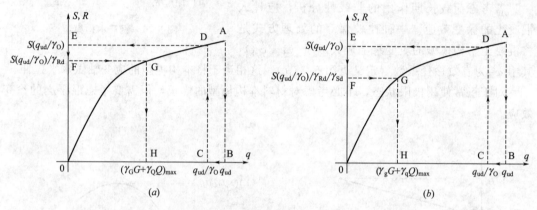

图 5-19　单个荷载效应控制的材料非线性分析过程示意图

5.5.2.2 联合荷载效应控制

对于联合荷载效应控制的材料非线性分析，如压弯构件，容许荷载组合的反演过程如图 5-20 所示。将荷载组合按比例加载得到控制荷载效应的响应线（虚线 OA），失效面 a 上的 A 点表示极限承载力弯矩 $M_{Rd}(q_{ud})$ 和轴力 $N_{Rd}(q_{ud})$。考虑整体安全因子 γ_O，沿响应线得到 B 点的荷载效应 $M_{Sd}(q_{ud}/\gamma_O)$ 和 $N_{Sd}(q_{ud}/\gamma_O)$。考虑承载力模型不确定性系数 γ_{Rd}，得到 C 点折减后的荷载效应 $M_{Sd}(q_{ud}/\gamma_O)/\gamma_{Rd}$ 和 $N_{Sd}(q_{ud}/\gamma_O)/\gamma_{Rd}$。按直线长度比值 $\overline{OC}/\overline{OC'}$，将失效面 a 等比例缩小得到一个新的失效面 b，响应线与失效面 b 的交点为 D，D 点的荷载即为容许荷载组合 $(\gamma_G G + \gamma_Q Q)_{max}$。若要单独考虑荷载效应计算模型的不确定

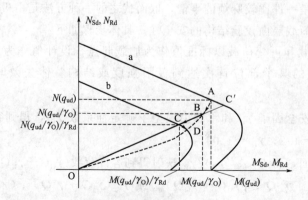

图 5-20　联合荷载效应控制的材料非线性分析过程示意图

性系数 γ_{Sd}，可同理反推得到$(\gamma_g G + \gamma_q Q)_{max}$。

5.6 二阶效应分析

二阶效应属于几何非线性的范畴。结构的二阶效应包括 $P—\Delta$ 效应和 $P—\delta$ 效应两种形式。$P—\Delta$ 效应是指结构在水平力作用下产生水平侧移后，竖向力因该水平位移而引起的附加弯矩和附加侧移，如图 5-21（a）所示。水平侧移越大，$P—\Delta$ 效应越显著，过大的 $P—\Delta$ 效应将导致结构失稳。$P—\delta$ 效应是指轴力在产生了挠曲变形的构件中引起的附加弯矩和附加挠度，如图 5-21（b）所示，附加弯矩与构件的挠曲形态有关，一般中间大，两端小。

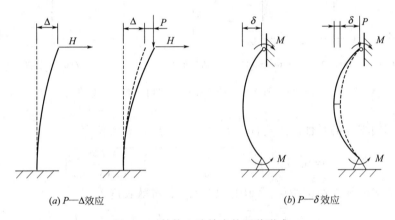

图 5-21 结构二阶效应的两种形式

桥梁结构中，较高的柔性墩柱，斜拉桥和悬索桥的桥塔、缆索都是受二阶效应影响比较显著的构件。纵向位移不受约束的桥梁主要考虑 $P—\Delta$ 效应，而纵向位移受到约束的桥梁则主要考虑 $P—\delta$ 效应，如图 5-22 所示。

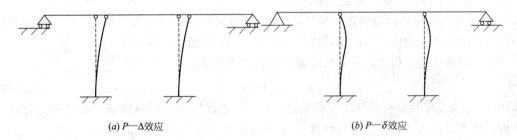

图 5-22 桥梁结构的二阶效应

5.6.1 长细比准则

如果二阶效应相对于一阶效应较小，为简化计算，可忽略其影响。一般认为二阶效应产生的附加弯矩小于一阶效应的 10% 时，可不考虑二阶效应，仅按一阶分析的内力进行结构设计。这个判断准则很难直接使用,因为首先需要做一次二阶分析后才能比较。EN 1992 推荐使用构件的长细比作为是否考虑二阶效应的判断标准。

5.6.1.1 构件的有效长度

构件的有效长度是用于考虑构件挠曲形状的长度,又称为压屈长度,即与实际构件有着相同截面和压屈荷载的铰接柱的长度。对于等截面的独立理想构件,有效长度 l_0 如图 5-23 所示。

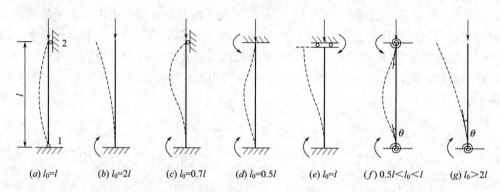

图 5-23 独立构件的压屈形式和相应的有效长度

对于有侧向支撑的弹性约束构件,如图 5-23(f),有效长度 l_0 为

$$l_0 = 0.5l \cdot \sqrt{\left(1 + \frac{k_1}{0.45 + k_1}\right) \cdot \left(1 + \frac{k_2}{0.45 + k_2}\right)} \tag{5-26}$$

对于无侧向支撑的弹性约束构件,如图 5-23(g),有效长度 l_0 为

$$l_0 = l \cdot \max\left\{\sqrt{1 + \frac{10k_1 k_2}{k_1 + k_2}}, \left(1 + \frac{k_1}{1 + k_1}\right) \cdot \left(1 + \frac{k_2}{1 + k_2}\right)\right\} \tag{5-27}$$

其中,k_1 和 k_2 分别为构件端部 1 和 2 的转动约束相对柔度,$k = (\theta/M) \cdot (E_{cm} I_c / l)$;

θ 为弯矩 M 作用下有约束构件的转角;

$E_{cm} I_c$ 为受压构件的截面弯曲刚度;

l 为受压构件端部约束之间的净距。

$k = 0$ 为刚性转动约束的理论极限,$k = \infty$ 代表无任何转动约束的情况。由于实际结构中没有完全的刚性约束,因此建议刚性约束的 k_1 和 k_2 值最小取 0.1。

对于变截面受压构件,有效长度应根据压屈荷载确定:

$$l_0 = \pi \sqrt{E_{cm} I_c / N_B} \tag{5-28}$$

其中,N_B 为稳定性分析得到的失稳荷载,$E_{cm} I_c$ 建议按构件压屈模态半波中间三分之一区段的构件截面确定,相应的截面面积 A_c 和回转半径 i 也由该截面计算。

5.6.1.2 构件的长细比

构件的长细比定义为

$$\lambda = l_0 / i \tag{5-29}$$

其中,i 为未开裂截面的回转半径,按下式计算:

$$i = \sqrt{I_c / A_c} \tag{5-30}$$

其中,I_c 为截面惯性矩,A_c 为截面面积。

5.6.1.3 不考虑二阶效应的判断准则

EN 1992规定，当受压构件的长细比 λ 满足以下条件时，可忽略二阶效应的影响：

$$\lambda \leqslant \lambda_{\lim} \tag{5-31}$$

$\lambda_{\lim}$ 由国家附录指定，其推荐值按下式计算，

$$\lambda_{\lim} = 20A \cdot B \cdot C / \sqrt{n} \tag{5-32}$$

其中，$A = 1/(1+0.2\varphi_{ef})$，若 φ_{ef} 未知，取 $A = 0.7$，相当于 φ_{ef} 按 2.0 取值；

$B = \sqrt{1+2\omega}$，若 ω 未知，取 $B = 1.1$，相当于 ω 按 0.1 取值；

$C = 1.7 - r_m$，若 r_m 未知，取 $C = 0.7$；

n 为轴压比，$n = N_d/(A_c f_{cd})$；

ω 为力学配筋率，$\omega = A_s f_{yd}/(A_c f_{cd})$；

A_s 为全部纵向钢筋截面面积；

r_m 为构件端部弯矩之比，$r_m = M_{01}/M_{02}$，M_{01} 和 M_{02} 为构件端部的一阶弯矩，且 $|M_{02}| \geqslant |M_{01}|$。当构件按单曲率弯曲时，$r_m$ 为正，否则为负。当有侧向支撑构件的一阶弯矩主要来自于几何缺陷或横向荷载时，以及无支撑构件，r_m 可取 1.0。

5.6.2 二阶效应分析方法

EN 1992中结构二阶效应分析方法包括基于非线性的二阶分析一般方法、基于名义刚度的二阶分析和基于名义曲率的二阶分析简化方法。不论哪种方法，都需要考虑混凝土徐变的影响。

5.6.2.1 徐变的影响

混凝土的徐变效应会导致结构在荷载不变的情况下变形持续增长。由于徐变效应的存在，促使二阶效应进一步发展。因此，二阶效应分析应该考虑徐变的影响。

图 5-24 描述了结构的荷载及相应的变形发展过程。假定总荷载 Q_D 可分解成长期部分 Q_L 和之后一次性加到 Q_D 的短期部分，则荷载和变形的发展可分成 3 个阶段：

(1) AB——荷载的长期部分 Q_L 产生弹性变形 y_1；

(2) BC——Q_L 持续作用下的徐变变形 $y_2 - y_1$；

(3) CD——附加荷载 $Q_D - Q_L$ 产生弹性变形 $y_3 - y_2$。

由图 5-24 可以看出，徐变效应在宏观上体现为一种刚度退化现象，这可以采用等效方法来近似计算徐变效应。EN 1992 推荐的方法是用有效徐变系数 φ_{ef} 来调整混凝土本构

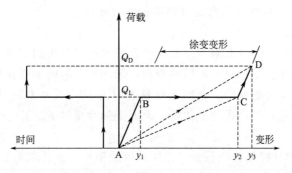

图 5-24 荷载和变形历程

模型。当按非线性方法分析二阶效应时，将混凝土本构模型的应变乘一个放大因子（$1+\varphi_{ef}$），如图 5-25 所示，这相当于把应力-应变关系曲线沿应变轴拉伸（$1+\varphi_{ef}$）倍。

当按简化方法分析二阶效应时，徐变效应表示为混凝土弹性模量的折减，折减后的有效弹性模量 $E_{cm,eff}$ 按下式计算：

$$E_{cm,eff}=E_{cm}/(1+\varphi_{ef}) \quad (5-33)$$

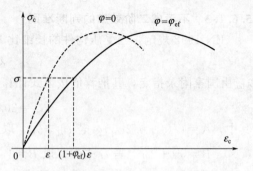

图 5-25 模拟徐变效应的混凝土本构模型

实际上，有效徐变系数与混凝土构件是否配置纵向钢筋、截面是否开裂等情况有关。EN 1992 推荐采用的是相应于未开裂无筋截面的有效徐变系数，它相对于开裂或有筋截面的有效徐变系数更为保守。

在长期弯矩 M_L 作用下的构件截面曲率为（相应于图 5-24 中的 AC）：

$$k_L=\frac{M_L}{E_{cm}I_c}(1+\varphi)$$

其中由徐变引起的曲率为：

$$k_C=\frac{M_L}{E_{cm}I_c}\cdot\varphi$$

根据图 5-24 的荷载历程，总弯矩 M_D 作用下的曲率为：

$$k_D=\frac{M_D}{E_{cm}I_c}+k_C=\frac{M_D}{E_{cm}I_c}+\frac{M_L}{E_{cm}I_c}\cdot\varphi=\frac{M_D}{E_{cm}I_c}\left(1+\varphi\frac{M_L}{M_D}\right)=\frac{M_D}{E_{cm}I_c}(1+\varphi_{ef})$$

所以，有效徐变系数为：

$$\varphi_{ef}=\varphi\frac{M_L}{M_D} \quad (5-34)$$

EN 1992 规定的有效徐变系数按下式计算：

$$\varphi_{ef}=\varphi(\infty,t_0)\cdot\frac{M_{0q}}{M_{0d}} \quad (5-35)$$

其中，$\varphi(\infty,t_0)$ 为混凝土徐变系数终极值，按第 4 章相关公式计算；

M_{0q} 为准永久组合的一阶弯矩；

M_{0d} 为基本组合的一阶弯矩。

当同时满足下面三个条件时，可忽略徐变的影响，即 $\varphi_{ef}=0$：①$\varphi(\infty,t_0)\leqslant 2$；②$\lambda\leqslant 75$；③$M_{0d}/N_d\geqslant h$，其中 h 为弯矩方向的构件截面高度。

5.6.2.2 非线性方法

非线性方法是指用线弹性有限元或非线性有限元进行分析的方法。在构件截面满足受力平衡和变形协调的条件下，对于不同的截面，采用假定的曲率变化规律，通过对曲率进行二重积分，可计算构件的变形。混凝土材料的应力-应变关系和钢筋应力-应变关系中与材料强度有关的参数均用强度设计值代替，混凝土弹性模量 E_{cm} 用设计值 E_{cd} 代替：

$$E_{cd}=E_{cm}/\gamma_{CE} \quad (5-36)$$

其中，γ_{CE} 为混凝土弹性模量分项系数，由国家附录指定，推荐取 1.2。若需要计入徐变的影响，应将混凝土本构模型的应变乘上放大因子（$1+\varphi_{ef}$）。

5.6.2.3 基于名义刚度的方法

基于名义刚度的二阶方法是以两端铰接柱的欧拉稳定理论为基础推导出的一种二阶分析方法，除可用于两端铰接柱外，还能用于两端弹性约束柱和悬臂柱。

1. 名义刚度

由于构件裂缝开展和混凝土自身的非线性本构特性，压弯构件的截面抗弯刚度 EI 在受力过程中并非恒定不变，而是随弯矩增大而减小。本方法定义的截面名义刚度 EI 综合考虑了裂缝、材料非线性和徐变对全部性能的影响：

$$EI = K_c E_{cd} I_c + K_s E_s I_s \tag{5-37}$$

其中，E_s 为钢筋弹性模量；

I_s 为纵向钢筋面积对截面中心的惯性矩；

K_c 为裂缝、徐变的影响系数；

K_s 为钢筋影响系数。

当截面全部纵向钢筋的配筋率 $\rho \geqslant 0.002$ 时：

$$K_s = 1; K_c = k_1 k_2 / (1 + \varphi_{ef}) \tag{5-38}$$

其中，$k_1 = \sqrt{f_{ck}/20}$（f_{ck} 单位 MPa），$k_2 = n(\lambda/170) \leqslant 0.2$，$n$ 为轴压比，λ 为长细比。若分析中不能预先确定长细比，k_2 可按 $0.3n$ 取值，且小于 0.2。

当截面全部纵向钢筋的配筋率 $\rho \geqslant 0.01$ 时，按下式简化计算

$$K_s = 0; K_c = 0.3/(1 + 0.5\varphi_{ef}) \tag{5-39}$$

这种简化只适用于初步分析，然后再按式（5-38）做精确分析。

2. 一阶弯矩放大系数

考虑二阶弯矩的总设计弯矩，可表示成对一阶弯矩的放大，即

$$M_d = M_{0d}\left(1 + \frac{\beta}{N_B/N_d - 1}\right) \tag{5-40}$$

其中，N_B 为按名义刚度计算的欧拉稳定压屈荷载，$N_B = \pi^2 EI / l_0^2$；

N_d 为轴力设计值；

β 为与一阶弯矩和二阶弯矩分布有关的系数，对于轴向荷载和截面不变的独立构件，二阶弯矩可假定按半波正弦形式分布，有 $\beta = \pi^2/c_0$。c_0 依赖于一阶弯矩的分布，一阶弯矩为常数时，$c_0 = 8$；抛物线分布时，$c_0 = 9.6$；对称三角形分布时，$c_0 = 12$。

式（5-40）理论上只能用于一阶弯矩对称分布的情况。对于构件端部弯矩 M_{01} 和 M_{02} 不等、构件呈双曲率弯曲或无侧向支撑的情况，可按以下方法修正式（5-40）：

（1）对于构件呈单曲率弯曲，端部弯矩 M_{01} 和 M_{02} 不等的情况，用等效一阶弯矩 M_{0e} 代替 M_{0d} 计算构件中间区段的总设计弯矩，构件端部总设计弯矩可采用 M_{02}，M_{01} 和 M_{02} 的符号原则同第 5.6.1 节，β 取值 1.0：

$$M_{0e} = 0.6M_{02} + 0.4M_{01} \geqslant 0.4M_{02}; |M_{02}| \geqslant |M_{01}| \tag{5-41}$$

（2）对于构件呈双曲率弯曲的情况，即 M_{01} 和 M_{02} 均为顺时针方向或者均为逆时针方向，考虑二阶效应后的最大弯矩不会超过构件端部弯矩，这种情况则不计二阶效应的影响，直接使用 M_{02} 作为总设计弯矩。

（3）对于无侧向支撑的情况，如图 5-23（g），二阶弯矩和一阶弯矩的最大值出现在同一部位，仍可按式（5-40）计算构件全长范围内的总设计弯矩，其中 M_{0d} 为沿构件分布的

一阶弯矩，β 取值 1.0。

5.6.2.4 基于名义曲率的方法

基于名义曲率的二阶方法是以柔性受压构件最大曲率估计为基础推导出的一种二阶分析方法，主要适用于轴力不变的独立构件。

本方法的总设计弯矩表示为一阶弯矩与二阶弯矩之和，即

$$M_d = M_{0d} + M_2 \tag{5-42}$$

其中，M_2 为二阶弯矩估计值，$M_2 = N_d e_2$。e_2 为根据构件失效时的曲率计算得到的构件挠曲变形：

$$e_2 = (1/r) l_0^2 / c \tag{5-43}$$

式中，c 为与总曲率分布有关的系数，对于等截面构件，若曲率呈半波正弦形式分布，$c = \pi^2 \approx 10$，若曲率为常数，$c = 8$。$1/r$ 为构件的挠曲曲率，与徐变和轴向力有关。对称配筋的截面名义曲率按下式计算：

$$1/r = K_r \cdot K_\varphi \cdot (1/r_0) \tag{5-44}$$

K_r 为轴向力修正因子，按下式计算：

$$K_r = (n_u - n)/(n_u - n_{bal}) \leqslant 1 \tag{5-45}$$

其中，$n_u = 1 + \omega$，n_{bal} 为压弯构件截面最大抗弯承载力对应的轴压比，可取为 0.4。

K_φ 为徐变修正因子，按下式计算：

$$K_\varphi = 1 + \eta \varphi_{ef} \geqslant 1 \tag{5-46}$$

其中，$\eta = 0.35 + f_{ck}/200 - \lambda/150$。

$1/r_0$ 为截面曲率基本值，是截面混凝土受压区外缘达到极限压应变、受拉钢筋达到屈服时的截面曲率值。对于对称配筋截面：

$$1/r_0 = (f_{yd}/E_s)/(0.45 h_{eff}) \tag{5-47}$$

其中，h_{eff} 为截面有效高度，$h_{eff} = h/2 + i_s$，i_s 为截面全部纵向钢筋面积的回转半径。对于非对称配筋截面，曲率基本值为：

$$1/r_0 = \frac{f_{yd}/E_s + \varepsilon_{cu2}}{h} \tag{5-48}$$

【例 5-3】 某一活动支座桥墩，墩高 27.03m，截面尺寸如图 5-26 所示，截面面积 $A_c = 4.47 m^2$，对 x 轴惯性矩 $I_c = 3.1774 m^4$，回转半径 $i_c = 840$ mm，混凝土强度等级 C40/50。沿截面周边均匀布置 136 根直径 32mm 钢筋，强度标准值 $f_{yk} = 460$MPa，钢筋总面积对 x 轴的惯性矩 $I_s = 0.0781 m^4$，回转半径 $i_s = 845$ mm。墩顶承受的轴向荷载设计值 $P_d = 31867$kN，沿 y 轴的水平力设计值 $H_d = 1366$kN。桥墩基础的转角约束刚度为 1.433×10^8 kN·m/rad。有效徐变系数 $\varphi_{ef} = 1$，试计算墩底弯矩设计值。

解答：

(1) 长细比判断

C40/50 混凝土的弹性模量 $E_{cm} = 3.5 \times 10^4$ MPa，抗压强度设计值 $f_{cd} = 0.85 \times 40/1.5 = 22.7$MPa，桥墩基础的转动约束相对柔度为

$$k_1 = (\theta/M) \cdot (E_{cm} I_c/l) = 3.5 \times 10^7 \times 3.1774/27.03/1.433 \times 10^8 = 0.0287$$

因 $k_1 < 0.1$，取 $k_1 = 0.1$。墩顶无转动约束，$k_2 = \infty$。按无侧向支撑构件计算桥墩的有效长度，

5.6 二阶效应分析

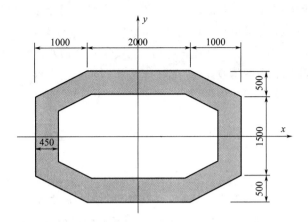

图 5-26 桥墩截面几何尺寸

$$l_0 = l \cdot \max\left\{\sqrt{1 + \frac{10k_1k_2}{k_1+k_2}},\ \left(1+\frac{k_1}{1+k_1}\right)\cdot\left(1+\frac{k_2}{1+k_2}\right)\right\}$$

$$= 27.03 \times \max\left\{\sqrt{1 + \frac{10 \times 0.1 \times \infty}{0.1 + \infty}},\ \left(1+\frac{0.1}{1+0.1}\right)\cdot\left(1+\frac{\infty}{1+\infty}\right)\right\}$$

$$= 58.97 \text{m}$$

轴压比为 $n = N_d/(A_c f_{cd}) = 31867 \times 10^3/(4.47 \times 10^6 \times 22.7) = 0.314$，根据式（5-32），不考虑二阶效应的长细比限值为 $\lambda_{\lim} = 20 \times 0.83 \times 1.1 \times 0.7/\sqrt{0.314} = 22.8$。桥墩的长细比 $\lambda = 58970/840 = 70.2 > 22.8$，故需要考虑二阶效应的影响。

(2) 名义刚度方法计算墩底弯矩

$k_1 = \sqrt{f_{ck}/20} = \sqrt{40/20} = 1.41$，$k_2 = n(\lambda/170) = 0.314 \times (66.3/170) = 0.122 \leqslant 0.2$。截面全部纵向钢筋的配筋率 $\rho = 0.1094/4.47 = 0.0244 > 0.002$，按精细计算方法，根据式（5-38），钢筋影响系数 $K_s = 1.0$，裂缝、徐变的影响系数 $K_c = 1.41 \times 0.122/(1+1) = 0.086$。混凝土弹性模量设计值 $E_{cd} = 3.5 \times 10^4/1.2 = 2.92 \times 10^4$ MPa。截面名义刚度为

$$EI = K_c E_{cd} I_c + K_s E_s I_s$$
$$= 0.086 \times 2.92 \times 10^4 \times 3.1774 \times 10^{12} + 1.0 \times 2 \times 10^5 \times 0.0781 \times 10^{12}$$
$$= 2.36 \times 10^{16} \text{N} \cdot \text{mm}^2$$

按名义刚度计算的欧拉稳定压屈荷载为

$$N_B = \frac{\pi^2 EI}{l_0^2} = \frac{\pi^2 \times 2.36 \times 10^{16}}{58970^2} = 66981 \times 10^3 \text{N}$$

根据式（5-4），几何缺陷 $e_i = \theta_0 \alpha_h l = (1/200) \times (2/\sqrt{27.03}) \times 27030 = 52$ mm。墩底一阶弯矩设计值为 $M_{0d} = P_d e_i + H_d l = 31867 \times 0.052 + 1366 \times 27.03 = 38580$ kN·m。于是，墩底弯矩设计值为

$$M_d = M_{0d}\left(1 + \frac{\beta}{N_B/N_d - 1}\right) = 38580 \times \left(1 + \frac{1}{75130/31867 - 1}\right) = 66998 \text{ kN·m}$$

(3) 名义曲率方法计算墩底弯矩

构件轴压比 $n = 0.314$，小于最大抗弯承载力对应的轴压比 $n_{bal} = 0.4$，根据式（5-45）

可知轴向力修正因子 $K_r>1$，故 K_r 按 1.0 取值。徐变修正因子 K_φ 中的参数 η 为

$$\eta = 0.35 + f_{ck}/200 - \lambda/150 = 0.35 + 40/200 - 66.3/150 = 0.108$$

于是可得 $K_\varphi = 1 + \eta\varphi_{ef} = 1 + 0.108 \times 1 = 1.108$。截面有效高度 $h_{eff} = h/2 + i_s = 2500/2 + 845 = 2095$ mm，截面曲率基本值为

$$1/r_0 = (f_{yd}/E_s)/(0.45 h_{eff}) = (460/1.15/2 \times 10^5)/(0.45 \times 2095) = 2.12 \times 10^{-6} \text{ mm}^{-1}$$

截面名义曲率为

$$1/r = K_r \cdot K_\varphi \cdot 1/r_0 = 1 \times 1.108 \times 2.12 \times 10^{-6} = 2.35 \times 10^{-6} \text{ mm}^{-1}$$

构件失效时的挠曲变形为

$$e_2 = (1/r) l_0^2 / c = 2.35 \times 10^{-6} \times 58970^2 / \pi^2 = 828 \text{ mm}$$

二阶弯矩估计值 $M_2 = N_d e_2 = 31867 \times 0.828 = 26386$ kN·m，于是，墩底弯矩设计值为

$$M_d = M_{0d} + M_2 = 38580 + 26386 = 64966 \text{ kN·m}$$

5.7 预应力效应分析

预应力混凝土作为一种特殊的复合材料，既同于钢筋混凝土，又有别于钢筋混凝土。与钢筋混凝土构件相比，预应力混凝土构件有许多优点，譬如可推迟荷载作用下构件裂缝的出现，增强构件的抗裂性能，减小了构件变形，节约钢筋，减轻自重等。但也有缺点，如构造复杂，施工技术要求高，设计计算比较繁琐，构件延性稍差，抗震性能不如钢筋混凝土结构等。预应力混凝土一般用于裂缝控制等级比较高的结构、跨径较大的桥梁结构、对构件的刚度和变形控制要求较高的结构等。

预应力筋发挥作用可分成两个阶段：第一阶段是从张拉预应力筋完成到构件受荷开裂前。这时预应力筋对构件的作用可视为构件的等效外荷载。梁端锚具对混凝土的挤压力相当于作用在梁端的集中力，并伴随有梁端偏心弯矩；预应力筋对混凝土孔道壁挤压而产生的横向力等效为作用在构件上的线荷载。这种作用与构件的外荷载方向相反，从而部分或全部抵消外荷载引起的构件内力和变形，使构件的极限承载能力和抗裂性能得以提高。第一阶段是消耗预应力的阶段。第二阶段是构件开裂后至构件达到承载能力极限状态。在这一阶段预应力筋的拉应力超过了有效预应力 σ_{pe}。此时，预应力筋相当于埋置在预应力筋位置处，受拉屈服强度为 ($f_{pd} - \sigma_{pe}$) 的相同面积的普通钢筋，作为抗拉材料与普通钢筋一起为结构提供抗力。

按不同的结构特点，EN 1992 对预应力筋混凝土结构做了两种分类。

(1) 按施工方法。按施工方法分为先张法预应力混凝土结构和后张法预应力混凝土结构。先张法是在制作混凝土构件时首先张拉预应力筋后浇筑混凝土的一种预应力施加方法；后张法则是先浇筑混凝土，待混凝土达到规定强度后再张拉预应力筋的一种预应力施加方法。

(2) 按预应力筋和混凝土的粘结状态。按预应力筋和混凝土的粘结状态可分为有粘结预应力混凝土结构和无粘结预应力混凝土结构。有粘结预应力混凝土结构是指沿预应力筋全长其周围与混凝土粘结、握裹在一起的结构，如先张预应力混凝土结构及预留孔道穿筋压浆的后张预应力混凝土结构。无粘结预应力混凝土结构是指预应力筋伸缩、滑动自由，不与周围混凝土粘结的结构，这种结构的预应力筋表面涂有专用防腐油脂和外包层，防止

与周围混凝土建立粘结力。

5.7.1 预应力张拉阶段应力控制

为了在混凝土构件中建立要求的预应力，制作预应力筋混凝土构件时，应首先对预应力筋进行张拉。张拉应力的大小，直接影响预应力混凝土构件性能的发挥。如果张拉应力太低，则预应力筋在经历各种损失后，对混凝土产生的预压应力过小，不能有效地提高混凝土构件的抗裂性能和刚度。但也不宜太高，若张拉应力过高，构件出现裂缝时的承载力和破坏时的承载力很接近，这意味着构件出现裂缝后不久就丧失其承载力，且事先没有明显的预兆，这是结构设计应当避免的。另外，每根预应力筋的实际屈服强度并非完全相同，如果张拉应力太高，由于张拉机械设备的控制误差，有可能使预应力筋的应力达到甚至超过实际屈服点，产生塑性变形而断裂，这也不能达到预期的预应力效果。

EN 1992 规定，预应力筋最大张拉力为：

$$P_{max} = A_p \sigma_{p,max} \tag{5-49}$$

其中，A_p 为预应力筋截面面积；

$\sigma_{p,max}$ 为施加于预应力筋的最大张拉应力，取 $k_1 f_{pk}$ 和 $k_2 f_{p0.1k}$ 的较小值，k_1 与 k_2 由国家附录指定，推荐值 $k_1 = 0.8$，$k_2 = 0.9$。若张拉力的控制精度在预应力最终值的 $\pm 5\%$ 以内，允许进行超张拉，在这种情况下，预应力筋最大张拉应力 $\sigma_{p,max}$ 可提高到 $k_3 f_{p0.1k}$，k_3 由国家附录指定，推荐值为 0.95。

在张拉和锚固（后张法）后或放张（先张法）后瞬间施加在混凝土的初始预应力值 $P_{m0}(x)$ $(t=t_0)$ 为张拉力 P_{max} 减去瞬时损失 $\Delta P_i(x)$，不能超过下式的值：

$$P_{m0}(x) = A_p \sigma_{pm0}(x) \tag{5-50}$$

其中，$\sigma_{pm0}(x)$ 为锚固或放张后的预应力筋瞬时应力，取 $k_7 f_{pk}$ 和 $k_8 f_{p0.1k}$ 的较小值，k_7 与 k_8 由国家附录指定，推荐值 $k_7 = 0.75$，$k_8 = 0.85$。

5.7.2 预应力损失

设计预应力混凝土构件时，需要事先根据构件承受外荷载的情况，估计所需预加应力的大小。由于施工控制精度、材料性能和环境条件等因素的影响，预应力筋中的应力会经历一个逐渐减小的过程。这种预应力筋应力随着张拉、锚固过程和时间推移而减小的现象称为预应力损失。设计中所需的预应力筋应力值，是扣除相应阶段的应力损失后，预应力筋中实际存留的有效预应力值。EN 1992 将预应力损失分为两大类：

（1）制作或施工期间的瞬时弹性损失，包括混凝土的弹性压缩损失、锚固回缩损失和摩擦损失；

（2）由温度效应、预应力筋松弛及混凝土收缩徐变引起的时变损失。

5.7.2.1 预应力筋与孔道壁摩擦引起的预应力损失

后张法预应力筋的预留孔道有直线形和曲线形。由于孔道的定位误差、孔道壁粗糙等原因，张拉预应力筋时，预应力筋与孔道壁发生接触摩擦。曲线造型的先张法台座，张拉预应力筋时，预应力筋与台座之间也会发生接触摩擦。距离张拉端越远，摩擦阻力的积累值越大，从而预应力筋的拉应力随之减小，这种预应力值的差额即为摩擦损失。预应力筋与孔道壁间摩擦引起的预应力损失，包括沿孔道长度上的局部位置偏差和曲线弯道摩擦影响两部分。EN 1992 规定的摩擦预应力损失按下式计算：

$$\Delta P_\mu(x) = P_{\max}[1-e^{-\mu(\theta+kx)}] \tag{5-51}$$

其中，μ 为预应力筋与孔道壁间的摩擦系数，可参见相关的欧洲技术认证书（ETA）。当没有相关数据时，可采用表 5-1 中数据；

后张法预应力筋摩擦系数　　　　　　　　　　表 5-1

	体内预应力筋[①]	体外无粘结预应力筋			
		钢管/无润滑	HDPE[②]管/无润滑	钢管/润滑	HDPE 管/润滑
冷拉钢丝	0.17	0.25	0.14	0.18	0.12
钢绞线	0.19	0.24	0.12	0.16	0.10
变形钢筋	0.65	/	/	/	/
光圆钢筋	0.33	/	/	/	/

注：① 预应力筋占孔道面积之半。
　　② 高密度聚乙烯。

k 为孔道单位长度上局部偏差对摩擦的影响系数，可参见相关的欧洲技术认证书（ETA）。当没有相关数据时，可取为每米 0.005～0.01；

x 为沿预应力筋，应力计算点与张拉端的距离（m），如图 5-27 所示；

θ 为张拉端与应力计算点之间的孔道切线的夹角（rad）。

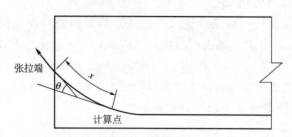

图 5-27　后张法摩擦预应力损失 x 和 θ 的定义

5.7.2.2　锚具变形和预应力筋回缩引起的预应力损失

后张法预应力构件，在张拉结束进行锚固时，锚具承受的巨大压力会使锚具自身及锚下垫板压缩变形，不仅如此，预应力筋端部还会出现一定量的回缩。所有这些变形都将使锚固后的预应力筋放松，引起预应力损失。特别是较短的预应力筋，这种损失相当显著，可能会对全长的预应力造成影响；而对于较长的预应力筋，由于反摩擦作用，这种损失只会对张拉端部分长度的预应力造成影响。锚具变形和预应力筋回缩值参照相关欧洲技术认证书（ETA），一般情况下可取 6～12mm。这种预应力损失的计算比较复杂，关键是计算回缩影响长度。

图 5-28 为张拉和锚固时预应力筋中的张拉力沿构件长度方向的变化示意图。设张拉端锚下预应力筋张拉力为 $P_{\max}$（如图中 A 点），由于孔道摩擦力的影响，预应力筋的张力从梁端向跨中逐渐减小，即图中的 ABCD 曲线。在锚固传力时，由于锚具变形和预应力筋回缩导致预应力损失，使梁端锚下预应力筋的张拉力减小到图中的 A′ 点。考虑反摩擦的影响，并假定反向摩擦系数与正向摩擦系数相等，预应力筋的张力将按图中 A′B′CD 曲线变化。影响长度

为 ac，两曲线间的距离即为锚具变形和预应力筋回缩引起的预应力损失 ΔP_{sl}。

从张拉端 a 到 c 点的范围为回缩影响区，总回缩量 δ_{ac} 等于影响区内各微段 dx 回缩应变的累计，即

$$\delta_{ac} = \int_a^c \varepsilon(x) dx = \frac{1}{E_p A_p} \int_a^c \Delta P_{sl}(x) dx \quad (5-52)$$

所以，

$$\int_a^c \Delta P_{sl}(x) dx = \delta_{ac} E_p A_p \quad (5-53)$$

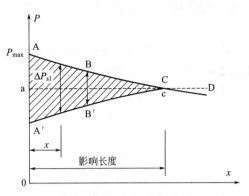

图 5-28 考虑反摩擦的回缩预应力损失计算示意图

式（5-53）中等号左边部分为图 5-28 阴影区域 $ABCB'A'$ 的面积，是图形 ABca 面积的二倍。根据已知的 $\delta_{ac} E_p A_p$ 值，用试算法确定一个面积等于 $\delta_{ac} E_p A_p / 2$ 的图形 ABca，即求得回缩影响长度 ac。在回缩影响长度 ac 范围内，任一点的锚具变形和预应力筋回缩应力损失值是以 ac 作为基线的向上垂直距离的 2 倍。

5.7.2.3 混凝土弹性压缩引起的预应力损失

预应力筋放张或张拉锚固时，混凝土受到压力作用而产生压缩应变，对于已经放张或张拉锚固的预应力筋，亦将产生与该预应力筋重心位置处混凝土相等的压缩应变，由此引起的预应力损失称作混凝土弹性压缩损失，以 ΔP_{el} 表示。引起应力损失的混凝土弹性压缩量，与预加应力的方式有关。

1. 先张法

预应力筋放张时已与混凝土粘结，二者变形一致，由混凝土弹性压缩变形引起的预应力损失按下式计算

$$\Delta P_{el}(x) = \frac{A_p \dfrac{E_p}{E_{cm}(t)} \sigma_c(x)}{1 + \dfrac{E_p}{E_{cm}(t)} \dfrac{A_p}{A_c}\left(1 + \dfrac{A_c}{I_c} z_{cp}^2\right)} \quad (5-54)$$

其中，A_p 为所考虑的预应力筋截面面积；

A_c 为混凝土截面面积；

I_c 为混凝土截面惯性矩；

z_{cp} 为混凝土截面重心与预应力筋截面重心的距离；

E_p 为预应力筋弹性模量；

$E_{cm}(t)$ 为 t 时刻混凝土的弹性模量；

$\sigma_c(x)$ 为所放张预应力筋附近的混凝土应力。

2. 后张法

后张法预应力筋张拉时，尚处于无粘结状态，由混凝土弹性压缩变形引起的预应力损失沿预应力筋全长均匀分布。预应力筋依次张拉，每根预应力筋总共的应力损失为

$$\Delta P_{el} = A_p E_p \sum \left[\frac{j \cdot \Delta \sigma_c(t)}{E_{cm}(t)} \right] \quad (5-55)$$

其中，$\Delta\sigma_c(t)$ 为 t 时刻预应力筋重心处的应力变化；

j 为系数，$j=(n-1)/2n$（n 为依次张拉的同种预应力筋数量）。j 可近似取为 1/2，对于张拉锚固后由永久荷载引起的预应力筋应力变化，j 取为 1.0。

5.7.2.4 预应力筋松弛引起的预应力损失

预应力筋在一定拉力作用下，长度保持不变，而应力随时间逐渐减小的现象称为应力松弛。应力松弛也是一种预应力损失，以 ΔP_r 表示。这种现象是预应力筋徐变的一种表现形式，应力损失的大小因预应力筋的种类而异，并随张拉应力的增大和荷载持续时间的增长而增加，一般是在第一小时最大，两天后即可完成大部分，一个月后这种现象基本停止。EN 1992 规定了 3 种松弛类别的预应力筋，相应的松弛应力损失计算见本书第 4 章。

5.7.2.5 混凝土收缩徐变引起的预应力损失

收缩和徐变是混凝土固有的特性。由于混凝土的收缩和徐变，构件长度缩短，预应力筋也随之回缩，进而引起预应力损失。混凝土的收缩和徐变之间有着密切的联系，许多影响收缩的因素，也同样影响徐变。如上所述，预应力筋的松弛持续时间在一个月左右，松弛应力损失伴随着收缩徐变应力损失同时发生，而且相互影响。因此，EN 1992 将预应力筋的收缩、徐变和松弛应力损失合并在一起考虑，以 ΔP_{c+s+r} 表示。由于混凝土收缩徐变和预应力筋松弛间的相互影响，精确地计算应力损失需要采用迭代方法。EN 1992 采用了一种简化计算公式，将松弛应力损失乘上折减系数 0.8 近似考虑二者的相互影响，

$$\Delta P_{c+s+r} = A_p \Delta \sigma_{p,c+s+r} = A_p \frac{\varepsilon_{cs} E_p + 0.8 \Delta \sigma_{pr} + \frac{E_p}{E_{cm}} \varphi(t,t_0) \sigma_{c,QP}}{1 + \frac{E_p}{E_{cm}} \frac{A_p}{A_c} \left(1 + \frac{A_c}{I_c} z_{cp}^2\right) [1 + 0.8\varphi(t,t_0)]} \tag{5-56}$$

其中，$\Delta\sigma_{p,c+s+r}$ 为 t 时刻 x 处由徐变、收缩和松弛引起的预应力筋应力变化绝对值；

ε_{cs} 为收缩应变绝对值，见本书第 4 章；

$\Delta\sigma_{pr}$ 为 t 时刻 x 处预应力筋松弛产生的应力变化绝对值，见本书第 4 章，σ_{pi} 按初始预张拉力和准永久作用产生的预应力筋初始应力 $\sigma_p = \sigma_p(G + P_{m0} + \psi_2 Q)$ 确定；

$\varphi(t,t_0)$ 为 t_0 时刻加载后，t 时刻的徐变系数；

$\sigma_{c,QP}$ 为由结构自重、初始预应力和其他相关准永久作用产生的预应力筋处的混凝土应力。根据所考虑的施工阶段，$\sigma_{c,QP}$ 的值取自重和初始预应力的部分效应或准永久荷载组合的全部效应。

式（5-56）中，压应力和压应变取正号。当使用局部应力值时，式（5-56）适用于有粘结预应力；当使用应力平均值时，式（5-56）适用于无粘结预应力。

5.7.2.6 预应力损失组合

EN 1992 规定的预应力损失组合见表 5-2。

预应力损失组合　　　　表 5-2

预应力损失的组合阶段	先 张 法	后 张 法
瞬时损失	$\Delta P_\mu(x) + \Delta P_{el} + \Delta P_r$	$\Delta P_\mu(x) + \Delta P_{sl} + \Delta P_{el}$
时变损失	ΔP_{c+s+r}	ΔP_{c+s+r}
总损失	$\Delta P_\mu(x) + \Delta P_{el} + \Delta P_r + \Delta P_{c+s+r}$	$\Delta P_\mu(x) + \Delta P_{sl} + \Delta P_{el} + \Delta P_{c+s+r}$

在结构设计计算时,需要预先估计预应力损失量,再确定结构构件的形状和尺寸,最后做精确分析。根据以往经验,各项预应力损失幅度见表 5-3。

各项预应力损失幅度 表 5-3

预应力损失名称	符 号	预应力损失幅度
摩擦损失	$\Delta\sigma_\mu$	$(3\% \sim 7\%) \cdot \sigma_{p,max}$
锚具变形、预应力筋回缩损失	$\Delta\sigma_{sl}$	$(0 \sim 5\%) \cdot \sigma_{p,max}$
混凝土弹性压缩变形损失	$\Delta\sigma_{el}$	$(1\% \sim 10\%) \cdot \sigma_{p,max}$
预应力筋松弛损失	$\Delta\sigma_r$	$(1\% \sim 12\%) \cdot \sigma_{p,max}$
徐变损失	$\Delta\sigma_c$	$(5\% \sim 15\%) \cdot \sigma_{p,max}$
收缩损失	$\Delta\sigma_s$	$(1\% \sim 6\%) \cdot \sigma_{p,max}$

5.7.3 预应力受弯构件应力分析

预应力混凝土桥梁结构通常要求对预应力筋放张或张拉锚固、桥梁开通运营和长期三个阶段的混凝土应力状态进行验算。其中,预应力筋放张或张拉锚固阶段验算是指预应力瞬时损失后的混凝土应力验算;开通运营和长期阶段验算都是指时变损失后的混凝土应力验算,只是二者的收缩、徐变和松弛预应力损失不同而已。

5.7.3.1 瞬时损失后混凝土应力计算

1. 先张法构件

首先在台座上张拉预应力筋,张拉应力为 $\sigma_{p,max}$。待混凝土达到一定强度后放张预应力筋,使混凝土获得预压应力,如图 5-29(a)所示。放张预应力筋之前,瞬时损失已经产生。此时,预应力筋的合力为

$$N_{poI} = \sigma_{poI} A_p + \sigma'_{poI} A'_p \tag{5-57}$$

其中,σ_{poI} 和 σ'_{poI} 为预应力瞬时损失后,预应力筋合力点处混凝土法向应力为零时的预应力筋应力,$\sigma_{poI} = \sigma_{p,max} - \Delta\sigma_\mu - \Delta\sigma_{el} - \Delta\sigma_r$,$\sigma'_{poI} = \sigma'_{p,max} - \Delta\sigma'_\mu - \Delta\sigma'_{el} - \Delta\sigma'_r$。

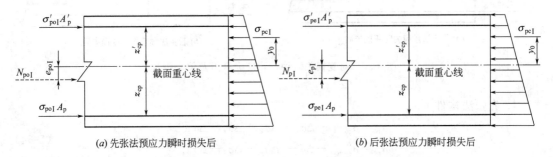

(a) 先张法预应力瞬时损失后   (b) 后张法预应力瞬时损失后

图 5-29 瞬时损失后构件预应力合力及偏心距

合力 N_{poI} 至截面重心轴的偏心距为

$$e_{poI} = \frac{\sigma_{poI} A_p z_{cp} - \sigma'_{poI} A'_p z'_{cp}}{\sigma_{poI} A_p + \sigma'_{poI} A'_p} \tag{5-58}$$

由预加力产生的混凝土截面正应力为

$$\sigma_{pcI} = \frac{N_{poI}}{A_c} \pm \frac{N_{poI} e_{poI}}{I_c} y_0 \tag{5-59}$$

2. 后张法构件

后张法构件的特点是在张拉预应力筋的同时混凝土受到预压,如图 5-29(b)所示。预压结束前,预应力筋的合力为

$$N_{pI} = \sigma_{peI} A_p + \sigma'_{peI} A'_p \tag{5-60}$$

其中,σ_{peI} 和 σ'_{peI} 为预应力瞬时损失后,预应力筋存留的有效预应力,$\sigma_{peI} = \sigma_{p,\max} - \Delta\sigma_\mu - \Delta\sigma_{sl} - \Delta\sigma_{el}$,$\sigma'_{peI} = \sigma'_{p,\max} - \Delta\sigma'_\mu - \Delta\sigma'_{sl} - \Delta\sigma'_{el}$。

合力 N_{pI} 至截面重心轴的偏心距为

$$e_{pI} = \frac{\sigma_{peI} A_p z_{cp} - \sigma'_{peI} A'_p z'_{cp}}{\sigma_{peI} A_p + \sigma'_{peI} A'_p} \tag{5-61}$$

由预加力产生的混凝土截面正应力为

$$\sigma_{pcI} = \frac{N_{pI}}{A_c} \pm \frac{N_{pI} e_{pI}}{I_c} y_0 \tag{5-62}$$

后张法构件预应力筋合力点处混凝土法向应力为零时的预应力筋应力为

$$\begin{cases} \sigma_{poI} = \sigma_{p,\max} - \Delta\sigma_\mu - \Delta\sigma_{sl} - \Delta\sigma_{el} + \alpha_{EP} \sigma_{pcI} \\ \sigma'_{poI} = \sigma'_{p,\max} - \Delta\sigma'_\mu - \Delta\sigma'_{sl} - \Delta\sigma'_{el} + \alpha_{EP} \sigma'_{pcI} \end{cases} \tag{5-63}$$

其中,α_{EP} 是预应力筋与混凝土的弹性模量之比,$\alpha_{EP} = E_p / E_{cm}(t)$。

5.7.3.2 时变损失后混凝土应力计算

同理,当时变预应力损失产生后,预应力筋的合力、偏心距和混凝土截面正应力可分别按下列公式计算,见图 5-30。

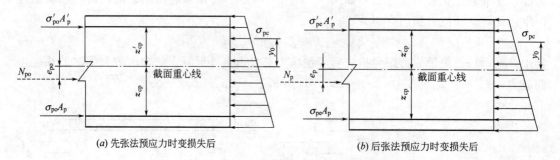

(a) 先张法预应力时变损失后　　　　　(b) 后张法预应力时变损失后

图 5-30 时变损失后构件预应力合力及偏心距

1. 先张法构件

$$\begin{cases} \sigma_{po} = \sigma_{p,\max} - \Delta\sigma_\mu - \Delta\sigma_{el} - \Delta\sigma_r - \Delta\sigma_{c+s+r} \\ \sigma'_{po} = \sigma'_{p,\max} - \Delta\sigma'_\mu - \Delta\sigma'_{el} - \Delta\sigma'_r - \Delta\sigma'_{c+s+r} \end{cases} \tag{5-64}$$

$$N_{po} = \sigma_{po} A_p + \sigma'_{po} A'_p \tag{5-65}$$

$$e_{po} = \frac{\sigma_{po} A_p z_{cp} - \sigma'_{po} A'_p z'_{cp}}{\sigma_{po} A_p + \sigma'_{po} A'_p} \tag{5-66}$$

$$\sigma_{pc} = \frac{N_{po}}{A_c} \pm \frac{N_{po} e_{po}}{I_c} y_0 \tag{5-67}$$

2. 后张法构件

$$\begin{cases} \sigma_{pe} = \sigma_{p,max} - \Delta\sigma_{\mu} - \Delta\sigma_{sl} - \Delta\sigma_{el} - \Delta\sigma_{c+s+r} \\ \sigma'_{pe} = \sigma'_{p,max} - \Delta\sigma'_{\mu} - \Delta\sigma'_{sl} - \Delta\sigma'_{el} - \Delta\sigma'_{c+s+r} \end{cases} \quad (5\text{-}68)$$

$$N_p = \sigma_{pe} A_p + \sigma'_{pe} A'_p \quad (5\text{-}69)$$

$$e_p = \frac{\sigma_{pe} A_p z_{cp} - \sigma'_{pe} A'_p z'_{cp}}{\sigma_{pe} A_p + \sigma'_{pe} A'_p} \quad (5\text{-}70)$$

$$\sigma_{pc} = \frac{N_p}{A_c} \pm \frac{N_p e_p}{I_c} y_0 \quad (5\text{-}71)$$

$$\begin{cases} \sigma_{po} = \sigma_{p,max} - \Delta\sigma_{\mu} - \Delta\sigma_{sl} - \Delta\sigma_{el} - \Delta\sigma_{c+s+r} + \alpha_{EP}\sigma_{pc} \\ \sigma'_{po} = \sigma'_{p,max} - \Delta\sigma'_{\mu} - \Delta\sigma'_{sl} - \Delta\sigma'_{el} - \Delta\sigma'_{c+s+r} + \alpha_{EP}\sigma'_{pc} \end{cases} \quad (5\text{-}72)$$

【例 5-4】 某一先张法预应力混凝土简支梁，如图 5-31 所示。混凝土强度等级 C40/50，弹性模量 $E_{cm}=35\mathrm{GPa}$，预应力筋放张时的混凝土强度为 32MPa。预应力筋由 29 根直径 15.2mm 低松弛钢绞线构成，单根钢绞线截面面积 $139\mathrm{mm}^2$，弹性模量 $E_p=195\mathrm{GPa}$，标准抗拉强度 $f_{pk}=1670\mathrm{MPa}$，初始张拉应力为 $0.75 f_{pk}$，全部预应力筋截面重心位置如图中"+"所示。截面承受的结构自重弯矩 465kN·m。混凝土长期收缩应变 300×10^{-6}。试计算预应力筋放张阶段和长期的预应力损失。

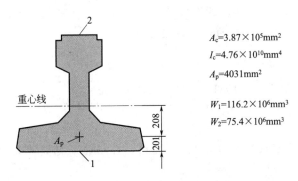

图 5-31 先张法简支梁截面参数

$A_c = 3.87\times10^5 \mathrm{mm}^2$
$I_c = 4.76\times10^{10} \mathrm{mm}^4$
$A_p = 4031 \mathrm{mm}^2$
$W_1 = 116.2\times10^6 \mathrm{mm}^3$
$W_2 = 75.4\times10^6 \mathrm{mm}^3$

解答：

全部预应力筋初始张拉合力为 $P_{max} = A_p \sigma_{p,max} = 4031\times0.75\times1670/1000 = 5049\mathrm{kN}$。假定预应力放张前，已出现 1% 的松弛损失。预应力筋重心附近的混凝土压应力为

$$\sigma_c = 0.99\times\left(\frac{5049\times10^3}{3.87\times10^5} + \frac{5049\times10^3\times208^2}{4.76\times10^{10}}\right) = 17.5\mathrm{MPa}$$

根据式 (4-26)、式 (4-27) 和式 (4-30)，预应力筋放张时的混凝土弹性模量为

$$E_{cm}(t) = [(32+8)/(40+8)]^{0.3}\times35 = 33\mathrm{GPa}$$

根据式 (5-54)，混凝土弹性压缩变形引起的预应力筋张拉力损失为

$$\Delta P_{el} = \frac{4031\times\frac{195}{33}\times17.5}{1+\frac{195}{33}\times\frac{4031}{3.87\times10^5}\times\left(1+\frac{3.87\times10^5\times208^2}{4.76\times10^{10}}\right)}\times10^{-3} = 385\mathrm{kN}$$

于是，预应力筋放张后存留的预张力为

$$P_{m0} = 0.99 \times 5049 - 385 = 4614 \text{kN}$$

梁底缘的混凝土压应力为

$$\sigma_{pcb} = P_{m0}(1/A_c + e/W_1) = 4614 \times 10^3 \times (1/3.87 \times 10^5 + 208/116.2 \times 10^6) = 20.2 \text{MPa}$$

顶缘的混凝土拉应力为

$$\sigma_{pct} = P_{m0}(1/A_c - e/W_2) = 4614 \times 10^3 \times (1/3.87 \times 10^5 - 208/75.4 \times 10^6) = -0.81 \text{MPa}$$

预应力筋放张后的应力比为

$$\mu = \sigma_{pm0}/f_{pk} = 4614 \times 10^3/4031/1670 = 0.69$$

根据表 4-18 和式（4-58），长期应力松弛比例为

$$0.66 \times 2.5 \times e^{9.1 \times 0.69} \times (500000/1000)^{0.75 \times (1-0.69)} \times 10^{-5} = 3.7\%$$

由于假定放张前已产生 1% 的预应力损失，故长期松弛引起的预应力损失为 2.7%，即

$$\Delta\sigma_{pr} = 0.027 \times 4614 \times 10^3/4031 = 30.9 \text{MPa}$$

结构自重弯矩 465kN·m 在梁截面底缘和顶缘产生的正应力分别为 -4 MPa 和 6.17MPa。经过叠加，梁截面底缘和顶缘的正应力分别为 16.2MPa 和 5.36MPa，线性插值后，预应力筋重心附近的混凝土压应力 $\sigma_{c,QP} = 14.1$ MPa。

由于混凝土底缘压应力 16.2MPa 已超过 $0.45 f_{ck}(t) = 0.45 \times 32 = 14.4$ MPa，需要考虑非线性徐变问题。根据式（4-51），徐变系数放大因子 $e^{1.5 \times (16.2/32 - 0.45)} = 1.09$。这里取长期基本徐变系数 $\varphi(\infty, t_0) = 2.0$，最终采用的徐变系数 $\varphi_{nl}(\infty, t_0) = 2.0 \times 1.09 = 2.18$。

长期收缩、徐变和松弛引起的预张力损失为

$$\Delta P_{c+s+r} = 4031 \times \frac{300 \times 10^{-6} \times 195000 + 0.8 \times 30.9 + \frac{195}{35} \times 2.18 \times 14.1}{1 + \frac{195}{35} \times \frac{4031}{3.87 \times 10^5} \times \left(1 + \frac{3.87 \times 10^5}{4.76 \times 10^{10}} \times 208^2\right) \times (1 + 0.8 \times 2.18)} \times 10^{-3}$$

$$= 844 \text{kN}$$

全部预应力损失后，存留的预张力为 $4614 - 844 = 3770$ kN，总计损失约 25%。

第6章 构件抗弯和抗压承载力

正截面承载力是指构件截面在弯矩和轴力组合作用下的承载力。根据弯矩和轴力组合的不同，可分为如下几种情况：当无轴力或轴力可以忽略不计时，可视为受弯构件；当无弯矩作用时，则为轴心受力构件；既有弯矩作用又有轴力作用时称为偏心受力构件。对于受弯构件，根据纵向受力钢筋类型的不同，又分为钢筋混凝土受弯构件和预应力筋混凝土受弯构件。桥梁的上部结构多为预应力混凝土受弯构件，下部桥墩结构中的盖梁多为钢筋混凝土受弯构件，墩柱、桩基为偏心受力构件。

6.1 基本假定

为了建立构件的力平衡方程，进行简化计算，需要做出一些基本假定。EN 1992-1-1 采用的构件正截面承载力计算的基本假定如下：

（1）正截面在弯曲变形后仍保持平面。

试验研究表明，钢筋混凝土虽然是一种非均质的复合材料，但在构件出现裂缝以前基本上处于弹性工作阶段，截面上的应变沿截面高度呈线性分布，符合平截面假定。而在裂缝出现以后，直至受拉钢筋达到屈服强度时，若在跨过几条裂缝的标距内量测平均应变，其应变分布也基本上符合平截面的假定。

（2）有粘结的普通钢筋或预应力筋，其应变与邻近混凝土的应变相同。

（3）不考虑混凝土的抗拉强度。

混凝土开裂前，截面受拉区的拉力主要由混凝土承担，开裂后，受拉区混凝土大部分退出工作，只有中性轴附近有一小部分混凝土承担少量拉力，但数值极小，对截面总抗弯力矩的贡献也很小，故可忽略混凝土的抗拉强度。

（4）混凝土受压应力-应变关系。

混凝土受压应力-应变关系采用第4.1.7节中截面设计的抛物线形或双折线型应力-应变关系。本章受弯构件及偏心受压构件计算公式的推导均使用抛物线形应力-应变关系。

（5）钢筋应力-应变关系。

普通钢筋和预应力筋的应力-应变关系分别采用第4.2.6节和第4.3.4节中双折线型应力-应变关系。显然，使用具有倾斜分支的钢筋应力-应变关系能充分利用钢筋的屈服后强度，使得结构设计更为经济，一般可节省8%的钢筋用量，但设计计算变得复杂，增加了设计成本。为了合理简化结构设计过程，本章受弯构件及偏心受压构件计算公式的推导均采用具有水平分支的双折线应力-应变关系。

（6）计算预应力筋的应力时，需计入初应变引起的应力。

6.2 混凝土受压区等效应力图

按抛物线或双折线表示的混凝土应力-应变关系积分确定的构件承载力计算公式比较复杂，不便于工程应用。为此，将曲线分布的受压混凝土应力等效成矩形应力分布。等效的条件是曲线分布应力的合力与矩形分布应力的合力相等，而且合力作用点相同。图 6-1 为 EN 1992-1-1 规定的截面应变分布、应力分布和等效矩形应力分布，其中，等效受压区高度为 λx，等效混凝土压应力为 ηf_{cd}，λ 和 η 的计算公式如下：

$$\lambda = \begin{cases} 0.8 & f_{ck} \leqslant 50\mathrm{MPa} \\ 0.8 - (f_{ck} - 50)/400 & 50\mathrm{MPa} < f_{ck} \leqslant 90\mathrm{MPa} \end{cases} \quad (6\text{-}1)$$

$$\eta = \begin{cases} 1.0 & f_{ck} \leqslant 50\mathrm{MPa} \\ 1.0 - (f_{ck} - 50)/200 & 50\mathrm{MPa} < f_{ck} \leqslant 90\mathrm{MPa} \end{cases} \quad (6\text{-}2)$$

另外，对于往最外受压纤维方向的截面受压区宽度逐渐减小的截面类型，ηf_{cd} 的值应减小 10%。

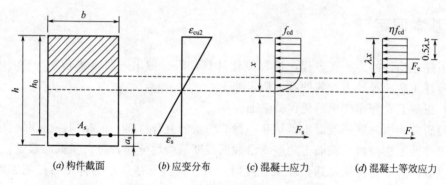

(a) 构件截面　　(b) 应变分布　　(c) 混凝土应力　　(d) 混凝土等效应力

图 6-1 受弯构件截面应变和应力分布

6.3 相对界限受压区高度

构件截面达到弯曲界限破坏是指纵向受拉钢筋达到屈服强度的同时，受压区混凝土边缘纤维的应变恰好达到极限压应变。相应的混凝土受压区高度称为界限受压区高度 x_b，如图 6-2 所示。界限受压区高度 x_b 与截面有效高度 h_0 之比称为相对界限受压区高度 ξ_b。相对界限受压区高度 ξ_b 是判断受弯构件属于混凝土受压破坏或是钢筋受拉屈服破坏的重要参数。对于钢筋混凝土受弯构件，理想的破坏模式是钢筋受拉屈服的塑性破坏，这就要求截面的实际相对受压区高度 ξ 不能超过相对界限受压区高度 ξ_b。

根据相对界限受压区高度的定义，可以得到以下公式：

$$\varepsilon_{yd} = \varepsilon_{cu2}(h_0/x_b - 1) = f_{yd}/E_s \quad (6\text{-}3)$$

于是可得相对界限受压区高度 ξ_b：

$$\xi_b = x_b/h_0 = \dfrac{1}{1 + \dfrac{f_{yd}}{E_s \varepsilon_{cu2}}} \quad (6\text{-}4)$$

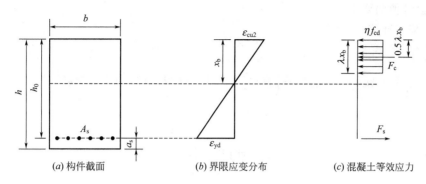

(a) 构件截面　　(b) 界限应变分布　　(c) 混凝土等效应力

图 6-2　受弯构件界限破坏时的应变和应力分布

表 6-1 给出了不同混凝土强度等级和不同钢筋强度等级对应的相对界限受压区高度。

按 EN 1992-1-1 计算的相对界限受压区高度　　　　表 6-1

钢筋强度	≤C50/60	C55/67	C60/75	C70/85	C80/95	C90/105
B[①]400	0.668	0.641	0.625	0.608	0.599	0.599
B500	0.617	0.588	0.572	0.554	0.545	0.545
B600	0.573	0.543	0.526	0.509	0.499	0.499

注：① B 的含义参见第 4.2.1 节。

6.4　钢筋混凝土构件抗弯承载力

6.4.1　单筋矩形截面构件

受弯构件有两个平衡条件：一是正截面拉力和压力的自平衡；二是正截面的拉力和压力形成的力偶与弯矩效应平衡。根据前面给出的构件受压区混凝土等效应力分布，可建立以下平衡方程：

$$\sum N = 0 \Rightarrow \eta f_{cd}(\lambda x)b = A_s f_{yd} \tag{6-5}$$

$$\sum M = 0 \Rightarrow M_d = \eta f_{cd}(\lambda x)b(h_0 - 0.5\lambda x) \tag{6-6}$$

其中，M_d 为弯矩设计值；

x 为构件截面混凝土受压区高度；

f_{cd} 为混凝土抗压强度设计值；

f_{yd} 为钢筋屈服强度设计值；

A_s 为纵向受拉钢筋截面面积；

b 为构件截面宽度；

h_0 为构件截面有效高度（图 6-1），$h_0 = h - a_s$；

a_s 为纵向受拉钢筋合力点到混凝土受拉区边缘的距离。

混凝土受弯构件设计有两种方式：一是已知截面弯矩设计值，假定截面尺寸，计算纵向钢筋截面面积；二是直接假定截面尺寸和纵向钢筋截面面积，验算截面抗弯承载力是否满足弯矩设计值的要求。

6.4.1.1 配筋计算

由式（6-6）可得

$$M_{\mathrm{d}}=\eta f_{\mathrm{cd}}bh_0^2\frac{\lambda x}{h_0}\left(1-0.5\frac{\lambda x}{h_0}\right)=\eta f_{\mathrm{cd}}bh_0^2[\lambda\xi(1-0.5\lambda\xi)] \quad (6\text{-}7)$$

令

$$\alpha_{\mathrm{s}}=\lambda\xi(1-0.5\lambda\xi) \quad (6\text{-}8)$$

根据式（6-7）和式（6-8），α_{s} 可由 M_{d} 计算得到：

$$\alpha_{\mathrm{s}}=\frac{M_{\mathrm{d}}}{\eta f_{\mathrm{cd}}bh_0^2} \quad (6\text{-}9)$$

由式（6-8），可以计算 $\lambda\xi$ 值：

$$\lambda\xi=1-\sqrt{1-2\alpha_{\mathrm{s}}} \quad (6\text{-}10)$$

求得 $\lambda\xi$ 值，代入式（6-5）计算纵向受拉钢筋配筋面积 A_{s}：

$$A_{\mathrm{s}}=\frac{\eta f_{\mathrm{cd}}bh_0(\lambda\xi)}{f_{\mathrm{yd}}} \quad (6\text{-}11)$$

6.4.1.2 抗弯承载力验算

由式（6-5）计算等效受压区高度 λx：

$$\lambda x=\frac{A_{\mathrm{s}}f_{\mathrm{yd}}}{\eta f_{\mathrm{cd}}b} \quad (6\text{-}12)$$

将 λx 代入式（6-6），可计算得到抗弯承载力 M_{Rd}：

$$M_{\mathrm{Rd}}=\eta f_{\mathrm{cd}}(\lambda x)b(h_0-0.5\lambda x) \quad (6\text{-}13)$$

若截面抗弯承载力 M_{Rd} 小于弯矩设计值 M_{d}，则应增大构件截面尺寸或增加纵向受拉钢筋用量。

6.4.2 双筋矩形截面构件

在单筋截面受压区内配置受力钢筋后便形成双筋截面。双筋截面梁一般用于下列情况：

（1）当构件承受的弯矩较大，而截面尺寸受到限制，以致 $x>\xi_{\mathrm{b}}h_0$，用单筋梁已无法满足设计要求时，可采用双筋截面梁；

（2）当构件在同一截面内受变号弯矩作用时，在截面上下两侧均应配置受力钢筋；

（3）由于构造上需要，在截面受压区已配置有受力钢筋，则按双筋截面计算，可以节约钢筋用量。

双筋矩形截面梁的平衡条件与单筋矩形截面相同，只是截面的抗压承载力由受压混凝土和受压钢筋两者提供，如图 6-3 所示。根据平衡条件，可以建立以下平衡方程：

$$\sum N=0 \Rightarrow \eta f_{\mathrm{cd}}(\lambda x)b+A_{\mathrm{s}}'\sigma_{\mathrm{s}}'=A_{\mathrm{s}}f_{\mathrm{yd}} \quad (6\text{-}14)$$

$$\sum M=0 \Rightarrow M_{\mathrm{d}}=\eta f_{\mathrm{cd}}(\lambda x)b(h_0-0.5\lambda x)+A_{\mathrm{s}}'\sigma_{\mathrm{s}}'(h_0-a_{\mathrm{s}}') \quad (6\text{-}15)$$

其中，A_{s}' 为纵向受压钢筋截面面积；

a_{s}' 为纵向受压钢筋合力点到混凝土受压区边缘的距离；

σ_{s}' 为纵向受压钢筋应力，当 $\sigma_{\mathrm{s}}' \geqslant f_{\mathrm{yd}}'$ 时，取 $\sigma_{\mathrm{s}}'=f_{\mathrm{yd}}'$，否则按下式计算：

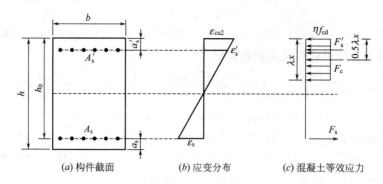

图 6-3 双筋矩形截面受弯构件应变和应力分布

$$\sigma'_s = E_s \varepsilon_{cu2}(1 - a'_s/x) \quad (6\text{-}16)$$

双筋矩形截面构件配筋计算和抗弯承载力验算的关键是判断受压钢筋是否屈服。根据式（6-16），可由混凝土受压区高度 x 判断受压钢筋是否屈服，屈服条件为：

$$\varepsilon'_s = \varepsilon_{cu2}(1 - a'_s/x) \geqslant f'_{yd}/E_s \quad (6\text{-}17)$$

进一步可得

$$\frac{x}{a'_s} \geqslant \frac{1}{1 - \dfrac{f'_{yd}}{E_s \varepsilon_{cu2}}} \quad (6\text{-}18)$$

表 6-2 给出了不同混凝土强度等级和不同钢筋强度等级对应的受压钢筋屈服时的混凝土受压区高度界限值 x/a'_s。

按 EN 1992-1-1 计算的受压钢筋屈服的界限值 x/a'_s　　　　表 6-2

钢筋强度	≤C50/60	C55/67	C60/75	C70/85	C80/95	C90/105
B400	1.988	2.278	2.498	2.810	3.020	3.020
B500	2.639	3.347	3.994	5.132	6.102	6.102
B600	3.927	6.310	9.955	/	/	/

6.4.2.1 配筋计算

双筋矩形截面受弯构件的配筋计算有两种情况：一是已知受压钢筋截面面积 A'_s，求受拉钢筋截面面积 A_s；二是纵向钢筋截面面积 A_s 和 A'_s 均未知。

1. A'_s 已知，A_s 未知

为了节省钢筋用量，考虑充分利用受压钢筋的抗弯承载力，假定 $\sigma'_s = f'_{yd}$，由受压钢筋承担的弯矩为：

$$M_1 = A'_s f'_{yd}(h_0 - a'_s) \quad (6\text{-}19)$$

由混凝土承担的弯矩则为：

$$M_2 = M_d - M_1 = M_d - A'_s f'_{yd}(h_0 - a'_s) \quad (6\text{-}20)$$

于是，剩余弯矩 M_2 的配筋则可按单筋矩形截面计算：

$$\alpha_{s2} = \frac{M_2}{\eta f_{cd} b h_0^2} \quad (6\text{-}21)$$

$$\lambda\xi = 1 - \sqrt{1 - 2\alpha_{s2}} \tag{6-22}$$

由 $\lambda\xi$ 可计算得到混凝土受压区高度 x,若 x/a_s' 满足式 (6-18),则受压钢筋屈服,假设成立。由式 (6-14),即可计算受拉钢筋面积:

$$A_s = \frac{\eta f_{cd} b h_0 (\lambda\xi) + A_s' f_{yd}'}{f_{yd}} \tag{6-23}$$

若 x/a_s' 不满足式 (6-18),则受压钢筋没有屈服,假设不成立。这主要是受压钢筋配置过多,或构件截面尺寸过大造成的,说明构件设计不太合理,可以通过对构件尺寸或受压钢筋数量的调整,使得 x/a_s' 满足式 (6-18) 的要求。如果不作上述调整,则需要采用应变协调方法,按实际的受压钢筋应力 σ_s' 重新计算受压区高度 x。

将式 (6-16) 代入式 (6-15),有

$$M_d = \eta f_{cd} (\lambda x) b (h_0 - 0.5\lambda x) + A_s' E_s \varepsilon_{cu2} (1 - a_s'/x)(h_0 - a_s') \tag{6-24}$$

整理得

$$p_1 x^3 + p_2 x^2 + p_3 x + p_4 = 0 \tag{6-25}$$

其中,$p_1 = \eta f_{cd} \lambda^2 b$,$p_2 = -2\eta f_{cd} \lambda b h_0$,$p_3 = 2M_d - 2A_s' E_s \varepsilon_{cu2} (h_0 - a_s')$,$p_4 = 2A_s' E_s \varepsilon_{cu2} a_s' (h_0 - a_s')$。

式 (6-25) 为一元三次方程,根据方程的根与系数的关系,方程有 3 个互异的实根,其中符合实际意义的根为:

$$x = \frac{-p_2 + 2\sqrt{A} \cos(\pi/3 + \theta/3)}{3p_1} \tag{6-26}$$

其中,$A = p_2^2 - 3p_1 p_3$,$\theta = \arccos(T)$,$T = (2Ap_2 - 3Bp_1)/(2A^{3/2})$,$B = p_2 p_3 - 9 p_1 p_4$。

将式 (6-26) 计算得到的 x 代入式 (6-14),即可计算受拉钢筋截面面积:

$$A_s = \frac{\eta f_{cd} (\lambda x) b + A_s' E_s \varepsilon_{cu2} (1 - a_s'/x)}{f_{yd}} \tag{6-27}$$

2. A_s 和 A_s' 均未知

同样,从节省材料用量出发,考虑充分利用混凝土的抗弯承载力,即取 $\xi = \xi_b$。由式 (6-15) 可计算得到最小受压钢筋截面面积:

$$A_s' = \frac{M_d - \eta f_{cd} b h_0^2 [\lambda\xi_b (1 - 0.5\lambda\xi_b)]}{f_{yd}' (h_0 - a_s')} \tag{6-28}$$

将 ξ_b 和 A_s' 代入式 (6-14),可得

$$A_s = \frac{\eta f_{cd} b h_0 (\lambda\xi_b) + A_s' f_{yd}'}{f_{yd}} \tag{6-29}$$

6.4.2.2 承载力验算

由式 (6-14),假定受压钢筋屈服,有 $\sigma_s' = f_{yd}'$,计算等效受压区高度 λx:

$$\lambda x = \frac{A_s f_{yd} - A_s' f_{yd}'}{\eta f_{cd} b} \tag{6-30}$$

将计算得到的 λx 除以 λ 得到混凝土受压区高度 x。若 x/a_s' 满足式 (6-18),则受压钢筋屈服,假设成立,抗弯承载力按下式计算:

$$M_{Rd} = \eta f_{cd} (\lambda x) b (h_0 - 0.5\lambda x) + A_s' f_{yd}' (h_0 - a_s') \tag{6-31}$$

若 x/a'_s 不满足式（6-18），则受压钢筋尚未屈服，假设不成立。这时应采用应变协调方法，根据构件轴向应力自平衡计算实际的受压区高度 x。

将式（6-16）代入式（6-14），有

$$\eta f_{cd}(\lambda x)b + A'_s E_s \varepsilon_{cu2}(1-a'_s/x) = A_s f_{yd} \tag{6-32}$$

整理得

$$p_1 x^2 + p_2 x + p_3 = 0 \tag{6-33}$$

其中，$p_1 = \eta f_{cd}\lambda b$，$p_2 = A'_s E_s \varepsilon_{cu2} - A_s f_{yd}$，$p_3 = -A'_s E_s \varepsilon_{cu2} a'_s$。

式（6-33）为一元二次方程，根据方程的根与系数的关系，方程有两个互异的实根，其中符合实际意义的根为：

$$x = \frac{-p_2 + \sqrt{p_2^2 - 4p_1 p_3}}{2p_1} \tag{6-34}$$

将式（6-34）计算得到的 x 代入式（6-15），即可计算抗弯承载力：

$$M_{Rd} = \eta f_{cd}(\lambda x)b(h_0 - 0.5\lambda x) + A'_s E_s \varepsilon_{cu2}(1-a'_s/x)(h_0 - a'_s) \tag{6-35}$$

如果截面抗弯承载力 M_{Rd} 小于弯矩设计值 M_d，则应增大构件截面尺寸或增加纵向钢筋用量。

6.4.3 T形截面构件

在矩形截面受弯构件承载力计算中，由于其受拉区混凝土允许开裂，不考虑参加受拉工作，如果把受拉区两侧的混凝土挖去一部分，余下的部分足够布置受拉钢筋，这样就成为 T 形截面。它和原来的矩形截面相比，其承载力计算值与原有矩形截面完全相同，但节省了混凝土用量，减轻了自重。T 形截面构件受压翼缘中配置的纵向钢筋一般只起构造作用，不考虑参与承受压力，因此，T 形截面可按单筋截面设计。

第 5 章阐述了带翼缘的受弯构件存在剪力滞效应，使得翼缘的纵向压应力沿宽度方向的分布不均匀，离腹板越远，压应力越小。因此，截面承载力设计时，翼缘的计算宽度应采用式（5-3）确定的有效翼缘宽度 b_{eff}。

根据中性轴所在位置，T 形截面受弯构件可分为两种设计类型，如图 6-4 所示。

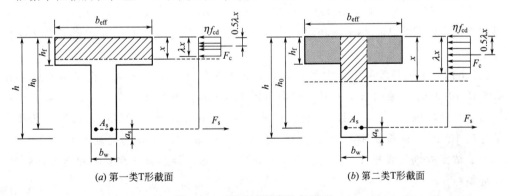

图 6-4 T 形截面受弯构件类型

（1）第一类 T 形截面，中性轴在受压翼缘内（图 6-4（a）），由于设计中未考虑混凝土的抗拉作用，所以可以认为受压区以下的构件截面对抗弯承载力没有影响，这时构件可按单筋矩形截面进行设计，截面宽度取 b_{eff}。

（2）第二类 T 形截面，中性轴位于腹板内，由于混凝土受压区进入腹板内，这时可将受压区截面划分成翼缘和腹板两部分，如图 6-4（b）所示。其中，翼缘可视为完全均匀受压，而腹板需要考虑应力的不均匀分布。

6.4.3.1 配筋计算

首先，需要根据截面弯矩设计值 M_d 判断 T 形截面抗弯设计类型。当 M_d 满足式（6-36）时，属于第一类 T 形截面，按截面尺寸为 $b_{eff} \times h$ 的单筋矩形截面进行设计。

$$M_d \leqslant \eta f_{cd} b_{eff} h_f (h_0 - 0.5 h_f) \tag{6-36}$$

当 M_d 满足式（6-37）时，属于第二类 T 形截面：

$$M_d > \eta f_{cd} b_{eff} h_f (h_0 - 0.5 h_f) \tag{6-37}$$

腹板按截面尺寸为 $b_w \times h$ 的单筋矩形截面设计：

$$\alpha_{s2} = \frac{M_d - \eta f_{cd}(b_{eff} - b_w) h_f (h_0 - 0.5 h_f)}{\eta f_{cd} b_w h_0^2} \tag{6-38}$$

按式（6-22）计算 $\lambda \xi$，于是受拉钢筋截面面积为：

$$A_s = \frac{\eta f_{cd}(b_{eff} - b_w) h_f + \eta f_{cd} b_w h_0 (\lambda \xi)}{f_{yd}} \tag{6-39}$$

6.4.3.2 承载力验算

首先，根据受拉钢筋截面面积 A_s 判断 T 形截面抗弯设计类型。当 A_s 满足（6-40）时，属于第一类 T 形截面，按截面尺寸为 $b_{eff} \times h$ 的单筋矩形截面进行承载力验算。

$$A_s f_{yd} \leqslant \eta f_{cd} b_{eff} h_f \tag{6-40}$$

当 A_s 满足式（6-41）时，属于第二类 T 形截面：

$$A_s f_{yd} > \eta f_{cd} b_{eff} h_f \tag{6-41}$$

腹板按截面尺寸为 $b_w \times h$ 的单筋矩形截面计算，等效受压区高度 λx 按下式计算，

$$\lambda x = \frac{A_s f_{yd} - \eta f_{cd}(b_{eff} - b_w) h_f}{\eta f_{cd} b_w} \tag{6-42}$$

截面抗弯承载力为

$$M_{Rd} = \eta f_{cd}(\lambda x) b_w (h_0 - 0.5 \lambda x) + \eta f_{cd}(b_{eff} - b_w) h_f (h_0 - 0.5 h_f) \tag{6-43}$$

如果截面抗弯承载力 M_{Rd} 小于弯矩设计值 M_d，则应增大构件截面尺寸或增加纵向受拉钢筋用量。

【例 6-1】某钢筋混凝土空心板结构，如图 6-5 所示。空心板截面高度 $h=1500\text{mm}$，圆孔直径 1000mm，竖向居中布置，横向间距 1400mm。混凝土强度等级 C35/45，板底受拉钢筋强度标准值 $f_{yk}=500\text{MPa}$。受拉钢筋直径 25mm，按间距 150mm 放置。混凝土保护层厚度 40mm，箍筋直径 20mm。（1）计算该空心板 1400mm 宽度范围的抗弯承载力；（2）如果该空心板的弯矩设计值增大到 3000kN·m/m，计算板底需要额外增补钢筋用量。

解答：

（1）空心板结构可简化为按 T 形截面进行设计。根据设计条件，圆孔上部和下部混凝土厚度为 250mm，截面有效高度为

$$h_0 = 1500 - 40 - 20 - 25/2 = 1427\text{mm}$$

1400mm 宽度范围内的受拉钢筋面积 $A_s = \pi \times 25^2/4 \times (1400/150) = 4581\text{mm}^2$。混凝土

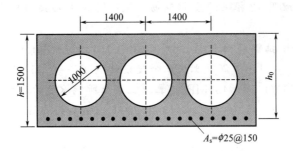

图 6-5 钢筋混凝土空心板截面

强度等级为 C35/45，有 $\lambda=0.8$，$\eta=1.0$。混凝土抗压强度设计值 $f_{cd}=0.85\times35/1.5=19.8$ MPa，钢筋强度设计值 $f_{yd}=500/1.15=435$ MPa。1400mm 宽度翼缘混凝土所能承受的压力为

$$F_c=1.0\times19.8\times1400\times250\times10^{-3}=6930\text{kN}$$

受拉钢筋所能承受的拉力为

$$F_s=4581\times435\times10^{-3}=1993\text{kN}$$

因 $F_s<F_c$，按第一类 T 形截面计算。根据式（6-12），混凝土等效受压区高度为

$$\lambda x=4581\times435/(1.0\times19.8\times1400)=71.9\text{mm}$$

混凝土受压区高度 $x=71.9/0.8=89.9$ mm，小于界限受压区高度 $x_b=\xi_b h_0=0.617\times1427=880$ mm，满足要求。根据式（6-13），截面抗弯承载力为

$$M_{Rd}=1.0\times19.8\times71.9\times1400\times(1427-0.5\times71.9)\times10^{-6}=2772\text{kN·m}$$

（2）1.4m 宽度范围的弯矩设计值 $M_d=3000\times1.4=4200$ kN·m。翼缘所能承受的弯矩为

$$\eta f_{cd}b_{eff}h_f(h_0-0.5h_f)=1.0\times19.8\times1400\times250\times(1427-0.5\times250)\times10^{-6}=9023\text{kN·m}$$

大于弯矩设计值 M_d，按第一类 T 形截面计算。根据式（6-9）：

$$\alpha_s=4200\times10^6/(1.0\times19.8\times1400\times1427^2)=0.0744$$

根据式（6-10）：

$$\lambda\xi=1-\sqrt{1-2\times0.0744}=0.0774$$

混凝土受压区高度 $x=1427\times0.0774/0.8=138$ mm，小于界限受压区高度 $x_b=880$ mm，满足要求。根据式（6-11），所需受拉钢筋面积为：

$$A_s=1.0\times19.8\times1400\times1427\times0.0774/435=7038\text{mm}^2$$

因此，1m 宽度范围内需要增补的受拉钢筋面积为 $\Delta A_s=(7038-4581)/1.4=1755\text{mm}^2/\text{m}$。根据钢筋规格，实际增补的钢筋量为 $\phi20@150$，实际增补配筋面积 $\Delta A_s=2094\text{mm}^2/\text{m}$。

【例 6-2】 某钢筋混凝土 T 形梁，如图 6-6 所示。梁高 $h=1300$ mm，翼缘宽度 $b_{eff}=1350$ mm，翼缘厚度 $h_f=200$ mm，腹板宽度 $b_w=900$ mm，截面有效高度 $h_0=1180$ mm。混凝土强度等级 C35/45，受拉钢筋强度标准值

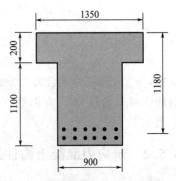

图 6-6 钢筋混凝土 T 形梁截面

$f_{yk}=500\text{MPa}$。梁底配置 12 根 $\phi 40$ 受拉钢筋。试确定该 T 形梁的抗弯承载力。

解答：

根据设计条件，受拉钢筋面积 $A_s = \pi \times 40^2/4 \times 12 = 15080\text{mm}^2$。混凝土强度等级为 C35/45，有 $\lambda=0.8$，$\eta=1.0$。混凝土抗压强度设计值 $f_{cd}=0.85\times 35/1.5=19.8\text{MPa}$，钢筋强度设计值 $f_{yd}=500/1.15=435\text{MPa}$。翼缘混凝土所能承受的压力为

$$F_c = 1.0\times 19.8\times 1350\times 200\times 10^{-3} = 5346\text{kN}$$

受拉钢筋所能承受的拉力为

$$F_s = 15080\times 435\times 10^{-3} = 6560\text{kN}$$

因 $F_s > F_c$，按第二类 T 形截面计算。根据式（6-42），腹板的等效受压区高度为 λx 为

$$\lambda x = \frac{15080\times 435 - 1.0\times 19.8\times (1350-900)\times 200}{1.0\times 19.8\times 900} = 268\text{mm}$$

混凝土受压区高度 $x=268/0.8=335\text{mm}$，小于界限受压区高度 $x_b=\xi_b h_0 = 0.617\times 1180 = 728\text{mm}$，满足要求。根据式（6-43），截面抗弯承载力为

$$\begin{aligned}M_{Rd}=&[1.0\times 19.8\times 268\times 900\times (1180-0.5\times 268)+1.0\times 19.8\times (1350-900)\times 200\\&\times (1180-0.5\times 200)]\times 10^{-6}=6920\text{kN}\cdot\text{m}\end{aligned}$$

6.5 预应力混凝土构件抗弯承载力

预应力混凝土构件正截面受弯的破坏特征与钢筋混凝土受弯构件相同。计算的应力图形、基本假设及公式亦基本相同，破坏时受拉区预应力筋及普通钢筋与受压区普通钢筋的应力通常都可以达到相应的强度设计值。如果受压区也布置有预应力筋，因存在预拉应力，预应力筋的应力不能达到屈服强度设计值。只要将受压区预应力筋相应的应力变化值计入，即可用类似于钢筋混凝土受弯构件的方法进行计算。

6.5.1 预应力混凝土构件相对界限受压区高度

预应力混凝土受弯构件，也需要按受拉区预应力筋首先屈服的塑性破坏模式进行设计，因此，对混凝土的相对受压区高度也有限制。类似于钢筋混凝土构件相对界限受压区高度公式的推导方法，无屈服台阶预应力混凝土受弯构件的相对界限受压区高度 ξ_b 的推导过程如下：

$$\varepsilon_p = \varepsilon_{cu2}(h_0/x_b-1) = 0.001 + (f_{pd}-\sigma_{po})/E_p \tag{6-44}$$

$$\xi_b = x_b/h_0 = \frac{1}{1+\dfrac{0.001}{\varepsilon_{cu2}}+\dfrac{f_{pd}-\sigma_{po}}{E_p\varepsilon_{cu2}}} \tag{6-45}$$

其中，σ_{po} 为预应力筋合力点处混凝土法向应力为零时的预应力筋应力。若预应力筋和普通钢筋同时作为抗弯受力钢筋，相对界限受压区高度取式（6-4）和式（6-45）两者的较小值。

6.5.2 预应力混凝土构件抗弯承载力计算

预应力筋的数量通常由截面抗裂或应力控制要求而确定，抗弯承载力验算方法与钢筋

混凝土构件基本相同。下面以双筋矩形截面为对象给出相关计算公式,如图 6-7 所示。T 形截面的抗弯承载力计算公式可参考第 6.4.3 节自行推导。

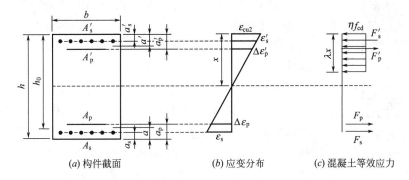

图 6-7 预应力双筋矩形截面受弯构件应变和应力分布

根据平衡条件,可以建立以下平衡方程:

$$\sum N = 0 \Rightarrow \eta f_{cd}(\lambda x) b + A'_s f'_{sd} - A'_p (\sigma'_{po} - \Delta\sigma'_p) = A_s f_{yd} + A_p f_{pd} \quad (6\text{-}46)$$

$$\sum M = 0 \Rightarrow M_d = \eta f_{cd}(\lambda x) b (h_0 - 0.5\lambda x) + A'_s f'_{sd}(h_0 - a'_s) - A'_p (\sigma'_{po} - \Delta\sigma'_p)(h_0 - a'_p) \quad (6\text{-}47)$$

其中,f_{pd} 为受拉区预应力筋的强度设计值;

σ'_{po} 为受压区预应力筋合力点处混凝土法向应力为零时的预应力筋应力;

$\Delta\sigma'_p$ 为受压区预应力筋相应于应变变化量 $\Delta\varepsilon'_p$ 的应力变化值,$\Delta\sigma'_p = E_p \cdot \Delta\varepsilon'_p$;

A_p 和 A'_p 为分别为受拉区、受压区预应力筋截面面积;

a_p 和 a'_p 为分别为受拉区、受压区预应力筋合力点至混凝土受拉区边缘、受压区边缘的距离;

a 和 a' 为分别为受拉区、受压区预应力筋和普通钢筋合力点至混凝土受拉区边缘、受压区边缘的距离;

h_0 为截面有效高度,$h_0 = h - a$。

根据式(6-46),混凝土等效受压区高度 λx 为:

$$\lambda x = \frac{A_s f_{yd} + A_p f_{pd} - A'_s f'_{sd} + A'_p (\sigma'_{po} - \Delta\sigma'_p)}{\eta f_{cd} b} \quad (6\text{-}48)$$

式(6-48)中的 $\Delta\sigma'_p$ 实际上也是混凝土受压区高度 x 的函数,需要采用迭代方法近似计算 λx,一般迭代一次即可。首先,按不计 $A'_p (\sigma'_{po} - \Delta\sigma'_p)$ 的情况计算 λx 的初始值:

$$\lambda x = \frac{A_s f_{yd} + A_p f_{pd} - A'_s f'_{sd}}{\eta f_{cd} b} \quad (6\text{-}49)$$

再按下式计算 $\Delta\sigma'_p$ 值:

$$\Delta\sigma'_p = E_p \varepsilon_{cu2}(1 - a'_p/x) \quad (6\text{-}50)$$

最后将式(6-50)的计算结果返回代入式(6-48),计算更为精确的 λx 值。将 λx 和 $\Delta\sigma'_p$ 代入式(6-47)的等号右端,即得截面抗弯承载力。

【例 6-3】 某后张法预应力混凝土矩形截面梁,如图 6-8 所示。截面高度 $h = 2000\text{mm}$,截面宽度 $b = 1000\text{mm}$,a_s 和 a'_s 均等于 80mm,a_p 和 a'_p 均等于 200mm。混凝土强度等级 C40/50,普通钢筋规格 B500B,预应力钢绞线规格 EN 10138-3-Y1860S7-15.2-

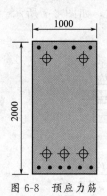

图 6-8 预应力筋
混凝土梁截面

A。截面受拉区配置 6 根 φ25 钢筋，3 束钢绞线，每束 12 根；受压区配置 4 根 φ25 钢筋，2 束钢绞线，每束 9 根。初始张拉应力为 $0.75 f_{pk}$，瞬时和时变预应力损失分别为 10% 和 20%。试确定该预应力混凝土梁的抗弯承载力。

解答：

根据设计条件，受拉区钢筋面积 $A_s = 2946 \text{mm}^2$，预应力筋面积 $A_p = 5004 \text{mm}^2$，受压区钢筋面积 $A_s' = 1964 \text{mm}^2$，预应力筋面积 $A_p' = 2502 \text{mm}^2$。混凝土强度等级为 C40/50，有 $\lambda = 0.8$，$\eta = 1.0$。混凝土抗压强度设计值 $f_{cd} = 0.85 \times 40/1.5 = 22.7 \text{MPa}$，钢筋强度设计值 $f_{yd} = 500/1.15 = 435 \text{MPa}$，预应力筋强度设计值 $f_{pd} = 1391 \text{MPa}$。受拉区预应力筋和普通钢筋合力点至混凝土受拉区边缘的距离为：

$$a = \frac{5004 \times 1391 \times 200 + 2946 \times 435 \times 80}{5004 \times 1391 + 2946 \times 435} = 181 \text{mm}$$

截面有效高度 $h_0 = 2000 - 181 = 1819 \text{mm}$。

预应力损失后，预应力筋的有效预应力 $\sigma_{pe} = 0.75 \times 1860 \times 0.9 \times 0.8 = 1004 \text{MPa}$。根据式 (5-67)，预应力筋合力的偏心距为：

$$e_p = \frac{1004 \times 5004 \times 800 - 1004 \times 2502 \times 800}{1004 \times 5004 + 1004 \times 2502} = 267 \text{mm}$$

根据式 (5-68)，受压区预应力筋处混凝土压应力为：

$$\sigma_{pc} = \frac{1004 \times (5004 + 2502)}{1000 \times 2000} - \frac{1004 \times (5004 + 2502) \times 267}{1000 \times 2000^3/12} \times 800 = 1.35 \text{MPa}$$

根据式 (5-69)，受压区预应力筋合力点处混凝土法向应力为零时的预应力筋应力为：

$$\sigma_{po}' = 1004 + 195/35 \times 1.35 = 1012 \text{MPa}$$

以下采用迭代法计算 λx。首先，按不计 $A_p'(\sigma_{po}' - \Delta \sigma_p')$ 的情况计算 λx：

$$\lambda x = \frac{2946 \times 435 + 5004 \times 1391 - 1964 \times 435}{1.0 \times 22.7 \times 1000} = 325 \text{mm}$$

于是，可得混凝土受压区高度 $x = 325/0.8 = 406 \text{mm}$，$\Delta \sigma_p'$ 为

$$\Delta \sigma_p' = E_p \varepsilon_{cu2}(1 - a_p'/x) = 195000 \times 0.0035 \times (1 - 200/406) = 346 \text{MPa}$$

再按式 (6-48) 计算 λx：

$$\lambda x = \frac{2946 \times 435 + 5004 \times 1391 - 1964 \times 435 + 2502 \times (1012 - 346)}{1.0 \times 22.7 \times 1000}$$

$$= 399 \text{mm}$$

经一步迭代后的受压区高度 $x = 399/0.8 = 499 \text{mm}$，$\Delta \sigma_p'$ 为

$$\Delta \sigma_p' = E_p \varepsilon_{cu2}(1 - a_p'/x) = 195000 \times 0.0035 \times (1 - 200/499)$$

$$= 409 \text{MPa}$$

将 λx 和 $\Delta \sigma_p'$ 代入式 (6-47) 的等号右端，即得到截面抗弯承载力

$$M_{Rd} = [1.0 \times 22.7 \times 399 \times 1000 \times (1819 - 0.5 \times 399) + 1964 \times 435 \times (1819 - 80)$$
$$- 2502 \times (1012 - 409) \times (1819 - 200)] \times 10^{-6}$$
$$= 13711 \text{kN} \cdot \text{m}$$

6.6 钢筋混凝土构件轴心抗压承载力

轴心受压构件是偏心受压构件的一种特殊情况，即偏心距为零或没有弯矩作用的受压构件。在实际工程中，由于混凝土材料的非匀质性、纵筋的不对称布置、荷载作用位置的不准确及施工时不可避免的尺寸误差等原因，并不存在理想的轴心受压构件。考虑到有些构件实际的弯矩很小，可近似按轴心受压构件计算。另外，轴心受压构件正截面承载力计算还用于偏心受压构件垂直于弯矩平面的承载力验算。

EN 1992-1-1 没有直接给出轴心受压构件承载力的计算公式，但相关文献给出了承受轴向荷载的短柱承载力计算公式。文献认为，只有当 $l_0/h < 12$ 时，才按轴心受压短柱考虑。对于长柱，至少考虑 $e_a = \max(h/30, 20\mathrm{mm})$ 的偏心距（h 为截面高度），按偏心受压构件计算。

由于欧洲采用的钢筋强度较高，钢筋屈服时混凝土有可能未达到峰值应变，也有可能超过峰值应变。所以，不能直接将钢筋屈服时承受的力与混凝土达到抗压强度时承受的力进行叠加。考虑到这一点，并与偏心受压构件的计算公式衔接，计算轴心受压构件承载力的公式为：

$$N_{Rd} = \lambda \eta f_{cd} A_{cn} + f_{yd} A_s \tag{6-51}$$

其中，A_{cn} 为混凝土净截面面积，A_s 为纵向钢筋总面积，其余变量的含义同受弯构件。

6.7 钢筋混凝土偏心受压构件的正截面承载力

6.7.1 偏心受压构件破坏形态

偏心受压构件是指同时承受轴向压力和弯矩作用的构件，这种构件与轴心受压构件没有本质上的不同，只是根据其受力状态而称谓的。事实上，任何一个配有纵向钢筋的构件都可承受一定的轴向压力和弯矩，轴向压力变化时，构件所能承受的弯矩也随之改变。当构件截面尺寸和纵向钢筋数量一定时，构件能承受的弯矩和轴力是相关的，图 6-9 示出了偏心受压构件的弯矩-轴力相关曲线。

在弯矩和轴力共同作用下，随着弯矩和轴力比值（也即偏心距）的不同，钢筋混凝土偏心受压构件将出现不同的破坏形态。

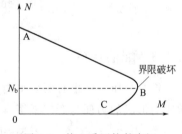

图 6-9 偏心受压构件弯矩-轴力相关曲线示意图

6.7.1.1 大偏心受压（受拉破坏）

当构件的偏心距较大而受拉纵筋配置适量时，构件由于受拉纵筋首先达到屈服强度，此后变形及裂缝不断发展，截面受压区高度逐渐减小，最后受压区混凝土被压碎而导致构件的破坏。这种破坏形态在破坏前有明显的预兆，属于塑性破坏。

6.7.1.2 小偏心受压（受压破坏）

当构件偏心距较小，或虽偏心距较大，但受拉钢筋配置数量过多时，构件的破坏是由于受压区混凝土首先达到极限压应变而引起的。破坏时，距轴向压力较远一侧的混凝土和纵向钢筋可能受压或受拉，其混凝土可能出现裂缝或不出现裂缝，相应的钢筋应力一般均未达到屈服强度，而距轴向力较近一侧的纵向受压钢筋应力达到屈服强度。此时，构件受压区高度较大，最终由于受压区混凝土出现大致与构件轴向平行的裂缝和剥落的碎渣而破坏，破坏时没有明显预兆，属于脆性破坏。

6.7.1.3 两种偏心受压破坏形态的界限

从以上两种偏心受压破坏特征可以看出，两者之间的根本区别在于构件破坏时受拉钢筋能否达到屈服，这与受弯构件是否为塑性破坏类似。因此，两种偏心受压破坏形态的界限也可用相对界限受压区高度 ξ_b 来判断：当 $\xi \leqslant \xi_b$ 时，属于大偏心受压破坏；当 $\xi > \xi_b$ 时，属于小偏心受压破坏。其中，ξ_b 值同表 6-1。

6.7.2 钢筋应力计算

在偏心受压构件承载力计算时，必须确定受拉钢筋或受压应力较小边的钢筋应力值 σ_s。如图 6-10 所示，根据平截面假定，σ_s 可按下式计算

$$\sigma_s = E_s \varepsilon_{cu2}(h_0/x - 1) \tag{6-52}$$

当 $\sigma_s > 0$ 时，A_s 受拉；当 $\sigma_s < 0$，A_s 受压，且 $-f_{yd} \leqslant \sigma_s \leqslant f_{yd}$。

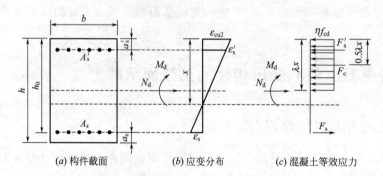

图 6-10 偏心受压构件截面应变和应力分布

6.7.3 配筋计算

偏心受压构件也有两个平衡条件：一是正截面内力与轴压力平衡；二是正截面的拉力和压力形成的力偶与弯矩平衡。平衡方程如下：

$$\sum N = 0 \Rightarrow N_d = \eta f_{cd}(\lambda x) b + A_s' \sigma_s' - A_s \sigma_s \tag{6-53}$$

$$\sum M = 0 \Rightarrow N_d e = \eta f_{cd}(\lambda x) b (h_0 - 0.5\lambda x) + A_s' \sigma_s'(h_0 - a_s') \tag{6-54}$$

其中，N_d 为轴压力设计值；

e 为轴压力的等效作用位置与受拉钢筋重心轴的距离，$e = (M_d/N_d + e_a) + 0.5h - a_s$；

M_d 为包含二阶效应的弯矩设计值，其余变量的含义同受弯构件。

桥梁结构中的桥墩受力形式属于偏心受压构件，工程中多采用对称配筋，即 $A_s = A_s'$，因此以下计算公式均按对称配筋考虑。

首先，判断构件的大、小偏压情况。假定构件为大偏心受压，此时 $\sigma_s = f_{yd}$，钢筋的拉力和压力相互抵消，构件的相对受压区高度为

$$\xi = \frac{N_d}{\lambda \eta f_{cd} b h_0} \tag{6-55}$$

（1）若 $\xi \leqslant \xi_b$，则假设成立。对于大偏心受压情况，当 $x = \xi h_0$ 满足式（6-18）时，将 x 代入式（6-54），即可得到截面配筋面积

$$A_s = A_s' = \frac{N_d e - \eta f_{cd} b h_0^2 [\lambda \xi (1 - 0.5\lambda \xi)]}{f_{yd}'(h_0 - a_s')} \tag{6-56}$$

当 $x = \xi h_0$ 不满足式（6-18）时，受压区钢筋未屈服，此时可采用迭代方法近似计算截面配筋。考虑对受压钢筋重心轴的力矩平衡

$$N_d e' = -\eta f_{cd}(\lambda x) b (0.5\lambda x - a_s') + A_s f_{yd}(h_0 - a_s') \tag{6-57}$$

其中，e' 为轴压力的等效作用位置与受压钢筋重心轴的距离，$e' = (M_d/N_d + e_a) - 0.5h + a_s'$。由式（6-57）可得 A_s 和 A_s' 的初始值

$$A_s' = A_s = \frac{N_d e' + \eta f_{cd}(\lambda x) b (0.5\lambda x - a_s')}{f_{yd}(h_0 - a_s')} \tag{6-58}$$

再将 A_s、A_s' 和式（6-16）代入式（6-53），得方程

$$N_d = \eta f_{cd}(\lambda x) b + A_s' E_s \varepsilon_{cu2}(1 - a_s'/x) - A_s f_{yd} \tag{6-59}$$

整理，得

$$p_1 x^2 + p_2 x + p_3 = 0 \tag{6-60}$$

其中，$p_1 = \eta f_{cd} \lambda b$，$p_2 = A_s' E_s \varepsilon_{cu2} - A_s f_{yd} - N_d$，$p_3 = -A_s' E_s \varepsilon_{cu2} a_s'$。方程（6-60）符合实际意义的根为

$$x = \frac{-p_2 + \sqrt{p_2^2 - 4p_1 p_3}}{2p_1} \tag{6-61}$$

最后，将 x 代入式（6-58），计算得到 A_s 和 A_s' 更为精确的近似解。

（2）若 $\xi > \xi_b$，则假设不成立，构件为小偏心受压，受拉区钢筋未屈服。此时也需要采用迭代方法近似计算截面配筋，将 x 代入式（6-54），计算 A_s 和 A_s' 的初始值：

$$A_s = A_s' = \frac{N_d e - \eta f_{cd}(\lambda x) b (h_0 - 0.5\lambda x)}{f_{yd}'(h_0 - a_s')} \tag{6-62}$$

再将 A_s、A_s' 和式（6-52）代入式（6-53），有

$$N_d = \eta f_{cd}(\lambda x) b + A_s' f_{yd}' - A_s E_s \varepsilon_{cu2}(h_0/x - 1) \tag{6-63}$$

整理可得到一个形式上如同式（6-60）的一元二次方程，其中，$p_1 = \eta f_{cd} \lambda b$，$p_2 = A_s E_s \varepsilon_{cu2} + A_s' f_{yd}' - N_d$，$p_3 = -A_s E_s \varepsilon_{cu2} h_0$，符合实际意义的根为

$$x = \frac{-p_2 + \sqrt{p_2^2 - 4p_1 p_3}}{2p_1} \tag{6-64}$$

若 $\lambda x > h$，取 $\lambda x = h$，将 λx 代入式（6-62），计算得到 A_s 和 A_s' 更为精确的近似解。

6.7.4 承载力验算

偏心受压构件的承载力验算有两种方法，如图 6-11 所示，一种是等比例放大弯矩和轴力荷载效应，使其与弯矩-轴力相关曲线相交，交点即为构件的偏心受压承载

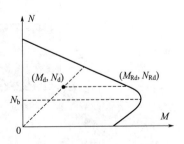

图 6-11 偏心受压构件承载力验算点

力；另一种方式是保持轴力不变，做水平线与弯矩-轴力相关曲线相交，该交点也是构件的偏心受压承载力，这是更具工程意义的计算方法，相当于考察构件在设计轴力下的最大抗弯承载力。第一种方法是一个迭代求解的过程，比较复杂；第二种方法已经隐含 $N_{Rd}=N_d$，实际上只需计算 M_{Rd}，相对更为简单。以下介绍第二种承载力计算方法。

首先，依然是判断构件的大、小偏压情况。计算界限破坏时的轴力 N_b：

$$N_b = \eta f_{cd} b h_0 (\lambda \xi_b) \tag{6-65}$$

（1）若 $N_d \leqslant N_b$，则为大偏心受压。假定受压钢筋也能屈服，根据式（6-53）计算受压区高度 x：

$$x = N_d / (\lambda \eta f_{cd} b) \tag{6-66}$$

当 x 满足式（6-18）时，受压钢筋屈服，假设成立。将 x 代入式（6-54），计算 e：

$$e = \frac{\eta f_{cd} (\lambda x) b (h_0 - 0.5 \lambda x) + A_s' f_{yd}' (h_0 - a_s')}{N_d} \tag{6-67}$$

按下式计算轴力与截面形心轴的等效偏心距 e_0，

$$e_0 = e - 0.5h + a_s - e_a \tag{6-68}$$

于是，截面抗弯承载力按下式计算

$$M_{Rd} = N_d e_0 \tag{6-69}$$

当 x 不满足式（6-18）时，受压钢筋未屈服，假设不成立。此时，按式（6-61）计算受压区高度 x，再将 x 代入式（6-57），计算 e'：

$$e' = \frac{A_s f_{yd} (h_0 - a_s') - \eta f_{cd} (\lambda x) b (0.5 \lambda x - a_s')}{N_d} \tag{6-70}$$

按下式计算轴力与截面形心轴的等效偏心距 e_0，

$$e_0 = e' + 0.5h - a_s' - e_a \tag{6-71}$$

再按式（6-69）计算截面抗弯承载力。

（2）若 $N_d > N_b$，则为小偏心受压，受拉区钢筋未屈服。此时，按式（6-64）计算受压区高度 x，若 $\lambda x > h$，取 $\lambda x = h$。再依次按式（6-67）、式（6-68）和式（6-69）计算截面抗弯承载力。

【例 6-4】 某矩形截面墩柱，如图 6-12 所示。截面尺寸 $b \times h = 1200 \times 600$ mm，a_s 和 a_s' 均按 60mm 考虑。混凝土强度等级 C50/60，钢筋规格 B500B[1]。两种工况的构件设计内力：（1）$N_d = 2600$ kN，$M_d = 2300$ kN·m；（2）$N_d = 9500$ kN，$M_d = 3500$ kN·m。试按对称配筋方式分别设计两种工况的截面配筋，并计算实际抗弯承载力。

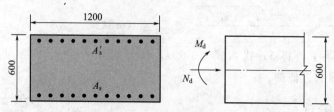

图 6-12 桥墩截面尺寸

---

[1] 参见 4.2.1 节。

解答：

根据设计条件，混凝土强度等级为 C50/60，有 $\lambda=0.8$，$\eta=1.0$，$\xi_b=0.617$，混凝土抗压强度设计值 $f_{cd}=0.85\times50/1.5=26.7\text{MPa}$，钢筋强度设计值 $f_{yd}=500/1.15=435\text{MPa}$。截面有效高度 $h_0=600-60=540\text{mm}$。附加偏心距 $e_a=\max(600/30,20)=20\text{mm}$。

(1) 工况一：

假定构件为大偏心受压，构件的相对受压区高度为：

$$\xi=\frac{N_d}{\lambda\eta f_{cd}bh_0}=\frac{2600\times10^3}{0.8\times1.0\times26.7\times1200\times540}=0.188$$

因 $\xi<\xi_b$，假设成立。截面受压区高度 $x=0.188\times540=102\text{mm}$，$x/a'_s=102/60=1.7<2.639$，不满足式（6-18）的要求，受压区钢筋未屈服。以下采用迭代方法计算截面配筋。

N_d 的等效作用位置与受压钢筋重心轴的距离 $e'=(2300/2600\times1000+20)-300+60=665\text{mm}$，将 x 和 e' 代入式（6-58），计算 A_s 和 A'_s 的初始值：

$$A'_s=A_s=\frac{2600000\times665+1.0\times26.7\times0.8\times102\times1200\times(0.5\times0.8\times102-60)}{435\times(540-60)}=8040\text{mm}^2$$

方程（6-60）的系数为：

$$p_1=1.0\times26.7\times0.8\times1200=25632$$
$$p_2=8040\times200000\times0.0035-8040\times435-2600000=-469400$$
$$p_3=-8040\times200000\times0.0035\times60=-337680000$$

按式（6-61）计算方程的根：

$$x=\frac{469400+\sqrt{469400^2+4\times25632\times337680000}}{2\times25632}=124\text{mm}$$

将 x 代入式（6-58），再次计算 A_s 和 A'_s：

$$A_s=A'_s=\frac{2600000\times665+1.0\times26.7\times0.8\times124\times1200\times(0.5\times0.8\times124-60)}{435\times(540-60)}$$

$$=8122\text{mm}^2$$

根据计算配筋面积，A_s 和 A'_s 分别配置 11 根 φ32 钢筋，实际配筋面积 $A'_s=A_s=8847\text{mm}^2$。根据实际配筋面积计算方程（6-60）的系数：

$$p_1=1.0\times26.7\times0.8\times1200=25632$$
$$p_2=8847\times200000\times0.0035-8847\times435-2600000=-255545$$
$$p_3=-8847\times200000\times0.0035\times60=-371574000$$

按式（6-61）计算方程的根

$$x=\frac{255545+\sqrt{255545^2+4\times25632\times371574000}}{2\times25632}=125\text{mm}$$

按式（6-70），计算 e'：

$$e'=\frac{8847\times435\times(540-60)-1.0\times26.7\times0.8\times125\times1200\times(0.5\times0.8\times125-60)}{2600000}$$

$$=723\text{mm}$$

根据（6-71），$e_0=723+0.5\times600-60-20=943\text{mm}$。

截面实际抗弯承载力为

$$M_{Rd}=2600\times943/1000=2452\text{kN}\cdot\text{m}$$

（2）工况二：

假定构件为大偏心受压，构件的相对受压区高度为：

$$\xi=\frac{N_d}{\lambda\eta f_{cd}bh_0}=\frac{9500\times10^3}{0.8\times1.0\times26.7\times1200\times540}=0.686$$

因 $\xi>\xi_b$，假设不成立，构件为小偏心受压。截面受压区高度 $x=0.686\times540=370\text{mm}$。以下采用迭代方法计算截面配筋。

N_d 的等效作用位置与受拉钢筋重心轴的距离 $e=(3500/9500\times1000+20)+300-60=628\text{mm}$，将 x 和 e 代入式（6-62），计算 A_s 和 A_s' 的初始解：

$$A_s=A_s'=\frac{9500000\times628-1.0\times26.7\times0.8\times370\times1200\times(540-0.5\times0.8\times370)}{435\times(540-60)}$$

$$=10768\text{mm}^2$$

计算方程的系数

$$p_1=1.0\times26.7\times0.8\times1200=25632$$
$$p_2=10768\times200000\times0.0035+10768\times435-9500000=2721680$$
$$p_3=-10768\times200000\times0.0035\times540=-4070304000$$

按式（6-64）计算方程的根

$$x=\frac{-2721680+\sqrt{2721680^2+4\times25632\times4070304000}}{2\times25632}=349\text{mm}$$

将 x 代入式（6-62），再次计算 A_s 和 A_s'：

$$A_s=A_s'=\frac{9500000\times628-1.0\times26.7\times0.8\times349\times1200\times(540-0.5\times0.8\times349)}{435\times(540-60)}$$

$$=11419\text{mm}^2$$

根据计算配筋面积，A_s 和 A_s' 分别配置 10 根 $\phi40$ 钢筋，实际配筋面积 $A_s'=A_s=12560\text{mm}^2$。根据实际配筋面积计算方程的系数：

$$p_1=1.0\times26.7\times0.8\times1200=25632$$
$$p_2=12560\times200000\times0.0035+12560\times435-9500000=4755600$$
$$p_3=-12560\times200000\times0.0035\times540=-4747680000$$

按式（6-64）计算方程的根

$$x=\frac{-4755600+\sqrt{4755600^2+4\times25632\times4747680000}}{2\times25632}=347\text{mm}$$

按式（6-67），计算 e：

$$e=\frac{1.0\times26.7\times0.8\times347\times1200\times(540-0.5\times0.8\times347)+12560\times435\times(540-60)}{9500000}$$

$$=652\text{mm}$$

根据（6-68），$e_0=652-0.5\times600+60-20=392\text{mm}$

截面实际抗弯承载力为

$$M_{Rd}=9500\times392/1000=3724\text{kN}\cdot\text{m}$$

6.8 钢筋混凝土双向偏心受压构件的正截面承载力

前面讨论的钢筋混凝土偏心受压构件只在一个方向有偏心或只在一个方向承受弯矩。如果轴向压力在截面的两个主轴方向都有偏心，或构件同时承受轴向压力及两个方向的弯矩，这种构件称为双向偏心受压构件。双向偏心受压构件的正截面承载力与轴力及两个方向的偏心距有关，或两个方向的弯矩有关。

对于双向偏心受压构件，如图 6-13 所示，EN 1992-1-1 采用以下相关公式验算抗弯承载力：

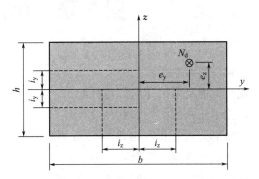

图 6-13 双向偏心受压构件偏心距的定义

$$\left(\frac{M_{dz}}{M_{Rdz}}\right)^a + \left(\frac{M_{dy}}{M_{Rdy}}\right)^a \leqslant 1.0 \quad (6\text{-}72)$$

其中，M_{dy} 为绕 y 轴的弯矩设计值（包含二阶效应）；

M_{dz} 为绕 z 轴的弯矩设计值（包含二阶效应）；

M_{Rdy} 为 y 轴的截面抗弯承载力；

M_{Rdz} 为 z 轴的截面抗弯承载力；

a 为指数，对于圆形和椭圆形截面，$a=2$，对于矩形截面按表 6-3 取值；

N_{Rd} 为截面抗压承载力，$N_{Rd} = A_c f_{cd} + A_s f_{yd}$。

矩形截面 a 的值　　　　　　　　　　　　　　　　　　　表 6-3

N_d/N_{Rd}	0.1	0.7	1.0
a	1.0	1.5	2.0

注：表中未给出的值，按线性插值。

EN 1992-1-1 规定，只有当压弯构件两个方向的长细比相差不大，或截面两个方向的相对偏心距相差较大时，才可以不按双向偏心受压构件进行验算。具体需要满足以下两个条件：

(1) 长细比条件：

$$\lambda_y/\lambda_z \leqslant 2 \text{ 和 } \lambda_z/\lambda_y \leqslant 2 \quad (6\text{-}73)$$

(2) 相对偏心距条件：

$$\frac{e_y/b_{eq}}{e_z/h_{eq}} \leqslant 0.2 \text{ 或 } \frac{e_z/h_{eq}}{e_y/b_{eq}} \leqslant 0.2 \quad (6\text{-}74)$$

其中，b_{eq} 和 h_{eq} 分别为截面的等效宽度和高度，对于任意形状截面，$b_{eq} = \sqrt{12} i_z$，$h_{eq} = \sqrt{12} i_y$。

第7章 构件抗剪承载力

钢筋混凝土受弯构件在弯矩和剪力共同作用下,当所配置的纵向钢筋较多,不致首先出现正截面受弯破坏时,构件将产生斜截面的剪切破坏。因此,钢筋混凝土受弯构件设计时,除了正截面抗弯承载力设计外,还必须对斜截面的抗剪进行设计。

影响混凝土受弯构件剪切破坏的因素较多,破坏形态复杂,主要影响因素有:剪跨比、混凝土强度、腹筋配筋率、纵筋配筋率、斜截面上的骨料咬合力、截面尺寸和形状、纵筋的销栓作用、轴向压力(拉力)等。

正是由于混凝土构件剪切破坏的机理比较复杂,许多研究者都提出了各自的理论模型,如桁架模型、变角桁架模型、压力场理论、修正的压力场理论、压杆—拉杆模型等。欧洲规范 EN 1992 采用的是桁架模型。

7.1 计算截面

计算斜截面抗剪承载力时首先要确定计算截面的位置。计算截面是指一般情况下较易发生斜截面破坏的位置,除与截面剪力有关外,还与箍筋和弯起钢筋的布置有关。

图 7-1 为 EN 1992-2 中无腹筋构件抗剪承载力验算截面的位置,按受拉钢筋 A_{sl} 的设计锚固长度 l_{bd} 确定,当 l_{bd} 不足时,纵向钢筋会因锚固长度不足而拔出,不属于剪切破坏,而属于锚固破坏。对主要承受均布荷载的构件,只需对与支座边缘距离不小于 h_0 的截面进行抗剪验算。

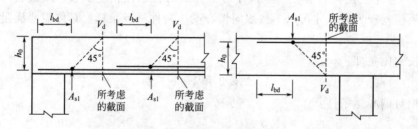

图 7-1 抗剪承载力验算截面

7.2 无腹筋构件抗剪承载力

7.2.1 钢筋混凝土构件

EN 1992-2 的无腹筋钢筋混凝土构件的抗剪承载力计算公式是根据经验和试验数据拟

合而来的。控制抗剪承载力的因素主要有四项：混凝土抗压强度、纵向受拉钢筋配筋率、轴向压力和截面有效高度。纵向受拉钢筋对抗剪承载力的贡献体现为两方面：一是销栓作用；二是控制裂缝宽度，维持骨料之间的咬合作用。轴向压力增强了材料内部的摩擦作用，也间接地提高了构件的抗剪承载力。

EN 1992-2 规定，无腹筋构件斜截面的抗剪承载力按下式计算：

$$V_{Rd,c} = [C_{Rd,c} k (100\rho_1 f_{ck})^{1/3} + k_1 \sigma_{cp}] b_w h_0 \qquad (7\text{-}1)$$

其中，f_{ck} 为混凝土的抗压强度标准值（MPa）；

b_w 为截面受拉区的最小宽度（mm）；

h_0 为截面有效高度（mm）；

$k = 1 + \sqrt{200/h_0} \leqslant 2.0$；

$\rho_1 = A_{sl}/(b_w h_0) \leqslant 0.02$；

$\sigma_{cp} = N_d/A_c \leqslant 0.2 f_{cd}$（MPa）；

A_{sl} 为超出所考虑截面延伸长度不小于 $(l_{bd} + h_0)$ 的受拉钢筋的截面面积，可以计入混凝土受拉区的有粘结预应力筋；

N_d 为荷载或者预应力产生的轴力，受压为正，可忽略强加变形对 N_d 的影响；

$C_{Rd,c}$ 和 k_1 由国家附录指定，推荐值 $C_{Rd,c} = 0.18/\gamma_C$，$k_1 = 0.15$。

式（7-1）中的 ρ_1 体现了纵向受拉钢筋对构件抗剪承载力的影响，随着 ρ_1 的减小，构件的抗剪承载力降低。当 $\rho_1 = 0$ 时，如果没有轴压力的存在，构件的计算抗剪承载力为 0，这显然与实际不符。所以，EN 1992-2 规定了构件抗剪承载力的下限：

$$V_{Rd,c} = (v_{min} + k_1 \sigma_{cp}) b_w h_0 \qquad (7\text{-}2)$$

其中，v_{min} 为由国家附录指定，推荐值按下式计算：

$$v_{min} = 0.035 k^{3/2} f_{ck}^{1/2} \qquad (7\text{-}3)$$

如果荷载作用在构件上表面支座边缘附近，如图 7-2 所示，由于剪跨比减小，构件的抗剪承载力因压杆—拉杆效应和剪切破坏面角度的增大而提高。EN 1992-2 将构件抗剪承载力的提高转换为剪力效应的折减，规定荷载与支座边缘的距离在 $0.5h_0 \leqslant a_v \leqslant 2h_0$ 范围内时，可将剪力设计值 V_d 乘上折减系数 $\beta = a_v/(2h_0)$。经折减后的剪力设计值 βV_d 仍按式（7-1）的抗剪承载力进行验算，但同时要求全部纵向受拉钢筋伸入支承范围内锚固。当 $a_v < 0.5h_0$ 时，取 $a_v = 0.5h_0$。

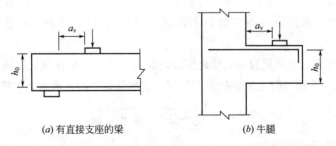

(a) 有直接支座的梁　　　　(b) 牛腿

图 7-2　靠近支座的荷载

如果上述剪力设计值 V_d 未考虑折减系数 β，则 V_d 需要满足截面尺寸限制条件：

$$V_d \leqslant 0.5 b_w h_0 v f_{cd} \qquad (7\text{-}4)$$

其中，v 为混凝土剪压开裂的强度折减系数，按下式计算，f_{ck} 单位为 MPa。

$$v=0.6(1-f_{ck}/250) \tag{7-5}$$

【例 7-1】 某矩形截面墩柱，如图 7-3 所示。截面尺寸 $b\times h=1200\text{mm}\times600\text{mm}$，$a_s$ 和 a'_s 均按 60mm 考虑。混凝土强度等级 C50/60，钢筋规格 B500B❶，截面拉、压区分别配置 11 根 φ32 钢筋。构件承受轴向压力设计值 $N_d=2600\text{kN}$。试计算该墩柱的无腹筋抗剪承载力。

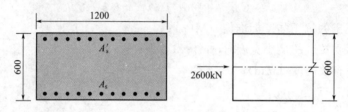

图 7-3 桥墩截面尺寸

解答：

根据设计条件，混凝土抗压强度设计值 $f_{cd}=1.0\times50/1.5=33.3\text{MPa}$，钢筋屈服强度设计值 $f_{yd}=500/1.15=435\text{MPa}$，截面有效高度 $h_0=600-60=540\text{mm}$，受拉区钢筋截面面积 $A_{s1}=8847\text{mm}^2$。

纵向钢筋配筋率为 $\rho_1=8847/(1200\times540)=0.0137<0.02$，$k=1+\sqrt{200/540}=1.61\leqslant2.0$，截面平均正应力 $\sigma_{cp}=2600000/(1200\times600)=3.61\text{MPa}\leqslant0.2f_{cd}=6.67\text{MPa}$。$C_{Rd,c}=0.18/1.5=0.12$。

根据式（7-1），抗剪承载力为

$$V_{Rd,c}=[0.12\times1.61\times(100\times0.0137\times50)^{1/3}+0.15\times3.61]\times1200\times540\times10^{-3}=862\text{kN}$$

根据式（7-3），$v_{min}=0.035\times1.61^{3/2}\times50^{1/2}=0.51$。抗剪承载力下限为

$$V_{Rd,c}=(0.51+0.15\times3.61)\times1200\times540\times10^{-3}=681\text{kN}<862\text{kN}$$

因此，该墩柱的无腹筋抗剪承载力为 862kN。

7.2.2 预应力混凝土构件

预应力混凝土梁的剪切失效有两种类型：一种是出现在梁弯曲开裂区域的"弯剪失效"，这种失效可通过第 7.2.1 节的相关验算予以避免；另一种是出现在梁腹板区域由于主拉应力达到混凝土抗拉强度而引起的无开裂"剪拉失效"，这种失效按以下方法做抗剪承载能力验算。

EN 1992-1-1 规定，对于无腹筋的单跨预应力混凝土梁，如果在腹板区域不允许出现裂缝，构件的抗剪承载力完全由混凝土的抗拉强度控制，这种状态下的抗剪承载力按下式计算：

$$V_{Rd,c}=\frac{I_c b_w}{S}\sqrt{f_{ctd}^2+\alpha_1\sigma_{cp}f_{ctd}} \tag{7-6}$$

其中，I_c 为构件截面惯性矩；

S 为构件截面中性轴以上面积对中性轴的面积矩；

---

❶ 参见 4.2.1 节。

b_w 为中性轴处的截面宽度。当腹板中预留直径 $\phi > b_w/8$ 的金属注浆管时，截面名义宽度为 $b_{w,nom} = b_w - 0.5\sum\phi$；对于非注浆孔、塑料注浆管和无粘结预应力筋，$b_{w,nom} = b_w - 1.2\sum\phi$，$\phi$ 为孔道直径；

α_1 为系数，对于先张法施工的预应力，$\alpha_1 = l_x/l_{pt2} \leqslant 1.0$，对于其他施工方法施工的预应力，$\alpha_1 = 1.0$；

l_x 为传递长度起点到所考虑截面的距离；

l_{pt2} 为预应力传递长度的上限值，$l_{pt2} = 1.2 l_{pt}$；

l_{pt} 为预应力传递长度基本值，计算方法见本书第13章。

对于截面宽度沿高度方向变化的截面，如工字形截面，其最大主拉应力并非出现在中性轴上。在这种情况下应计算截面不同轴的 $V_{Rd,c}$，取各轴抗剪承载力的最小值。抗剪承载力计算公式（7-6）的截面正应力中还应计入由弯曲引起的正应力，即

$$V_{Rd,c} = \frac{I_c b_w}{S} \sqrt{f_{ctd}^2 + (\alpha_1 \sigma_{cp} + \sigma_{bend}) f_{ctd}} \tag{7-7}$$

其中，σ_{bend} 为由弯矩产生的正应力（压为正）；

S 为截面计算轴以上的面积对中性轴的面积矩。

对于工字形截面，一般验算中性轴、腹板翼缘交接轴处的抗剪承载力即可。

【例 7-2】 某有粘结预应力混凝土简支箱梁，截面尺寸如图 7-4 所示。截面面积 $A_c = 17 m^2$，惯性矩 $I_c = 33.5 m^4$，截面上缘的截面抵抗矩 $W_{top} = 21.1 m^3$，下缘的截面抵抗矩 $W_{bot} = 17.5 m^3$，中性轴高度 $z_{na} = 1911 mm$，截面中性轴以上的面积矩 $S = 11.35 m^3$。截面上穿过了 40 束预应力钢束，每束的面积为 $2641 mm^2$，每束注浆管的外径 $\phi = 102 mm$。预应力筋的抗拉强度 $f_{pk} = 1670 MPa$，屈服强度 $f_{p0.1k} = 1436 MPa$，初始张拉应力为 $0.7 f_{pk}$，预应力累计损失为 25%。预应力的合力点高度为 644mm，腹板中的钢束在竖直方向堆叠布置。混凝土强度等级 C35/45，钢筋强度等级 B500B❶。该梁在使用阶段无裂缝，试确定其抗剪承载力。

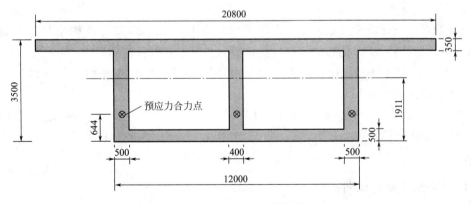

图 7-4 预应力混凝土箱梁截面

解答：

根据设计条件，混凝土抗拉强度设计值 $f_{ctd} = 1.0 \times 2.2/1.5 = 1.5 MPa$，扣除预应力损失后

---

❶ 参见 4.2.1 节。

的总共预压力为 $2641×40×1670×0.7×0.75×10^{-3}=92620$kN。由于箱梁属于宽度沿高度变化的截面，因此需要计算中性轴、腹板翼缘交接轴的 $V_{Rd,c}$，并取较小值作为截面抗剪承载力。

(1) 中性轴处的抗剪承载力

截面平均压应力 $\sigma_{cp}=N_d/A_c=92620000/(17×10^6)=5.45$MPa。截面名义宽度为

$$\sum b_{w,nom}=500+400+500-3×0.5×102=1247 \text{mm}$$

截面抗剪承载力为

$$V_{Rd,c}=\frac{33.5×10^{12}×1247}{11.35×10^9}×\sqrt{1.5^2+1.0×5.45×1.5}×10^{-3}$$
$$=11884 \text{kN}$$

(2) 腹板与上翼缘交接轴的抗剪承载力

腹板与上翼缘交接轴处的截面正应力为

$$\alpha_1\sigma_{cp}+\sigma_{bend}=\frac{1.0×92.62×10^6}{17×10^6}-\frac{92.62×10^6×(1911-644)×(3500-350-1911)}{33.5×10^{12}}$$
$$=1.11 \text{MPa}$$

箱梁上翼缘对中性轴的面积矩为 $S=20.8×0.35×(3.5-0.35/2-1.911)=10.29\text{m}^3$。根据式 (7-7)，截面抗剪承载力为

$$V_{Rd,c}=\frac{33.5×10^{12}×1247}{10.29×10^9}×\sqrt{1.5^2+1.11×1.5}×10^{-3}=8033 \text{kN}<11884 \text{kN}$$

综上，该梁的抗剪承载力为 8033kN。每片腹板的抗剪承载力可按腹板宽度比例进行分配，中腹板的抗剪承载力为 $8033×(400-0.5×102)/1247=2248$kN，边腹板的抗剪承载力为 2893kN。

7.3 有腹筋构件抗剪承载力

构件的剪力设计值 V_d 大于无腹筋抗剪承载力 $V_{Rd,c}$ 时，需要在结构中另外配置腹筋（箍筋、弯起钢筋），从而提高构件的抗剪承载力。对于有斜杆的构件，如图 7-5 所示，斜压杆和斜拉杆的剪力分量可协同腹筋共同抵御剪力效应，相应的抗剪承载力为

$$V_{Rd}=V_{Rd,s}+V_{ccd}+V_{td} \qquad (7-8)$$

其中，$V_{Rd,s}$ 为腹筋的抗剪承载力，V_{ccd} 和 V_{td} 分别为斜压杆和斜拉杆的剪力分量。

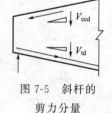

图 7-5 斜杆的剪力分量

7.3.1 钢筋混凝土构件

配置腹筋的钢筋混凝土构件抗剪设计，EN 1992-2 的计算方法是以桁架模型为基础的，如图 7-6 所示。图 7-7 为桁架的受力简图。桁架由相对于受拉钢筋 AC 倾角为 α 的腹筋拉杆 BC 和倾角为 θ 的混凝土压杆 AB，以及纵向受拉钢筋构成的受拉弦杆和受压混凝土构成的受压弦杆组成。

对于图 7-7 中的 1-1 截面，$\overline{AC}=z(\cot\theta+\cot\alpha)$，腹筋屈服时的抗剪承载力为

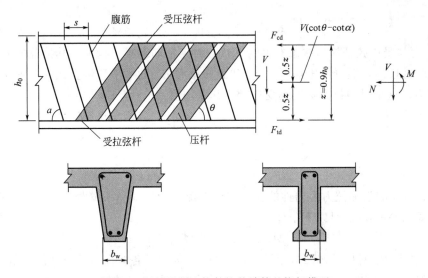

图 7-6　钢筋混凝土构件抗剪计算的桁架模型

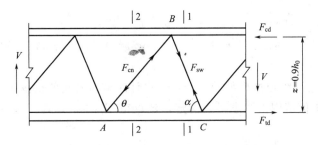

图 7-7　桁架模型计算简图

$$V_{Rd,s} = F_{sw}\sin\alpha = A_{sw}f_{ywd}\frac{\overline{AC}}{s}\sin\alpha = \frac{A_{sw}}{s}f_{ywd}z(\cot\theta + \cot\alpha)\sin\alpha \tag{7-9}$$

其中，A_{sw} 为同一横截面内各肢箍筋截面面积之和；

f_{ywd} 为箍筋的屈服强度设计值；

z 为内力臂，对于等高、无轴力的构件，z 可近似取为 $0.9h_0$；

s 为箍筋纵向间距。

对于图 7-7 中的 2-2 截面，混凝土压杆压碎时的构件最大抗剪承载力为

$$V_{Rd,max} = F_{cn}\sin\theta = \sigma_c b_w (\overline{AC}\sin\theta)\sin\theta = \sigma_c b_w z \frac{\cot\theta + \cot\alpha}{1+\cot^2\theta} \tag{7-10}$$

当混凝土压碎时，$\sigma_c = \alpha_{cw}v_1 f_{cd}$，将其代入式（7-10）：

$$V_{Rd,max} = \alpha_{cw}v_1 f_{cd} b_w z \frac{\cot\theta + \cot\alpha}{1+\cot^2\theta} \tag{7-11}$$

其中，b_w 为受拉、受压弦杆的最小截面宽度；

v_1 为混凝土剪压开裂的强度折减系数，建议按式（7-5）计算，当腹筋的设计应力小于屈服强度标准值 f_{ywk} 的 80% 时，v_1 可按下式计算：

$$v_1 = \begin{cases} 0.6 & f_{ck} \leqslant 60\text{MPa} \\ 0.9 - f_{ck}/200 > 0.5 & f_{ck} > 60\text{MPa} \end{cases} \tag{7-12}$$

α_{cw} 为与受压弦杆应力状态有关的系数,对于钢筋混凝土构件,其推荐值取 1.0。

在 AC 区段内,混凝土压杆压力 F_{cn} 和腹筋拉力 F_{sw} 的水平分量会在受拉钢筋 AC 中产生附加拉力,这个附加拉力是连续变化量,其平均值 ΔF_{td} 为

$$\Delta F_{td} = 0.5 F_{cn}\cos\theta - 0.5 F_{sw}\cos\alpha = \frac{0.5 V_d}{\tan\theta} - \frac{0.5 V_d}{\tan\alpha} \tag{7-13}$$

即

$$\Delta F_{td} = 0.5 V_d (\cot\theta - \cot\alpha) \tag{7-14}$$

式（7-14）的附加拉力由构件的受压弦杆平衡。为保证斜裂缝处的纵向受拉钢筋不屈服,附加拉力 ΔF_{td} 应满足以下条件：

$$M_d/z + \Delta F_{td} \leqslant M_{d,max}/z \tag{7-15}$$

其中,M_d 为与 V_d 对应的截面弯矩设计值,$M_{d,max}$ 为构件各截面弯矩设计值的最大值。

当腹筋方向与构件轴线垂直时,即 $\alpha = 90°$,腹筋屈服时的抗剪承载力、构件最大抗剪承载力和附加拉力分别为

$$V_{Rd,s} = \frac{A_{sw}}{s} f_{ywd} z \cot\theta \tag{7-16}$$

$$V_{Rd,max} = \alpha_{cw} v_1 f_{cd} b_w z /(\cot\theta + \tan\theta) = 0.5 \alpha_{cw} v_1 f_{cd} b_w z \sin 2\theta \tag{7-17}$$

$$\Delta F_{td} = 0.5 V_d \cot\theta \tag{7-18}$$

为保证极限状态下形成的桁架受力合理,设计时应对 θ 角的范围进行限制。EN 1992-1-1 规定,$\cot\theta$ 的取值范围由国家附录指定,建议范围 $1 \leqslant \cot\theta \leqslant 2.5$,相应的 θ 角范围为 $22° \leqslant \theta \leqslant 45°$。

对于在构件上表面离支座边缘 $0.5h_0 \leqslant a_v \leqslant 2h_0$ 范围内作用有荷载的构件,EN 1992-1-1 允许对剪力效应折减,折减系数 $\beta = a_v/(2h_0)$。当 $a_v < 0.5h_0$ 时,取 $a_v = 0.5h_0$。经折减后的剪力设计值 V_d 需满足下式的要求：

$$\beta V_d \leqslant A_{sw} f_{ywd} \sin\alpha \tag{7-19}$$

其中,$A_{sw} f_{ywd}$ 为穿过荷载作用区剪切斜裂缝的腹筋承载力,但只考虑中心 $0.75a_v$ 范围内的腹筋,如图 7-8 所示。

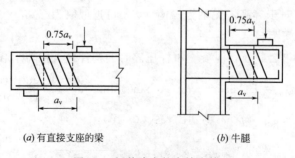

(a) 有直接支座的梁　　　　(b) 牛腿

图 7-8　短剪跨内的有效腹筋

需要注意的是,只有在计算腹筋截面面积时才对剪力设计值 V_d 乘系数 β,而且全部纵向受拉钢筋应伸入支承范围内锚固。未考虑折减系数 β 的剪力设计值不应超过按式

（7-11）或式（7-17）确定的构件最大抗剪承载力。

【**例 7-3**】 某 T 形截面简支梁，计算跨径 5m，截面有效高度 $h_0=325$mm，截面尺寸如图 7-9 所示。混凝土强度标准值 $f_{ck}=30$MPa，钢筋屈服强度标准值 $f_{yk}=500$MPa，梁底纵向受拉钢筋截面面积 $A_s=2236$mm^2。梁上作用永久荷载标准值 $g_k=40$kN/m，可变荷载标准值 $q_k=20$kN/m。支座中心距离支座边缘距离 75mm。试确定该 T 形梁梁端区域所需箍筋。

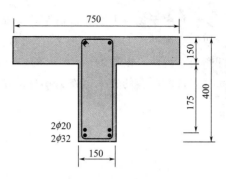

图 7-9 T 形梁截面尺寸

解答：

根据设计条件，混凝土 $f_{cd}=1.0\times30/1.5=20$MPa，钢筋 $f_{yd}=500/1.15=435$MPa。T 形梁在支座中心线截面的剪力设计值为 $(1.35\times40+1.5\times20)\times5/2=210$kN。由于均布荷载作用下，距离支座边缘 h_0 宽度范围不必验算抗剪承载力，因此，验算截面距离支座中心线距离为 $75+325=400$mm，该截面的剪力设计值为：

$$V_d=(5000/2-400)/(5000/2)\times210=176.4\text{kN}$$

受拉钢筋配筋率 $\rho_l=2236/(150\times325)=0.046>0.02$，取 $\rho_l=0.02$。$C_{Rd,c}=0.18/1.5=0.12$。截面高度因子 $k=1+\sqrt{200/325}=1.78$。无腹筋抗剪承载力为

$$V_{Rd,c}=0.12\times1.78\times(100\times0.02\times30)^{1/3}\times150\times325\times10^{-3}=40.8\text{kN}$$

因 $V_{Rd,c}<V_d$，需要配置箍筋。由于压杆角度 θ 的范围是 $22°\leqslant\theta\leqslant45°$，首先需要根据剪力设计值确定能满足承载力需求的 θ 值。箍筋倾斜角度取为 $\alpha=90°$，钢筋混凝土构件，$\alpha_{cw}=1.0$，强度折减系数 $v_1=0.6\times(1-30/250)=0.528$。根据式（7-17）可得

$$\sin2\theta=2\times176400/[1.0\times0.528\times20\times150\times(0.9\times325)]=0.761$$

进一步求解可得 $\theta=24.8°$，实际取 $\theta=25°$，$\cot\theta=2.14$，由式（7-16）可得

$$A_{sw}/s=176400/435/(0.9\times325)/2.14=0.65\text{mm}^2/\text{mm}$$

取箍筋纵向间距 $s=200$mm，所需箍筋截面面积 $A_{sw}=200\times0.65=130$mm^2，选配双肢箍筋直径 $\phi10$，实际 $A_{sw}=157$mm^2。

受拉钢筋增加的附加拉力为

$$\Delta F_{td}=0.5\times176.4\times2.14=188.7\text{kN}$$

7.3.2 预应力混凝土构件

预应力混凝土构件的抗剪承载力计算方法与钢筋混凝土构件基本相同，但由于预应力筋的存在，也有以下四个异同点：

(1) 构件最大抗剪承载力计算公式中的最小截面宽度 b_w 应扣除孔道造成的截面损失。当腹板中预留直径 $\phi>b_w/8$ 的金属注浆管时，截面名义宽度为 $b_{w,nom}=b_w-0.5\sum\phi$；对于非注浆孔、塑料注浆管和无粘结预应力筋，$b_{w,nom}=b_w-1.2\sum\phi$，$\phi$ 为孔道直径。

(2) 构件最大抗剪承载力计算公式中的系数 α_{cw} 建议取值按下式计算：

$$\alpha_{cw}=\begin{cases}1+\sigma_{cp}/f_{cd} & 0<\sigma_{cp}\leqslant0.25f_{cd}\\1.25 & 0.25f_{cd}<\sigma_{cp}\leqslant0.5f_{cd}\\2.5(1-\sigma_{cp}/f_{cd}) & 0.5f_{cd}<\sigma_{cp}\leqslant1.0f_{cd}\end{cases} \quad(7\text{-}20)$$

（3）由于预应力筋和普通钢筋的布置形式一般不同，抗剪承载力计算会同时存在两个桁架计算模型，如图 7-10 所示。一种处理方式是将两个模型叠加，叠加模型的混凝土压杆倾角 θ 为两个模型的 θ_1 和 θ_2 的加权平均；另一种处理方式是分别计算两个模型的抗剪承载力，取两者的较大值作为构件的抗剪承载力。

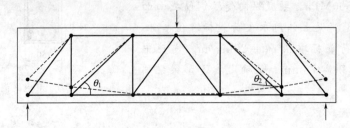

图 7-10　预应力筋构件抗剪叠加桁架模型

（4）钢筋混凝土构件抗剪承载力计算公式中的内力臂 z 近似取为 $0.9h_0$，是以构件无轴向力为前提，预应力混凝土构件本身存在轴向压力，而且截面混凝土受压区高度一般比较大，如果再将 z 取为 $0.9h_0$ 显然不合适。因此，z 应按抗剪计算部位截面抗弯承载力对应的实际内力臂取值，即 $z=h_0-0.5\lambda x$，λx 按式（6-48）计算。

7.4　T 形截面腹板与翼缘交界面的剪切

T 形截面、箱形截面受弯构件的翼缘在腹板的带动下会产生伸长或压缩变形，这种"带动力"完全是靠截面之间的剪应力传递的，其中剪应力的最大部位是在腹板与翼缘的交界面，如图 7-11 所示。这种剪应力在翼缘内部也是存在的，但由于结构材料不是刚体，而是弹性体，剪切变形随与腹板的距离增大而减小，这也正是产生剪力滞效应的原因。

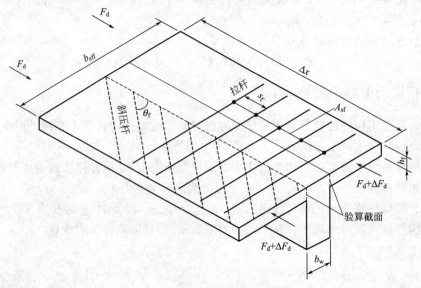

图 7-11　腹板与翼缘的剪切验算截面

EN 1992-2 要求腹板与翼缘交界面的抗剪承载力应做验算。

一侧翼缘与腹板交界面的纵向剪应力 τ_d 根据所考虑翼缘轴向力的变化按下式计算：

$$\tau_d = \Delta F_d / (h_f \cdot \Delta x) \tag{7-21}$$

其中，h_f 为交界面处的翼缘厚度；

Δx 为所考虑的长度，最大值可取弯矩为零的截面到弯矩最大截面距离的一半，承受集中荷载作用时，Δx 不应大于荷载间的距离；

ΔF_d 为长度 Δx 内翼缘轴向力的变化值，可按下式估算：

$$\Delta F_d = \frac{V_d \Delta x}{h_0 - 0.5 h_f} \cdot \frac{b_{eff} - b_w}{2 b_{eff}} \tag{7-22}$$

单位长度范围内翼缘横向钢筋的配筋量按下式计算：

$$\frac{A_{sf}}{s_f} = \frac{\tau_d h_f}{f_{yd} \cot\theta_f} \tag{7-23}$$

为防止翼缘混凝土压杆破坏，剪应力 τ_d 应满足以下条件：

$$\tau_d \leqslant \nu f_{cd} \sin\theta_f \cos\theta_f = 0.5 \nu f_{cd} \sin 2\theta_f \tag{7-24}$$

其中，ν 为混凝土强度折减系数，按式 (7-5) 计算；计算剪应力 τ_d 时，h_f 值应根据纵向抗弯承载力验算的等效混凝土受压区高度 λx 确定，λx 大于 h_f 时取 h_f，反之取 λx。

$\cot\theta_f$ 的取值范围由国家附录指定，推荐值为：

翼缘受压时，$1.0 \leqslant \cot\theta_f \leqslant 2.0$，即 $26.5° \leqslant \theta_f \leqslant 45°$；

翼缘受拉时，$1.0 \leqslant \cot\theta_f \leqslant 1.25$，即 $38.6° \leqslant \theta_f \leqslant 45°$。

当考虑翼缘受剪和横向弯矩共同作用时，翼缘横向钢筋用量 A_{sf}/s_f 应大于按式 (7-23) 计算的值，或者 (7-23) 计算值的一半加上承受横向弯矩所需的钢筋用量。当 $\tau_d \leqslant k f_{ctd}$ 时，不需要额外配置钢筋来承担翼缘横向弯矩，k 值由国家附录指定，推荐值取 0.4。

【例 7-4】 某 T 形截面连续叠合梁，截面尺寸如图 7-12 所示，截面有效高度 $h_0 = 1092$mm。主梁混凝土抗压强度标准值 $f_{ck} = 50$MPa，桥面板混凝土抗压强度标准值 $f_{ck} = 35$MPa，钢筋屈服强度标准值 $f_{yk} = 500$MPa。其中，一个正弯矩区段的平均剪力设计值 $V_d = 693$kN。试确定该区段单位长度范围内翼缘所需的抗剪钢筋用量。

解答：

根据设计条件，翼缘混凝土的 $f_{cd} = 1.0 \times 35/1.5 = 23.3$MPa，$f_{ctd} = 1.0 \times 2.2/1.5 = 1.5$MPa，钢筋的 $f_{yd} = 500/1.15 = 435$MPa。内力臂 $z = 0.9 \times 1092 = 983$mm。单个验算截面的剪切应力为

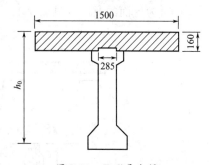

图 7-12 T 形叠合梁

$$\tau_d = 0.5 V_d (1 - b_w/b_{eff})/(z h_f) = 0.5 \times 693000 \times (1 - 285/1500)/(983 \times 160) = 1.78 \text{MPa}$$

根据式 (7-5)，$\nu = 0.6 \times (1 - 35/250) = 0.52$。根据式 (7-24) 确定混凝土压杆倾斜角度：

$$\theta_f = 0.5 \times \arcsin[2 \times 1.78/(0.52 \times 23.3)] = 8.5°$$

因翼缘受压时，θ_f 范围为 $26.5° \leqslant \theta_f \leqslant 45°$，故取 $\theta_f = 26.5°$。根据式 (7-23)，翼缘单位长度所需的抗剪钢筋为

$$A_{sf}/s_f = 1.78 \times 160/(435 \times 2) \times 1000 = 327 \text{mm}^2/\text{m}$$

因 $\tau_d > 0.4 f_{ctd}$，翼缘实际配筋为上述计算结果之半加上横向抗弯钢筋用量。

7.5 构件施工缝的剪切

在钢筋混凝土结构设计中，经常会遇到承受剪力作用的混凝土薄弱面问题，如结构施工缝。这些界面的抗剪能力比较弱，需要特殊考虑。

桥梁结构有两种非常关键的施工缝：一种是叠合梁的水平施工缝；另一种是纵向节段拼装预制梁的竖向施工缝。设计时需要重视这些薄弱面的抗剪设计问题。

7.5.1 混凝土叠合梁水平施工缝

叠合梁界面的破坏特征是：无界面钢筋的直接剪切试件破坏非常突然，沿界面的裂缝与试件失效同时发生，属于脆性破坏；配有界面钢筋的直接剪切试件，在加载过程中，先沿界面出现裂缝，但试件并不立即破坏，仍然可以继续承受外加荷载，直到界面钢筋应力达到屈服极限，试件才破坏，有明显的预兆，属于塑性破坏。

EN 1992-1-1 规定，叠合梁分期浇筑的混凝土界面的剪应力应满足以下条件：

$$\tau_{di} \leqslant \tau_{Rdi} \tag{7-25}$$

其中，τ_{di} 为界面剪应力设计值，按下式计算：

$$\tau_{di} = \beta V_d / (z b_i) \tag{7-26}$$

β 为新浇筑混凝土区域承受的轴向压（拉）力与构件截面受压（拉）区的总轴向力的比值；

V_d 为剪力设计值；

z 为组合截面的内力臂，近似取为 $0.9 h_0$；

b_i 为界面的宽度，见图 7-13。

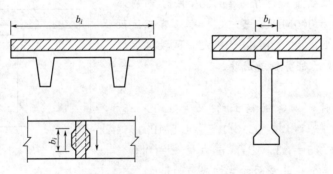

图 7-13 混凝土界面的示例

界面的抗剪强度设计值 τ_{Rdi} 按下式计算：

$$\tau_{Rdi} = c f_{ctd} + \mu \sigma_n + \rho f_{yd} (\mu \sin\alpha + \cos\alpha) \leqslant 0.5 v f_{cd} \tag{7-27}$$

其中，f_{ctd} 为混凝土抗拉强度设计值；

σ_n 为与剪力同时作用的界面最小法向力在界面上产生的正应力，受压为正，受拉为负，且 $\sigma_n < 0.6 f_{cd}$，当 σ_n 为拉应力时，$c f_{ctd}$ 取值为 0；

ρ 为界面钢筋配筋率，$\rho = A_s/A_i$；

A_s 为穿过界面且在界面两侧充分锚固的钢筋截面面积，包括普通抗剪钢筋；

A_i 为界面面积；

α 为钢筋与界面的夹角，见图 7-14，范围 $45° \leqslant \alpha \leqslant 90°$；

v 为混凝土强度折减系数，按式（7-5）计算；

c、μ 为与界面粗糙度有关的参数。当缺少详细的界面设计参数时，将界面分为非常光滑、光滑、粗糙和锯齿状四种情况，系数取值如下：

（1）非常光滑：在钢、塑料或特殊处理的木模上浇筑的表面，$c = 0.025 \sim 0.1$，$\mu = 0.5$；

（2）光滑：滑模、模压表面，或振捣后未作进一步处理的自由表面，$c = 0.2$，$\mu = 0.6$；

（3）粗糙：通过梳刮、暴露骨料或其他类似方法，使表面每 40mm 范围至少形成 3mm 高的沟槽，$c = 0.4$，$\mu = 0.7$；

（4）锯齿状：符合图 7-14 的表面锯齿槽，$c = 0.5$，$\mu = 0.9$。

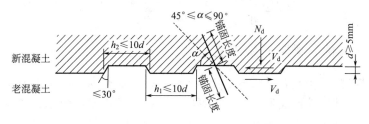

图 7-14　锯齿状界面

叠合梁新老混凝土界面的抗剪钢筋可以按阶梯形分段布置，如图 7-15 所示。抗剪钢筋对抗剪强度 τ_{Rdi} 的贡献可取角度在 $45° \leqslant \alpha \leqslant 135°$ 范围内抗剪钢筋的合力。当界面处严重开裂，光滑和粗糙三种界面的 c 值取 0，锯齿状界面的 c 值取 0.5。在疲劳荷载或动力荷载作用下，c 值取 0。

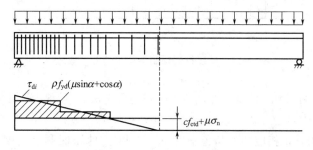

图 7-15　界面剪应力与抗剪强度包络图

【**例 7-5**】　某 T 形截面连续叠合梁，截面尺寸如图 7-12 所示，截面有效高度 $h_0 = 1080$mm。主梁混凝土抗压强度标准值 $f_{ck} = 50$MPa，桥面板混凝土抗压强度标准值 $f_{ck} = 35$MPa，钢筋屈服强度标准值 $f_{yk} = 500$MPa。靠近桥墩负弯矩区段的平均剪力设计值 $V_d = 693$kN，主梁与桥面板的施工缝界面光滑，埋设有 $\phi12$ 竖直界面钢筋。试确定该区段施工缝界面钢筋的最大纵向间距。

解答：

根据设计条件，翼缘混凝土的 $f_{cd}=1.0×35/1.5=23.3\text{MPa}$，$f_{ctd}=1.0×2.2/1.5=1.5\text{MPa}$，钢筋的 $f_{yd}=500/1.15=435\text{MPa}$。内力臂 $z=0.9×1080=972\text{mm}$。

翼缘处于负弯矩区，该区域的轴向拉力完全由翼缘内的纵向钢筋承担，而且此轴向拉力也是构件截面受拉区的总轴向力，故 $\beta=1.0$。根据式（7-26），界面剪应力设计值为

$$\tau_{di}=1.0×693000/(972×285)=2.5\text{MPa}$$

因界面上无法向力，所以 $\sigma_n=0$。界面光滑，$c=0.2$，$\mu=0.6$。根据式（7-5），混凝土强度折减系数 $v=0.6×(1-35/250)=0.52$，界面最大抗剪强度为 $0.5×0.52×23.3=6.1\text{MPa}$，大于 τ_{di}，满足要求。

根据式（7-27），界面连接钢筋配筋率为

$$\rho=\frac{2.5-0.2×1.47-0}{435×(0.6×\sin 90°+\cos 90°)}=0.0085$$

连接钢筋横向每排 2 根，因此，最大纵向间距为

$$s=\frac{n(\pi d^2/4)}{\rho b_i}=\frac{2×(\pi×12^2/4)}{0.0085×285}=93\text{mm}$$

7.5.2 节段拼装预制梁竖向施工缝

桥梁上部结构除了预制和现浇相结合的叠合梁外，还有纵向节段拼装预制梁，节段间通过无粘结预应力筋连接形成整体。对于纵向节段拼装预制梁，当施工缝截面的弯矩效应达到消压弯矩时，施工缝将会张开，截面剪压区高度减小，如图 7-16 所示。为了避免施工缝剪切失效，EN 1992-2 要求对其进行验算。

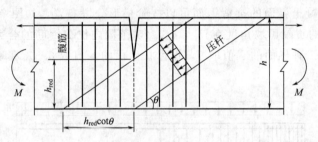

图 7-16 节段拼装预制梁施工缝开裂效应

为防止混凝土压杆破坏，应通过控制剪压区剩余高度 h_{red}，使剪力设计值满足以下要求：

$$V_d \leqslant f_{cd} v b_w h_{red}/(\cot\theta+\tan\theta)=0.5 f_{cd} v b_w h_{red} \sin 2\theta \tag{7-28}$$

其中，$1.0 \leqslant \cot\theta \leqslant 2.5$，相应的 θ 角范围 $22° \leqslant \theta \leqslant 45°$。剪压区剩余高度 h_{red} 最小值由国家附录指定，推荐值取 $h_{red}=0.5h$。

单位长度所需抗剪腹筋用量按下式计算：

$$\frac{A_{sw}}{s}=\frac{V_d}{h_{red} f_{ywd} \cot\theta} \tag{7-29}$$

按式（7-29）确定的抗剪腹筋应分别布置在施工缝两侧 $h_{red}\cot\theta$ 范围内，且不应超过预制梁节段长度。

如果施工缝抗剪验算不能满足式（7-28）和式（7-29）要求，应增加受拉区预应力筋用量，增大剪压区剩余高度 h_{red}。

第 8 章 构件抗扭承载力

扭转是结构构件的五种基本受力状态之一。在混凝土桥梁结构中，构件受纯扭作用的情况较少，通常是受弯矩、剪力和扭矩共同作用。桥梁上部结构中的整体式大箱梁、梁格式 T 梁等均属于弯剪扭复合受力构件。

一般情况下，扭矩效应对桥梁构件的尺寸设计不起控制作用，因而抗扭设计都是在构件抗弯、抗剪设计之后验算其抗扭承载力。

8.1 构件扭转类型

8.1.1 平衡扭转和协调扭转

根据结构的平衡特点，构件的扭转分为平衡扭转和协调扭转。对于静定受扭构件，若扭转是由外荷载直接作用产生，其扭矩由构件的静力平衡确定，与构件的抗扭刚度无关，称为平衡扭转。例如直线形桥梁在汽车偏心作用下产生扭矩，这种扭矩完全由结构的扭转变形来平衡，又如平面曲线桥梁，结构在自重作用下就会产生扭矩，也是通过结构的扭转变形来平衡。对于超静定受扭构件，若扭矩是因相邻构件之间的转动受到约束而引起的，其扭矩与构件的抗扭刚度有关，并由转动变形的连续条件所决定，此类扭转称为协调扭转。例如梁格式上部结构，每一片纵梁都会产生扭矩，这个扭矩的大小由该纵梁自身的扭转角度和相邻纵梁的扭转约束刚度共同决定。

8.1.2 自由扭转和约束扭转

根据结构的扭转变形特征，扭转又可分为自由扭转和约束扭转。一般情况下，构件受扭后，构件轮廓线上各点不仅在其平面内产生相对位移，而且出平面产生翘曲（凹凸）。可以使构件轮廓线上各点自由翘曲的扭转称作自由扭转或圣维南扭转。闭口截面薄壁构件自由扭转时，将会沿截面轮廓线形成闭环剪力流，称为布雷特（Bredt）剪力流，见图 8-1（a）；开口截面薄壁构件自由扭转时，因截面不封闭，不能形成沿截面轮廓线的剪力环流，只能

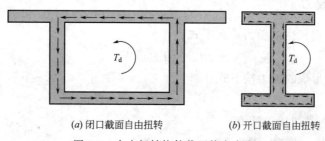

(a) 闭口截面自由扭转　　　　(b) 开口截面自由扭转

图 8-1　自由扭转构件截面剪应力流

形成沿截面周边的剪力流,见图 8-1(b)。如果受扭构件横截面上的纵向翘曲受到约束,此类扭转称为约束扭转。约束扭转不仅在构件横截面上产生剪应力,还会形成翘曲正应力。

8.2 闭口薄壁截面抗扭承载力计算

8.2.1 等效薄壁截面

EN 1992-1-1 中的抗扭承载力计算方法是以闭合薄壁截面模型为基础,平衡满足闭环剪力流。对于实心截面,大量试验均表明位于截面中心区域的核心混凝土对截面抗扭承载力的贡献甚微,因此可将其等效为薄壁截面后再计算抗扭承载力。如图 8-2(a)所示的一般钢筋混凝土实心截面,等效后的薄壁截面为图 8-2(b)中的阴影区域。

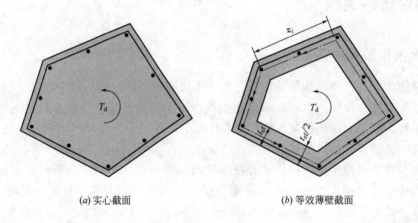

(a) 实心截面   (b) 等效薄壁截面

图 8-2 等效薄壁截面

等效薄壁截面的壁厚按下式计算:

$$t_{ef} = A/u \tag{8-1}$$

其中,A 为实心截面外周边所包围的总面积,如图 8-2(a)的阴影区域;u 为实心截面外周长。等效壁厚 t_{ef} 不得小于截面外边缘与纵向钢筋中心距离的 2 倍。对于空心截面,实际壁厚为上限值。

8.2.2 抗扭承载力

纯扭作用下,壁板内的剪力流按下式计算:

$$\tau_{t,i} t_{ef,i} = T_d/(2A_k) \tag{8-2}$$

第 i 个壁板由扭转形成的剪力按下式计算:

$$V_{d,i} = \tau_{t,i} t_{ef,i} z_i \tag{8-3}$$

其中,T_d 为截面上的扭矩设计值;

A_k 为壁板中心线所包围的面积,包括内部空心区;

z_i 为第 i 个壁板的长度,取相邻壁板交点间的距离。

为使混凝土构件具有足够的抗扭能力,必须配置一定量的箍筋和纵向钢筋。试验表明,单独配置纵向钢筋并不能有效地提高抗扭承载力,最多只能提高15%。这是因为没有箍筋的约束,纵向钢筋只是起到销栓作用。如果构件沿钢筋出现纵向劈裂,销栓作用会大幅削弱。因此,当需要配置钢筋提高混凝土构件的抗扭承载力时,应同时配置纵向钢筋和箍筋。

受扭构件的承载能力设计也采用桁架模型,纵向钢筋和箍筋作为拉杆承受拉力,裂缝间混凝土作为压杆承受压力。抗扭所需要的箍筋按下式计算:

$$\frac{A_{sw}}{s} = \frac{T_d}{2A_k f_{ywd} \cot\theta} \tag{8-4}$$

其中,A_{sw} 为壁厚 t_{ef} 内所需箍筋截面面积;

s 为箍筋的纵向间距;

θ 为压杆的角度,与构件受剪情况相同,即 $1 \leqslant \cot\theta \leqslant 2.5$。

抗扭所需纵向钢筋按下式计算:

$$\frac{\sum A_{sl}}{u_k} = \frac{T_d}{2A_k f_{yd}} \cot\theta \tag{8-5}$$

其中,$\sum A_{sl}$ 为所有纵向钢筋截面面积;

u_k 为壁板中心线的周长。

纵向钢筋通常应沿边 z_i 均匀布置,截面较小的构件可集中布置在截面角点部位。以上计算得到的抗扭纵筋和箍筋应分别与抗弯所需的纵向钢筋和抗剪所需的箍筋叠加,综合考虑布筋方式。

如果构件中含有有粘结预应力筋,也可以考虑其对抗扭承载力的贡献,但应限制其应力增量 $\Delta\sigma_p$ 不大于500MPa,这样式(8-5)应替换为:

$$\frac{\sum A_{sl} f_{yd} + A_p \Delta\sigma_p}{u_k} = \frac{T_d}{2A_k} \cot\theta \tag{8-6}$$

混凝土压杆压碎时,构件可承受的最大扭矩为:

$$T_{Rd,max} = 2\alpha_{cw} \nu f_{cd} A_k t_{ef,min} \sin\theta\cos\theta = \alpha_{cw} \nu f_{cd} A_k t_{ef,min} \sin2\theta \tag{8-7}$$

其中,α_{cw} 和 ν 与受剪构件取值相同;$t_{ef,min}$ 为壁板的最小厚度。

剪力和扭矩共同作用的构件,实心截面或空心截面由扭矩和剪力产生的剪力流可以进行叠加,见图8-3,并且可以认为其桁架模型具有相同的压杆倾斜角度 θ。对于实心截面,由混凝土压杆压碎控制的最大承载力应满足以下线性相关条件:

$$T_d/T_{Rd,max} + V_d/V_{Rd,max} \leqslant 1.0 \tag{8-8}$$

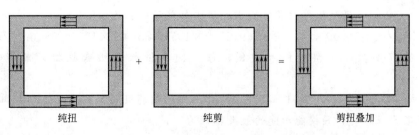

纯扭　　　　　纯剪　　　　　剪扭叠加

图8-3　箱梁壁板剪扭效应组合

其中，$V_{Rd,max}$ 为构件的最大抗剪承载力，按式（7-11）计算。

对于空心截面（如箱梁），则应验算各个壁板的最大抗剪承载力。

对于近似于矩形的实心截面，当扭矩和剪力设计值满足以下条件时，截面可按构造要求配筋，

$$T_d/T_{Rd,c} + V_d/V_{Rd,c} \leqslant 1.0 \tag{8-9}$$

其中，$V_{Rd,c}$ 为无腹筋构件的抗剪承载力，按式（7-1）计算；$T_{Rd,c}$ 为构件的开裂扭矩，按下式计算：

$$T_{Rd,c} = 2A_k f_{ctd} t_{ef} \tag{8-10}$$

【例 8-1】 某钢筋混凝土简支箱梁，截面尺寸如图 8-4 所示。混凝土抗压强度标准值 $f_{ck}=40\mathrm{MPa}$，钢筋屈服强度标准值 $f_{yk}=500\mathrm{MPa}$。截面上作用扭矩设计值 $T_d=10000\mathrm{kN\cdot m}$，试确定箱梁腹板所需的抗扭箍筋和抗扭纵筋。

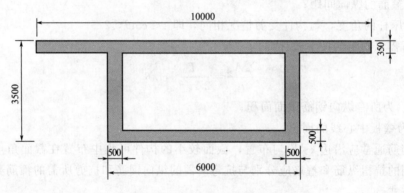

图 8-4 钢筋混凝土箱梁截面

解答：

根据设计条件，混凝土抗压强度设计值 $f_{cd}=1.0\times 40/1.5=26.7\mathrm{MPa}$，钢筋屈服强度设计值 $f_{yd}=500/1.15=435\mathrm{MPa}$。

箱形截面的等效壁厚可取为截面的实际壁厚，即腹板和下翼缘壁厚 $t_{ef}=500\mathrm{mm}$，上翼缘壁厚 $t_{ef}=350\mathrm{mm}$。壁板中心线所包围的面积为

$$A_k = (6000-500)\times(3500-500/2-350/2) = 16912500 \mathrm{mm}^2$$

根据式（8-4），假定混凝土压杆倾斜角度 $\theta=45°$，单侧腹板内所需抗扭箍筋截面面积为

$$A_{sw}/s = 10000\times 10^6/(2\times 16912500\times 435\times \cot 45°)\times 1000 = 680 \mathrm{mm}^2/\mathrm{m}$$

将 A_{sw}/s 与抗剪所需箍筋进行叠加，选用合适的箍筋纵向间距 s，再确定箍筋直径。

根据式（8-5），沿腹板单位长度所需抗扭纵筋截面面积为

$$\sum A_{sl}/u_k = 10000\times 10^6/(2\times 16912500\times 435)\times \cot 45°\times 1000 = 680 \mathrm{mm}^2/\mathrm{m}$$

将抗扭纵筋布置在腹板壁外侧和内侧，每一侧单位长度所需抗扭纵筋截面面积为 $340\mathrm{mm}^2/\mathrm{m}$。

根据式（7-5），$v=0.6\times(1-40/250)=0.504$。钢筋混凝土构件的 $\alpha_{cw}=1.0$。根据式（8-7），混凝土压碎时，箱梁能承受的最大扭矩为

$$T_{Rd,max} = 1.0\times 0.504\times 26.7\times 16912500\times 350\times \sin 90°\times 10^{-6} = 79656 \mathrm{kN\cdot m}$$

$T_{Rd,max}$ 远大于扭矩设计值 T_d，富余的承载力可用于截面抗剪。

8.3 开口截面抗扭承载力计算

对于 T 形、L 形或工字形的开口截面，可将其划分成多个矩形的子截面，每个子截面都是一个薄壁截面，构件的抗扭刚度是各个子截面抗扭刚度之和。子截面的划分应当使构件的抗扭刚度最大，譬如图 8-1（b）所示的工字形截面，按图 8-5（a）方式划分的抗扭刚度就最大，而图 8-5（b）是一种不正确的划分方式。

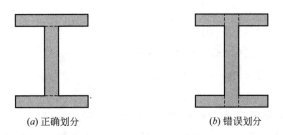

(a) 正确划分　　　　　　　　　　(b) 错误划分

图 8-5　工字形截面划分方式

单个薄壁矩形子截面的扭转惯性矩 I_{xx} 按下式计算：

$$I_{xx} = k b_{max} b_{min}^3 \tag{8-11}$$

其中，b_{max} 为矩形截面的长边尺寸，b_{min} 为矩形截面的短边尺寸，k 为圣维南扭转常数：

$$k = \frac{1}{3}\left[1 - 0.63 \frac{b_{min}}{b_{max}}\left(1 - \frac{b_{min}^4}{12 b_{max}^4}\right)\right] \tag{8-12}$$

表 8-1 给出了常用的圣维南扭转常数值。

常用圣维南扭转常数值　　　　表 8-1

b_{max}/b_{min}	k	b_{max}/b_{min}	k	b_{max}/b_{min}	k
1.0	0.141	1.5	0.196	4.0	0.281
1.1	0.153	1.8	0.218	5.0	0.291
1.2	0.165	2.0	0.229	7.5	0.305
1.3	0.177	2.5	0.250	10.0	0.312
1.4	0.187	3.0	0.263	∞	0.333

每个子截面承担的扭矩按其扭转惯性矩对整个截面扭转惯性矩的贡献比例分配，即

$$T_{d,i} = \frac{I_{xx,i}}{\sum I_{xx,i}} T_d \tag{8-13}$$

获得每个子截面的扭矩设计值后，便可按实心矩形截面验算各子截面的抗扭承载力。

【例 8-2】　某梁格式桥梁的一片工字形纵梁如图 8-6 所示。混凝土抗压强度标准值 f_{ck} = 40MPa，钢筋屈服强度标准值 f_{yk} = 500MPa。该工字梁的扭矩设计值 T_d = 40kN·m，钢筋混凝土保护层厚度为 30mm。试验算该工字梁的抗扭承载力。

解答：

根据设计条件，混凝土抗压强度设计值 $f_{cd}=1.0\times40/1.5=26.7\mathrm{MPa}$，钢筋屈服强度设计值 $f_{yd}=500/1.15=435\mathrm{MPa}$。

该工字梁的上翼缘、腹板和下翼缘的扭转惯性矩分别为：

上翼缘：$I_{xx}=0.3\times1000\times160^3=1.23\times10^9\mathrm{mm}^4$

腹板：$I_{xx}=0.275\times585\times160^3=6.59\times10^8\mathrm{mm}^4$

下翼缘：$I_{xx}=0.267\times600\times185^3=1.01\times10^9\mathrm{mm}^4$

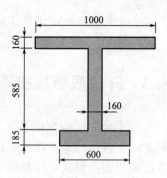

图 8-6　钢筋混凝土工字梁

该截面的扭转惯性矩为 $2.899\times10^9\mathrm{mm}^4$。各子截面分担的扭矩分别为：

上翼缘：$T_d=1.23/2.899\times40=17.0\mathrm{kN\cdot m}$

腹板：$T_d=0.659/2.899\times40=9.1\mathrm{kN\cdot m}$

下翼缘：$T_d=1.01/2.899\times40=13.9\mathrm{kN\cdot m}$

(1) 腹板

根据式 (8-1)，等效薄壁截面的壁厚 $t_{ef}=585\times160/2/(585+160)=63\mathrm{mm}$。初步假定纵筋和箍筋的直径均为 10mm，这样腹板外表面到纵向钢筋中心的距离为 45mm。因 t_{ef} 不能小于 45mm 的 2 倍，故取 $t_{ef}=90\mathrm{mm}$。事实上，$t_{ef}=90\mathrm{mm}$ 已经超过腹板厚度的一半，不过从保守设计考虑，t_{ef} 越大，计算所需配筋面积也越大，因此，t_{ef} 仍按 90mm 取值。

等效薄壁截面中心线所包围的面积 $A_k=(585-90)\times(160-90)=34650\mathrm{mm}^2$。取混凝土压杆的倾斜角度 $\theta=45°$，根据式 (8-4)，抗扭箍筋截面面积为

$$A_{sw}/s=9.1\times10^6/(2\times34650\times435\times\cot45°)\times1000=302\mathrm{mm}^2/\mathrm{m}$$

将 A_{sw}/s 与腹板抗剪所需箍筋进行叠加，选用合适的箍筋纵向间距 s，再确定箍筋直径。根据式 (8-5)，单位长度所需抗扭纵筋截面面积为

$$\sum A_{sl}/u_k=9.1\times10^6/(2\times34650\times435)\times\cot45°\times1000=302\mathrm{mm}^2/\mathrm{m}$$

将抗扭纵筋布置在腹板两侧，每一侧单位长度所需抗扭纵筋截面面积为 $151\mathrm{mm}^2/\mathrm{m}$。

根据式 (7-5)，$v=0.6\times(1-40/250)=0.504$。钢筋混凝土构件的 $\alpha_{cw}=1.0$。计算腹板最大抗扭承载力时，t_{ef} 则应按实际的 80mm 取值。根据式 (8-7)，腹板能承受的最大扭矩为

$$T_{Rd,max}=1.0\times0.504\times26.7\times34650\times80\times\sin90°\times10^{-6}=37.3\mathrm{kN\cdot m}$$

$T_{Rd,max}$ 大于扭矩设计值 $9.1\mathrm{kN\cdot m}$，满足要求。

(2) 下翼缘

与验算腹板抗扭承载力的计算过程相同，等效壁厚 $t_{ef}=600\times185/2/(600+185)=71\mathrm{mm}$，因 $t_{ef}<90\mathrm{mm}$，故取 $t_{ef}=90\mathrm{mm}$。

等效薄壁截面中心线所包围的面积 $A_k=(600-90)\times(185-90)=48450\mathrm{mm}^2$。取混凝土压杆的倾斜角度 $\theta=45°$，根据式 (8-4)，抗扭箍筋截面面积为

$$A_{sw}/s=13.9\times10^6/(2\times48450\times435\times\cot45°)\times1000=330\mathrm{mm}^2/\mathrm{m}$$

取箍筋纵向间距 $s=150\mathrm{mm}$，直径 8mm，实际的 $A_{sw}/s=670\mathrm{mm}^2/\mathrm{m}$，满足要求。根据式 (8-5)，单位长度所需抗扭纵筋截面面积为

$$\sum A_{sl}/u_k = 13.9 \times 10^6/(2 \times 48450 \times 435) \times \cot 45° \times 1000 = 330 \text{mm}^2/\text{m}$$

将抗扭纵筋布置在翼缘的上下两侧,每一侧单位长度所需抗扭纵筋截面面积为165mm²/m。下侧的抗扭纵筋与截面抗弯所需纵筋叠加,再综合确定纵筋直径和根数。

根据式(8-7),下翼缘能承受的最大扭矩为

$$T_{\text{Rd,max}} = 1.0 \times 0.504 \times 26.7 \times 48450 \times 90 \times \sin 90° \times 10^{-6} = 58.7 \text{kN} \cdot \text{m}$$

$T_{\text{Rd,max}}$大于扭矩设计值13.9kN·m,满足要求。

(3) 上翼缘

该工字梁的上翼缘属于桥梁结构的桥面板,除了承受扭矩外,还承受横向弯矩作用。在弯矩和扭矩的共同作用下,上翼缘已经具有壳体的受力特点。因此,精细的设计方法是将上翼缘按壳单元分析计算,如果扭矩效应不显著,可以忽略其影响,将上翼缘按单向板设计。

8.4 翘曲扭转

约束翘曲扭转会在截面上产生翘曲正应力,引起内力重分布,但不影响承载能力设计计算方法。EN 1992-1-1规定,对于闭口薄壁截面或实心截面构件,在承载能力极限状态设计时通常可以忽略翘曲扭转的影响,而对于开口薄壁截面则有可能需要考虑翘曲扭转的影响,特别是约束扭转情况。

第 9 章 构件抗冲切承载力

承受集中荷载作用的板式结构，有可能因混凝土抗冲切强度不足而沿闭合或非闭合面在板内或板边产生锥体形的斜面冲切破坏。冲切破坏的特点是有两个或两个相连的剪切破坏面，而梁或较窄的单向板的剪切破坏只有一个斜的破坏面。影响板抗冲切承载力的因素主要有板的有效高度、混凝土强度、荷载作用的面积以及有无抗冲切钢筋等。

在混凝土桥梁结构中，有三种情况可能出现冲切破坏：一是承受车轮荷载的桥面板；二是柱式桥墩的扩展基础；三是群桩的承台。

9.1 荷载分布和基本控制周长

确定冲切破坏面的基本控制周长是验算冲切承载力的首要步骤。EN 1992-1-1 规定，基本控制周长 u_1 通常取与加载区域距离为 $2h_0$ 范围的周长，按长度最小构造。图 9-1 是 EN 1992-1-1 中的冲切破坏承载能力计算模型，模型中的冲切扩散角度 θ 取为 $\arctan(1/2) = 26.6°$。需要说明的是，基本控制周长与真实的冲切破坏面不完全一致，选取基本控制周长用作抗冲切承载力验算的原因是基本控制截面的抗冲切强度可取为剪切强度。

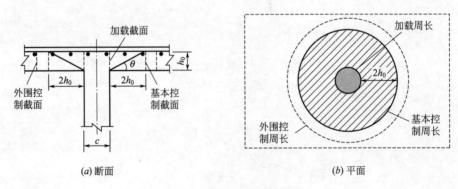

图 9-1 冲切计算模型

9.1.1 桥面板的基本控制周长

桥面上的车辆荷载属于自由作用，车轮可作用在桥面的任意位置，譬如在桥面板上居中加载、边缘加载、角部加载。根据上述几种布载位置，桥面板抗冲切的基本控制周长有如图 9-2 所示的 4 种情况。

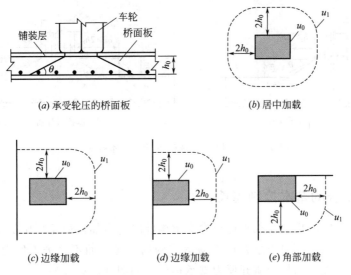

图 9-2 桥面板抗冲切基本控制周长

9.1.2 等厚扩展基础的基本控制周长

扩展基础在竖向力作用下，会在基底产生与竖向力平衡的基底反力。由于受反向力的影响，冲切破坏面周边向内收缩，冲切扩散角度 $\theta \geqslant 26.6°$，见图 9-3。控制区内部和外部其他周长的形状与基本控制周长相同。

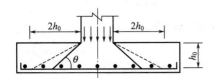

图 9-3 等厚扩展基础抗冲切基本控制周长

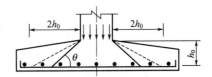

图 9-4 均匀变厚扩展基础控制截面有效高度

9.1.3 均匀变厚扩展基础的基本控制周长

对于均匀变厚的扩展基础，截面有效高度取加载区周边的有效高度，冲切扩散角度 θ 取值方法与等厚扩展基础相同，见图 9-4。

9.1.4 带柱脚扩展基础的基本控制周长

带柱脚扩展基础的冲切破坏有两种情况：

（1）柱脚宽度 l_H 小于等于 2 倍柱脚高度 h_H，这种情况下，柱底的第一级冲切扩散在柱脚边缘即被截止，实际上这一级的冲切破坏是不会出现的，第二级冲切扩散出现在柱脚边缘，需要进行抗冲切验算，见图 9-5（a）；

（2）柱脚宽度 l_H 大于 2 倍柱脚高度 h_H，第一级和第二级的冲切扩散会一直延伸到基础底面，这两个潜在冲切破坏面都应进行验算，见图 9-5（b）。

175

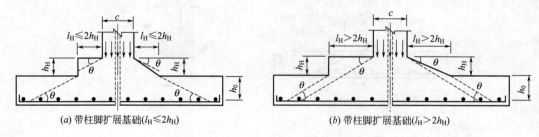

图 9-5 带柱脚扩展基础抗冲切基本控制周长

9.1.5 特殊情况的基本控制周长

当产生冲切效应的集中荷载临近反力支承构件时，譬如桥面轮压施加部位靠近腹板或横隔板的情况，冲切破坏面出现在反力支承结构的边缘，而不会进入反力支承构件区域。这种情况下，基本控制周长应避开反力支承构件，如图 9-6 所示。

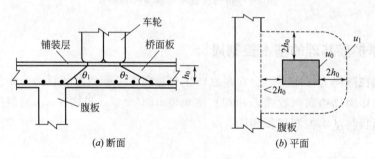

图 9-6 靠近腹板的桥面板抗冲切基本控制周长

9.2 冲切应力计算

9.2.1 无弯矩的冲切应力

无偏心或无伴随弯矩的冲切力 F_{ld} 作用下，验算截面的冲切应力按下式计算：

$$\tau_d = F_{ld}/(u_i h_0) \tag{9-1}$$

其中，u_i 为验算截面的周长，可以是加载周长 u_0，也可以是基本控制周长 u_1，根据验算需要取值；

h_0 为板截面有效高度，取两个正交方向截面有效高度的平均值，即 $h_0 = (h_{0y} + h_{0z})/2$。

9.2.2 有反向平衡力的冲切应力

扩展基础的基底反力对冲切力有平衡抵消的作用，实际的冲切力应扣除这部分有利影响，即

$$F_{ld,red} = F_{ld} - \Delta F_{ld} \tag{9-2}$$

其中，$F_{ld,red}$ 为净冲切力；

ΔF_{ld} 为控制周长范围内的基底净反力，等于控制周长范围内基底反力减去基础自重。

验算截面的冲切应力为

$$\tau_d = F_{ld,red}/(u_i h_0) \tag{9-3}$$

9.2.3 有弯矩的冲切应力

冲切试验表明，当弯矩伴随冲切力同时作用时，控制截面上的冲切应力分布不均匀，抗冲切强度会显著减小。EN 1992-1-1 将抗冲切强度的减小转换成冲切应力的提高。冲切力和弯矩同时作用时，验算截面的最大冲切应力按下式计算：

$$\tau_d = \beta F_{ld}/(u_i h_0) \tag{9-4}$$

其中，β 为弯矩影响系数，按下式计算：

$$\beta = 1 + k \frac{M_d}{F_{ld}} \cdot \frac{u_i}{W_i} \tag{9-5}$$

对于有反向平衡力的情况：

$$\beta = 1 + k \frac{M_d}{F_{ld,red}} \cdot \frac{u_i}{W_i} \tag{9-6}$$

M_d 为与冲切力 F_{ld} 同时作用的弯矩设计值；k 为与加载区域边长 c_1 和 c_2 的比值有关的系数，见表 9-1；W_i 为控制周长的塑性抵抗矩，如图 9-7 所示：

$$W_i = \int_0^{u_i} |e| \, dl \tag{9-7}$$

dl 为周长的微分，e 为 dl 到弯矩作用轴的距离。

矩形加载区的 k 值   表 9-1

c_1/c_2	≤0.5	1.0	2.0	≥3.0
k	0.45	0.60	0.70	0.80

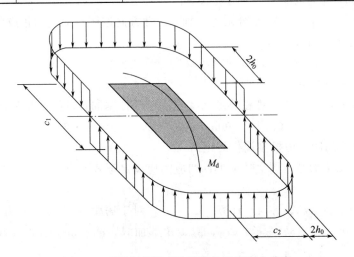

图 9-7 不平衡弯矩产生的塑性冲切应力分布

对于矩形内柱，基本控制周长的塑性抵抗矩为

$$W_1 = 0.5c_1^2 + c_1c_2 + 4c_2h_0 + 16h_0^2 + 2\pi c_1 h_0 \tag{9-8}$$

其中，c_1 为平行于冲切力偏心方向的柱截面尺寸，c_2 为垂直于冲切力偏心方向的柱截面尺寸。

对于冲切力在两个轴向都有偏心的矩形内柱，β 值按下式近似计算：

$$\beta = 1 + 1.8\sqrt{(e_y/b_z)^2 + (e_z/b_y)^2} \tag{9-9}$$

其中，e_y 和 e_z 分别为冲切力对 y 轴和 z 轴的偏心距，$e_y = M_{yd}/F_{ld}$，$e_z = M_{zd}/F_{ld}$；b_y 和 b_z 分别为平行于 y 轴和 z 轴的控制周长尺寸。

对于圆形内柱，β 值按下式近似计算：

$$\beta = 1 + 0.6\pi e/(D + 4h_0) \tag{9-10}$$

其中，D 为柱的直径；e 为冲切力的偏心距，$e = M_d/F_{ld}$。

9.3 无抗冲切钢筋板的抗冲切强度

对于无抗冲切钢筋的板，基本控制周长 u_1 的最大冲切应力设计值 τ_d 应满足以下要求：

$$\tau_d \leqslant \tau_{Rd,c} \tag{9-11}$$

其中，$\tau_{Rd,c}$ 为无抗冲切钢筋板的抗冲切强度设计值。冲切应力本质上仍属于剪应力，混凝土板的抗冲切强度计算公式在形式上与无腹筋梁的抗剪强度相似，按下式计算：

$$\tau_{Rd,c} = C_{Rd,c} k (100\rho_l f_{ck})^{1/3} + k_1 \sigma_{cp} \geqslant v_{min} + k_1 \sigma_{cp} \tag{9-12}$$

其中，f_{ck} 为混凝土的抗压强度标准值（MPa）；

$k = 1 + \sqrt{200/h_0} \leqslant 2.0$，$h_0$ 为截面有效高度（mm）；

$\rho_l = \sqrt{\rho_{ly} \cdot \rho_{lz}} \leqslant 0.02$，$\rho_{ly}$ 和 ρ_{lz} 分别为 y 轴和 z 轴方向有粘结受拉钢筋的配筋率，取柱宽及两侧各 $3h_0$ 宽度范围内的平均配筋率；

$\sigma_{cp} = (\sigma_{cy} + \sigma_{cz})/2$，$\sigma_{cy}$ 和 σ_{cz} 分别为 y 轴和 z 轴方向控制界面上的正应力，包括预应力效应，受压为正（MPa）；

$C_{Rd,c}$ 和 k_1 由国家附录指定，推荐值 $C_{Rd,c} = 0.18/\gamma_C$，$k_1 = 0.1$；

v_{min} 按式（7-3）计算。

对于扩展基础，按下式计算柱外缘 $2h_0$ 范围以内控制周长的抗冲切强度，

$$\tau_{Rd,c} = C_{Rd,c} k (100\rho_l f_{ck})^{1/3} \cdot 2h_0/a \geqslant v_{min} \cdot 2h_0/a \tag{9-13}$$

其中，a 为柱外缘到所考虑控制周长的距离。

除此之外，位于加载区周边的最大冲切应力应满足下式要求：

$$\tau_d \leqslant \tau_{Rd,max} \tag{9-14}$$

其中，τ_d 按式（9-1）或式（9-4）计算，$u_i = u_0$，对于居中加载，u_0 取为加载区域周长，对于边缘加载，$u_0 = c_2 + 3h_0 \leqslant c_2 + 2c_1$，对于角部加载，$u_0 = 3h_0 \leqslant c_1 + c_2$，$c_1$ 和 c_2 的含义同式（9-8）；

$\tau_{Rd,max}$ 由国家附录指定，推荐值取 $0.4v f_{cd}$，v 按式（7-5）计算。

【例 9-1】 某桥墩的扩展基础，尺寸见图 9-8。混凝土强度等级 C35/45，钢筋品种

B500B[1]，外层钢筋保护层厚度为 50mm，作用在基础顶面的竖向力设计值 $N_d=3000$kN，弯矩设计值 $M_d=1200$kN·m，试对该基础进行设计。

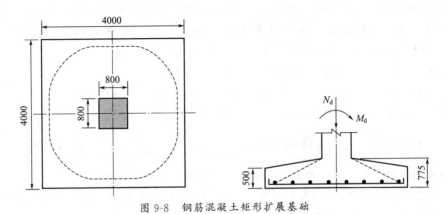

图 9-8 钢筋混凝土矩形扩展基础

解答：

根据设计条件，用于抗弯承载力设计的混凝土抗压强度设计值 $f_{cd}=0.85\times35/1.5=19.8$MPa，用于抗冲切强度计算的 $f_{cd}=1.0\times35/1.5=23.3$MPa，钢筋屈服强度设计值 $f_{yd}=500/1.15=435$MPa。

（1）抗弯设计

竖向力产生的基底压力为 $3000/(4\times4)=187.5$kPa，弯矩产生线性变化的基底压力，较大值为 $1200/(4^3/6)=112.5$kPa。竖向力和弯矩共同产生的最大基底压力为 $187.5+112.5=300$kPa。基底反力在基础中性轴产生的弯矩设计值为 $187.5\times2\times1+112.5\times2/2\times(4/3)=525$kN·m/m。

通过截面抗弯设计，基础底部双向配置 ϕ25 钢筋，钢筋间距 200mm：

第 1 层，$h_{0y}=775-50-25/2=712.5$mm，$A_{sy}=2454$mm²/m，$M_{y,Rd}=733$kN·m/m，满足承载力要求；

第 2 层，$h_{0z}=712.5-25=687.5$mm，$A_{sz}=2454$mm²/m，$M_{z,Rd}=706$kN·m/m，满足承载力要求。

（2）抗剪设计

根据第 7.1 节关于抗剪计算截面的规定，只需对离墩柱边缘距离为 h_0 的截面进行验算。验算截面处的基底压力为 $187.5+(400+687.5)/2000\times112.5=249$kPa，截面剪力设计值为

$$V_d=0.5\times(300+249)\times4000\times(2000-400-687.5)\times10^{-6}=1002\text{kN}$$

纵向受拉钢筋配筋率 $\rho_1=2454\times4/(4000\times687.5)=0.36\%$，$k=1+\sqrt{200/687.5}=1.54$，根据式（7-1），

$$V_{Rd,c}=0.12\times1.54\times(100\times0.0036\times35)^{1/3}\times4000\times687.5\times10^{-3}=1183\text{kN}$$

因 $V_{Rd,c}$ 大于 V_d，满足要求。这里没有考虑对剪力设计值乘以折减系数 β，是一种保守的验算方法，而且免除了对离墩柱边缘距离大于 h_0 的截面进行抗剪验算。综上，该基础无须配置抗剪钢筋。

---

[1] 参见 4.2.1 节。

(3) 抗冲切验算

首先对离墩柱边缘 $2h_0$ 处的基本控制截面进行验算。板截面有效高度 $h_0=(712.5+687.5)/2=700\text{mm}$，基本控制周长 $u_1=4\pi\times700+2\times(800+800)=11996\text{mm}$，基本控制周长包围的面积为 11.28m^2。不考虑基础自重，基底竖向反力 $\Delta F_{ld}=187.5\times11.28=2115\text{kN}$。根据式（9-2），实际冲切力 $F_{ld,red}=3000-2115=885\text{kN}$。

根据式（9-8），控制周长的塑性抵抗矩为

$$W_1=0.5\times800^2+800^2+4\times800\times700+16\times700^2+2\pi\times800\times700=14.56\times10^6\text{mm}^2$$

根据式（9-3）、式（9-4）和式（9-6），最大冲切应力设计值为

$$\tau_d=\frac{885000}{11996\times700}\times\left(1+0.6\times\frac{1200\times10^6}{885000}\times\frac{11996}{14.56\times10^6}\right)=0.176\text{MPa}$$

根据抗弯设计配筋，y 轴和 z 轴方向的受拉钢筋配筋率分别为：

$$\rho_{ly}=2454\times4/(4000\times712.5)=0.34\%,\rho_{lz}=2454\times4/(4000\times687.5)=0.36\%$$

板的综合配筋率 $\rho_l=\sqrt{0.34\%\times0.36\%}=0.35\%$，$k=1+\sqrt{200/700}=1.53$，根据式（9-12）：

$$\tau_{Rd,c}=0.12\times1.53\times(100\times0.0035\times35)^{1/3}=0.423\text{MPa}$$

根据式（7-3），$v_{min}=0.035\times1.53^{3/2}\times35^{1/2}=0.392\text{MPa}<\tau_{Rd,c}$。因 $\tau_{Rd,c}>\tau_d$，满足抗冲切承载力要求。

对于扩展基础这种有反向平衡力的板式结构，还应对离墩柱边缘距离小于 $2h_0$ 的控制周长进行验算。以下对距离 h_0 处的控制截面进行验算。重复上述计算过程，控制周长 $u_2=7598\text{mm}$，控制周长包围的面积为 4.42m^2。不考虑基础自重，基底竖向反力 $\Delta F_{ld}=187.5\times4.42=829\text{kN}$。根据式（9-2），实际冲切力 $F_{ld,red}=3000-829=2171\text{kN}$。

根据式（9-8），控制周长的塑性抵抗矩为

$$W_1=0.5\times800^2+800^2+4\times800\times350+16\times350^2+2\pi\times800\times350=5.8\times10^6\text{mm}^2$$

根据式（9-3）、式（9-4）和式（9-6），最大冲切应力为

$$\tau_d=\frac{2171000}{7598\times700}\times\left(1+0.6\times\frac{1200\times10^6}{2171000}\times\frac{7598}{5.8\times10^6}\right)=0.586\text{MPa}$$

根据式（9-13），$\tau_{Rd,c}=0.12\times1.53\times(100\times0.0035\times35)^{1/3}\times2\times700/700=0.846\text{MPa}>v_{min}=0.784\text{MPa}$。因 $\tau_{Rd,c}>\tau_d$，同样满足抗冲切承载力要求。

最后，还需验算墩柱周边的最大冲切应力。控制周长 $u_0=4\times800=3200\text{mm}$，控制周长的塑性抵抗矩 $W_0=0.5\times800^2+800^2=9.6\times10^5\text{mm}^2$。不计基底竖向反力，根据式（9-4）和式（9-5），最大冲切应力为

$$\tau_d=\frac{3000000}{3200\times700}\times\left(1+0.6\times\frac{1200\times10^6}{3000000}\times\frac{3200}{9.6\times10^5}\right)=2.41\text{MPa}$$

最大冲切承载力 $\tau_{Rd,max}=0.4\times[0.6\times(1-35/250)]\times23.3=4.8\text{MPa}>\tau_d$，满足要求。综上，该基础无须配置抗冲切钢筋。

9.4 有抗冲切钢筋板的抗冲切强度

板或基础的无筋抗冲切强度 $\tau_{Rd,c}$ 不足以抵抗控制周长处的冲切应力设计值 τ_d 时，需

要额外配置抗冲切钢筋，联同混凝土一起抵抗冲切力。

有抗冲切钢筋板或基础的破坏机理与无抗冲切钢筋的情况有所不同。一般情况下，板冲切破坏时，抗冲切钢筋不会屈服，其作用是使板能够经受更大的变形，减小临界截面混凝土的压应变，从而提高抗冲切承载力。由于板的变形增大，混凝土本身的抗冲切作用减小，提高的抗冲切承载力由抗冲切钢筋补偿。所以，考虑混凝土的抗冲切作用时，需要进行一定程度的折减。有抗冲切钢筋板的抗冲切强度按下式计算：

$$\tau_{Rd,cs} = 0.75\tau_{Rd,c} + 1.5\frac{h_0}{s_r}A_{sw}f_{ywd,ef}\frac{1}{u_1 h_0}\sin\alpha \tag{9-15}$$

其中，s_r 为抗冲切钢筋的径向间距；

A_{sw} 为加载区域周围一个周长上抗冲切钢筋截面面积之和；

α 为抗冲切钢筋与板平面的夹角；

$f_{ywd,ef}$ 为考虑了抗冲切钢筋锚固能力的有效强度设计值，按下式计算：

$$f_{ywd,ef} = 250 + 0.25h_0 \leqslant f_{ywd} \tag{9-16}$$

若配置单排下弯钢筋，式（9-15）中的 h_0/s_r 可取 0.67。

如果某个控制截面的混凝土抗冲切强度足以抵抗冲切应力，这个控制截面称为外围控制截面，其周长称为外围控制周长，如图 9-1 所示。外围控制周长范围以外可不再配置抗冲切钢筋。外围控制周长 u_{out}（或 $u_{out,ef}$）按下式确定：

$$u_{out} = \beta F_{ld}/(\tau_{Rd,c}h_0) \tag{9-17}$$

最外围的抗冲切钢筋应布置在外围控制周长范围以内（图 9-9），且距离外围控制周长不应超过 kh_0，k 由国家附录指定，推荐值取 1.5。如果 u_{out} 或 $u_{out,ef}$ 与加载区域边缘的距离小于 $3h_0$，最外围抗冲切钢筋与加载区域边缘的距离不应小于 $1.5h_0$。

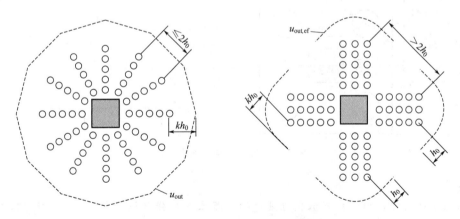

图 9-9 外围控制周长与抗冲切钢筋布置方式

位于加载区周边的最大冲切应力还应满足式（9-14）的要求。

9.5 桩基承台抗冲切验算截面

桩基承台结构的破坏形式除了弯曲破坏以外，还可能出现剪切破坏和冲切破坏，而后面两种破坏形式一般很难界定哪一种破坏属于控制因素，因此为保守起见，需要同时验算承台结构几个关键截面的抗剪或抗冲切承载力。如图 9-10 所示的群桩承台，需要对图中的 a～d 四个截面进行验算：

(1) a 截面为角桩冲切的基本控制截面，验算抗冲切承载力时不考虑可能存在的反向平衡力的有利影响；

(2) b、c 截面分别为角桩和墩柱加载区的控制截面，验算其最大冲切应力；

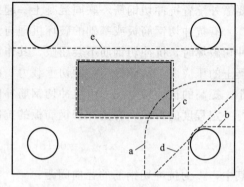

图 9-10　承台结构的承载力验算截面

(3) d 截面为潜在的承台角桩剪切破坏截面，验算该截面的抗剪承载力，剪力设计值需考虑折减系数 β；

(4) e 截面为潜在的承台边桩剪切破坏截面，验算该截面的抗剪承载力，剪力设计值也需考虑折减系数 β。

计算上述剪力折减系数 $\beta = a_v/(2h_0)$ 时，a_v 值取为墩柱与桩基边缘的净距加上 20% 的桩径。

【例 9-2】　如图 9-11 所示的桥墩桩基承台，混凝土强度等级 C35/45，钢筋规格 B500B❶，承台钢筋保护层厚度 50mm。墩柱作用在承台顶面的竖向力设计值 $N_d = 6000$kN，试对该承台进行设计。

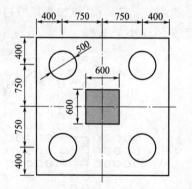
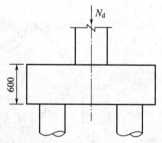

图 9-11　钢筋混凝土桩基承台

解答：

根据设计条件，用于抗弯承载力设计的混凝土抗压强度设计值 $f_{cd} = 0.85 \times 35/1.5 = 19.8$MPa，用于抗冲切强度计算的 $f_{cd} = 1.0 \times 35/1.5 = 23.3$MPa，钢筋屈服强度设计值 $f_{yd} = 500/1.15 = 435$MPa。

(1) 抗弯设计

根据 EN 1992-1-1 第 5.3.2.2 (3) 款，与支承结构固结的板或梁，其控制弯矩取支承结构边缘处截面弯矩和支点处截面弯矩的 0.65 倍两者的较大值。与之相应的承台结构两个截面的弯矩设计值分别为

---

❶　参见 4.2.1 节。

$$2 \times \frac{6000}{4} \times \frac{0.75-0.3}{2.3} = 587 \text{kN} \cdot \text{m/m}$$

$$0.65 \times 2 \times \frac{6000}{4} \times \frac{0.75}{2.3} = 636 \text{kN} \cdot \text{m/m}$$

取两者的较大值，故承台弯矩设计值 $M_d = 636 \text{kN} \cdot \text{m/m}$。

通过截面抗弯设计，承台底部双向配置 $\phi25$ 钢筋，钢筋间距 150mm：

第 1 层，$h_{0y} = 600 - 50 - 25/2 = 537.5 \text{mm}$，$A_{sy} = 3272 \text{mm}^2/\text{m}$，$M_{y,Rd} = 715 \text{kN} \cdot \text{m/m}$，满足承载力要求；

第 2 层，$h_{0z} = 537.5 - 25 = 512.5 \text{mm}$，$A_{sz} = 3272 \text{mm}^2/\text{m}$，$M_{z,Rd} = 679 \text{kN} \cdot \text{m/m}$，满足承载力要求。

(2) 边桩剪切验算

验算截面的剪跨为 $a_v = 750 - 300 - 250 + 0.2 \times 500 = 300 \text{mm}$，因 $0.5h_{0z} \leqslant a_v \leqslant 2h_{0z}$，验算截面的剪力设计值可进行折减，折减系数 $\beta = a_v/(2h_{0z}) = 300/(2 \times 512.5) = 0.293$。故验算截面的剪力设计值 $V_d = 6000/2 \times 0.293 = 879 \text{kN}$。

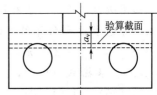

纵向受拉钢筋配筋率 $\rho_l = 3272/(1000 \times 512.5) = 0.638\%$，$k = 1 + \sqrt{200/512.5} = 1.625$，根据式 (7-1)，整个验算截面的 $V_{Rd,c} = 0.12 \times 1.625 \times (100 \times 0.00638 \times 35)^{1/3} \times 2300 \times 512.5 \times 10^{-3} = 647 \text{kN}$，小于剪力设计值 879kN，需要额外配置抗剪钢筋。根据式 (7-19)，所需抗剪钢筋截面面积为

$$A_{sw} = 879000/(435 \times \sin 90°) = 2021 \text{mm}^2$$

以上抗剪钢筋应布置在剪跨中心 $0.75a_v$ 宽度范围内。

取 $\theta = 45°$，根据式 (7-17)，验算截面的最大抗剪承载力为

$$V_{Rd,max} = 0.5 \times 1.0 \times [0.6 \times (1-35/250)] \times 23.3 \times 2300 \times (0.9 \times 512.5) \times \sin 90° \times 10^{-3}$$
$$= 6377 \text{kN}$$

大于剪力设计值，满足承载力要求。

(3) 角桩与墩柱加载区冲切验算

承台截面有效高度 $h_0 = (537.5 + 512.5)/2 = 525 \text{mm}$。对于角桩冲切，其加载区的控制周长为 $u_0 = \pi \times 500/4 + 400 \times 2 = 1193 \text{mm}$。冲切力设计值 $F_{ld} = 6000/4 = 1500 \text{kN}$，根据式 (9-1)，冲切应力设计值 $\tau_d = 1500000/(1193 \times 525) = 2.39 \text{MPa}$。

根据式 (9-14)，$\tau_{Rd,max} = 0.4 \times [0.6 \times (1-35/250)] \times 23.3 = 4.81 \text{MPa}$，大于冲切应力设计值 2.39MPa，满足承载力要求。

对于墩柱，加载区控制周长 $u_0 = 600 \times 4 = 2400 \text{mm}$，冲切力设计值 $F_{ld} = 6000 \text{kN}$，冲切应力设计值为 $\tau_d = 6000000/(2400 \times 525) = 4.76 \text{MPa}$，小于 $\tau_{Rd,max}$，满足承载力要求。

(4) 角桩剪切验算

验算截面的剪跨为 $a_v = (1150 - 300 - 400) \times \sqrt{2} - 250 + 0.2 \times 500 = 486 \text{mm}$，因 $0.5h_0 \leqslant a_v \leqslant 2h_0$，验算截面的剪力设计值可进行折减，折减系数 $\beta = a_v/(2h_0) = 486/(2 \times 525) = 0.463$。故验算

截面的剪力设计值为 $V_d = 6000/4 \times 0.463 = 695$ kN。

纵向受拉钢筋配筋率 $\rho_1 = 3272/(1000 \times 525) = 0.623\%$，$k = 1 + \sqrt{200/525} = 1.617$，根据式（7-1），整个验算截面的 $V_{Rd,c} = 0.12 \times 1.617 \times (100 \times 0.00623 \times 35)^{1/3} \times 1631 \times 525 \times 10^{-3} = 464$ kN，小于剪力设计值 695 kN，需要额外配置抗剪钢筋。根据式（7-19），所需抗剪钢筋截面面积为

$$A_{sw} = 695000/(435 \times \sin 90°) = 1598 \text{ mm}^2$$

以上抗剪钢筋应布置在剪跨中心 $0.75a_v$ 宽度范围内。

取 $\theta = 45°$，根据式（7-17），验算截面的最大抗剪承载力为

$$V_{Rd,max} = 0.5 \times 1.0 \times [0.6 \times (1 - 35/250)] \times 23.3 \times 1631 \times (0.9 \times 525) \times \sin 90° \times 10^{-3}$$
$$= 4633 \text{ kN}$$

大于剪力设计值，满足承载力要求。

（5）角桩基本控制周长冲切验算

如图所示，角桩的基本控制周长正好穿过墩柱加载区域。这里不考虑墩柱反向作用力的影响，基本控制周长仍按 $\theta = 26.6°$ 确定，$u_1 = 2 \times \pi \times (1050 + 250)/4 + 400 \times 2 = 2842$ mm。根据式（9-1），冲切应力设计值 $\tau_d = 1500000/(2842 \times 525) = 1.01$ MPa。

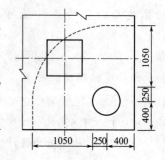

根据抗弯设计配筋，y 轴和 z 轴方向的受拉钢筋配筋率分别为：

$$\rho_{1y} = 3272/(1000 \times 537.5) = 0.609\%, \rho_{1z} = 3272/(1000 \times 512.5) = 0.638\%$$

承台的综合配筋率 $\rho_1 = \sqrt{0.609\% \times 0.638\%} = 0.623\%$。$k = 1 + \sqrt{200/525} = 1.617$，根据式（9-12）：

$$\tau_{Rd,c} = 0.12 \times 1.617 \times (100 \times 0.00623 \times 35)^{1/3} = 0.542 \text{ MPa}$$

因 $\tau_{Rd,c} < \tau_d$，需要额外配置抗冲切钢筋。根据式（9-15）和式（9-16），抗冲切钢筋的有效设计强度

$$f_{ywd,ef} = 250 + 0.25 \times 525 = 381 \text{ MPa} < 435 \text{ MPa}$$

所需抗冲切钢筋

$$\frac{A_{sw}}{s_r} = (1.01 - 0.75 \times 0.542) \times \frac{2842}{1.5 \times 381 \times \sin 90°} = 3.0 \text{ mm}^2/\text{mm}$$

取径向间距 $s_r = 150$ mm，$A_{sw} = 3.0 \times 150 = 450$ mm^2。

根据式（9-17），外围控制周长 $u_{out} = 1500000/(0.542 \times 525) = 5271$ mm，离角桩外缘的距离为 $(5271 - 2 \times 400) \times 4/(2 \times \pi) - 500/2 = 2596$ mm，已超出承台范围。因此，角桩抗冲切钢筋应在承台范围内满布。

实际布筋时，以上配筋重叠区域的抗剪钢筋和抗冲切钢筋应合并考虑，譬如采用直径更大的钢筋。

第 10 章　构件局部抗压与压杆—拉杆模型承载力

混凝土桥梁结构中，除了主梁、墩柱和桥面板等主要构件外，还有承受局部压力的构件、深受弯构件和牛腿等。这些构件与长细比较大的梁和柱不同，其截面应变和应力比较复杂，不能用简单的平截面假定进行分析，而采用有限元方法又难以反映构件极限破坏时的情况。德国斯图加特大学 Jörg Schlaich 教授提出的压杆—拉杆方法为混凝土局部抗压、深受弯构件和牛腿设计提供了一条以力学模型为基础的解决方法。本章介绍混凝土构件局部抗压和压杆—拉杆模型的承载力设计方法。

10.1　局部抗压承载力

局部受压是桥梁结构中的一种常见受力形式，如桥墩和上部结构的支座反力作用区域、斜拉索锚固区域，以及后张预应力筋锚固区域等。

10.1.1　局部受压破坏机理

如图 10-1 所示，混凝土局部受压时，局部受压面 A_{c0} 上会产生很大的轴向压应力 σ_x，随着与局部受压面距离的增大，压应力逐渐扩散到构件的整个截面，趋于均匀受压。局部受压区段的长度与构件的截面形状有关，一般情况下，作用力的扩散范围约等于构件截面宽度 b。在此区段上，还存在横向应力 σ_y。轴向应力 σ_x 和横向应力 σ_y 的分布如图 10-1（c）和 10-1（d）所示。在距局部受压面 $0.4b \sim 1.0b$ 区域，σ_y 为横向拉应力，此应力会使混凝土产

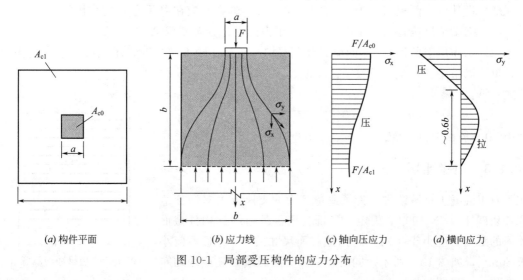

(a) 构件平面　　(b) 应力线　　(c) 轴向压应力　　(d) 横向应力

图 10-1　局部受压构件的应力分布

生纵向裂缝而导致纵向劈裂破坏。

试验表明，素混凝土构件局部受压破坏形态与最大扩散面积 A_{c1} 和局部受压面积 A_{c0} 的比值 A_{c1}/A_{c0} 以及面积 A_{c1} 在构件上的布置有关。对 A_{c1} 布置于构件表面中心的情形，其破坏形式大致有三种：①A_{c1}/A_{c0} 较小（一般小于 9）时，在横向拉应力 σ_y 达到混凝土的抗拉强度后就会出现纵向裂缝，当纵向裂缝发展到承压板附近时，在承压板下冲出一楔形体，试件被劈裂成两半或数块；②A_{c1}/A_{c0} 较大（一般在 9~36 之间）时，试件一出现纵向裂缝就立即失去承载力，裂缝从顶面向下发展，承压板外围混凝土被劈裂成数块，破坏很突然；③A_{c1}/A_{c0} 很大（一般大于 36）时，构件整体破坏之前，承压板下的混凝土已被局部压陷。

10.1.2 局部抗压承载力计算

混凝土局部抗压承载力计算，目前主要采用以试验为基础的经验公式。EN 1992-1-1 规定，对于局部受压区，应考虑局部压碎和横向拉应力。对于均匀受压的局部受压面 A_{c0}，所能承受的局压力 F_{Rdu} 按下式计算：

$$F_{Rdu}=A_{c0}f_{cd}\sqrt{A_{c1}/A_{c0}}\leqslant 3.0A_{c0}f_{cd} \quad (10\text{-}1)$$

其中，A_{c0} 为局部受压区面积，A_{c1} 为与 A_{c0} 形状相似的最大设计分布面积。$\sqrt{A_{c1}/A_{c0}}$ 表示周围混凝土的约束效应对核心混凝土抗压强度 f_{cd} 的提高。当局部受压影响区有足够的约束钢筋时，混凝土的抗压强度可进一步提高。

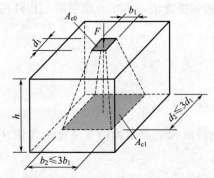

图 10-2 局部受压区设计分布面积

EN 1992-2 规定，若局压构件混凝土强度等级高于 C55/67 时，式（10-1）中的混凝土抗压强度设计值应替换为：

$$f'_{cd}=\frac{0.46f_{ck}^{2/3}}{1+0.1f_{ck}}f_{cd} \quad (10\text{-}2)$$

按式（10-1）计算承载力 F_{Rdu}，要求设计分布面积 A_{c1} 满足下列条件：

(1) 局压力 F 的扩散高度 $h\geqslant b_2-b_1$ 且 $h\geqslant d_2-d_1$；

(2) 设计分布面积 A_{c1} 的中心和承压面积 A_{c0} 的中心应在局压力 F 的作用线上；

(3) 当多个局压力同时作用时，各局压力的设计分布面积 A_{c1} 不应重叠；

(4) 当作用于面积 A_{c0} 上的荷载分布不均，或存在较大剪力时，承载力 F_{Rdu} 应适当折减，也可以采用换算局压力 F_r 直接按式（10-1）验算，F_r 按下式计算：

$$F_r=F_v\sqrt{1+(F_h/F_v)^2} \quad (10\text{-}3)$$

其中，F_h 为剪力设计值，F_v 为局压力设计值。

10.1.3 边缘冲切

对于混凝土桥墩结构，为了避免巨大的支座反力对墩顶造成冲切破坏，EN 1992-2 规定，局部受压区外边缘到构件截面外缘的距离不应小于相同方向构件截面尺寸的 1/6，且不应小于 50mm，如图 10-3 所示。同时，局部受压影响区还应均匀布

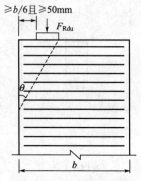

图 10-3 边缘冲切示意

置分布钢筋,直到局部压应力完全扩散。分布钢筋按如下方法确定:

(1) 从局部承压区内边缘作一条竖向倾角 $\theta=30°$ 的斜线,与构件外边缘相交;

(2) 与斜线相交的分布钢筋即为有效分布钢筋,有效分布钢筋的截面面积 A_r 按下式确定,并充分锚固。

$$A_r f_{yd} \geqslant F_{Rdu}/2 \tag{10-4}$$

需要注意,其他用途的钢筋不得兼作有效分布钢筋,譬如压杆—拉杆模型中的拉杆钢筋。

10.2 压杆—拉杆模型的验算强度

压杆—拉杆模型主要用于分析混凝土结构内部非线性应变分布区域,如上一节中的局部受压区域,以及截面突变、梁柱刚性节点、深梁、牛腿和洞口等部位。压杆—拉杆模型由压杆、拉杆和节点三部分构成,设计时应分别对这些部位的强度进行验算。

10.2.1 拉杆强度

压杆—拉杆模型中的拉杆通常使用抗拉承载力较高的钢筋或预应力筋,其强度取相应材料的屈服强度设计值。集中力作用节点中的拉杆钢筋应均匀分布,如果节点区域的拉杆钢筋分布长度过大,应将拉杆钢筋布置在混凝土压应力迹线呈弯曲的区间范围。集中力作用节点的拉杆拉力 T 可按下列公式计算:

(1) 部分非连续区域 ($b \leqslant H/2$),见图 10-4 (a):

$$T = \frac{1}{4} \cdot \frac{b-a}{b} \cdot F \tag{10-5}$$

(2) 完全非连续区域 ($b > H/2$),见图 10-4 (b):

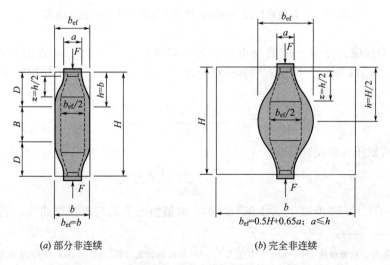

(a) 部分非连续　　　(b) 完全非连续

图 10-4 集中力作用节点横向拉力的计算参数

$$T = \frac{1}{4} \cdot \left(1 - 0.7 \frac{a}{H}\right) \cdot F \qquad (10\text{-}6)❶$$

10.2.2 压杆强度

压杆—拉杆模型中的压杆一般为混凝土。压杆的强度受周围混凝土的应力状态影响非常明显。如果压杆的横向应力也为压应力,则压杆处于三向受压状态,其抗压强度能充分发挥;反之,当横向应力为拉应力时,会使得受压裂缝的萌生和发展更为迅速,从而降低压杆的表观抗压强度,特别当横向拉应力方向与压杆方向斜交时,压杆的强度折减更为显著,因为这种受力状态下的裂缝方向与压应力方向不平行,压应力将在裂缝表面形成剪切应力,加速压杆的破坏。

EN 1992-1-1 规定,对于有横向压应力或者无横向应力的压杆,见图 10-5(a),其最大抗压强度取材料的抗压强度设计值

$$\sigma_{Rd,max} = f_{cd} \qquad (10\text{-}7)$$

其中,f_{cd} 按式(4-11)计算,α_{cc} 取 0.85。如果压杆处于三向围压状态,最大抗压强度可取比 f_{cd} 更大的值。

对于有横向拉应力的压杆,见图 10-5(b),其轴向应力分布如图 10-1(c)所示。这种情况下,压杆的抗压强度主要受横向拉应力控制。图 10-1(d)中混凝土受拉区所能承受的拉力为

$$T_{max} = 0.6b \cdot L \cdot f_{ctd} \qquad (10\text{-}8)$$

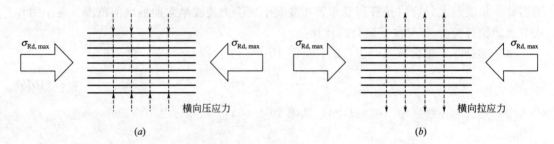

图 10-5 有横向压应力或横向拉应力的混凝土压杆抗压强度

其中,$0.6b$ 为拉应力分布区域的高度,L 为局部加载区域垂直于 a 边的长度,f_{ctd} 按式(4-12)计算,α_{ct} 取 0.85。根据式(10-5)和式(10-8),可以得到压杆所能承受的最大压力为

$$F_{max} = \frac{2.4b^2 \cdot L \cdot f_{ctd}}{b-a} \qquad (10\text{-}9)$$

进一步可以得到压杆的抗压强度

$$f_{max} = \frac{2.4(b/a)^2 f_{ctd}}{b/a - 1} \qquad (10\text{-}10)$$

图 10-6 绘制了 C40/50 混凝土压杆在不同 b/a 取值情况下的抗压强度曲线,当 $b/a=2$ 时,

---

❶ 经作者推导,欧洲规范 EN 1992-1-1 中与式(10-6)相应的公式有误,式(10-6)中的 H 在规范中被写成 h,正确的应该为 H。

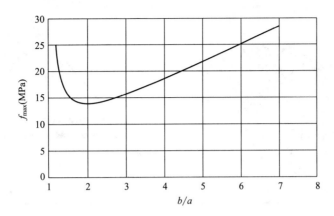

图 10-6 C40/50 混凝土压杆抗压强度曲线

抗压强度达到最低,近似等于 $0.6(1-f_{ck}/250)f_{ck}/\gamma_C$。因此,EN 1992-1-1 规定,有横向拉应力的压杆抗压强度设计值为

$$\sigma_{Rd,max}=0.6v'f_{cd} \tag{10-11}$$

其中,v' 由国家附录指定,推荐值 $v'=1-f_{ck}/250$。计算 f_{cd} 时,α_{cc} 按 1.0 取值。

压杆强度验算时,如果按式(10-10)确定的抗压强度仍不足以抵抗外荷载时,则应在压杆的横向布置受力钢筋,防止混凝土裂缝急剧扩展。横向拉力设计值可按式(10-5)计算。

10.2.3 节点强度

节点区没有锚固拉杆的受压节点,即 C-C-C 节点,见图 10-7（a）,抗压强度设计值为:

$$\sigma_{Rd,max}=k_1 v' f_{cd} \tag{10-12}$$

其中,k_1 由国家附录指定,推荐值取 1.0。这种节点也称为静水压力节点。静水压力节点的特点是各个方向的压应力相等,通过设计节点尺寸,使得 $F_{cd,1}/a_1=F_{cd,2}/a_2=F_{cd,3}/a_3$。在实际节点设计中,没有必要要求完全达到静水压力状态,只要相邻面的压应力比值不小于 0.5 即可。

一个方向有锚固拉杆的压～拉节点,即 C-C-T 节点,见图 10-7（b）,抗压强度设计值为:

$$\sigma_{Rd,max}=k_2 v' f_{cd} \tag{10-13}$$

其中,k_2 由国家附录指定,推荐值取 0.85。梁端支承节点就属于 C-C-T 节点。

多个方向有锚固拉杆的压-拉节点,即 C-T-T 节点,见图 10-7（c）,抗压强度设计值为:

$$\sigma_{Rd,max}=k_3 v' f_{cd} \tag{10-14}$$

其中,k_3 由国家附录指定,推荐值取 0.75。

以上三种节点抗压强度设计值的 f_{cd} 按式(4-11)计算,其中 α_{cc} 按 0.85 取值。

EN 1992-1-1 规定,当满足以下条件之一时,上述三种节点的抗压强度设计值可提高 10%。

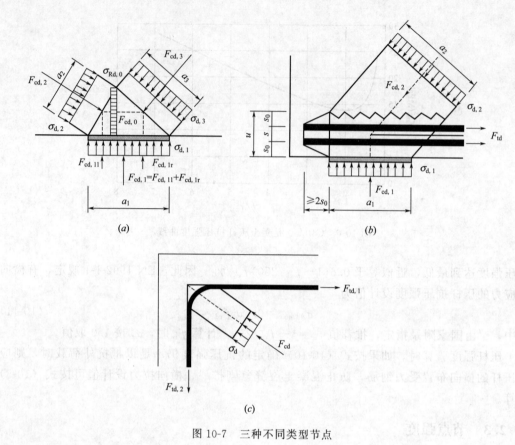

图 10-7 三种不同类型节点

(1) 承受三向压力；
(2) 所有压杆和拉杆间的夹角不小于 55°；
(3) 施加于支座和集中荷载作用处的应力是均匀的，且节点受箍筋约束；
(4) 有多层分布钢筋；
(5) 节点可靠地受支点或摩擦约束。

当节点三个方向压杆的荷载分布已知，节点压应力可根据式（4-23）的约束混凝土抗压强度验算，且应满足下式要求：

$$\sigma_{d,\max} \leqslant k_4 v' f_{cd} \tag{10-15}$$

其中，k_4 由国家附录指定，推荐值取 3.0。

10.3 按压杆—拉杆模型的设计方法

10.3.1 设计步骤

通过建立理想桁架模型，可用压杆—拉杆方法对结构构件或构件的 D 区进行设计。模型包括前面定义的压杆、拉杆和节点。桁架模型可将所有设计荷载传到支座与邻近 B 区。

压杆—拉杆方法的设计是针对承载能力极限状态的，设计中还应符合规范中正常使用极限状态的规定。建立压杆—拉杆模型的方法有应力迹线法、线弹性理论下的应力分布和荷载路径法等。

D区的设计包括下面4个步骤：

(1) 定义和分离D区；

(2) 计算每个D区边界的合力；

(3) 选择桁架模型，传递穿过D区的合力。选择的压杆和拉杆方向分别与压力场和拉力场合力的方向基本重合。计算压杆与拉杆的内力；

(4) 压杆与节点区的有效宽度按 (3) 得出的内力及压杆、节点的混凝土抗压强度确定，拉杆配筋按 (3) 得出的内力及钢筋的屈服强度确定。钢筋应锚固于节点区。

10.3.2 建模原则

压杆—拉杆模型是一个从结构实体中抽象出的力学模型，这种模型应符合力学原则和结构原理。

(1) 在外加荷载与支座反力作用下，压杆—拉杆模型处于平衡状态。

(2) 在确定桁架的几何布置时，须考虑压杆、拉杆和节点区的尺寸。组成压杆—拉杆模型的压杆、拉杆和节点区都具有有限的宽度，在选择桁架尺寸时应加以考虑。

(3) 拉杆可与压杆相交，压杆只能在节点处相互重叠和相交。相交于节点的任意压杆与拉杆轴线之间的夹角不小于26.5°，以减轻裂缝、避免因压杆缩短和拉杆伸长而造成的同一方向的不协调。

(4) 拉杆中钢筋轴线应与压杆—拉杆模型中的拉杆轴线一致。

【例 10-1】 某箱形桥梁的横梁如图 10-8 所示，混凝土抗压强度标准值 $f_{ck}=40\text{MPa}$，钢筋屈服强度标准值 $f_{yk}=500\text{MPa}$。边腹板和中腹板作用在横梁上的集中力分别为 19MN 和 20MN。由于横梁的受力特点属于深梁，故采用压杆—拉杆模型进行分析计算。承载能力极限状态下，压杆 A 和 B 的压力设计值分别为 21.7MN 和 15.9MN，拉杆 C 和 D 的拉力设计值分别为 13.7MN 和 1.2MN，两个支座的竖向反力为 29MN。压杆 A、B 的模型细节尺寸如图 10-9 所示。试验算该压杆—拉杆模型的强度。

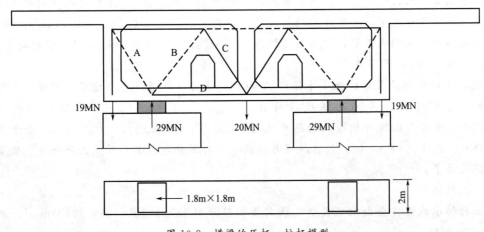

图 10-8　横梁的压杆—拉杆模型

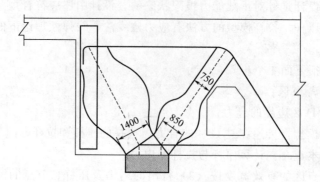

图 10-9 压杆—拉杆模型细节

解答：

根据设计条件，混凝土不考虑受剪的抗压强度设计值 $f_{cd}=0.85\times40/1.5=22.7\mathrm{MPa}$，考虑受剪的抗压强度设计值 $f_{cd}=1.0\times40/1.5=26.7\mathrm{MPa}$。钢筋屈服强度设计值 $f_{yd}=500/1.15=435\mathrm{MPa}$。

(1) 局部受压

横梁与支座接触面的局部压应力为 $29/(1.8\times1.8)=9.0\mathrm{MPa}$。根据式 (10-1)，横梁宽度 $2\mathrm{m}$，略大于支座尺寸 $1.8\mathrm{m}$，横梁长度却远大于支座宽度，而分布面积 A_{cl} 的形状应与局部受压面积 A_{c0} 相似，故取分布面积 $A_{cl}=2\times2=4\mathrm{m}^2$，局部受压面积 $A_{c0}=1.8\times1.8=3.24\mathrm{m}^2$。混凝土局部抗压强度 $f_{cd}\sqrt{A_{cl}/A_{c0}}=22.7\times\sqrt{4/3.24}=25.2\mathrm{MPa}$，大于 $9.0\mathrm{MPa}$，满足局部抗压承载力要求。

(2) 压杆 A

如图 10-9，压杆 A 的横向没有设置横向约束箍筋，受压时会在横向产生拉应力，故其抗压强度按有横向拉应力的情况计算，根据式 (10-11)，$\sigma_{Rd,max}=0.6\times(1-40/250)\times26.7=13.5\mathrm{MPa}$。瓶形压杆的最大压应力为 $21.7/(1.8\times1.4)=8.6\mathrm{MPa}$，小于抗压强度，满足要求。

(3) 压杆 B

由于横梁上人孔的存在，压杆 B 在人孔附近存在"颈缩区"，此处的压杆截面尺寸小于节点附近的压杆尺寸，故压杆 B 的最大压应力为 $15.9/(2\times0.75)=10.6\mathrm{MPa}$。同样，压杆 B 也没有横向约束箍筋，抗压强度仍为 $13.5\mathrm{MPa}$，大于 $10.6\mathrm{MPa}$，满足强度要求。

(4) 压杆 A、B 的节点

因拉杆 D 的拉力设计值远小于压杆 A 和 B 的压力设计值，所以该节点可视为无拉杆锚固的 C-C-C 节点。其抗压强度设计值为 $\sigma_{Rd,max}=1.0\times(1-40/250)\times22.7=19.1\mathrm{MPa}$。节点与压杆 B 相接面的压应力为 $15.9/(1.8\times0.85)=10.4\mathrm{MPa}$，小于节点抗压强度。以上 (1) 和 (2) 计算所得另外两个面的压应力也小于节点抗压强度，故节点强度满足要求。

(5) 拉杆 C

拉杆的承载力完全由钢筋提供，故需要钢筋面积 $13.7\times10^6/435=31494\mathrm{mm}^2$，共计 40 根 $\phi32$ 钢筋。

【例 10-2】 某矩形薄壁桥墩，相关尺寸见图 10-10。混凝土抗压强度标准值 $f_{ck}=30\mathrm{MPa}$，钢筋屈服强度标准值 $f_{yk}=500\mathrm{MPa}$。每个支座作用在墩顶的竖向力为 11.5MN。试对该桥墩进行设计。

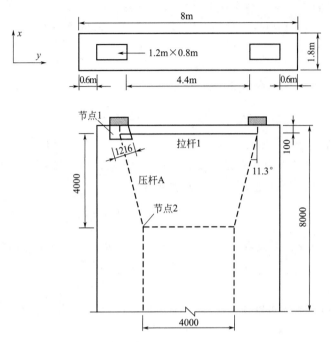

图 10-10 薄壁桥墩尺寸及其压杆—拉杆模型

解答：

根据设计条件，混凝土不考虑受剪的抗压强度设计值 $f_{cd}=0.85\times30/1.5=17\mathrm{MPa}$，考虑受剪的抗压强度设计值 $f_{cd}=1.0\times30/1.5=20\mathrm{MPa}$，抗拉强度设计值 $f_{ctd}=0.85\times2.0/1.5=1.13\mathrm{MPa}$，钢筋屈服强度设计值 $f_{yd}=500/1.15=435\mathrm{MPa}$。

(1) 节点 1

由于节点 1 处有拉杆锚固，因此不能再按验算局部受压考虑。节点 1 为 C-C-T 节点，根据式（10-13），抗压强度 $\sigma_{Rd,max}=0.85\times(1-30/250)\times17=12.7\mathrm{MPa}$。因压杆与拉杆的夹角大于 55°，故抗压强度可提高 10% 到 14MPa。墩顶与支座接触面的局部压应力为 $11.5\times10^6/(1200\times800)=12.0\mathrm{MPa}$，节点 1 与压杆 A 相接面的压应力为

$$\frac{11.5\times10^6/\cos 11.3°}{1216\times800}=12.1\mathrm{MPa}$$

节点 1 的两个受压面压应力均小于 14MPa，满足要求。

(2) 拉杆 1

根据压杆—拉杆桁架模型，拉杆 1 承受的拉力设计值为

$$11.5\times\frac{5600-4000}{2\times4000}=2.3\mathrm{MN}$$

拉杆 1 的承载力完全由钢筋提供，故配筋面积为 $2.3\times10^6/435=5287\mathrm{mm}^2$，共计 11 根 $\phi25$ 钢筋。

(3) 压杆 A

根据式（10-11），压杆抗压强度 $\sigma_{Rd,max} = 0.6 \times (1 - 30/250) \times 20 = 10.6$ MPa，小于 12.1MPa，不满足强度要求。这种情况下可按式（10-10）分别对 x 和 y 两个方向进行验算，若强度仍不能满足要求，则需要配置横向钢筋。

首先考虑 x 向，$b = 1.8$m，$b/a = 1.8/0.8 = 2.25$，抗压强度为

$$f_{max} = \frac{2.4 \times 2.25^2 \times 1.13}{2.25 - 1} = 11 \text{MPa}$$

仍小于 12.1MPa，因此在 x 向需要配置横向钢筋。根据式（10-5），x 向的拉力设计值为

$$T = \frac{1}{4} \times \frac{1.8 - 0.8}{1.8} \times 11.5 = 1.6 \text{MN}$$

所需配筋面积为 $A_s = T/f_{yd} = 1.6 \times 10^6 / 435 = 3678 \text{mm}^2$，可采用细直径钢筋分层布置在图 10-1 所示的 $0.6b$ 高度范围内，即距荷载作用面 $0.4b$ 至 b 的范围内。

再考虑 y 向，$b/a \approx 4/1.2 = 3.3$，抗压强度为

$$f_{max} = \frac{2.4 \times 3.3^2 \times 1.13}{3.3 - 1} = 12.8 \text{MPa}$$

大于 12.1MPa，可以满足强度要求。但为了防止裂缝出现，可在 $0.6b$ 高度范围内配置少量的横向钢筋。

(4) 边缘冲切

根据式（10-4），为防止墩顶出现边缘冲切破坏，应沿 y 向布置分布钢筋。荷载设计值取节点 1 的局部抗压承载力，所需配筋面积为

$$A_r = \frac{14 \times 1200 \times 800/2}{435} = 15448 \text{mm}^2$$

此横向分布钢筋布置在自墩顶以下 $1.8/\tan 30° = 3.12$m 范围内，可布置 16×2 根 $\phi 25$ 钢筋，层间距为 150mm。

第 11 章 构件疲劳

桥梁是一种典型的承受疲劳荷载的结构。混凝土桥梁结构在使用过程中，构件的受力钢筋（普通钢筋和预应力筋）和混凝土都会经受大量循环荷载作用，形成疲劳累计损伤。当累计损伤达到临界值时，桥梁就会出现脆性的疲劳断裂。EN 1992-2 规定，桥梁除了以下构件外，其余构件均应验算疲劳强度：

（1）对风荷载不敏感的人行桥梁；
（2）埋置于土中的拱或框架结构，对于公路桥梁，埋深不少于 1.0m，对于铁路桥梁，埋深不少于 1.5m；
（3）基础；
（4）未与上部结构刚性连接的墩柱；
（5）挡土墙；
（6）未与上部结构刚性连接的实心截面桥台；
（7）在频遇荷载组合（预应力取标准值 P_k）作用下，混凝土永久受压区的普通钢筋和预应力筋。

11.1 疲劳应力幅

11.1.1 疲劳应力计算

疲劳应力幅是决定构件疲劳寿命的因素之一。EN 1992-1-1 规定，构件应力需按开裂截面计算，忽略截面开裂区域的混凝土抗拉强度。对于宽翼缘的箱梁结构还应考虑剪力滞效应。矩形和 T 形截面的开裂截面惯性矩按以下方法计算。

11.1.1.1 矩形开裂截面惯性矩

图 11-1（a）为一矩形受弯开裂截面，阴影表示混凝土受压区范围。将受拉区钢筋 A_s 按受力相同原则换算为混凝土面积 A_{sc}：

$$A_{sc} = \alpha_{ES} A_s \tag{11-1}$$

其中，α_{ES} 为受拉钢筋的弹性模量 E_s 与混凝土弹性模量 E_{cm} 的比值，$\alpha_{ES} = E_s / E_{cm}$。根据中性轴的定义，混凝土受压区截面对中性轴的面积矩和受拉钢筋换算截面对中性轴的面积矩相等，可以得到混凝土受压区高度 x：

$$0.5 b x^2 = A_{sc}(h_0 - x) \tag{11-2}$$

$$x = \frac{\alpha_{ES} A_s}{b} \left(\sqrt{1 + \frac{2 b h_0}{\alpha_{ES} A_s}} - 1 \right) \tag{11-3}$$

计算得到 x 之后，按下式计算开裂截面惯性矩：

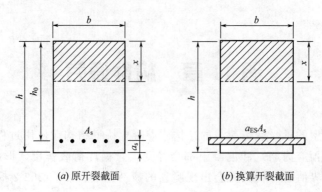

(a) 原开裂截面   (b) 换算开裂截面

图 11-1　矩形开裂截面

$$I_{cr} = \frac{1}{3}bx^3 + \alpha_{ES}A_s(h_0-x)^2 \tag{11-4}$$

11.1.1.2　T形开裂截面惯性矩

T形开裂截面惯性矩计算分为两种情况，第一种情况是中性轴位于受压翼缘内，见图 11-2（a），第二种情况是中性轴位于腹板内，见图 11-2（b）。首先根据下式初步判断混凝土受压区高度 x：

$$0.5b_{eff}x^2 = \alpha_{ES}A_s(h_0-x) \tag{11-5}$$

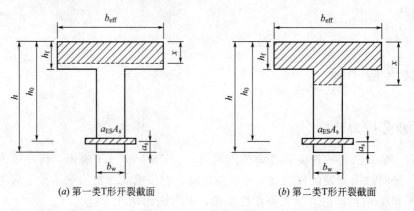

(a) 第一类T形开裂截面   (b) 第二类T形开裂截面

图 11-2　T形开裂截面

求解方程（11-5），若 $x \leqslant h_f$，则表明中性轴位于受压翼缘内；反之，则位于腹板内。对于第一类 T 形开裂截面，计算方法与上述矩形截面相同：

$$x = \frac{\alpha_{ES}A_s}{b_{eff}}\left(\sqrt{1+\frac{2b_{eff}h_0}{\alpha_{ES}A_s}}-1\right) \tag{11-6}$$

$$I_{cr} = \frac{1}{3}b_{eff}x^3 + \alpha_{ES}A_s(h_0-x)^2 \tag{11-7}$$

对于第二类 T 形开裂截面，混凝土受压区高度按下式计算：

$$x = \sqrt{A^2+B}-A \tag{11-8}$$

其中，

11.1 疲劳应力幅

$$A = \frac{\alpha_{ES}A_s + (b_{eff} - b_w)h_f}{b_w} \tag{11-9}$$

$$B = \frac{2\alpha_{ES}A_s h_0 + (b_{eff} - b_w)h_f^2}{b_w} \tag{11-10}$$

进一步可计算得到开裂截面的惯性矩：

$$I_{cr} = \frac{1}{3}b_{eff}x^3 - \frac{1}{3}(b_{eff} - b_w)(x - h_f)^3 + \alpha_{ES}A_s(h_0 - x)^2 \tag{11-11}$$

11.1.1.3 开裂截面应力计算

在确定开裂截面惯性矩后，便可进一步计算混凝土受压区边缘应力 σ_c 和受拉钢筋应力 σ_s：

$$\sigma_c = \frac{M}{I_{cr}}x \tag{11-12}$$

$$\sigma_s = \alpha_{ES}\frac{M}{I_{cr}}(h_0 - x) \tag{11-13}$$

对于预应力混凝土构件，由于普通钢筋和预应力筋的粘结性能不同，EN 1992-1-1 规定，普通钢筋的应力幅需在开裂截面弹性分析结果的基础上乘以放大系数 η：

$$\eta = \frac{A_s + A_p}{A_s + A_p\sqrt{\xi(\phi_s/\phi_p)}} \tag{11-14}$$

其中，A_s 为普通钢筋截面面积；

A_p 为预应力筋截面面积；

ϕ_s 为普通钢筋最大直径；

ϕ_p 为预应力筋等效直径，成束筋 $\phi_p = 1.6\sqrt{A_p}$，七丝一股的钢绞线 $\phi_p = 1.75\phi_{wire}$，三丝一股的钢绞线 $\phi_p = 1.2\phi_{wire}$，ϕ_{wire} 为钢丝直径；

ξ 为有粘结预应力筋与带肋钢筋粘结强度的比值，推荐值见表 11-1。

有粘结预应力筋与带肋钢筋粘结强度比值 表 11-1

预应力筋类型	ξ		
	先张法	后张法,有粘结	
		≤C50/60	>C70/85
光圆钢筋和钢丝	不适用	0.3	0.15
钢绞线	0.6	0.5	0.25
刻痕钢丝	0.7	0.6	0.3
带肋钢筋	0.8	0.7	0.35

注：混凝土强度等级在 C50/60 和 C70/85 之间的 ξ 值按线性插值计算。

对于受剪构件腹筋的应力幅计算，混凝土压杆的倾斜角度 θ 应予以修正。因为承载能力极限状态下由于塑性内力重分布，压杆倾斜角度比弹性状态相对较小，然而，疲劳分析的重点在于估计构件的真实应力幅，故 EN 1992-1-1 规定，疲劳分析时，混凝土压杆的倾斜角度 θ_{fat} 按下式计算：

$$\tan\theta_{fat} = \sqrt{\tan\theta} \leqslant 1.0 \tag{11-15}$$

其中，θ 为承载能力极限状态下的混凝土压杆倾斜角度。根据式（7-9），腹筋的应力幅可按下式计算，ΔV 为剪力变化幅值：

$$\Delta\sigma_{sw}=\frac{\Delta V \cdot s}{A_{sw}z(\cot\theta_{fat}+\cot\alpha)\sin\alpha} \tag{11-16}$$

11.1.2 疲劳分析荷载组合

构件的疲劳寿命除受应力幅影响外，还与构件经历的应力过程有关，譬如可能经历拉—拉循环、拉—压循环或者压—压循环。材料的疲劳试验表明，拉—压循环应力最为不利。因此，确定最大、最小应力的符号也是疲劳强度验算的关键。通常，平均应力代表了循环应力的总体水平，而应力幅是在平均应力基础上的波动，不会改变应力的正负号。EN 1992-1-1 规定，疲劳分析包括两种荷载组合，第一种是无疲劳效应的基本组合，该组合相当于正常使用极限状态的频遇组合，用于确定平均应力：

$$\sum_{j\geqslant 1}G_{k,j}''+''P''+''\psi_{1,1}Q_{k,1}''+''\sum_{i\geqslant 2}\psi_{2,i}Q_{k,i} \tag{11-17}$$

第二种是最不利基本组合与疲劳荷载的联合作用：

$$\Big(\sum_{j\geqslant 1}G_{k,j}''+''P''+''\psi_{1,1}Q_{k,1}''+''\sum_{i\geqslant 2}\psi_{2,i}Q_{k,i}\Big)''+''Q_{fat} \tag{11-18}$$

其中，Q_{fat} 为 EN 1991-2 规定的车辆疲劳荷载。

11.2 钢筋疲劳强度验算

疲劳强度和疲劳寿命都是描述材料抗疲劳性能的重要参数。疲劳寿命是指构件所能经受的疲劳循环次数 N，而疲劳强度则是指构件在规定疲劳循环次数下所能承受的最大疲劳应力幅 $\Delta\sigma$。试验表明，疲劳强度和疲劳寿命之间呈指数关系，这种关系用 S-N 曲线表示，S 代表应力幅 $\Delta\sigma$，N 为疲劳循环次数。EN 1992-1-1 采用双对数坐标，将 S-N 曲线线性化，如图 11-3 所示。

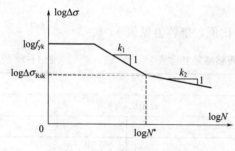

图 11-3 钢筋疲劳 S-N 曲线

表 11-2 给出了钢筋的 S-N 曲线参数。

钢筋 S-N 曲线参数　　　　表 11-2

钢筋种类	N^*	k_1	k_2	$\Delta\sigma_{Rsk}$(MPa)
直筋和弯曲钢筋①	10^6	5	9	162.5
焊接钢筋和钢丝网	10^7	3	5	58.5
钢筋连接件	10^7	3	5	35

注：①$\Delta\sigma_{Rsk}$ 为直筋的疲劳强度，弯曲钢筋的疲劳强度在其基础上乘折减系数 $\zeta=0.35+0.026D/\phi$，D 为弯钩直径，ϕ 为钢筋直径。

表 11-3 给出了预应力筋的 S-N 曲线参数。

预应力筋 S-N 曲线参数　　　　　　　　　　表 11-3

预应力筋种类		N^*	k_1	k_2	$\Delta\sigma_{Rsk}$(MPa)
先张法预应力筋		10^6	5	9	185
后张法	塑料管中的单束钢绞线	10^6	5	9	185
	塑料管中的直线或曲线预应力筋	10^6	5	10	150
	钢管中的曲线预应力筋	10^6	5	7	120
	预应力筋连接件	10^6	5	5	80

对于承受疲劳荷载的桥梁结构，普通钢筋或预应力筋不仅要求应力幅满足疲劳强度的要求，而且其最大拉应力不能超过材料的屈服强度设计值。

11.2.1 疲劳损伤方法

对于只有单一应力幅的情况，可直接根据 S-N 曲线确定疲劳强度后进行验算。所有引起疲劳效应的荷载应乘分项系数 $\gamma_{F,fat}$，其值由国家附录指定，推荐值取 1.0。设计疲劳强度为疲劳循环次数 N^* 对应的 $\Delta\sigma_{Rsk}$ 除以材料分项系数 $\gamma_{S,fat}$，$\gamma_{S,fat}$ 推荐值取 1.15。

然而，现实中的桥梁在使用过程中可能经受各种疲劳应力幅，上述强度验算方法不再适用。这种情况下，EN 1992-1-1 采用基于 Miner 准则的线性疲劳累计损伤验算方法，累计损伤计算公式如下：

$$D_d = \sum_i \frac{n(\Delta\sigma_i)}{N(\Delta\sigma_i)} < 1 \tag{11-19}$$

其中，D_d 为疲劳累计损伤因子；

$n(\Delta\sigma_i)$ 为应力幅 $\Delta\sigma_i$ 所经历过的循环次数；

$N(\Delta\sigma_i)$ 为 S-N 曲线上应力幅 $\Delta\sigma_i$ 所对应的循环次数。

11.2.2 损伤等效应力幅方法

线性疲劳累计损伤验算方法使用起来还是存在诸多困难，需要预先知道每条车道上各种车型的重量及数量、车道间的荷载相关性等等，而且计算量相当大。EN 1992-1-1 给出了一种替代方法——损伤等效应力幅法。该方法采用第 3 章中介绍的疲劳荷载模型 FLM3 作为公路桥梁的疲劳验算荷载，并假设 FLM3 车辆模型重复驶过桥梁 N^* 次后，对桥梁造成的疲劳损伤与实际交通荷载在桥梁设计使用年限内对桥梁造成的疲劳损伤相同。这样，疲劳强度验算就转换成为单一应力幅的情况，需满足以下关系式：

$$\gamma_{F,fat} \cdot \Delta\sigma_{s,equ} \leqslant \Delta\sigma_{Rsk}(N^*)/\gamma_{S,fat} \tag{11-20}$$

其中，$\Delta\sigma_{s,equ}$ 为钢筋、预应力筋和预应力筋连接件的损伤等效应力幅。

EN 1992-2 规定，$\Delta\sigma_{s,equ}$ 按下式计算：

$$\Delta\sigma_{s,equ} = \lambda_s \cdot \Delta\sigma_{s,Ec} \tag{11-21}$$

其中，$\Delta\sigma_{s,Ec}$ 为 FLM3 模型产生的应力幅，计算连续梁桥中支点钢筋应力时，FLM3 模型的轴载需乘放大系数 1.75，计算其余部位钢筋应力时，乘放大系数 1.40；

λ_s 为综合考虑桥梁交通流量、设计使用年限和构件跨径等因素的损伤等效因子，按下式计算：

$$\lambda_s = \varphi_{fat} \cdot \lambda_{s1} \cdot \lambda_{s2} \cdot \lambda_{s3} \cdot \lambda_{s4} \tag{11-22}$$

其中，φ_{fat} 为路面粗糙度控制的损伤等效影响因子；

λ_{s1} 为与桥梁结构类型、计算疲劳损伤的车辆加载影响线或影响面临界长度有关的影响因子；

λ_{s2} 为交通流量影响因子；

λ_{s3} 为桥梁设计使用年限影响因子；

λ_{s4} 为多车道加载影响因子。

连续梁桥中支点、跨中和局部区域的 λ_{s1} 因子分别按图 11-4 和图 11-5 取值。

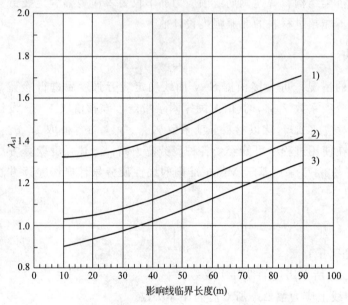

图 11-4　连续梁中支点 λ_{s1} 因子

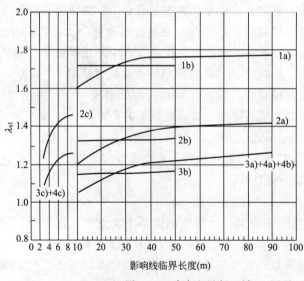

图 11-5　跨中和局部区域 λ_{s1} 因子

11.2 钢筋疲劳强度验算

λ_{s2} 表示年交通流量及交通类型的影响系数，按下式计算：

$$\lambda_{s2} = \overline{Q} \cdot \sqrt[k_2]{N_{obs}/2} \tag{11-23}$$

其中，N_{obs} 为慢车道重车年流量（以 10^6 为 1 单位），按表 3-13 取值；

k_2 为疲劳寿命 S-N 曲线的斜率值；

$\overline{Q}$ 为交通类型因子，按表 11-4 取值，表中交通类型的含义参见表 3-12。

交通类型因子 表 11-4

k_2	交通类型		
	长距离	中距离	短距离
5	1.0	0.90	0.73
7	1.0	0.92	0.78
9	1.0	0.94	0.82

λ_{s3} 表示桥梁设计使用年限不为 100 年的情况下对应力幅的折减，按下式计算：

$$\lambda_{s3} = \sqrt[k_2]{N_{Years}/100} \tag{11-24}$$

其中，N_{Years} 为桥梁的设计使用年限。

λ_{s4} 表示多车道重车联合作用的影响系数，按下式计算：

$$\lambda_{s4} = \sqrt[k_2]{\frac{\sum N_{obs,i}}{N_{obs,1}}} \tag{11-25}$$

其中，$N_{obs,i}$ 为第 i 条名义车道的重车年流量；

$N_{obs,1}$ 为慢车道的重车年流量。

φ_{fat} 表示由路面不平整引起的动力放大系数。对于平顺路面，φ_{fat} 取 1.2；对于高低起伏路面，φ_{fat} 取 1.4。当所考虑截面距伸缩缝不超过 6m 时，还应考虑附加动力放大系数 $\Delta\varphi_{fat}$，按式（3-1）计算。

11.2.3 其他简化方法

为了简化疲劳强度验算，EN 1992-1-1 还规定，荷载基本组合与频遇循环荷载联合作用下，非焊接受拉钢筋的应力幅 $\Delta\sigma_s$ 不超过 70MPa，焊接受拉钢筋的应力幅 $\Delta\sigma_s$ 不超过 35MPa 时，可认为钢筋具有足够的抗疲劳强度。

普通钢筋、预应力筋采用焊接连接或连接件时，在荷载频遇组合与 0.9 倍预应力平均值 P_m 共同作用下，距离接头 200mm 范围内的混凝土截面不得出现拉应力。

【例 11-1】 某长距离高速公路上的一座两跨钢筋混凝土连续梁桥，跨径 30m＋30m，横向布置有 3 个车道，公路交通畅通，卡车流量大，路面平顺。该桥设计使用年限为 100 年。在疲劳荷载模型 FLM3 作用下，跨中正弯矩区钢筋应力幅 60MPa，中支点负弯矩区钢筋应力幅 40MPa。试用损伤等效应力幅方法验算钢筋的疲劳强度。

解答：

(1) 跨中正弯矩区钢筋

根据式（11-21），跨中正弯矩区钢筋在 FLM3 作用下的应力幅 $\Delta\sigma_{s,Ec} = 1.4 \times 60 = 84$MPa。两跨连续梁桥跨中弯矩的影响线长度为单跨跨径长度 30m，根据图 11-5，按 3a) 查得

影响因子 $\lambda_{s1}=1.19$。

该桥位于高速公路，横向3个车道，交通顺畅，卡车流量大，根据表3-13可知，每条慢车道重车年流量 $N_{obs}=2\times10^6$。根据表11-2，对于直筋，$k_2=9$。该高速公路的交通类型属于长距离型，根据表11-4，$\overline{Q}=1.0$。根据式（11-23），交通流量影响因子 $\lambda_{s2}=1.0\times\sqrt[9]{2/2}=1.0$。

高速公路上的桥梁属于重要桥梁，根据表（2-26），其设计使用年限 $N_{Years}=100$。根据式（11-24），桥梁设计使用年限影响因子 $\lambda_{s3}=\sqrt[9]{100/100}=1.0$。

三车道的高速公路，其中2个车道为快车道，1个车道为慢车道。根据表3-13附注，快车道的重车年流量可取为慢车道的10%，即年流量为 0.2×10^6。再由式（11-25），可得多车道加载影响因子 $\lambda_{s4}=\sqrt[9]{(2+0.2+0.2)/2}=1.02$。

该桥路面平顺，$\varphi_{fat}=1.2$。根据式（11-21）和式（11-22），可得损伤等效应力幅：

$$\Delta\sigma_{s,equ}=1.2\times1.19\times1.0\times1.0\times1.02\times84=122\text{MPa}$$

疲劳应力幅设计值 $\gamma_{F,fat}\cdot\Delta\sigma_{s,equ}=1.0\times122=122\text{MPa}$。根据表11-2，直筋的设计疲劳循环次数 $N^*=10^6$，疲劳强度标准值 $\Delta\sigma_{Rsk}(10^6)=162.5\text{MPa}$。疲劳强度设计值为

$$\Delta\sigma_{Rsk}(10^6)/\gamma_{S,fat}=162.5/1.15=141\text{MPa}$$

$\gamma_{F,fat}\cdot\Delta\sigma_{s,equ}<\Delta\sigma_{Rsk}(10^6)/\gamma_{S,fat}$，满足疲劳强度要求。

(2) 中支点负弯矩区钢筋

根据式（11-21），中支点负弯矩区钢筋在FLM3作用下的应力幅 $\Delta\sigma_{s,Ec}=1.75\times40=70\text{MPa}$。

两跨连续梁桥中支点负弯矩的影响线长度也按30m考虑，根据图11-4，按图中3）线查得影响因子 $\lambda_{s1}=0.98$。

其余影响因子与疲劳验算部位无关，因此取值同上，$\lambda_{s2}=1.0$、$\lambda_{s3}=1.0$、$\lambda_{s4}=1.02$、$\varphi_{fat}=1.2$。于是损伤等效应力幅为：

$$\Delta\sigma_{s,equ}=1.2\times0.98\times1.0\times1.0\times1.02\times70=84\text{MPa}$$

疲劳应力幅设计值 $\gamma_{F,fat}\cdot\Delta\sigma_{s,equ}=1.0\times84=84\text{MPa}$，疲劳强度设计值仍为141MPa，大于疲劳应力幅设计值，满足疲劳强度要求。

11.3 混凝土疲劳强度验算

EN 1992-2给出的混凝土疲劳强度验算方法适用于铁路桥梁，对于公路桥梁，可采用EN 1992-1-1中的方法。

11.3.1 抗压疲劳验算

EN 1992-1-1规定，混凝土的抗压疲劳按下式验算：

$$\sigma_{c,max}/f_{cd,fat}\leqslant\begin{cases}0.5+0.45\sigma_{c,min}/f_{cd,fat}\\0.9,\ f_{ck}\leqslant50\text{MPa}\\0.8,\ f_{ck}>50\text{MPa}\end{cases} \quad(11\text{-}26)$$

其中，$\sigma_{c,max}$ 为荷载频遇组合作用下的混凝土最大压应力（压为正，拉为负）；

$\sigma_{c,min}$ 为荷载频遇组合作用下,与 $\sigma_{c,max}$ 相同位置处的混凝土最小压应力,若 $\sigma_{c,min}$ 实际上为拉应力,$\sigma_{c,min}$ 取值为 0;

$f_{cd,fat}$ 为混凝土的疲劳强度设计值,按下式计算:

$$f_{cd,fat} = k_1 \beta_{cc}(t_0) f_{cd} (1 - f_{ck}/250) \tag{11-27}$$

其中,t_0 为混凝土的循环荷载加载龄期(d);

$\beta_{cc}(t_0)$ 为混凝土初始加载时的强度系数,按式(4-28)计算;

f_{cd} 为混凝土抗压强度设计值,计算时 α_{cc} 取 1.0;

k_1 系数由国家附录指定,推荐值取 0.85,相应的疲劳循环次数 $N = 10^6$ 次。

11.3.2 抗剪疲劳验算

有腹筋梁的抗剪疲劳验算也采用式(11-26),但其中混凝土的疲劳强度设计值 $f_{cd,fat}$ 需考虑强度折减系数 v,按式(7-5)计算。混凝土压杆的压应力 $\sigma_{c,max}$ 和 $\sigma_{c,min}$ 按下式计算:

$$\sigma_c = \frac{V_d}{b_w z} \cdot \frac{1 + \cot^2\theta}{\cot\theta + \cot\alpha} \tag{11-28}$$

其中,V_d 为荷载频遇组合作用下的构件剪力设计值,其余变量含义见式(7-11)。

无腹筋梁的抗剪疲劳按以下公式验算:

(1) 当 $V_{d,min}/V_{d,max} \geq 0$ 时,

$$|V_{d,max}/V_{Rd,c}| \leq \begin{cases} 0.5 + 0.45|V_{d,min}/V_{Rd,c}| \\ 0.9, & f_{ck} \leq 50\text{MPa} \\ 0.8, & f_{ck} > 50\text{MPa} \end{cases} \tag{11-29}$$

(2) 当 $V_{d,min}/V_{d,max} < 0$ 时,

$$|V_{d,max}/V_{Rd,c}| \leq 0.5 - |V_{d,min}/V_{Rd,c}| \tag{11-30}$$

其中,$V_{d,max}$ 为荷载频遇组合作用下的构件最大剪力设计值;

$V_{d,min}$ 为荷载频遇组合作用下,与 $V_{d,max}$ 同截面处的构件最小剪力设计值;

$V_{Rd,c}$ 为无腹筋梁的抗剪承载力,按式(7-1)计算。

【例 11-2】 仍以例 11-1 所述桥梁为例,混凝土强度等级 C35/45。采用开裂截面按荷载频遇组合计算得到的跨中截面上缘的最大、最小应力分别为 4.0MPa、1.0MPa,中支点截面下缘的最大、最小应力分别为 4.5MPa、0.7MPa。试验算这两个部位混凝土的疲劳强度。

解答:

根据验算条件,混凝土抗压强度设计值 $f_{cd} = 1.0 \times 35/1.5 = 23.3$ MPa。

一般情况下,混凝土桥梁结构受力时的龄期不会低于 7 天,故假定桥梁混凝土龄期 $t_0 = 7$d 时便开始承受交通荷载。根据式(4-28),$\beta_{cc}(7) = \exp[0.25 \times (1 - \sqrt{28/7})] = 0.78$。根据式(11-27),混凝土疲劳强度设计值为

$$f_{cd,fat} = 0.85 \times 0.78 \times 23.3 \times (1 - 35/250) = 13.3 \text{MPa}$$

(1) 跨中截面

根据式(11-26),$\sigma_{c,max}/f_{cd,fat} = 4.0/13.3 = 0.3$,$0.5 + 0.45\sigma_{c,min}/f_{cd,fat} = 0.5 + 0.45 \times 1.0/13.3 = 0.53$,满足 $\sigma_{c,max}/f_{cd,fat} < 0.5 + 0.45\sigma_{c,min}/f_{cd,fat}$,且 $\sigma_{c,max}/f_{cd,fat} < 0.9$。因此,

跨中截面上缘混凝土的疲劳强度满足要求。

（2）中支点截面

根据式（11-26），$\sigma_{c,max}/f_{cd,fat} = 4.5/13.3 = 0.34$，$0.5 + 0.45\sigma_{c,min}/f_{cd,fat} = 0.5 + 0.45 \times 0.7/13.3 = 0.52$，满足 $\sigma_{c,max}/f_{cd,fat} < 0.5 + 0.45\sigma_{c,min}/f_{cd,fat}$，且 $\sigma_{c,max}/f_{cd,fat} < 0.9$。因此，中支点截面下缘混凝土仍满足疲劳强度要求。

第12章 构件应力、裂缝与变形

混凝土桥梁结构设计在满足承载能力极限状态的前提下，还应满足正常使用极限状态要求。公路混凝土桥梁结构正常使用极限状态验算的内容包括混凝土抗裂、裂缝宽度和构件变形，人行桥梁还需对舒适度有关的振动加速度进行验算。这些方面是否满足规范要求，关系到结构或构件能否正常使用及耐久性。

12.1 应力控制

12.1.1 长期应力

混凝土结构的应力包括混凝土的应力和钢筋的应力。长期应力主要受徐变影响，徐变在宏观上表现为构件的刚度退化。考虑徐变影响的混凝土长期弹性模量为 $E_{cm}/(1+\varphi)$。联合考虑荷载长期和短期作用情况下的混凝土有效弹性模量为

$$E_{cm,eff} = \frac{(M_{qp}+M_{st})E_{cm}}{M_{st}+(1+\varphi)M_{qp}} \tag{12-1}$$

其中，M_{st} 为短期作用产生的弯矩；

M_{qp} 为准永久作用产生的弯矩；

φ 为混凝土的徐变系数。

对于开裂截面，由于上述徐变影响，混凝土受压区高度增大，从而引起受拉钢筋应力增大、混凝土压应力减小的应力重分布现象。应力计算方法参见第11.1节，其中的钢筋与混凝土弹性模量之比 α_{ES} 按 $E_s/E_{cm,eff}$ 计算。

12.1.2 应力限值

12.1.2.1 施工阶段混凝土应力限值

为避免施工过程中先张法和后张法构件锚固端混凝土发生破坏，EN 1992-1-1 规定，张拉或释放预应力筋时由预应力及其它荷载在混凝土中产生的压应力 σ_c 应满足下式要求：

$$\sigma_c \leqslant 0.6 f_{ck}(t) \tag{12-2}$$

其中，$f_{ck}(t)$ 为施加预应力时的混凝土抗压强度标准值。

对于先张构件，在试验或经验表明可以防止纵向裂缝出现的情况下，传递预应力时的混凝土压应力限值可增大到 $k_6 f_{ck}(t)$，k_6 取值由国家附录指定，推荐值为 0.7。当混凝土压应力长期地超过 $0.45 f_{ck}(t)$ 时，应考虑非线性徐变的影响。

当对每根预应力筋分级施加预应力时，所要求的混凝土抗压强度可适当降低。t 时刻的最小平均抗压强度 $f_{cm}(t)$ 应为欧洲技术认证书规定的一次性施加预应力所需混凝土抗

压强度的 k_4(%)。在最小平均抗压强度和一次性施加预应力所需混凝土抗压强度之间，预应力筋张拉应力可在 k_5(%) 和 100% 的控制应力之间插值确定。k_4 和 k_5 取值由国家附录指定，推荐值分别为 50 和 30。

12.1.2.2 使用阶段应力限值

EN 1992-1-1 从混凝土应力和钢筋应力两个方面对使用阶段的应力进行控制。

1. 混凝土应力限值

为避免产生纵向开裂、微裂缝或较高的徐变，对结构的功能产生不可接受的影响，要求在荷载标准组合下，对暴露等级为 XD、XF 和 XS 的地区，混凝土压应力不得超过 $k_1 f_{ck}$，其中 f_{ck} 为混凝土抗压强度标准值，k_1 由国家附录指定，推荐值取 0.6。如若在混凝土中额外布置横向约束钢筋，则混凝土压应力限值可在 $k_1 f_{ck}$ 基础上提高 10%。

当准永久荷载下混凝土的压应力小于 $k_2 f_{ck}$ 时，认为徐变是线性的，反之则应考虑非线性徐变，其中，k_2 由国家附录指定，推荐值取 0.45。

2. 钢筋应力限值

为避免产生非弹性应变、不可接受的开裂或变形，要求在荷载标准组合下，钢筋拉应力不得超过 $k_3 f_{yk}$。如果应力是由外加变形引起的，钢筋拉应力不得超过 $k_4 f_{yk}$。预应力筋的平均拉应力不得超过 $k_5 f_{pk}$。k_3、k_4 和 k_5 的取值由国家附录指定，推荐值分别为 0.8、1 和 0.75。

【例 12-1】 某钢筋混凝土桥面板，厚度 250mm，混凝土强度等级 C35/45，长期徐变系数 $\varphi=2.2$。荷载标准组合作用下，桥面板跨中弯矩为 85kN·m/m，其中由结构自重及附加恒载引起的弯矩占 15%，由交通荷载引起的弯矩占 85%。桥面板底部设置 ϕ16 钢筋，间距 100mm，钢筋屈服强度 $f_{yk}=500$MPa，板的截面有效高度为 192mm。试对正常使用极限状态的应力进行验算。

解答：

根据验算条件，混凝土抗压强度标准值 $f_{ck}=35$MPa，抗拉强度平均值 $f_{ctm}=3.2$MPa，弹性模量 $E_{cm}=34$GPa，钢筋弹性模量 $E_s=200$GPa。首先，判断桥面板在荷载标准组合作用下是否开裂。未开裂截面的中性轴与形心轴重合，截面惯性矩为 $I=1000\times 250^3/12=1.302\times 10^9$mm^4，跨中截面上缘和下缘的应力为：

$$\sigma_{top}=\sigma_{bot}=Mh/(2I)=85\times 10^6\times 250/(2\times 1.302\times 10^9)=8.2\text{MPa}$$

因 $\sigma_{bot}>f_{ctm}$，所以桥面板已经开裂，混凝土和钢筋应力应该按开裂截面进行计算。

(1) 桥梁初次运营时，徐变效应较小，不必考虑混凝土的有效弹性模量。钢筋与混凝土的弹性模量比 $\alpha_{ES}=E_s/E_{cm}=200/34=5.88$，桥面板单位宽度配筋 $A_s=2010$mm^2。根据式 (11-3)，混凝土受压区高度为

$$x=\frac{5.88\times 2010}{1000}\times\left(\sqrt{1+\frac{2\times 1000\times 192}{5.88\times 2010}}-1\right)=56.5\text{mm}$$

根据式 (11-4)，开裂截面惯性矩为

$$I_{cr}=\frac{1}{3}\times 1000\times 56.5^3+5.88\times 2010\times(192-56.5)^2=2.77\times 10^8\text{mm}^4$$

根据式 (11-12) 和式 (11-13)，开裂截面的混凝土和钢筋最大应力分别为

$$\sigma_c=\frac{85\times 10^6}{2.77\times 10^8}\times 56.5=17.3\text{MPa}$$

$$\sigma_s = 5.88 \times \frac{85 \times 10^6}{2.77 \times 10^8} \times (192-56.5) = 244.5 \text{MPa}$$

因 $k_1 f_{ck} = 0.6 \times 35 = 21 \text{MPa} > \sigma_c$，$k_3 f_{yk} = 0.8 \times 500 = 400 \text{MPa} > \sigma_s$，满足应力控制要求。

（2）桥梁长期运营后，假定混凝土的徐变已发展完成。根据式（12-1），混凝土有效弹性模量为

$$E_{cm,eff} = \frac{(0.15+0.85) \times 34}{0.85+(1+2.2) \times 0.15} = 25.6 \text{GPa}$$

钢筋与混凝土的弹性模量比 $\alpha_{ES} = E_s/E_{cm,eff} = 200/25.6 = 7.81$。以下重复（1）的计算过程：

$$x = \frac{7.81 \times 2010}{1000} \times \left(\sqrt{1+\frac{2 \times 1000 \times 192}{7.81 \times 2010}} - 1\right) = 63.5 \text{mm}$$

$$I_{cr} = \frac{1}{3} \times 1000 \times 63.5^3 + 7.81 \times 2010 \times (192-63.5)^2 = 3.44 \times 10^8 \text{mm}^4$$

$$\sigma_c = \frac{85 \times 10^6}{3.44 \times 10^8} \times 63.5 = 15.7 \text{MPa}$$

$$\sigma_s = 7.81 \times \frac{85 \times 10^6}{3.44 \times 10^8} \times (192-63.5) = 248.0 \text{MPa}$$

因 $k_1 f_{ck} = 0.6 \times 35 = 21 \text{MPa} > \sigma_c$，$k_3 f_{yk} = 0.8 \times 500 = 400 \text{MPa} > \sigma_s$，也满足应力控制要求。

12.2 裂缝控制

EN 1992-2 给出了三种裂缝控制方法：基于裂缝控制的最小配筋面积、直接进行裂缝宽度计算和不直接进行计算的裂缝控制方法。

12.2.1 裂缝控制的最小配筋面积

如图 12-1 所示，对于承受弯矩和轴力作用的矩形截面钢筋混凝土构件，忽略钢筋的影响，截面开裂前所能承受的弯矩 M_{cr} 为：

$$M_{cr} = \frac{1}{3} f_{ct,eff} A_{ct} h + \frac{N_d}{3}\left(\frac{h}{2} + h_{cr}\right) \tag{12-3}$$

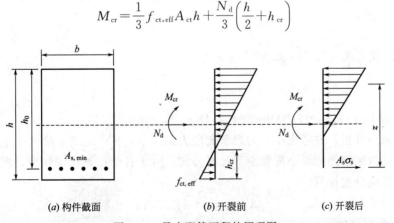

图 12-1 最小配筋面积的原理图

其中，$f_{ct,eff}$ 为混凝土即将开裂时的抗拉强度平均值，一般取 $f_{ct,eff}=f_{ctm}$，对于桥梁结构，为考虑收缩影响，$f_{ct,eff}$ 还不应小于 2.9MPa；

A_{ct} 为截面即将开裂时混凝土受拉区面积，$A_{ct}=bh_{cr}$；

b 为截面宽度；

h 为截面高度；

h_{cr} 为截面即将开裂时的混凝土受拉区高度；

N_d 为作用于截面的轴力（受压为正），由预应力标准值和相关荷载组合的轴向力确定。

截面开裂后，原受拉区混凝土承受的拉力释放转移至受拉区钢筋，相同的开裂弯矩则由受拉钢筋和受压混凝土承担，即：

$$\frac{1}{3}f_{ct,eff}A_{ct}h+\frac{N_d}{3}\left(\frac{h}{2}+h_{cr}\right)=A_s\sigma_s z+N_d[0.5h-(0.9h-z)] \tag{12-4}$$

其中，A_s 为混凝土受拉区钢筋截面面积；

σ_s 为混凝土开裂时钢筋的应力，可取钢筋屈服强度标准值 f_{yk}，也可根据最大钢筋直径或间距取满足裂缝宽度要求的值（表 12-2 和表 12-3）；

z 为受弯截面内力臂长度。

令

$$\sigma_c=N_d/(bh), z=\alpha h$$

则式（12-4）可以改写为

$$A_s\sigma_s=k_c f_{ct,eff}A_{ct} \tag{12-5}$$

其中，

$$k_c=\frac{1}{3\alpha}\left\{1-\frac{\sigma_c}{f_{ct,eff}}\left[[1-3(0.9-\alpha)]\frac{h}{h_{cr}}-1\right]\right\} \tag{12-6}$$

一般情况下，内力臂系数 α 的取值在 0.8 左右，上下浮动不大，故可取为常数 0.8。这样，式（12-6）可简化为下面的公式：

$$k_c=0.4\left[1-\frac{\sigma_c}{f_{ct,eff}}\left(0.7\frac{h}{h_{cr}}-1\right)\right] \tag{12-7}$$

实际上，h_{cr} 可由混凝土截面平均压应力 σ_c 和抗拉强度平均值 $f_{ct,eff}$ 表示：

$$h_{cr}=\frac{h}{2}\cdot\frac{f_{ct,eff}}{f_{ct,eff}+\sigma_c} \tag{12-8}$$

将式（12-8）代入式（12-7），k_c 的表达式为

$$k_c=0.4\left[1-\frac{\sigma_c}{f_{ct,eff}}\left(1.4\frac{f_{ct,eff}+\sigma_c}{f_{ct,eff}}-1\right)\right] \tag{12-9}$$

图 12-2 给出了 $f_{ct,eff}=2.9\text{MPa}$ 时，k_c 随 σ_c 的变化曲线。

根据上面的分析，并考虑不均匀自平衡应力的影响，EN 1992-2 给出了下面满足裂缝控制要求的受拉区钢筋的最小配筋面积计算公式。对于有受拉翼缘的构件，翼缘和腹板的最小配筋面积应分别计算。

$$A_{s,\min}\sigma_s=k_c k f_{ct,eff}A_{ct} \tag{12-10}$$

其中，$A_{s,\min}$ 为裂缝控制要求的受拉区最小配筋面积；

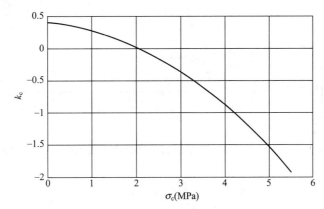

图 12-2 k_c 与 σ_c 的关系曲线

A_{ct}、$f_{ct,eff}$ 和 σ_s 的定义同上;

k 为考虑不均匀自平衡应力影响的系数,当腹板高度 $h \leqslant 300$mm 或受拉翼缘宽度 $<$ 300mm 时,取 1.0,当腹板高度 $h \geqslant 800$mm 或受拉翼缘宽度 $>$ 800mm 时,取 0.65,中间按线性插值;

k_c 为即将开裂截面考虑应力分布和内力臂变化的系数,只受拉时

$$k_c = 1.0 \tag{12-11}$$

受弯或弯矩与轴力共同作用时,对于矩形截面和箱形截面、T 形截面的腹板

$$k_c = 0.4 \left[1 - \frac{\sigma_c}{k_1 (h/h^*) f_{ct,eff}} \right] \leqslant 1.0 \tag{12-12}$$

对于箱形截面、T 形截面的受拉翼缘

$$k_c = 0.9 \frac{F_{cr}}{A_{ct} f_{ct,eff}} \geqslant 0.5 \tag{12-13}$$

h^* 的取值,当 $h < 1.0$m 时,$h^* = h$,当 $h \geqslant 1.0$m 时,$h^* = 1.0$m;

k_1 为考虑轴力对应力分布影响的系数,当 N_d 为压力时,$k_1 = 1.5$,当 N_d 为拉力时,$k_1 = 2h^*/(3h)$;

F_{cr} 为截面即将开裂时受拉翼缘承受的拉力绝对值。

如果混凝土受拉区布置的有粘结预应力筋中心到混凝土受拉区外缘的距离不超过 150mm,则可以考虑预应力对裂缝控制的贡献。这样,式(12-10)修改为

$$A_{s,min} \sigma_s + \xi_1 A'_p \Delta\sigma_p = k_c k f_{ct,eff} A_{ct} \tag{12-14}$$

其中,A'_p 为混凝土有效受拉区 $A_{c,eff}$ 内的有粘结预应力筋截面面积;

$\Delta\sigma_p$ 为混凝土受拉区预应力筋处的混凝土消压之后,预应力筋的应力增量,$\Delta\sigma_p = \sigma_p - \sigma_{po}$;

ξ_1 为考虑不同直径预应力筋和普通钢筋的粘结强度修正因子,$\xi_1 = \sqrt{\xi \phi_s / \phi_p}$,$\xi$ 的取值见表 11-1,ϕ_s 为普通钢筋最大直径,ϕ_p 为预应力筋等效直径。当只有预应力筋控制裂缝时,$\xi_1 = \sqrt{\xi}$。

有效受拉区 $A_{c,eff}$ 是指普通钢筋或预应力筋周围的混凝土受拉区面积,$A_{c,eff} = bh_{c,ef}$,如图 12-3 中的阴影区域。有效受拉区截面高度 $h_{c,ef} = \min[2.5(h-h_0),(h-x)/3,h/2]$。

对于预应力混凝土构件,在预应力标准值和荷载标准组合作用下,如果全截面受压或

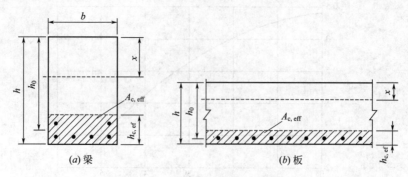

图 12-3 混凝土有效受拉区面积

混凝土受拉区应力不超过 $f_{ct,eff}$ 时，截面配筋可不考虑最小配筋面积的要求，但仍应考虑早期温度裂缝的控制。

12.2.2 裂缝宽度计算

混凝土的开裂机理和裂缝扩展过程比较复杂，与钢筋直径、混凝土强度、钢筋应力、混凝土保护层厚度等多种因素有关。目前已有的裂缝宽度计算理论有粘结滑移理论、无粘结滑移理论、粘结滑移—无滑移理论和数理统计理论等。EN 1992-1-1 采用的是粘结滑移—无滑移理论，裂缝宽度 w_k 计算公式为：

$$w_k = s_{r,max}(\varepsilon_{sm} - \varepsilon_{cm}) \tag{12-15}$$

其中，$s_{r,max}$ 为裂缝的最大间距；

ε_{sm} 为相关荷载组合作用下的钢筋平均应变，包括外加变形和拉伸硬化的影响。只考虑受拉钢筋处混凝土消压后的钢筋附加拉应变；

ε_{cm} 为裂缝间混凝土的平均应变。

12.2.2.1 $\varepsilon_{sm} - \varepsilon_{cm}$ 的计算

钢筋平均应变与混凝土平均应变之差 $\varepsilon_{sm} - \varepsilon_{cm}$ 按下式计算：

$$\varepsilon_{sm} - \varepsilon_{cm} = \frac{\sigma_s - k_t(1 + \alpha_{ES}\rho_{p,eff})f_{ct,eff}/\rho_{p,eff}}{E_s} \geqslant 0.6\frac{\sigma_s}{E_s} \tag{12-16}$$

其中，σ_s 为开裂截面受拉钢筋的应力。对于先张预应力构件，用 $\Delta\sigma_p$ 代替 σ_s，$\Delta\sigma_p$ 为受拉区预应力筋处混凝土消压之后预应力筋的应力增量；

α_{ES} 为钢筋与混凝土弹性模量之比，$\alpha_{ES} = E_s/E_{cm}$；

$\rho_{p,eff}$ 为截面有效受拉区的配筋率，按下式计算：

$$\rho_{p,eff} = \frac{A_s + \xi_1 A_p'}{A_{c,eff}} \tag{12-17}$$

k_t 为依赖于荷载持续时间的系数，短期荷载 $k_t = 0.6$，长期荷载 $k_t = 0.4$；

$0.6\sigma_s/E_s$ 是用于限制混凝土拉伸硬化的有利影响。

12.2.2.2 $s_{r,max}$ 的计算

当混凝土受拉区的有粘结钢筋间距不大于 $5(c + \phi/2)$ 时（图 12-4），裂缝的最大间距按下式计算：

$$s_{r,\max}=k_3 c+\frac{k_1 k_2 k_4 \phi}{\rho_{p,\text{eff}}} \quad (12\text{-}18)$$

其中，ϕ 为钢筋直径；

c 为纵向受拉钢筋的混凝土保护层厚度，按第 16 章中的名义混凝土保护层厚度 c_{nom} 取值；

k_1 为考虑钢筋粘结特性的系数，对高粘结强度钢筋，取 0.8，对光面钢筋，取 1.6；

k_2 为考虑应变分布的系数，对于受弯构件，取 0.5，对于受拉构件，取 1.0，对于偏心受拉或局部受拉的情况，$k_2=(\varepsilon_1+\varepsilon_2)/(2\varepsilon_1)$；

ε_1 和 ε_2 分别为按开裂截面计算的截面边缘拉应变的较大值和较小值；

k_3 和 k_4 为常数，由国家附录指定，推荐值分别取 3.4 和 0.425。

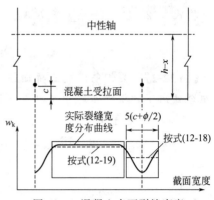

图 12-4 混凝土表面裂缝宽度与钢筋间距的关系

当混凝土受拉区的有粘结钢筋间距大于 $5(c+\phi/2)$ 时，裂缝的最大间距按下式计算：

$$s_{r,\max}=1.3(h-x) \quad (12\text{-}19)$$

对于在两个正交方向配筋的构件，当主应力轴与钢筋方向夹角较大（>15°）时，裂缝的最大间距可按下式计算：

$$s_{r,\max}=\left(\frac{\cos\theta}{s_{r,\max,y}}+\frac{\sin\theta}{s_{r,\max,z}}\right)^{-1} \quad (12\text{-}20)$$

其中，$s_{r,\max,y}$ 和 $s_{r,\max,z}$ 为按式（12-18）或式（12-19）计算的 y 向和 z 向的裂缝间距；

θ 为 y 向的钢筋与主拉应力方向的夹角。

12.2.2.3 等效钢筋直径

式（12-18）是针对截面中只有一种直径的钢筋而言的，当截面内包含多种直径的钢筋时，则应替换为等效钢筋直径 ϕ_{eq}。ϕ_{eq} 可根据裂缝开展机理确定。如前所述，欧洲规范采用的裂缝开展理论属于粘结滑移—无滑移理论，在式（12-18）中，假定与混凝土保护层厚度有关的第一项受无滑移理论控制，与钢筋直径和有效配筋率有关的第二项受粘结滑移理论控制，即假定：

$$s_{r,\max}=s_1+s_2 \quad (12\text{-}21)$$

其中，$s_1=k_3 c$，$s_2=k_1 k_2 k_4 \phi/\rho_{p,\text{eff}}$。

当截面内有 n_1 根直径为 ϕ_1 的钢筋和 n_2 根直径为 ϕ_2 的钢筋时，假定其滑移段的长度均为 l_t，则有

$$f_{\text{ctm}} A_{c,\text{eff}}=\tau\pi(n_1\phi_1+n_2\phi_2)l_t \quad (12\text{-}22)$$

根据粘结滑移理论，裂缝间距 s_2 为滑移长度 l_t 的 2 倍：

$$s_2=\frac{2 f_{\text{ctm}} A_{c,\text{eff}}}{\tau\pi(n_1\phi_1+n_2\phi_2)} \quad (12\text{-}23)$$

试验表明，钢筋与混凝土间的粘结强度与混凝土的抗拉强度成正比，即 $\tau=k_5 f_{\text{ctm}}$，其中 k_5 为常数。另外，钢筋截面面积 $A_s=\pi(n_1\phi_1^2+n_2\phi_2^2)/4$，将其代入式（12-23），$s_2$ 可写为

$$s_2=\frac{n_1\phi_1^2+n_2\phi_2^2}{2k_5(n_1\phi_1+n_2\phi_2)}\cdot\frac{A_{c,\text{eff}}}{A_s}=\frac{n_1\phi_1^2+n_2\phi_2^2}{2k_5(n_1\phi_1+n_2\phi_2)}\cdot\frac{1}{\rho_{p,\text{eff}}} \quad (12\text{-}24)$$

将式 (12-24) 与 $s_2=k_1k_2k_4\phi/\rho_{p,eff}$ 进行比较，可得等效钢筋直径 ϕ_{eq}：

$$\phi_{eq}=\frac{n_1\phi_1^2+n_2\phi_2^2}{n_1\phi_1+n_2\phi_2} \tag{12-25}$$

【例 12-2】 某钢筋混凝土桥面板，厚度 250mm，混凝土强度等级 C35/45。荷载标准组合作用下，桥面板跨中弯矩为 85kN·m/m，其中由结构自重及附加恒载引起的弯矩占 15%，由交通荷载引起的弯矩占 85%。桥面板底部设置 ϕ16 钢筋，间距 100mm，钢筋屈服强度 $f_{yk}=500$MPa，混凝土保护层厚度 $c=50$mm。试计算该桥面板的裂缝宽度。

解答：

根据验算条件，混凝土抗拉强度平均值 $f_{ctm}=3.2$MPa，弹性模量 $E_{cm}=34$GPa，钢筋弹性模量 $E_s=200$GPa，截面有效高度 $h_0=250-50-16/2=192$mm。根据【例 12-1】的计算结果，桥梁长期运营时，截面受压区高度 $x=63.5$mm，钢筋应力 $\sigma_s=248$MPa。

截面有效受拉区截面高度 $h_{c,ef}=\min[2.5\times(250-192),(250-63.5)/3,250/2]=62.2$mm，有效受拉区面积 $A_{c,eff}=1000\times62.2=62200$mm²。单位板宽内钢筋截面面积 $A_s=2010$mm²，无预应力筋，根据 (12-17)，截面有效受拉区配筋率 $\rho_{p,eff}=2010/62200=0.0323$。

因钢筋间距为 100mm，小于 $5(c+\phi/2)=5\times(50+16/2)=290$mm，因此最大裂缝间距采用式 (12-18) 计算。高粘结强度钢筋，$k_1=0.8$，受弯构件，$k_2=0.5$，最大裂缝间距为

$$s_{r,max}=3.4\times50+0.8\times0.5\times0.425\times16/0.0323=254\text{mm}$$

式 (12-16) 中系数 k_t，对于短期荷载 $k_t=0.6$，对于长期荷载 $k_t=0.4$。该桥面板的短期荷载占总荷载的 85%，插值得 $k_t=0.57$。钢筋与混凝土弹性模量之比 $\alpha_{ES}=200/34=5.88$。钢筋平均应变与混凝土平均应变之差为

$$\varepsilon_{sm}-\varepsilon_{cm}=\frac{248-0.57\times(1+5.88\times0.0323)\times3.2/0.0323}{200000}=9.04\times10^{-4}$$

$0.6\sigma_s/E_s=0.6\times248/200000=7.44\times10^{-4}<9.04\times10^{-4}$，满足要求。

根据式 (12-15)，裂缝宽度为

$$w_k=254\times9.04\times10^{-4}=0.23\text{mm}$$

12.2.3 不直接进行计算的裂缝控制

按前述的公式计算裂缝宽度比较复杂，为此，根据裂缝宽度计算公式和表 12-4 的裂缝宽度限值，EN 1992-1-1 给出了不直接计算裂缝宽度的条件。当满足该条件时，不需计算裂缝宽度。

将式 (12-16) 和式 (12-18) 代入式 (12-15)，构件的裂缝宽度计算公式可写为：

$$w_k=s_{r,max}(\varepsilon_{sm}-\varepsilon_{cm})=\left(k_3c+\frac{k_1k_2k_4\phi}{\rho_{p,eff}}\right)\cdot\frac{\sigma_s-k_t(1+\alpha_{ES}\rho_{p,eff})f_{ct,eff}/\rho_{p,eff}}{E_s} \tag{12-26}$$

反推可得到钢筋直径与裂缝宽度的关系：

$$\phi=\frac{\rho_{p,eff}}{k_1k_2k_4}\cdot\left[\frac{w_kE_s}{\sigma_s-k_t(1+\alpha_{ES}\rho_{p,eff})f_{ct,eff}/\rho_{p,eff}}-k_3c\right] \tag{12-27}$$

12.2 裂缝控制

式（12-27）只有在钢筋应力 σ_s 大于 σ_{sr}（σ_{sr} 为由开裂弯矩引起的开裂截面钢筋应力）时才是正确的。假定 $\rho_{p,eff}=\rho_{eff,min}=A_{s,min}/A_{c,eff}$，即 $\sigma_s=\sigma_{sr}$，这一假定是合理的，因为 σ_s 小于 σ_{sr} 是不会出现开裂的。根据式（12-10）和式（12-17），$\rho_{p,eff}$ 可由下式计算，

$$\rho_{p,eff}=\rho_{eff,min}=\frac{k_c k f_{ct,eff}}{\sigma_s} \cdot \frac{h_{cr}}{2.5(h-h_0)} \tag{12-28}$$

于是，式（12-27）可进一步写为

$$\phi=\frac{k_c k f_{ct,eff}}{k_1 k_2 k_4 \sigma_s} \cdot \frac{h_{cr}}{2.5(h-h_0)} \cdot \left[\frac{w_k E_s}{\sigma_s - k_t \left(\dfrac{\sigma_s}{k_c k} \cdot \dfrac{2.5(h-h_0)}{h_{cr}} + \alpha_{ES} f_{ct,eff}\right)} - k_3 c\right] \tag{12-29}$$

式（12-29）与多个变量有关，为了得到简单的表达式，考虑受弯构件，取 $k=1.0$（$h \leqslant 300\text{mm}$），$k_c=0.4$，$k_1=0.8$（高粘结强度钢筋），$k_2=0.5$，$k_3=3.4$，$k_4=0.425$，$k_t=0.4$（长期）；$\alpha_{ES}=6.06$（C30/37），$f_{ct,eff}=2.9\text{MPa}$；$h_{cr}/(h-h_0) \approx 0.5h/(h/10)=5$；$c=25\text{mm}$，$w_k=0.3\text{mm}$。将以上参数代入式（12-29）得：

$$\phi=\frac{13.65}{\sigma_s} \cdot \left(\frac{1.2 \times 10^5}{\sigma_s - 14} - 85\right) \tag{12-30}$$

根据式（12-30）进行计算，得到裂缝宽度 $w_k=0.3\text{mm}$ 时，按钢筋应力确定的最大钢筋直径，如表 12-1 所示。表中也列出了欧洲规范 EN 1992-1-1 调整后的最大钢筋直径。

允许裂缝宽度 $w_k=0.3\text{mm}$ 对应的最大钢筋直径　　　　表 12-1

σ_s(MPa)	160	200	240	280	320	360	400	450
$\rho_{p,eff}$(%)	1.45	1.16	0.97	0.83	0.73	0.64	0.58	0.52
式(12-30)(mm)	63	38	25	18	13	10	8	6
EN 1992-1-1(mm)	32	25	16	12	10	8	6	5

根据上面的分析，欧洲规范认为，当受拉钢筋满足最小配筋面积且符合下列要求时，裂缝宽度不会超过规定的值，可不对裂缝宽度进行计算而认为满足要求：

（1）对于主要由约束引起的裂缝，钢筋直径不超过表 12-2 给出的值，其中钢筋应力按混凝土开裂后截面计算；

（2）对于主要由荷载引起的裂缝，应符合表 12-2 或表 12-3 的规定。钢筋应力应根据相关荷载组合按开裂截面计算。

对于先张预应力混凝土构件，如果主要通过直接粘结的预应力筋实现裂缝控制，则使用表 12-2 和表 12-3 时，预应力筋应力增量按总应力减去混凝土法向应力为零时的预应力筋应力计算。对于后张预应力混凝土构件，如果主要通过普通钢筋实现裂缝控制，则直接按该钢筋的应力查表确定最大钢筋直径和最大间距，钢筋应力须计入预应力效应。

由上面的推导过程可知，表 12-2 中的最大钢筋直径是在 C30/37 混凝土受弯构件基础上得到的，即 $k_c=0.4$，$k=1.0$，$h_{cr}=0.5h$，$h-h_0=0.1h$，$f_{ct,eff}=2.9\text{MPa}$。当构件的参数与此不同时，需按下面的公式进行修正：

裂缝控制的最大钢筋直径 ϕ^*　　　　表 12-2

钢筋应力(MPa)	最大钢筋直径(mm)		
	$w_k=0.4$mm	$w_k=0.3$mm	$w_k=0.2$mm
160	40	32	25
200	32	25	16
240	20	16	12
280	16	12	8
320	12	10	6
360	10	8	5
400	8	6	4
450	6	5	/

裂缝控制的最大钢筋间距　　　　表 12-3

钢筋应力(MPa)	最大钢筋间距(mm)		
	$w_k=0.4$mm	$w_k=0.3$mm	$w_k=0.2$mm
160	300	300	200
200	300	250	150
240	250	200	100
280	200	150	50
320	150	100	/
360	100	50	/

受弯构件（至少部分截面受压）

$$\phi = \phi^* \cdot \frac{f_{ct,eff}}{2.9} \cdot \frac{k_c h_{cr}}{2(h-h_0)} \tag{12-31}$$

轴向受拉

$$\phi = \phi^* \cdot \frac{f_{ct,eff}}{2.9} \cdot \frac{h_{cr}}{8(h-h_0)} \tag{12-32}$$

其中，ϕ^* 为修正前的最大钢筋直径，见表 12-2；

ϕ 为修正后的最大钢筋直径；

h_{cr} 为混凝土即将开裂时的截面受拉区高度，按预应力标准值和荷载准永久组合的轴向力确定。

【例 12-3】 某钢筋混凝土桥面板，厚度 250mm，混凝土强度等级 C35/45，长期徐变系数 $\varphi=2.2$。荷载标准组合作用下，桥面板跨中弯矩为 85kN·m/m，其中由结构自重及附加恒载引起的弯矩占 15%，由交通荷载引起的弯矩占 85%。桥面板底部设置 ϕ16 钢筋，间距 100mm，钢筋屈服强度 $f_{yk}=500$MPa，板的截面有效高度为 192mm。裂缝宽度不能超过 0.3mm，试确定裂缝控制的最大钢筋直径或最大间距。

解答：

由【例 12-1】的计算结果可知，桥梁长期运营时，钢筋应力 $\sigma_s=248\text{MPa}$。根据表 12-2 和表 12-3，与裂缝宽度 $w_k=0.3\text{mm}$、钢筋应力 $\sigma_s=248\text{MPa}$ 相应的裂缝控制最大钢筋直径为 12mm、最大间距为 190mm。该桥面板的实际钢筋间距 100mm，小于 190mm，仅此一项即可满足裂缝控制要求。

12.2.4 裂缝宽度限值

裂缝是否有害，取决于裂缝宽度、裂缝性质以及所处环境等多种因素。对混凝土桥梁结构来说，允许的裂缝宽度应根据桥梁结构所要求的性能来决定。这些性能主要包括适用性和耐久性，特别是钢筋的锈蚀。目前对混凝土中钢筋锈蚀与裂缝宽度关系的一般认识是，当裂缝宽度不超过 0.2mm 时，不会发生严重锈蚀，锈蚀速度随时间的增长而减缓，裂缝宽度与钢筋锈蚀程度之间无明显的相关性。在雨量、温度、相对湿度等环境条件中，对锈蚀影响最大的是相对湿度。保护层厚度对钢筋锈蚀影响也很大，裂缝宽度相同，保护层越厚钢筋锈蚀程度越小。当裂缝宽度大于 0.2mm 时，裂缝宽度的影响变得明显。由于目前尚没有混凝土中钢筋与裂缝宽度关系的长期试验和调查结果，工程设计时仍需对混凝土裂缝的宽度进行严格限制。

EN 1992-2 对混凝土桥梁结构最大裂缝宽度的建议值见表 12-4。

混凝土桥梁结构最大裂缝宽度建议值（单位：mm） 表 12-4

暴露等级	钢筋混凝土和无粘结预应力筋混凝土构件	有粘结预应力筋混凝土构件
	准永久组合	频遇组合
X0、XC1	0.3①	0.2
XC2、XC3、XC4	0.3	0.2②
XD1、XD2、XD3、XS1、XS2、XS3		消压

注：① 对暴露等级 X0 和 XC1，裂缝宽度不影响耐久性，这些限值只是为满足外观要求，当无外观要求时可以放松限制；
② 对于这些暴露等级，需对荷载准永久组合下的构件消压进行验算。

12.2.5 腹板剪切裂缝控制

箱形桥梁的腹板是承受剪切作用的主要构件，很可能因主拉应力过大而产生斜裂缝。目前，关于腹板剪切裂缝的预测方法还不太成熟，EN 1992-2 采用通过控制主拉应力的方法对此类裂缝进行控制：

(1) 如果腹板的最大主拉应力 $\sigma_1 < f_{ctb}$，则按第 12.2.1 节的最小配筋面积要求设置纵向钢筋；

(2) 如果腹板的最大主拉应力 $\sigma_1 \geqslant f_{ctb}$，则按最大钢筋直径、最大钢筋间距的要求控制裂缝，或者直接控制裂缝宽度。

其中，f_{ctb} 为腹板混凝土的方向性抗拉强度，按下式计算：

$$f_{ctb}=(1-0.8\sigma_3/f_{ck})f_{ctk,0.05} \tag{12-33}$$

σ_3 为腹板的最大主压应力，其值不应超过 $0.6f_{ck}$。

12.3 温度与收缩裂缝控制

混凝土结构的非荷载裂缝产生的机理和过程比较复杂，除了上面的荷载裂缝外，还可能会由非荷载因素产生裂缝。最为常见的是温度和收缩裂缝，这些裂缝与水泥品种、材料组成、混凝土配合比、结构形式、设计、施工、养护等有关。结构配置适量的表面钢筋可在一定程度上控制这些裂缝的扩展，保证结构的使用要求。EN 1992-1-1 对构件的表面钢筋布置给出了以下要求。

如果梁或其他构件配置的受拉钢筋直径大于 32mm 或采用等效直径大于 32mm 的钢筋束，则需要采用防止混凝土剥落的表面钢筋。表面钢筋可采用钢丝或细钢筋，布置在混凝土保护层中，如图 12-5 所示。在平行和垂直于梁中受拉钢筋的两个方向，表面钢筋截面面积 $A_{s,surf}$ 不应小于 $A_{s,surfmin}$。$A_{s,surfmin}$ 由国家附录指定，推荐值为 $0.01A_{ct,ext}$，$A_{ct,ext}$ 表示箍筋以外的混凝土受拉区截面面积（图 12-5 中的阴影区域）。

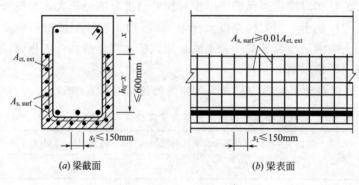

图 12-5 表面钢筋示例

当混凝土保护层厚度大于 70mm 时，为提高耐久性，应使用类似的表面钢筋，每一方向的配筋面积为 $0.005A_{ct,ext}$。表面钢筋所要求的最小混凝土保护层厚度见第 16 章。

12.4 变形计算

EN 1992-2 没有严格要求对桥梁结构变形的控制。主梁结构的变形计算主要用于分析支承点的转动需求，以便确定支座的容许转角。

12.4.1 短期变形和长期变形

12.4.1.1 短期变形

图 12-6 示出了钢筋混凝土梁的荷载~变形阶段曲线，整个变形过程分为三个阶段。

第Ⅰ阶段（未开裂阶段），受拉区混凝土未达到抗拉强度，构件截面保持弹性状态，应力分布可采用未开裂截面的情况计算。

第Ⅱ阶段（开裂阶段），受拉混凝土开裂，受压混凝土和受拉钢筋仍处于弹性状态。

这时，受拉区混凝土的应力状态比较复杂，开裂截面混凝土的拉应力为零，裂缝间混凝土弹性回缩，由于钢筋与混凝土的粘结作用，钢筋和混凝土界面产生剪应力，与裂缝的距离越近，剪应力越大。当剪应力达到一定程度时，钢筋与混凝土间完全脱离，剪应力变为零。图 12-6 中的该阶段反映了构件变形性能的平均状态，介于未开裂截面和完全开裂截面的性能之间，但与完全开裂的截面不同，称为混凝土的拉伸硬化。

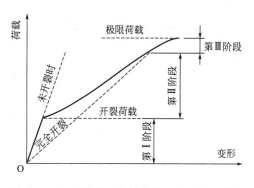

图 12-6 钢筋混凝土构件荷载～变形阶段曲线

第Ⅲ阶段（非弹性阶段），受拉钢筋屈服或混凝土受压边缘应变很大，整个截面不能按弹性理论进行分析。该阶段不属于使用阶段的设计范围。

一般情况下，钢筋混凝土构件的工作处于第Ⅱ阶段。所以，构件变形的计算是针对该阶段而言的。图 12-7 所示为两条裂缝间的一个梁段，裂缝间距为 s。假定靠近裂缝部分的钢筋与混凝土之间完全脱离，其长度为 ζs（左右两侧），中间未脱离部分的长度为 $(1-\zeta)s$。

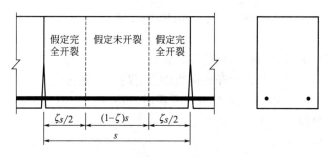

图 12-7 裂缝间的混凝土和钢筋

图 12-8 示出了裂缝间钢筋应变的分布。将钢筋的应变等效为图中虚线表示的形式，则钢筋的总伸长量为

$$\Delta s = \zeta s \varepsilon_{\mathrm{II}} + (1-\zeta) s \varepsilon_{\mathrm{I}} \tag{12-34}$$

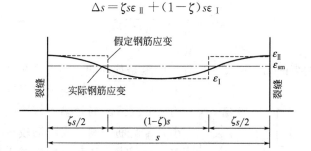

图 12-8 裂缝间的钢筋应变及等效形式

其中，$\varepsilon_{\mathrm{II}}$ 为开裂截面的等效应变，ε_{I} 为未开裂截面的等效应变。

钢筋的平均应变为

$$\varepsilon_{sm} = \Delta s/s = \zeta\varepsilon_{II} + (1-\zeta)\varepsilon_{I} \tag{12-35}$$

对于梁的平均曲率，也可按相同的计算方法。考虑纯弯的情况，长度 s 上产生的转角为

$$\theta = \zeta s \frac{1}{r_{II}} + (1-\zeta) s \frac{1}{r_{I}} \tag{12-36}$$

其中，$1/r_{II}$ 为开裂截面的曲率，$1/r_{I}$ 为未开裂截面的曲率。

从而构件的平均曲率为

$$\frac{1}{r} = \frac{\theta}{s} = \zeta \frac{1}{r_{II}} + (1-\zeta) \frac{1}{r_{I}} \tag{12-37}$$

对于其他的变形参数，同样可得到类似的表达式，即：

$$\alpha = \zeta\alpha_{II} + (1-\zeta)\alpha_{I} \tag{12-38}$$

其中，α 为所考虑的变形参数，例如可为应变、曲率、转角（作为简化，α 也可取为挠度）；α_{I} 和 α_{II} 分别为未开裂和完全开裂状态下的参数计算值。

关于钢筋与混凝土的脱离长度分布系数 ζ，与裂缝处钢筋的应力 σ_s 有关。当 σ_s 小于构件截面开裂时的钢筋应力 σ_{sr} 时，$\zeta=0$，随着荷载增大，ζ 接近于 1，EN 1992-1-1 采用了下面的表达式：

$$\zeta = 1 - \beta(\sigma_{sr}/\sigma_s)^2 \tag{12-39}$$

其中，β 为考虑荷载持续时间或往复荷载对平均应变的影响系数，对单个短期荷载，取 1.0；

σ_s 为按开裂截面计算的受拉钢筋应力；

σ_{sr} 为按开裂截面计算的初始开裂荷载作用下的受拉钢筋应力。

构件受弯时 σ_{sr}/σ_s 可用 M_{cr}/M 代替，受拉时可用 N_{cr}/N 代替。M_{cr} 为开裂弯矩，N_{cr} 为开裂轴拉力。如果构件未开裂，则 $\zeta=0$。

12.4.1.2 长期变形

影响钢筋混凝土构件长期变形的因素有三个，即徐变、收缩和钢筋粘结退化。

1. 徐变

混凝土徐变的影响可采用有效弹性模量 $E_{cm,eff}$ 进行分析，尽管这种方法不是准确的计算方法，但简便实用，计算精度也符合工程要求。

$$E_{cm,eff} = \frac{E_{cm}}{1+\varphi(\infty,t_0)} \tag{12-40}$$

2. 收缩

对于不受钢筋约束的无筋混凝土构件，收缩是均匀的，不会产生挠曲。对于钢筋混凝土构件，由于钢筋会限制混凝土的收缩变形，配筋一侧（或配筋较多一侧）的混凝土收缩变形较小，未配筋一侧（或配筋较少一侧）的混凝土收缩变形较大，从而使构件产生挠曲变形。对于空心截面构件，收缩产生的变形会很大，必须考虑。

图 12-9 为一个未开裂的简支钢筋混凝土矩形截面构件，下部钢筋约束了混凝土的自由收缩变

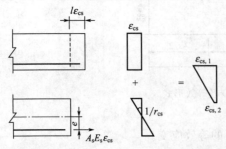

图 12-9 简支矩形截面构件的收缩变形

形，钢筋中产生的压应力为 $E_s\varepsilon_{cs}$，这相当于对钢筋额外施加了 $N_{cs}=A_sE_s\varepsilon_{cs}$ 的力，其中，ε_{cs} 为混凝土自由收缩应变，E_s 为钢筋的弹性模量，A_s 为钢筋面积。因此，混凝土收缩导致的构件曲率为

$$\frac{1}{r_{cs,uncr}}=\frac{N_{cs}e}{E_{cm,eff}I_{uncr}}=\frac{A_sE_s\varepsilon_{cs}e}{E_{cm,eff}I_{uncr}}=\alpha_{ES}\varepsilon_{cs}\frac{S_{uncr}}{I_{uncr}} \tag{12-41}$$

其中，α_{ES} 为钢筋弹性模量与混凝土有效弹性模量之比，$\alpha_{ES}=E_s/E_{cm,eff}$；

S_{uncr} 为钢筋截面面积对未开裂截面中性轴的面积矩，$S_{uncr}=A_se$；

I_{uncr} 为构件未开裂截面的惯性矩。

简支钢筋混凝土矩形截面构件开裂截面的曲率可采用相同的方法计算，即

$$\frac{1}{r_{cs}}=\alpha_{ES}\varepsilon_{cs}\frac{S_{cr}}{I_{cr}} \tag{12-42}$$

其中，S_{cr} 为钢筋截面面积对开裂截面中性轴的面积矩；

I_{cr} 为构件开裂截面的惯性矩。

3. 粘结退化

在结构使用过程中，荷载的持续作用或反复作用会降低钢筋与混凝土之间的粘结作用，滑移增大，从而变形增加，这种效应可通过增大脱离长度分布系数 ζ 来考虑，这时式 (12-39) 中的系数 β 取为 0.5。

12.4.2 长期变形的计算

如前所述，钢筋混凝土构件的长期变形不仅与所施加的荷载有关，还与构件混凝土的徐变和收缩有关，从而与施加荷载的历史有关。考虑以下加载历史：

(1) t_1 时刻施加结构自重 g_1；

(2) t_2 时刻施加剩余的永久荷载 g_2；

(3) t_3 时刻施加准永久可变荷载 $\psi_{02}q$。

针对上面的加载历史，按下面方法计算构件各个阶段包括徐变影响的曲率：

(1) 根据 $\varphi(t,t_1)$ 和 ζ_1 计算 $1/r_{g1,(t1,\zeta1)}$；

(2) 根据 $\varphi(t,t_2)$ 和 ζ_2 计算 $1/r_{g1+g2,(t2,\zeta2)}$；

(3) 根据 $\varphi(t,t_3)$ 和 ζ_3 计算 $1/r_{g1+g2+q,(t3,\zeta3)}$；

(4) 根据 $\varphi(t,t_2)$ 和 ζ_1 计算 $1/r_{q,(t2,\zeta1)}$；

(5) 根据 $\varphi(t,t_3)$ 和 ζ_2 计算 $1/r_{g1+g2,(t3,\zeta2)}$，

其中，徐变系数按式 (4-41) 计算，ζ_i 为对应于 t_i 时刻按式 (12-39) 计算的 ζ 值。

按下式计算构件的总曲率：

$$\frac{1}{r_{g1+g2+q,\infty}}=\frac{1}{r_{g1,(t1,\zeta1)}}+\frac{1}{r_{g1+g2,(t2,\zeta2)}}-\frac{1}{r_{q,(t2,\zeta1)}}+\frac{1}{r_{g1+g2+q,(t3,\zeta3)}}-\frac{1}{r_{g1+g2,(t3,\zeta2)}} \tag{12-43}$$

由式 (12-43) 可以看出，混凝土的开裂是一个过程，准确计算构件的曲率比较复杂。譬如，式中考虑了 t_2 时刻因施加荷载 g_2 使构件刚度降低后再由 g_1 产生的曲率，这时的徐变应为 t_2 时刻开始的徐变。

为分析各因素对钢筋混凝土构件变形的影响，采用标准构件对变形进行了参数研究。标准构件的跨长为一规定值，截面尺寸为 1000mm×300mm，混凝土保护层厚度为截面总

高度的 1/10。所研究参数的参考值如下：

(1) 相对湿度 70%；
(2) 加载历史：$t_1=10\mathrm{d}$，$t_2=60\mathrm{d}$，$t_3=365\mathrm{d}$；
(3) 永久荷载和可变荷载：$g_1=0.45q_{tot}$，$g_2=0.30q_{tot}$，$q=0.25q_{tot}$；
(4) 可变荷载准永久值取为标准值的 30%；
(5) 受拉钢筋和受压钢筋按承载能力极限状态确定；
(6) 混凝土抗压强度标准值：30MPa；
(7) 钢筋屈服强度标准值：500MPa；
(8) 沿梁长钢筋面积不变。

进行参数分析时，只变化一个参数值，其余参数按上述规定取值。参数分析的结果见表 12-5。由表中结果可以看出，影响构件长期变形的主要因素是混凝土强度等级和各种荷载的相对比重，荷载历史及其他因素的影响不大。因此，可以将各个时刻所施加的荷载等效为一个施工荷载 $g_1+g_2+\psi_{01}q$，于 t_1 时刻施加到结构上，这就避免了考虑刚度退化计算，式 (12-43) 便可简化为：

$$\frac{1}{r_{g1+g2+q,\infty}}=\frac{1}{r_{g1,(t1,\zeta3)}}+\frac{1}{r_{g2+q,(t2,\zeta3)}}+\frac{1}{r_{q,(t3,\zeta3)}} \tag{12-44}$$

参数研究变量及结果　　　　表 12-5

序号	参　数	结　果
1	截面尺寸	影响不大
2	加载历史（另两种情况：① $t_1=7\mathrm{d}$，$t_2=14\mathrm{d}$，$t_3=365\mathrm{d}$；② $t_1=28\mathrm{d}$，$t_2=90\mathrm{d}$，$t_3=365\mathrm{d}$）	影响有限
3	钢筋富余（实际配筋面积比计算需要的多）	影响不大
4	钢筋布置（配筋率为 0.5% 和 1.5% 两种情况，钢筋长度为跨长的 60%～100%）	配筋率小时影响不大，配筋率较大而附加长度较短时有一定影响
5	可变荷载产生的变形与总变形	可变荷载产生的变形限值为 L/500 很严格，需做进一步研究
6	相对湿度（配筋率为 0.5% 和 1.5% 两种情况，相对湿度 50%～80%）	相对于 70% 的相对湿度，可变荷载产生的变形在 ±15% 范围内变化，总变形在 ±10% 范围内变化
7	自重、剩余永久荷载和可变荷载的相对比重	影响较大
8	混凝土强度等级（C30、C40、C60 和 C100）	影响较大
9	混凝土抗拉强度	配筋率很小时才有影响

假定 $1/r_{M,cr}$ 为开裂截面由荷载引起的曲率，$1/r_{cs,cr}$ 为开裂截面由徐变及收缩引起的曲率，则开裂截面的总曲率为

$$\frac{1}{r_{cr}}=\frac{1}{r_{M,cr}}+\frac{1}{r_{cs,cr}} \tag{12-45}$$

同样，假定 $1/r_{M,uncr}$ 为未开裂截面由荷载引起的曲率，$1/r_{cs,uncr}$ 为未开裂截面由徐变及收缩引起的曲率，则未开裂截面的总曲率为

$$\frac{1}{r_{\text{uncr}}} = \frac{1}{r_{\text{M,uncr}}} + \frac{1}{r_{\text{cs,uncr}}} \tag{12-46}$$

由式 (12-37)，考虑构件开裂和未开裂的等效曲率为

$$\frac{1}{r_e} = \zeta \frac{1}{r_{\text{cr}}} + (1-\zeta) \frac{1}{r_{\text{uncr}}} \tag{12-47}$$

以上是计算构件荷载作用和收缩、徐变产生的截面曲率的基本办法，计算构件的变形还要考虑构件的计算跨径和边界条件。最终变形可采用下面两种方法。

12.4.2.1 沿构件长度对各离散段的曲率进行积分

这种方法是将构件长度离散为多个区段，计算每个节点截面的曲率，根据截面曲率-挠度关系，建立节点截面挠度的方程组，解方程组得到节点的挠度。构件任意截面的曲率与挠度 w 的关系为：

$$\frac{1}{r_e} = -\frac{\mathrm{d}^2 w(x)}{\mathrm{d}x^2} \tag{12-48}$$

将式 (12-48) 离散成差分形式：

$$\frac{1}{r_{e,i}} = -\frac{w_{i+1} + w_{i-1} - 2w_i}{(\Delta x)^2} \tag{12-49}$$

假定构件被离散成 n 个区段，共 $n+1$ 个节点，则由上式可得到如下方程组：

$$\begin{cases} w_0 - 2w_1 + w_2 = -(\Delta x)^2 / r_{e,1} \\ w_1 - 2w_2 + w_3 = -(\Delta x)^2 / r_{e,2} \\ \vdots \\ w_n - 2w_{n+1} + w_{n+2} = -(\Delta x)^2 / r_{e,n+1} \end{cases} \tag{12-50}$$

结合构件的边界条件，求解方程组 (12-50) 即得到构件 $n+1$ 个截面的挠度。对于简支梁（或连续梁），支座处的挠度为 0；对于悬臂梁，固定端处的挠度和转角为 0。

12.4.2.2 直接按最大弯矩处的曲率计算

这是一种近似求解挠度变形的方法，直接按最大弯矩处的曲率计算。在得到曲率后，根据材料力学按下式计算构件的挠度：

$$w = k \frac{M}{EI} l_0^2 = k \frac{1}{r_e} l_0^2 \tag{12-51}$$

其中，l_0 为构件的计算跨径；k 为与荷载形式、边界条件有关的系数，常用值见表 12-6。

挠度变形计算中 k 的取值　　　　图 12-6

荷载形式	弯矩图	k 值
简支梁一端受弯矩 M	三角形 M	0.0642
简支梁两端受弯矩 M	矩形 M	$\dfrac{1}{8}$
简支梁跨中受集中荷载 P，αl_0 和 $(1-\alpha) l_0$	三角形 $P\alpha(1-\alpha)l_0$	$\dfrac{3-4\alpha^2}{48(1-\alpha)}$（适用于 $\alpha < \dfrac{1}{2}$）

续表

荷载形式	弯矩图	k 值
两点对称集中荷载 $P/2$, $P/2$，αl_0, $(1-2\alpha)l_0$, αl_0	$P\alpha l_0/2$	$\dfrac{1}{8}-\dfrac{\alpha^2}{6}$
满跨均布荷载 q	$ql_0^2/8$	$\dfrac{5}{48}$
三角形分布荷载 q	$ql_0^2/15.6$	0.102
梯形分布荷载 q，αl_0, $(1-2\alpha)l_0$, αl_0	$ql_0^2(3-4\alpha^2)/24$	$\dfrac{(5-4\alpha^2)^2}{80(3-4\alpha^2)}$
悬臂集中荷载 P，αl_0	$P\alpha l_0$	$\dfrac{\alpha(3-\alpha)}{6}$
悬臂均布荷载 q，αl_0	$ql_0^2\alpha^2/2$	$\dfrac{\alpha(4-\alpha)}{12}$
两端有弯矩 M_A, M_B，中间集中荷载 P	M_A, M_B, M_C	$k=0.083(1-\beta/4)$ $\beta=(M_A+M_B)/M_C$
两端有弯矩 M_A, M_B，均布荷载 q	M_A, M_B, M_C	$k=0.104(1-\beta/10)$ $\beta=(M_A+M_B)/M_C$ M_C 可取跨中弯矩或最大弯矩

【例 12-4】 某钢筋混凝土梁，截面尺寸 350mm×700mm，跨径 7m，采用 C30/37 混凝土，水泥品种 N 级。承受的均布永久荷载为 22kN/m，均布可变荷载为 12kN/m。梁上部纵筋 2ϕ16，下部纵筋 4ϕ20，钢筋品种 B500B，$a_s=a_s'=50$mm。梁所处环境的相对湿度为 40%。试计算梁的长期变形。

解答：

(1) 按离散方法计算

根据设计条件，混凝土抗压强度平均值 $f_{cm}=38$MPa，抗拉强度平均值 $f_{ctm}=2.9$MPa，弹性模量 $E_{cm}=33$GPa。下部纵向钢筋截面面积 $A_s=1256$mm²，配筋率 $\rho=0.0055$；上部纵向钢筋截面面积 $A_s'=402$mm²，配筋率 $\rho'=0.0018$。

1) 收缩应变

收缩应变 ε_{cs} 包括干缩应变 ε_{cd} 和自收缩应变 ε_{ca} 两部分。

① 干缩应变

混凝土毛截面面积 $A_c=350\times700=245000\mathrm{mm}^2$，暴露在干燥环境中的截面周长 $u=2100\mathrm{mm}$，截面名义厚度 $h_{\mathrm{nom}}=2A_c/u=2\times245000/2100=233\mathrm{mm}$。根据表 4-9，线性插值得

$$k_h=0.85-(233-200)/(300-200)\times(0.85-0.75)=0.817$$

该梁的使用年限 $t=100\mathrm{a}$，干缩开始的混凝土龄期 $t_s=3\mathrm{d}$，根据式（4-37）：

$$\beta_{\mathrm{ds}}(t,t_s)=\frac{100\times365-3}{100\times365-3+0.04\times\sqrt{233^3}}\approx1.0$$

梁所处环境的相对湿度为 40%，水泥品种 N 级，查表 4-10，名义无约束干缩应变 $\varepsilon_{\mathrm{cd},0}=0.52\times10^{-3}$。根据式（4-36），该梁的长期干缩应变为

$$\varepsilon_{\mathrm{cd}}(t)=1.0\times0.817\times0.52\times10^{-3}=425\times10^{-6}$$

② 自收缩应变

根据式（4-39），极限自收缩应变为

$$\varepsilon_{\mathrm{ca}}(\infty)=2.5\times(30-10)\times10^{-6}=50\times10^{-6}$$

根据式（4-40），加载时间修正系数为

$$\beta_{\mathrm{as}}(t)=1-\exp[-0.2\times(100\times365)^{0.5}]\approx1.0$$

所以，自收缩应变为

$$\varepsilon_{\mathrm{ca}}(t)=1.0\times50\times10^{-6}=50\times10^{-6}$$

③ 总收缩应变为干缩应变和自收缩应变之和：

$$\varepsilon_{\mathrm{cs}}=425\times10^{-6}+50\times10^{-6}=475\times10^{-6}$$

2）徐变系数

对于混凝土抗压强度平均值 $f_{\mathrm{cm}}>35\mathrm{MPa}$ 的情况，根据式（4-48），混凝土强度影响系数 $\alpha_1=(35/38)^{0.7}=0.944$，$\alpha_2=(35/38)^{0.2}=0.984$，$\alpha_3=(35/38)^{0.5}=0.960$，根据式（4-43），相对湿度对名义徐变系数的影响系数为

$$\varphi_{\mathrm{RH}}=\left(1+\frac{1-40/100}{0.1\times\sqrt[3]{233}}\times0.944\right)\times0.984=1.89$$

根据式（4-44），混凝土抗压强度平均值对名义徐变系数的影响系数为

$$\beta(f_{\mathrm{cm}})=16.8/\sqrt{38}=2.73$$

假定该梁的加载龄期 $t_0=28\mathrm{d}$，根据式（4-45），加载龄期对名义徐变系数的影响系数为

$$\beta(t_0)=1/(0.1+28^{0.2})=0.488$$

所以，根据式（4-42），名义徐变系数为

$$\varphi_0=1.89\times2.73\times0.488=2.52$$

根据式（4-47）：

$$\beta_H=1.5\times[1+(0.012\times40)^{18}]\times233+250\times0.960=590$$

根据式（4-46），加载后徐变随时间的发展系数为

$$\beta_c(t,t_0)=\left(\frac{100\times365-28}{590+100\times365-28}\right)^{0.3}=0.995$$

所以，根据式（4-41），该梁的长期徐变系数为

$$\varphi(t,t_0)=2.52\times0.995=2.51$$

3）截面特性和开裂弯矩

根据式（12-40），混凝土有效弹性模量为 $E_{cm,eff}=33/(1+2.51)=9.4\text{GPa}$，钢筋弹性模量与混凝土有效弹性模量之比 $\alpha_{ES}=200/9.4=21.3$。

① 未开裂截面计算

未开裂截面的中性轴高度

$$x_{\text{uncr}}=\frac{\alpha_{ES}(A_s h_0+A'_s a'_s)+0.5bh^2}{\alpha_{ES}(A_s+A'_s)+bh}=\frac{21.3\times(1256\times650+402\times50)+0.5\times350\times700^2}{21.3\times(1256+402)+350\times700}$$
$$=369\text{mm}$$

未开裂截面惯性矩

$$I_{\text{uncr}}=\frac{350\times700^3}{12}+350\times700\times(369-700/2)^2+21.3\times1256\times(650-369)^2$$
$$+21.3\times402\times(369-50)^2$$
$$=1.307\times10^{10}\text{mm}^4$$

未开裂截面钢筋对中性轴的面积矩

$$S_{\text{uncr}}=1256\times(650-369)-402\times(369-50)=224698\text{mm}^3$$

截面开裂弯矩为

$$M_{\text{cr}}=\frac{f_{\text{ctm}}I_{\text{uncr}}}{h-x_{\text{uncr}}}=\frac{2.9\times1.307\times10^{10}}{700-369}\times10^{-6}=114.5\text{kN}\cdot\text{m}$$

② 开裂截面计算

这里不考虑混凝土受压区纵向钢筋的影响，根据式（11-3），开裂截面中性轴高度

$$x_{\text{cr}}=\frac{21.3\times1256}{350}\times\left(\sqrt{1+\frac{2\times350\times650}{21.3\times1256}}-1\right)=248\text{mm}$$

根据式（11-4），开裂截面惯性矩

$$I_{\text{cr}}=\frac{1}{3}\times350\times248^3+21.3\times1256\times(650-248)^2+21.3\times402\times(248-50)^2$$
$$=6.439\times10^9\text{mm}^4$$

开裂截面钢筋对中性轴的面积矩

$$S_{\text{cr}}=1256\times(650-248)-402\times(248-50)=425316\text{mm}^3$$

4）变形计算

如图12-10所示，将此梁离散成4段。根据表2-2，公路桥梁交通荷载的准永久值系数 $\psi_2=0$，因此，荷载准永久组合为 $q_d=g_k+\psi_2 q_k=22+0\times12=22\text{kN/m}$。

此梁在荷载作用下的弯矩方程为

$$M_d(x)=0.5q_d lx-0.5q_d x^2=0.5\times22\times7x-0.5\times22x^2=77x-11x^2(\text{kN}\cdot\text{m})$$

不论未开裂截面还是开裂截面，由收缩引起的曲率沿梁长为常数。根据式（12-41）和式（12-42），未开裂截面的收缩曲率为

$$\frac{1}{r_{\text{cs,uncr}}}=21.3\times475\times10^{-6}\times\frac{224698}{1.307\times10^{10}}$$
$$=0.174\times10^{-6}\text{mm}^{-1}$$

开裂截面的收缩曲率为

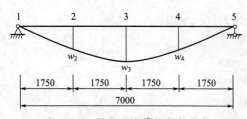

图 12-10 梁变形计算的离散方式

$$\frac{1}{r_{\text{cs,cr}}} = 21.3 \times 475 \times 10^{-6} \times \frac{425316}{6.439 \times 10^9} = 0.668 \times 10^{-6} \text{ mm}^{-1}$$

下面分别计算节点 1~5 的等效曲率：

① 节点 1 （$x=0$）

因 $M_d(0) = 0$，截面未开裂，所以 $1/r_{e,1} = 1/r_{\text{cs,uncr}} = 0.174 \times 10^{-6} \text{ mm}^{-1}$。

② 节点 2 （$x=1.75\text{m}$）

节点 2 截面的弯矩 $M_d(1.75) = 77 \times 1.75 - 11 \times 1.75^2 = 101.1 \text{kN} \cdot \text{m} < M_{\text{cr}}$，截面未开裂。由弯矩产生的曲率为

$$\frac{1}{r_{\text{M,uncr}}} = \frac{M_d}{E_{\text{cm,eff}} I_{\text{uncr}}} = \frac{101.1 \times 10^6}{9400 \times 1.307 \times 10^{10}} = 0.823 \times 10^{-6} \text{ mm}^{-1}$$

截面未开裂时的曲率为收缩曲率和荷载产生的曲率之和，即

$$\frac{1}{r_{\text{uncr}}} = 0.174 \times 10^{-6} + 0.823 \times 10^{-6} = 0.997 \times 10^{-6} \text{ mm}^{-1}$$

节点 2 截面的等效曲率为

$$\frac{1}{r_{e,2}} = \frac{1}{r_{\text{uncr}}} = 0.997 \times 10^{-6} \text{ mm}^{-1}$$

③ 节点 3 （$x=3.5\text{m}$）

节点 3 截面的弯矩 $M_d(3.5) = 77 \times 3.5 - 11 \times 3.5^2 = 134.75 \text{kN} \cdot \text{m} > M_{\text{cr}}$，截面已开裂。截面未开裂部分由弯矩产生的曲率为

$$\frac{1}{r_{\text{M,uncr}}} = \frac{M_d}{E_{\text{cm,eff}} I_{\text{uncr}}} = \frac{134.75 \times 10^6}{9400 \times 1.307 \times 10^{10}} = 1.097 \times 10^{-6} \text{ mm}^{-1}$$

截面已开裂部分由弯矩产生的曲率为

$$\frac{1}{r_{\text{M,cr}}} = \frac{M_d}{E_{\text{cm,eff}} I_{\text{cr}}} = \frac{134.75 \times 10^6}{9400 \times 6.439 \times 10^9} = 2.226 \times 10^{-6} \text{ mm}^{-1}$$

截面未开裂时的曲率即

$$\frac{1}{r_{\text{uncr}}} = 0.174 \times 10^{-6} + 1.097 \times 10^{-6} = 1.271 \times 10^{-6} \text{ mm}^{-1}$$

截面开裂时的曲率为

$$\frac{1}{r_{\text{cr}}} = 0.668 \times 10^{-6} + 2.226 \times 10^{-6} = 2.894 \times 10^{-6} \text{ mm}^{-1}$$

根据式 (12-39)，持续荷载影响系数为

$$\zeta = 1 - \beta (\sigma_{\text{sr}}/\sigma_s)^2 = 1 - \beta (M_{\text{cr}}/M_d)^2 = 1 - 0.5 \times (114.5/134.75)^2 = 0.639$$

根据式 (12-47)，节点 3 截面的等效曲率为

$$1/r_{e,3} = 0.639 \times 2.894 \times 10^{-6} + (1 - 0.639) \times 1.271 \times 10^{-6} = 2.308 \times 10^{-6} \text{ mm}^{-1}$$

④ 节点 4 （$x=5.25\text{m}$）

节点 4 与节点 2 对称，所以 $1/r_{e,4} = 0.997 \times 10^{-6} \text{ mm}^{-1}$。

⑤ 节点 5 （$x=7\text{m}$）

节点 5 与节点 1 对称，所以 $1/r_{e,5} = 0.174 \times 10^{-6} \text{ mm}^{-1}$。

根据式 (12-50)，得到 5 个离散点的方程组

$$\begin{cases} w_0 - 2w_1 + w_2 = -(\Delta x)^2/r_{e,1} \\ w_1 - 2w_2 + w_3 = -(\Delta x)^2/r_{e,2} \\ w_2 - 2w_3 + w_4 = -(\Delta x)^2/r_{e,3} \\ w_3 - 2w_4 + w_5 = -(\Delta x)^2/r_{e,4} \\ w_4 - 2w_5 + w_6 = -(\Delta x)^2/r_{e,5} \end{cases}$$

其中，$(\Delta x)^2 = 1750^2 = 3.0625 \times 10^6 \text{mm}^2$。

节点1的边界条件 $w_1 = 0$，节点5的边界条件 $w_5 = 0$。将 $(\Delta x)^2$ 及 $r_{e,i}$ 的值代入方程组

$$\begin{bmatrix} 1 & 1 & 0 & 0 & 0 \\ 0 & -2 & 1 & 0 & 0 \\ 0 & 1 & -2 & 1 & 0 \\ 0 & 0 & 1 & -2 & 0 \\ 0 & 0 & 0 & 1 & 1 \end{bmatrix} \begin{Bmatrix} w_0 \\ w_2 \\ w_3 \\ w_4 \\ w_6 \end{Bmatrix} = \begin{Bmatrix} -0.533 \\ -3.053 \\ -7.068 \\ -3.053 \\ -0.533 \end{Bmatrix}$$

求解方程组，得 $w_2 = 6.587 \text{mm}$，$w_3 = 10.121 \text{mm}$（跨中挠度），$w_4 = 6.587 \text{mm}$。

(2) 近似计算方法

1) 收缩产生的挠度

由上面的计算知，未开裂截面的收缩曲率 $1/r_{cs,uncr} = 0.174 \times 10^{-6} \text{mm}^{-1}$，开裂截面的收缩曲率 $1/r_{cs,cr} = 0.668 \times 10^{-6} \text{mm}^{-1}$。因在荷载作用下，跨中截面已开裂，所以收缩产生的平均曲率为

$$1/r_{cs} = 0.639 \times 0.668 \times 10^{-6} + (1 - 0.639) \times 0.174 \times 10^{-6} = 0.490 \times 10^{-6} \text{mm}^{-1}$$

对式（12-48）进行积分，得到由收缩产生的挠度曲线为

$$w(x) = \frac{1}{2r_{cs}} x(l_0 - x)$$

由收缩产生的梁跨中挠度为

$$w_{cs} = w(l_0/2) = \frac{7000^2}{8} \times 0.490 \times 10^{-6} = 3.0 \text{mm}$$

2) 荷载产生的挠度

根据式（12-47），外荷载使梁产生的平均曲率为

$$1/r_M = 0.639 \times 2.226 \times 10^{-6} + (1 - 0.639) \times 1.097 \times 10^{-6} = 1.818 \times 10^{-6} \text{mm}^{-1}$$

查表12-6，均布荷载的挠曲变形系数 $k = 5/48$。根据式（12-51），该梁由荷载产生的跨中挠度为

$$w_M = k \frac{1}{r_M} l_0^2 = \frac{5}{48} \times 1.818 \times 10^{-6} \times 7000^2 = 9.28 \text{mm}$$

3) 跨中总挠度

$$w = w_{cs} + w_M = 3.0 + 9.28 = 12.28 \text{mm}$$

由上可知，按近似方法计算的梁挠度比离散方法计算的挠度略大。

第 13 章 钢筋和预应力筋的构造要求

钢筋和预应力筋是混凝土桥梁结构的重要材料。钢筋与混凝土之所以能协同工作，得力于钢筋与混凝土之间的粘结力，使得二者能在荷载作用下协调变形、共同受力；预应力筋与混凝土之间的协同工作机理则是粘结或锚固。所以，良好钢筋和预应力筋构造措施是保障结构可靠性的基本要求。本章主要介绍钢筋及预应力筋在混凝土桥梁结构中的基本构造要求，主要包括钢筋的间距、冷弯、锚固和搭接，预应力筋的孔道、锚固和连接等。对于需要抗震的桥梁，桥墩结构的钢筋构造措施还应保证其延性性能的发挥，具体要求见本书第 17 章。

13.1 钢筋间距

钢筋间距控制主要受三方面因素的影响：一是钢筋混凝土结构的受力性能，如果间距过大，会导致混凝土应力分布严重不均，不利于结构受力；二是钢筋与混凝土之间的粘结性能，如果间距过小，会严重削弱混凝土对钢筋的握裹力；三是结构的施工质量，如果间距过小，不利混凝土的浇筑和振捣。因此，EN 1992-1-1 规定，单排平行钢筋之间或多排平行钢筋之间的净距（水平或竖向）不应小于钢筋直径的 k_1 倍、(d_g+k_2)mm 和 20mm 三者中的最大值，其中 d_g 为骨料的最大粒径，k_1 和 k_2 取值详见国家附录，推荐值分别为 1 和 5mm。

如果钢筋分层布置，则每一层钢筋应上下对齐，使钢筋之间留有足够的空间，以便能够插入振捣器。搭接钢筋在搭接长度范围内可相互紧贴，详见后面"钢筋搭接"的相关规定。

13.2 钢筋弯钩直径

钢筋弯钩直径是指钢筋内边缘弯曲圆弧的直径，如图 13-1 所示。钢筋弯钩的最小直径须避免钢筋产生弯曲裂纹和弯钩所包围混凝土受压破坏。为了避免钢筋弯曲损坏，EN 1992-1-1 规定，钢筋弯钩直径不应小于 $\phi_{m,min}$，$\phi_{m,min}$ 的取值由国家附录指定，推荐值见表 13-1 和表 13-2。

当钢筋的弯钩直径满足以下条件时，不需对弯钩所包围混凝土的受压破坏进行验算：

(1) 对于采用弯折锚固的钢筋，弯钩末端直线长度不需超过 5ϕ；

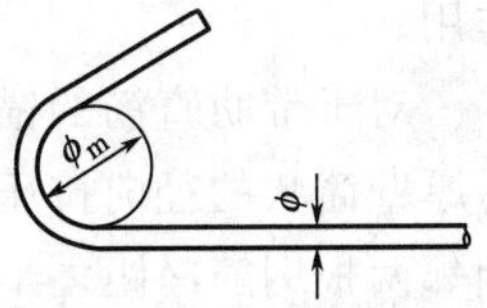

图 13-1 钢筋弯钩直径

(2) 对于非紧邻构件表面的钢筋，弯钩内有一根直径不小于 ϕ 的交叉钢筋；

(3) 钢筋弯钩直径不小于表 13-1 和表 13-2 中的推荐值。

当钢筋的弯钩不满足以上条件时，应按下式增大弯钩直径 ϕ_m：

$$\phi_m \geqslant \frac{F_{bt}[(1/a_b)+1/(2\phi)]}{f_{cd}} \tag{13-1}$$

其中，F_{bt} 为一根钢筋或一组钢筋弯钩处极限荷载产生的拉力；

a_b 为并排放置的钢筋或钢筋束中心间距的一半。对于紧邻构件侧面的钢筋，取混凝土保护层厚度与 $\phi/2$ 之和；

f_{cd} 为混凝土的抗压强度设计值，且不大于 C55/67 级混凝土的抗压强度设计值，式 (4-11) 中的 α_{cc} 按 0.85 取值。

钢筋和钢丝最小弯钩直径 表 13-1

钢筋直径	弯折、斜弯钩、半圆弯钩的最小弯钩直径
$\phi \leqslant 16mm$	4ϕ
$\phi > 16mm$	7ϕ

焊接的弯折钢筋和焊接后弯折的钢筋网的最小弯钩直径 表 13-2

钢筋层相对位置	最小弯钩直径
	5ϕ
	$d \geqslant 3\phi$ 时为 5ϕ；$d < 3\phi$ 或在弯弧内焊接时为 20ϕ

注：当按 EN ISO 17660 中的规定焊接时，弯弧内焊接的弯钩直径可减小为 5ϕ。

13.3 纵向钢筋锚固

13.3.1 锚固要求

钢筋、钢丝、焊接钢筋网的锚固应使得钢筋与混凝土的粘结力能可靠地传递到混凝土，避免混凝土纵向劈裂或剥落。钢筋的锚固能力取决于钢筋表面粗糙度、混凝土保护层厚度、混凝土的横向约束压力以及是否存在横向钢筋。

图 13-2 示出了 EN 1992-1-1 允许的几种钢筋锚固方法。一般锚固时，钢筋可采取弯折方式，但钢筋弯曲的直径应当满足最小弯钩直径要求。在受压锚固时，钢筋的弯折不起作用。

对于带肋直筋的锚固，钢筋的反力通过机械咬合力传递到混凝土，这种咬合力如同一种厚壁筒状的径向挤压力，其内径等同于带肋钢筋的直径，外径等于混凝土保护层厚度和相邻两根钢筋净距之半的较小者。所以，带肋直筋的锚固失效模式有以下三种形式：

(1) 当钢筋净距小于混凝土保护层厚度的 2 倍时，钢筋所处位置的混凝土为整体薄弱

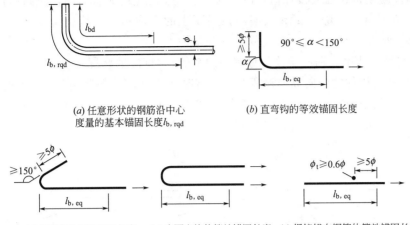

(a) 任意形状的钢筋沿中心度量的基本锚固长度 $l_{b,rqd}$　　(b) 直弯钩的等效锚固长度

(c) 斜弯钩的等效锚固长度　　(d) 半圆变钩的等效锚固长度　　(e) 焊接横向钢筋的等效锚固长度

图 13-2　直筋以外的其他锚固方式

层，咬合力可能导致混凝土保护层的整体劈裂，见图 13-3（a）；

（2）当钢筋净距不小于混凝土保护层厚度的 2 倍时，容易出现混凝土表面和侧面的劈裂破坏，见图 13-3（b）；

（3）当钢筋净距远大于混凝土保护层厚度时，混凝土对钢筋的握裹能力较强，通常出现 V 形缺口破坏，见图 13-3（c）。

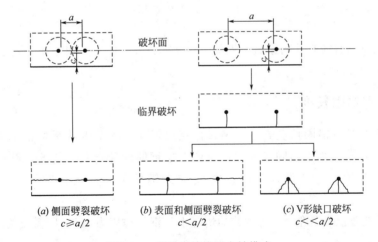

(a) 侧面劈裂破坏　　(b) 表面和侧面劈裂破坏　　(c) V形缺口破坏
　$c \geqslant a/2$　　　　$c < a/2$　　　　　　$c \ll a/2$

图 13-3　带肋直筋锚固失效模式

13.3.2　极限粘结强度

钢筋与混凝土的粘结强度主要与混凝土的抗拉强度、钢筋直径、浇筑混凝土时钢筋的摆放位置有关。为了避免粘结失效，钢筋混凝土必须有足够的极限粘结强度。带肋钢筋的极限粘结强度设计值 f_{bd} 按下式计算：

$$f_{bd} = 2.25 \eta_1 \eta_2 f_{ctd} \tag{13-2}$$

其中，f_{ctd}为混凝土抗拉强度设计值，由于高强混凝土的脆性显著增强，因此，f_{ctd}取值不能超过 C60/75 混凝土，除非试验表明高强混凝土的平均粘结强度仍可提高，式（4-12）中的 α_{ct} 按 1.0 取值；

η_1 为与粘结状况和钢筋摆放位置有关的系数。"好"的状况 η_1 取 1.0，如梁式构件的底部纵筋和柱式构件的竖向纵筋；所有其他情况 η_1 取 0.7，如振捣不太密实的梁式构件顶部纵筋，以及用滑膜制作的构件中的纵筋。图 13-4 中，（a）和（b）所示的钢筋粘结状况为"好"，（c）和（d）非阴影区粘结状况为"好"，阴影区为"差"；

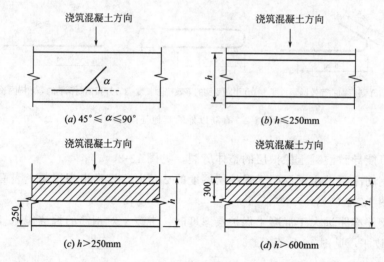

图 13-4 钢筋粘结状况

η_2 为与钢筋直径有关的系数，钢筋直径 $\phi \leqslant 32$mm 时，η_2 取 1.0，反之，$\eta_2 = (132-\phi)/100$。

13.3.3 基本锚固长度

单根钢筋的基本锚固长度 $l_{b,rqd}$ 是通过假定沿钢筋长度范围的平均粘结应力等于极限粘结强度而得到的。基本锚固长度的计算应考虑钢筋的种类和钢筋的粘结性能。弯钩钢筋的基本锚固长度 $l_{b,rqd}$ 和设计锚固长度 l_{bd} 应沿钢筋中心线进行度量，如图 13-2（a）所示。

在假定粘结强度设计值 f_{bd} 为常数的情况下，钢筋锚固力 $A_s \sigma_{sd}$ 所需要的基本锚固长度 $l_{b,rqd}$ 按下式计算：

$$l_{b,rqd} = (\phi/4)(\sigma_{sd}/f_{bd}) \tag{13-3}$$

其中，σ_{sd} 为承载能力极限状态下，锚固位置的钢筋设计应力；

ϕ 为钢筋直径，对于焊接钢筋网中的双筋钢筋束或钢丝束，采用等效直径 $\phi_n = \sqrt{2}\phi$ 代替。

一般来说，锚固长度可按所考虑钢筋的屈服强度设计值计算，譬如取 $\sigma_{sd} = f_{yd}$。这是因为钢筋虽然不是按满应力设计，但是承载能力极限状态下的弯矩重分布可能增加钢筋应力，使得钢筋应力高于预估的设计值。这样做可以避免在受弯区域，由于未充分考虑弯矩重分布而导致的突发脆性破坏。因此，往往保守地将基本锚固长度作为设计锚固长度。

13.3.4 设计锚固长度

实际采用的设计锚固长度 l_{bd} 是通过考虑附加保护层、横向钢筋、钢筋弯钩和构件横向约束应力的有利影响，在基本锚固长度 $l_{b,rqd}$ 的基础上折减得到的。EN 1992-1-1 规定的设计锚固长度 l_{bd} 按下式计算：

$$l_{bd} = \alpha_1 \alpha_2 \alpha_3 \alpha_4 \alpha_5 l_{b,rqd} \geqslant l_{b,min} \tag{13-4}$$

其中，α_1 为钢筋形式影响系数；

α_2 为混凝土保护层厚度影响系数；

α_3 为横向钢筋约束影响系数；

α_4 为沿纵筋设计锚固长度 l_{bd} 焊接的横向钢筋（$\phi_t \geqslant 0.6\phi$）的影响系数；

α_5 为沿纵筋设计锚固长度 l_{bd} 垂直作用于潜在劈裂面的压力的影响系数；

$l_{b,min}$ 为无其他因素限制的最小锚固长度，对于受拉锚固，$l_{b,min} \geqslant \max(0.3l_{b,rqd}, 10\phi, 100mm)$，对于受压锚固，$l_{b,min} \geqslant \max(0.6l_{b,rqd}, 10\phi, 100mm)$。

系数 $\alpha_1 \sim \alpha_5$ 的取值见表 13-3，同时要求乘积 $\alpha_2 \alpha_3 \alpha_5 \geqslant 0.7$。

系数 $\alpha_1 \sim \alpha_5$ 的取值   表 13-3

影响因素	锚固类型	钢 筋	
		受拉锚固	受压锚固
钢筋形状	直筋锚固	$\alpha_1 = 1.0$	$\alpha_1 = 1.0$
	其他锚固形式	若 $c_d > 3\phi$，则 $\alpha_1 = 0.7$，否则 $\alpha_1 = 1.0$	$\alpha_1 = 1.0$
混凝土保护层①	直筋锚固	$0.7 \leqslant \alpha_2 = 1 - 0.15(c_d - \phi)/\phi \leqslant 1.0$	$\alpha_2 = 1.0$
	其他锚固形式	$0.7 \leqslant \alpha_2 = 1 - 0.15(c_d - 3\phi)/\phi \leqslant 1.0$	$\alpha_2 = 1.0$
受未焊接在主筋的横向钢筋约束②	所有类型	$0.7 \leqslant \alpha_3 = 1 - K\lambda \leqslant 1.0$	$\alpha_3 = 1.0$
受焊接在主筋的横线钢筋约束③	所有类型、位置和尺寸	$\alpha_4 = 0.7$	$\alpha_4 = 0.7$
受横向压力约束④	所有类型	$0.7 \leqslant \alpha_5 = 1 - 0.04p \leqslant 1.0$	/

注：① c_d 的含义见图 13-5；
② K 的值见图 13-6；
③ 对于直接支承构件，如果支承范围内至少有一根横向焊接钢筋，l_{bd} 可取小于 $l_{b,min}$ 的值，纵筋距支座表面至少为 15mm；
④ p 为承载能力极限状态下沿设计锚固长度 l_{bd} 的横向压力（MPa）。

表 13-3 中 λ 值按下式计算：

$$\lambda = \left(\sum A_{st} - \sum A_{st,min}\right) / A_s \tag{13-5}$$

其中，A_{st} 为沿纵筋设计锚固长度 l_{bd} 的横向钢筋截面面积；

$A_{st,min}$ 为横向钢筋的最小截面面积，对于梁取 $0.25A_s$，对于板取 0；

A_s 为直径最大的单根锚固钢筋的截面面积。

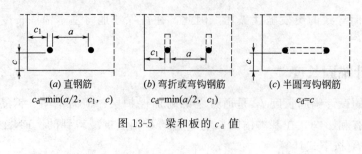

图 13-5　梁和板的 c_d 值

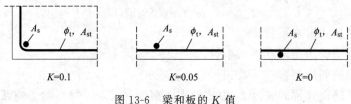

图 13-6　梁和板的 K 值

EN 1992-1-1 也允许采用简化方法确定设计锚固长度。图 13-2 中示出了不同钢筋弯钩锚固方式的等效锚固长度 $l_{b,eq}$，对于图 13-2（b）～图 13-2（d）中的等效锚固长度取 $\alpha_1 l_{b,rqd}$，对于图 13-2（e）中的等效锚固长度取 $\alpha_4 l_{b,rqd}$。

13.4　箍筋锚固

一般来说，箍筋可通过弯折和弯钩形式或焊接横向钢筋实现锚固。为了避免箍筋弯钩范围内的混凝土被压碎，应在箍筋的弯折或弯钩角部放置一根纵向钢筋。EN 1992-1-1 没有明确规定纵向钢筋的直径大小，通常不应小于箍筋直径。箍筋的锚固形式见图 13-7，其中，（c）和（d）根据《钢筋焊接》（EN ISO 17660）的规定进行焊接，且混凝土保护层厚度不应小于 3ϕ 或 50mm。

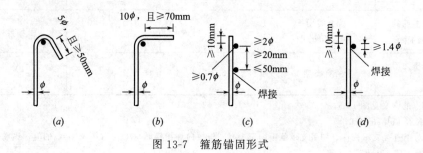

图 13-7　箍筋锚固形式

13.5　用焊接钢筋锚固

若平行于锚固钢筋的混凝土外表面承受压力作用，可采用在锚固钢筋内侧焊接横向钢筋的方式提高锚固力，以减小锚固长度，如图 13-8 所示。

在内侧有一根横向焊接钢筋（直径 14～32mm）的锚固钢筋的锚固力表示为 F_{btd}，由国家附录指定，建议公式为：

$$F_{btd} = l_{td}\phi_t\sigma_{td} \leqslant F_{wd} \quad (13\text{-}6)$$

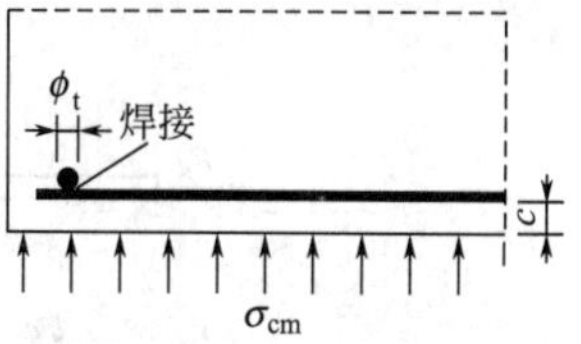

其中，F_{wd} 为焊接连接的抗剪承载力，可按 $0.5A_sf_{yd}$ 计算，A_s 为锚固钢筋的截面面积，f_{yd} 为锚固钢筋的屈服强度设计值；

l_{td} 为横向钢筋的设计长度，$l_{td} = 1.16\phi_t(f_{yd}/\sigma_{td})^{0.5} \leqslant l_t$；

l_t 为横向钢筋的长度，不大于锚固钢筋的间距；

ϕ_t 为横向钢筋的直径；

σ_{td} 为混凝土应力，$\sigma_{td} = (f_{ctd} + \sigma_{cm})/y \leqslant 3f_{cd}$；

σ_{cm} 为垂直于锚固钢筋和横向钢筋的混凝土外表面平均压力（受压为正）；

$y = 0.015 + 0.14e^{-0.18x}$；

x 为考虑几何形状的函数，$x = 2(c/\phi_t) + 1$；

c 为混凝土保护层厚度。

图 13-8　用于锚固的焊接横向钢筋

根据锚固力 F_{btd}，可以计算式（13-3）中的锚固钢筋应力 $\sigma_{sd} = F_{btd}/A_s$，进而确定锚固长度。

当两根相同直径的横向钢筋焊接在锚固钢筋的两侧时，假定外侧横向钢筋的保护层厚度符合要求，则由式（13-6）确定的锚固力可提高 1 倍。如果两根横向钢筋焊接在同一侧且最小间距为 3ϕ 时，式（13-6）确定的锚固力可乘放大系数 1.41。

对于直径不大于 12mm 的钢筋，焊接交叉钢筋的锚固力 F_{btd} 主要依赖于焊点的设计强度，按下式计算：

$$F_{btd} = F_{wd} \leqslant 16A_sf_{cd}\phi_t/\phi \quad (13\text{-}7)$$

其中，ϕ_t 为横向钢筋直径，$\phi_t \leqslant 12$mm；ϕ 为锚固钢筋直径，$\phi \leqslant 12$mm。若横向焊接钢筋为 2 根，且最小间距为 ϕ_t，按式（13-7）确定的锚固力可乘放大系数 1.41。

13.6　钢筋搭接

钢筋之间的力可通过有或无弯钩钢筋的搭接、焊接和保证荷载以拉—压或仅以压的方式传递的机械连接来传递。

13.6.1　搭接要求

钢筋之间的搭接应确保作用力由一根钢筋向另一个钢筋传递的可靠性，搭接区域附近的混凝土不允许出现剥落现象，且不能产生影响结构性能的大裂缝。一般情况下，钢筋的搭接接头应相互错开，并做到对称布置，且不宜在较大弯矩区域（譬如塑性铰）进行钢筋搭接。

如图 13-9 所示，两根搭接钢筋之间的净距不应大于 4ϕ 或 50mm，否则应增加搭接长度，增加的搭接长度为这两根钢筋的净距；两个纵向相邻的搭接接头之间的距离不应小于搭接长度 l_0 的 0.3 倍；两个横向相邻的搭接接头之间的净距不应小于 2ϕ 或 20mm。

当符合以上规定时，若所有钢筋分布在同一层，受拉钢筋的允许搭接率为 100%；若

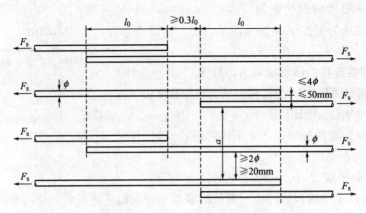

图 13-9 相邻钢筋搭接要求

钢筋按多层布置，则搭接率应减小为 50%。所有受压钢筋和分布钢筋可在同一截面内搭接。

13.6.2 搭接长度

钢筋设计搭接长度 l_0 按下式计算：

$$l_0 = \alpha_1 \alpha_2 \alpha_3 \alpha_5 \alpha_6 l_{b,rqd} \geq l_{0,\min} \tag{13-8}$$

其中，$l_{b,rqd}$ 为基本锚固长度，按式（13-3）计算；

α_1、α_2、α_3、α_5 按表 13-3 取值，计算 α_3 时，$\sum A_{st,\min}$ 取 $1.0 A_s \sigma_{sd}/f_{yd}$，$A_s$ 为一根搭接钢筋的截面面积；

$\alpha_6 = (\rho_1/25)^{0.5}$，且 $1.0 \leq \alpha_6 \leq 1.5$，$\rho_1$ 为从搭接长度中心起 $0.65 l_0$ 范围内搭接钢筋的百分率。如图 13-10 中的 $1.3 l_0$ 范围内的搭接钢筋有 Ⅰ 和 Ⅳ，故 $\rho_1 = 50\%$。表 13-4 给出了几种搭接钢筋百分率对应的系数 α_6 取值。

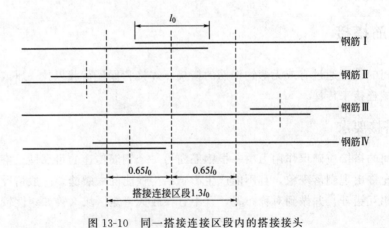

图 13-10 同一搭接连接区段内的搭接接头

系数 α_6 的值　　　　表 13-4

ρ_1	<25%	33%	50%	>50%
α_6	1.0	1.15	1.4	1.5

$l_{0,\min}$ 为最小搭接长度，$l_{0,\min} = \max(0.3\alpha_6 l_{b,rqd}, 15\phi, 200)$。

13.6.3 搭接区的横向钢筋

搭接区需要设置横向钢筋以抵抗横向拉力。当搭接钢筋直径 $\phi < 20\text{mm}$，或搭接钢筋的百分率小于 25%，可以认为由其他需求而设置的横向钢筋或连接筋足以抵抗横向拉力。当搭接钢筋直径 $\phi \geqslant 20\text{mm}$，则横向钢筋的总面积 A_{st} 不应小于任一组搭接钢筋的截面面积 A_s。横向钢筋应垂直于搭接钢筋布置，并分布在搭接长度范围的两端，如图 13-11 (a) 所示。

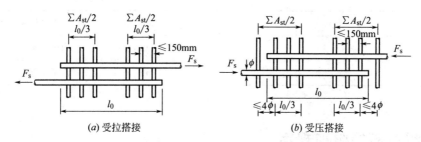

图 13-11 搭接接头的横向钢筋

当同一搭接连接区段内的钢筋搭接率大于 50%，且横向相邻的搭接接头之间的净距 $a \leqslant 10\phi$ 时（图 13-9），横向钢筋应做成连接筋或 U 形筋锚固在搭接连接区段内。

对于搭接区永久受压的情况，除了需满足受拉搭接钢筋的构造要求外，还应有一根横向钢筋布置在搭接长度每端的外侧，且在搭接长度端部 4ϕ 的范围内，如图 13-11 (b) 所示。

13.6.4 带肋焊接钢丝网的搭接

焊接钢丝网可采用交错搭接或分层搭接，如图 13-12 所示。当存在疲劳荷载时，应采用交错搭接。

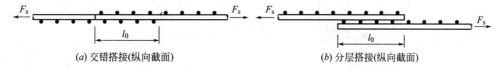

图 13-12 焊接钢丝网的搭接

对于交错搭接的钢丝网，纵向主筋的搭接布置应满足搭接要求，并忽略横向钢筋的任何有利影响，因此 $\alpha_3 = 1.0$。

对于分层搭接的钢丝网，纵向主筋的搭接接头应布置在承载能力极限状态下的钢丝应力不超过 $0.8 f_{yd}$ 的区域。当不满足这一条件时，计算抗弯承载力的截面有效高度 h_0 应从距混凝土受拉面最远的钢丝层算起。另外，当对搭接接头端部进行裂缝验算时，由于搭接端部的非连续性，表 12-2 和表 12-3 中的钢筋应力应增大 25%。

在搭接的任一截面，主筋的百分率应满足下列条件：
(1) 对于交错搭接的钢丝网，表 13-4 中的系数 α_6 取值仍然适用；

(2) 对于分层搭接的钢丝网,任一截面搭接主筋的允许百分率取决于主筋的线配筋率 $(A_s/s)_{prov}$,其中 s 为主筋间距:若 $(A_s/s)_{prov} \leqslant 1200\text{mm}^2/\text{m}$,允许百分率取 100%;若 $(A_s/s)_{prov} > 1200 \text{ mm}^2/\text{m}$,允许百分率取 60%;

(3) 多层钢丝网的搭接接头应至少错开 $1.3l_0$。

所有分布钢丝可在同一区段内搭接。最小搭接长度 l_0 详见表 13-5,两根分布钢丝的搭接长度内应包含两根主筋。

分布钢丝要求的搭接长度 表 13-5

分布钢丝直径(mm)	搭接长度
$\phi \leqslant 6$	$\geqslant 150\text{mm}$,搭接长度范围内至少包含 1 个网格
$6 < \phi \leqslant 8.5$	$\geqslant 250\text{mm}$,搭接长度范围内至少包含 2 个网格
$8.5 < \phi \leqslant 12$	$\geqslant 350\text{mm}$,搭接长度范围内至少包含 2 个网格

13.7 粗钢筋的附加规定

EN 1992-1-1 定义直径大于 32mm 的钢筋属于粗钢筋,也可由国家附录指定。已有试验表明,粗钢筋的劈裂应力和销栓作用非常显著,所以使用粗钢筋时应采用机械锚固,也可按直筋锚固,但应设置约束箍筋。一般情况下,粗钢筋不应搭接,除非构件截面尺寸不小于 1.0m 或钢筋应力不超过设计极限强度的 80%。

对于无横向压应力的锚固区,除布置抗剪钢筋外,还应布置附加横向钢筋,见图 13-13。附加钢筋不应少于以下值:

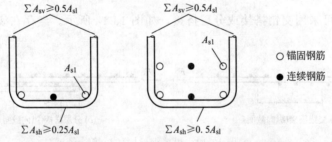

图 13-13 无横向压力时粗钢筋锚固的附加横向钢筋

平行于受拉面的方向:$A_{sh} = 0.25 n_1 A_{sl}$

垂直于受拉面的方向:$A_{sv} = 0.25 n_2 A_{sl}$

其中,A_{sl} 为单根锚固钢筋的截面面积;n_1 为锚固于同一位置的钢筋层数;n_2 为每层锚固钢筋的数量。附加横向钢筋应均匀分布于锚固区,且钢筋间距不应大于 5 倍纵向钢筋直径。

当构件中含有粗钢筋时,可使用表面筋或通过计算来控制裂缝。类似于图 12-5,在垂直于粗钢筋的方向,表面筋的截面面积不小于 $0.01A_{ct,ext}$;在平行粗钢筋的方向,表面筋

的截面面积不小于 $0.02A_{ct,ext}$。

13.8 钢筋束

13.8.1 一般原则

当纵向钢筋排列过于密集时，可将钢筋绑在一起使用，成为钢筋束。钢筋束中的所有钢筋应具有同样的特性（类别和强度等级），且钢筋束中钢筋的直径比不应超过 1.7。除非另有说明，适用于单根钢筋的规定同样适用于钢筋束。

在设计中，钢筋束可用与其具有相同截面面积和相同重心的名义钢筋代替。名义钢筋的等效直径 ϕ_n 按下式计算：

$$\phi_n = \sqrt{n_b}\phi \leqslant 55\mathrm{mm} \tag{13-9}$$

其中，n_b 为钢筋束中的钢筋根数，对于受压的竖向钢筋或者搭接接头的钢筋，$n_b \leqslant 4$；对于其他情况，$n_b \leqslant 3$。

对于钢筋束，也应按第 13.1 节中相关规定控制名义钢筋的间距。设计计算中钢筋束可采用等效直径 ϕ_n，但钢筋束间的净距应从钢筋束的实际外轮廓计算。混凝土保护层厚度也应从钢筋束的实际外轮廓计算，并不小于 ϕ_n。当两根接触的钢筋上下布置且粘结状态良好时，不应视为钢筋束。

13.8.2 钢筋束的锚固

受拉钢筋束可在构件的端部支承和中间支承处截断。等效直径 ϕ_n 小于 32mm 的钢筋束可在支座附近一次性截断，而等效直径 ϕ_n 不小于 32mm 的钢筋束应按图 13-14 的方式在支座附近分批截断。

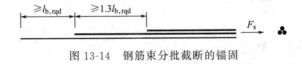

图 13-14 钢筋束分批截断的锚固

当单根钢筋以大于 $1.3l_{b,rqd}$（其中 $l_{b,rqd}$ 根据钢筋直径计算）的分批截断距离锚固时，可直接用钢筋直径计算设计锚固长度 l_{bd}，如图 13-14 所示，否则，应使用钢筋束的等效直径 ϕ_n。

受压锚固钢筋束不需分批截断。对于等效直径 $\phi_n \geqslant 32\mathrm{mm}$ 的钢筋束，其端部应至少布置 4 根直径不小于 12mm 的箍筋。另外，在截断的钢筋端部之外也应布置箍筋。

13.8.3 钢筋束的搭接

钢筋束的搭接长度按一般钢筋搭接计算，采用等效直径 ϕ_n。对于由两根钢筋组成的等效直径 $\phi_n < 32\mathrm{mm}$ 的钢筋束，不需将钢筋交错搭接。在这种情况下，应使用等效直径 ϕ_n 计算设计搭接长度 l_0。对于由两根钢筋组成的等效直径 $\phi_n \geqslant 32\mathrm{mm}$ 的钢筋束或由三根

钢筋组成的钢筋束，每根钢筋应在纵向至少以 $1.3l_0$ 的长度交错切断，如图 13-15 所示。在这种情况下，图 13-15 中的 4 号钢筋作为搭接钢筋。应注意确保在任意搭接接头截面内钢筋不超过 4 根。超过 3 根钢筋的钢筋束不应搭接。

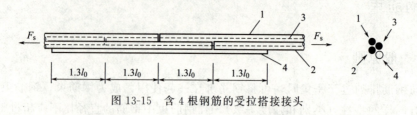

图 13-15 含 4 根钢筋的受拉搭接接头

13.9 预应力筋

13.9.1 预应力筋与孔道布置要求

设计预应力结构时，应合理控制先张预应力筋之间或后张预应力筋孔道之间的距离，以便混凝土浇筑密实，使混凝土和预应力筋充分粘结。

对于先张预应力筋，其水平和竖向净距应符合图 13-16 的要求，图中 d_g 为最大骨料尺寸。若试验表明预应力筋与混凝土的粘结强度满足要求、混凝土保护层不会剥落，同时满足混凝土的浇筑与振捣要求，也可以采用预应力束筋等其他布置形式。另外，应采取有关措施防止构件端部的预应力筋出现腐蚀。

对于后张预应力筋，孔道布置和安装应保证浇筑混凝土时管道不会损坏，混凝土能抵抗曲线预应力筋产生的径向压力，灌浆过程中水泥浆不会渗漏到其他孔道。后张预应筋孔道的净距应符合图 13-17 的要求，图中 ϕ 为孔道直径。除非两个孔道上下并排布置，其他情况的孔道不应紧靠在一起。

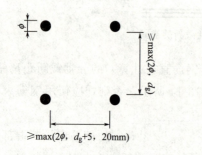

图 13-16 先张预应力筋最小净距

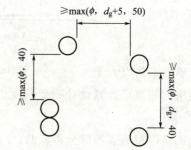

图 13-17 后张预应力筋孔道最小净距

13.9.2 先张预应力筋的锚固

先张预应力筋的锚固主要是确定预应力传递长度 l_{pt}、预应力扩散长度 l_{disp} 和锚固长度 l_{bpd} 三个参数，如图 13-18 所示，这三个参数均与粘结强度有关。

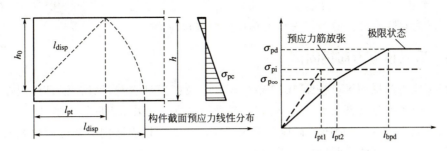

图 13-18 先张预应力构件应力分布与长度参数

13.9.2.1 预应力传递

预应力筋放张时，可假设预应力筋张力以常数粘结应力 f_{bpt} 传递到混凝土中，粘结应力 f_{bpt} 按下式计算：

$$f_{bpt} = \eta_{p1} \eta_1 f_{ctd}(t) \tag{13-10}$$

其中，η_{p1} 为考虑预应力筋类型的系数，对于刻痕钢丝，$\eta_{p1}=2.7$，对于 3 股和 7 股钢绞线，$\eta_{p1}=3.2$；

η_1 为考虑放张时粘结状况的系数，粘结状况较好时，$\eta_1=1.0$，其他情况，$\eta_1=0.7$，除非有特殊施工措施可证明能取较高的值；

$f_{ctd}(t)$ 为放张时混凝土抗拉强度设计值，$f_{ctd}(t)=0.7\alpha_{ct} f_{ctm}(t)/\gamma_C$。

预应力传递长度基本值 l_{pt} 按下式计算确定：

$$l_{pt} = \alpha_1 \alpha_2 \phi \sigma_{pm0}/f_{bpt} \tag{13-11}$$

其中，α_1 为预应力筋放张方法系数，逐步放张，$\alpha_1=1.0$，一次性放张，$\alpha_1=1.25$；

α_2 为预应力筋形状系数，钢丝和热轧预应力筋，$\alpha_2=0.25$，3 股和 7 股钢绞线，$\alpha_2=0.19$；

ϕ 为预应力筋的名义直径；

σ_{pm0} 为放张后预应力筋的瞬时应力，按第 5.7 节相关规定计算。

根据设计状况，预应力传递长度设计值按以下两种不利状况取值：

(1) 放张时局部应力验算，$l_{pt1}=0.8l_{pt}$；

(2) 承载能力极限状态验算，$l_{pt2}=1.2l_{pt}$。

预应力扩散长度 l_{disp} 按下式计算，扩散长度之外的构件截面预应力按线性分布考虑。

$$l_{disp} = \sqrt{l_{pt}^2 + h_0^2} \tag{13-12}$$

13.9.2.2 承载能力极限状态预应力筋锚固

EN 1992-1-1 规定，在承载能力极限状态下，如果构件的预压区出现拉应力，并且超过混凝土抗拉强度下限标准值 $f_{ctk,0.05}$（$f_{ctk,0.05}$ 取值一般不应超过 C60/75 混凝土）时，需验算预应力筋的锚固长度。预应力筋的张拉力按开裂截面计算，并计入由式 (7-14) 确定的剪力在预应力筋中产生的附加拉力 ΔF_{td}。

承载能力极限状态下，先张预应力筋锚固粘结强度按下式计算：

$$f_{bpd} = \eta_{p2} \eta_1 f_{ctd} \tag{13-13}$$

其中，η_{p2} 为考虑预应力筋类型的系数，对刻痕钢丝，$\eta_{p2}=1.4$，对 7 股钢绞线，$\eta_{p2}=1.2$。

张拉应力为 σ_{pd} 的先张预应力筋所需锚固长度按下式计算：

$$l_{bpd} = l_{pt2} + \alpha_2 \phi (\sigma_{pd} - \sigma_{pm\infty})/f_{bpd} \tag{13-14}$$

其中，$\sigma_{pm\infty}$ 为扣除全部预应力损失后的预应力筋张拉应力。

13.9.3 后张预应力筋锚固区

后张预应力筋锚固区可按第 10.2 节的压杆—拉杆模型进行设计。锚具作用在混凝土上的集中力应考虑分项系数 $\gamma_{P,unfav} = 1.2$，混凝土抗拉强度采用下限标准值 $f_{ctk,0.05}$。如果拉杆钢筋的应力超过 250MPa，尚应验算裂缝宽度。如果锚固区同时锚固两根及两根以上预应力筋时，应特别注意锚固区的设计。

锚具下的应力可简化地认为按角度 2β 进行扩散（图 13-19），其中，β 可按 $\arctan(2/3)$ 取值。

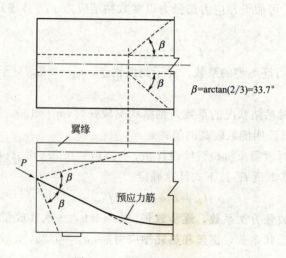

图 13-19 锚下预压应力扩散

13.9.4 预应力筋连接器

预应力筋连接器常用作施工阶段的临时锚具，一般情况下不宜放置在构件中支点附近，而且不能削弱构件的承载能力。EN 1992-2 规定，桥梁结构构件同一截面内使用连接器连接的预应力筋数量不宜超过 50%，除非按式（12-10）最小配筋面积布置了连续的受拉钢筋，或者荷载标准组合下截面残余压应力不小于 3MPa，但最大连接数量不应超过 2/3。

桥梁构件中使用预应力筋连接器的相邻截面不宜过近，其最小距离 a 可由国家附录指定，推荐值见表 13-6。

使用预应力筋连接器截面的最小距离　　　　　　　　　　　表 13-6

构件截面高度 h（m）	距离 a（m）
≤1.5	1.5
1.5<h<3.0	h
≥3.0	3.0

13.9.5 预应力筋转向装置

预应力筋转向装置的使用应满足以下两点要求：
(1) 能承受来自于预应力筋的纵向和横向力，并能将这些作用力传递至主体结构；
(2) 确保预应力筋的弯曲半径不会导致转向装置的应力超限或损坏。

预应力筋弯曲时会产生横向力，横向力随弯曲半径的减小而增大。因此，需要限制预应力筋的最小转向半径，防止孔道、转向装置和预应力筋的损坏。表13-7给出了几种钢绞线预应力筋的最小转向半径。

钢绞线预应力筋最小转向半径建议值　　　　表13-7

钢绞线构造（股数-名义直径）	最小转向半径(m)
19-13mm 和 12-15mm	2.5
31-13mm 和 19-15mm	3.0
53-13mm 和 37-15mm	5.0

第14章 构件构造要求及特殊规定

前面几章着重从计算分析的角度介绍桥梁混凝土结构设计的基本原理，本章主要介绍欧洲规范中桥梁结构基本构件的配筋构造要求。这些构造措施不仅关系到结构的安全性，还会影响结构的适用性和耐久性。

14.1 钢筋混凝土梁

14.1.1 纵向钢筋

14.1.1.1 最小配筋面积

为了防止受弯构件一旦开裂，受拉钢筋即进入屈服，构件发生脆性破坏，设计中需要对纵向受拉钢筋的最小配筋面积进行限制，相应的配筋率称为最小配筋率。

EN 1992-1-1 规定，受弯构件的受拉钢筋最小配筋面积 $A_{s,\min}$ 由国家附录指定，推荐值按下式计算：

$$A_{s,\min} = 0.26 \frac{f_{ctm}}{f_{yk}} b_t h_0 \geqslant 0.0013 b_t h_0 \tag{14-1}$$

其中，b_t 为构件受拉区的平均宽度，对于翼缘位于受压区的 T 形梁，b_t 值仅考虑腹板宽度。

如果受拉钢筋的实际配筋面积小于 $A_{s,\min}$，此梁可视为素混凝土构件。对于允许发生脆性破坏的次要构件，$A_{s,\min}$ 可取承载能力极限状态验算所需钢筋面积的 1.2 倍。

14.1.1.2 最大配筋面积

在混凝土结构中，除了限制受弯构件最小配筋率，以避免构件开裂后立即丧失承载力及保持一定的延性外，还要限制构件的最大配筋率，以防止构件的受压区混凝土在受拉钢筋屈服之前或屈服后很快就被压碎，发生脆性破坏。

根据第 5.4 节中关于塑性分析的内容，为确保受弯构件的塑性铰具有一定的转动能力，截面受压区高度与截面有效高度的比值 x/h_0 不能过大，这相当于限制了受拉钢筋的最大配筋面积。对于桥面板结构，在塑性铰区域，当混凝土抗压强度标准值 $f_{ck} \leqslant 50\text{MPa}$ 时，$x/h_0 \leqslant 0.45$；当混凝土抗压强度标准值 $f_{ck} \geqslant 55\text{MPa}$ 时，$x/h_0 \leqslant 0.35$。相应的最大配筋率 $\rho_{s,\max}$ 为：

$$\rho_{s,\max} = \frac{x}{h_0} \cdot \frac{\eta \lambda f_{cd}}{f_{yd}} + \rho'_s = \begin{cases} 0.45 \dfrac{\eta \lambda f_{cd}}{f_{yd}} + \rho'_s & f_{ck} \leqslant 50\text{MPa} \\ 0.35 \dfrac{\eta \lambda f_{cd}}{f_{yd}} + \rho'_s & f_{ck} \geqslant 55\text{MPa} \end{cases} \tag{14-2}$$

其中，ρ'_s 为受压钢筋配筋率。

EN 1992-1-1 规定，在钢筋搭接区之外，受拉钢筋或受压钢筋面积不得超过 $A_{s,\max}$，该值由国家附录指定，推荐值为 $A_{s,\max} = 0.04A_c$，A_c 为构件全截面面积。

14.1.1.3 钢筋布置

对于墩和梁整体浇筑的刚构桥梁，不允许按塑性设计，一般按线弹性或有限重分布线弹性分析方法计算。考虑有限重分布的负弯矩区配筋由计算结果确定。

为了有效控制受拉翼缘开裂，连续梁中支点的负弯矩受拉钢筋应布置在翼缘有效宽度范围内，其中一部分可集中在腹板宽度范围内布置，如图 14-1 所示。

按双筋截面设计的受弯构件，为了防止纵向受压钢筋（直径 ϕ）屈曲失稳，应采用间距不超过 15ϕ 的横向钢筋进行约束。约束钢筋的直径参考柱的横向钢筋要求。

14.1.2 最小截面和抗剪钢筋

桥梁结构中一般使用闭合箍筋、拉结筋和弯起钢筋作为抗剪钢筋，如图 14-2 所示，或者采用这几种抗剪钢筋的组合形式。当采用混合形式的抗剪钢筋时，箍筋和拉结筋用量应占有一定的比例，具体由国家附录指定，建议占有比例不小于 50%。抗剪钢筋与构件纵轴线形成 45°～90° 的夹角。箍筋应确保锚固可靠。如果箍筋不用作承担扭矩，则允许在腹板表面附近的肢上搭接。

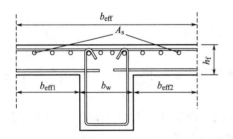

图 14-1 受拉翼缘纵向钢筋布置

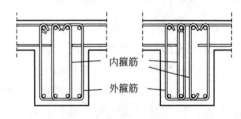

图 14-2 抗剪箍筋的布置

14.1.2.1 最小截面尺寸和最大配箍率

欧洲规范中，钢筋混凝土构件受剪承载力的计算是以桁架模型为基础的。式（7-11）表示由混凝土压杆控制的抗剪承载力，为使构件不会因混凝土压杆压碎而破坏，由式（7-11）控制的抗剪承载力对应于构件的最小截面尺寸。

另外，为使构件受剪破坏时箍筋屈服发生在混凝土压杆压碎之前，具有塑性破坏的特征，应使箍筋的抗剪承载力小于等于混凝土压杆的抗剪承载力，即 $V_{Rd,s} \leqslant V_{Rd,\max}$。这一条件决定了构件的最大配箍率，由此得到

$$\frac{A_{sw}}{s}f_{ywd}z(\cot\theta + \cot\alpha)\sin\alpha \leqslant \alpha_{cw}v_1 f_{cd} b_w z \frac{\cot\theta + \cot\alpha}{1 + \cot^2\theta}$$

即

$$\frac{A_{sw}}{sb_w\sin\alpha} \leqslant \frac{\alpha_{cw}v_1 f_{cd}}{(1 + \cot^2\theta)\sin^2\alpha f_{ywd}} \tag{14-3}$$

式（14-3）左端项为箍筋的面积配箍率 ρ_{sw}。由于 $1 \leqslant \cot\theta \leqslant 2.5$，箍筋的最大配箍率 $\rho_{sw,\max}$ 表示为：

$$\rho_{sw,max} = \frac{1}{2} \cdot \frac{\alpha_{cw} v_1 f_{cd}}{\sin^2 \alpha f_{ywd}} \tag{14-4}$$

14.1.2.2 最小配箍率

当受弯构件的腹筋较少时，会发生斜拉破坏。斜拉破坏属于脆性破坏，承载力低，结构设计时应避免发生这种形式的破坏。EN 1992-1-1 建议的抗剪钢筋最小配箍率如下，也可由国家附录指定。

$$\rho_{sw,min} = \frac{0.08\sqrt{f_{ck}}}{f_{yk}} \tag{14-5}$$

其中，f_{ck} 和 f_{yk} 的单位为 MPa。

14.1.2.3 抗剪钢筋间距要求

箍筋的最大纵向间距不应超过 $s_{l,max}$。$s_{l,max}$ 的取值由国家附录指定，推荐值为：

$$s_{l,max} = 0.75 h_0 (1 + \cot\alpha) \tag{14-6}$$

箍筋肢与肢间的最大横向间距不应超过 $s_{t,max}$。$s_{t,max}$ 的取值由国家附录指定，推荐值为：

$$s_{t,max} = 0.75 h_0 \leqslant 600 \text{mm} \tag{14-7}$$

弯起钢筋的最大纵向间距不应超过 $s_{b,max}$。$s_{b,max}$ 的取值由国家附录指定，推荐值为：

$$s_{b,max} = 0.6 h_0 (1 + \cot\alpha) \tag{14-8}$$

14.1.3 最小截面和抗扭钢筋

14.1.3.1 截面控制条件

为防止构件受扭时发生混凝土首先破坏的超筋破坏，必须控制受扭钢筋的数量不超过上限，也即控制截面尺寸不能过小。

EN 1992-1-1 认为，剪扭构件的最大承载力取决于混凝土压杆的承载力。为不超过最大承载力，欧洲规范规定实心截面构件的截面尺寸应满足式（8-8）的要求。

14.1.3.2 构造配筋条件

当受扭构件未开裂，或者作用在构件上的扭矩小于截面混凝土能够承担的开裂扭矩时，理论上不需配置抗扭钢筋。但为了防止脆性破坏，仍应按构造要求配置相应的抗扭钢筋。EN 1992-1-1 规定，对近似矩形的实心截面，当扭矩和剪力设计值满足式（8-9）的要求时，则可按最小面积配置箍筋。抗扭钢筋的最小配箍率仍按式（14-5）计算。

14.1.3.3 抗扭钢筋布置

抗扭箍筋应闭合，以搭接或端部弯钩的形式锚固，如图 14-3（a）～图 14-3（c）所示，不建议采用图 14-3（d）所示的形式，而且箍筋平面应与构件的轴线垂直。构件每个角部应至少有一个根纵向钢筋，其他纵向钢筋沿箍筋的内边均匀布置，间距不大于 350mm。

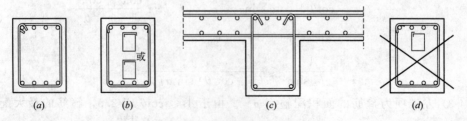

图 14-3 抗扭箍筋形状示例

抗扭箍筋的纵向间距不应超过 $u/8$、抗剪箍筋最大纵向间距 $s_{l,max}$ 和梁截面短边尺寸三者中的较小值。其中，u 为截面外周长。

14.2 实心板

本节所涉及的板是指宽度 b 和有效长度 l_{eff} 不小于 5 倍厚度 h 的单向板和双向板。

14.2.1 纵向钢筋

板的主受力方向的最小配筋率和最大配筋率仍需满足第 14.1.1 节中梁的构造要求。对于出现脆性破坏可能性较小的板，$A_{s,min}$ 可取承载能力极限状态需要的钢筋面积的 1.2 倍。在单向板中，应布置不小于 20% 主筋面积的横向分布钢筋。对于支承处无横向弯矩的情况，支承区域上部主筋不必布置横向分布钢筋。板中钢筋最大间距 $s_{max,slabs}$ 由国家附录指定，一般情况下的建议值为：

主筋，$s_{max,slabs}=3h$，且不大于 400mm（h 为板厚）；

横向分布钢筋，$s_{max,slabs}=3.5h$，且不大于 450mm。

对于集中荷载作用或最大弯矩作用区域，板中钢筋最大间距为：

主筋，$s_{max,slabs}=2h$，且不大于 250mm；

横向分布钢筋，$s_{max,slabs}=3h$，且不大于 400mm。

14.2.2 抗剪钢筋

如果实心板结构需要配置抗剪钢筋，为保证抗剪钢筋能真正发挥作用，实心板厚度不应小于 200mm。一般情况下可按第 14.1.2 节中的相关规定确定抗剪钢筋的最小配箍率和最大间距，也可采用以下规定：

(1) 若板的剪力设计值 $V_d \leqslant V_{Rd,max}/3$，可全部采用弯起钢筋或拉结筋形式；

(2) 箍筋最大纵向间距 $s_{max}=0.75h_0(1+\cot\alpha)$；

(3) 弯起钢筋最大纵向间距 $s_{max}=h_0$；

(4) 抗剪钢筋最大横向间距不超过 $1.5h_0$。

14.2.3 抗冲切钢筋

桥梁结构的抗冲切问题一般只在桥面板、扩展基础或桩基承台中考虑。如果采用拉结筋作为抗冲切钢筋，则至少绕集中力加载区域布置两周拉结筋，径向间距不应超过 $0.75h_0$。第一周拉结筋布置在基本控制周长范围以内，环向间距不应超过 $1.5h_0$，第二周拉结筋布置在基本控制周长以外，环向间距不应超过 $2h_0$。如果采用弯起钢筋作为抗冲切钢筋，可只布置一周。

抗冲切钢筋最小配筋面积 $A_{sw,min}$ 按下式计算：

$$A_{sw,min}=\frac{s_r s_t}{1.5\sin\alpha+\cos\alpha} \cdot \frac{0.08\sqrt{f_{ck}}}{f_{yk}} \tag{14-9}$$

其中，α 为抗冲切钢筋与主筋方向的夹角；

s_r 为抗冲切钢筋的径向间距；

s_t 为抗冲切钢筋的环向间距；

f_{ck} 和 f_{yk} 的单位为 MPa。

14.3 柱

本节所涉及的柱是指截面高度 h 不超过 4 倍宽度 b 的柱。

14.3.1 纵向钢筋

在受压构件中，纵向钢筋不宜太细，直径不应小于 ϕ_{min}。ϕ_{min} 值由国家附录指定，建议值为 8mm。当柱截面为多边形时，每个角至少布置一根纵筋；当柱截面为圆形时，纵筋数量不应少于 4 根。

为了满足受力和构造要求，受压构件的纵向钢筋不能过少也不能过多。纵筋过少，构件呈脆性破坏，对抗震不利。另外，在长期荷载作用下，混凝土受压产生徐变，构件内力重分布，原由混凝土承担的一部分内力转由钢筋承担。所以，在正常使用条件下，钢筋分担的内力比计算大（极限承载力不变），在这种情况下，纵筋数量也不能过少。纵筋过多则不经济，因为钢筋混凝土结构中钢筋的优势是抗拉，另外纵筋过多也不便于施工，而且会影响混凝土的浇筑质量。

EN 1992-1-1 建议，柱全部纵向钢筋的最小配筋面积按下式取值，也可由国家附录指定。

$$A_{s,min} = \max(0.1N_d/f_{yd}, 0.002A_c) \tag{14-10}$$

纵筋最大配筋面积 $A_{s,max}$ 由国家附录指定，建议钢筋搭接区以外取 $0.04A_c$，搭接区取 $0.08A_c$，A_c 为柱的全截面面积。

14.3.2 横向钢筋

柱横向约束钢筋（箍筋、拉结筋或螺旋筋）直径不应小于 6mm 和纵向钢筋最大直径 1/4 的较大者。用作横向钢筋的焊接钢丝网钢丝的直径不应小于 5mm。横向钢筋间距不应超过 $s_{cl,tmax}$，其值由国家附录指定，建议取用以下三者的最小值：

（1）纵向钢筋最小直径的 20 倍；

（2）柱的短边尺寸；

（3）400mm。

对于下面两种情况：①距上部主梁或下部基础等于柱截面长边尺寸范围的箍筋加密区，②纵向搭接钢筋最大直径超过 14mm，且搭接长度范围均匀布置了不少于 3 组横向钢筋的搭接接头附近，按上述条件确定的横向钢筋最大间距应乘 0.6 的折减系数。

纵向钢筋方向改变时（如柱的尺寸发生变化），应根据侧向力计算确定横向钢筋的间距。如果变化率不大于 1/12 时，可以忽略此影响。

构件角部布置的单根纵筋或成束纵筋应使用横向钢筋进行固定。受压区任意一根外层纵筋与被箍筋（或拉结筋）固定的纵筋的距离不应超过 150mm。

14.4 深梁

本节所涉及的深梁是指跨高比小于3的梁。

深梁的每个表面应布置正交钢筋网,每个方向的最小配筋面积 $A_{s,dbmin}$ 由国家附录指定,推荐值为 $0.001A_c$,且不小于 $150\text{mm}^2/\text{m}$。表面钢筋间距不应大于深梁截面宽度和300mm的较小者。

深梁通常按压杆—拉杆模型进行设计。为了保证节点受力平衡,作为拉杆设计的钢筋,除非直筋锚固长度满足第13章要求,否则应采用弯折、U形弯钩或者锚固件形式充分锚固于节点。

14.5 基础

14.5.1 扩展基础

基础底部的纵向受拉钢筋应可靠锚固。图 14-4 为一扩展基础受到地基反力作用时可能产生的斜裂缝,x 处的拉力 F_s 应传递到距基础边缘相同距离 x 范围内的混凝土中。为了抵抗拉力 F_s,需校核受拉钢筋的锚固能力。F_s 按下式确定:

$$F_s = R \cdot z_e / z_i \quad (14-11)$$

其中,R 为 x 范围内的基底反力;

z_e 为基底反力 R 与竖向力 N_d 的力臂;

z_i 为混凝土受压区中心与受拉钢筋的内力臂,可取为 $0.9h_0$;

N_d 为柱底 $2e$ 宽度范围内分布的压力,应与 AB 范围内的基底反力平衡,因此,确定 e 值通常需要迭代求解。作为简化计算,e 可取为 $0.15b$。

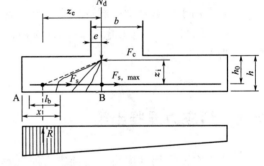

图 14-4 基础底部的钢筋锚固

若基础底部钢筋按直筋锚固,x 的最小取值为 $h/2$。对于其他形式的锚固,x 的取值应更大。

14.5.2 钻孔灌注桩

钻孔灌注桩的钢筋、钢筋笼和任何附属物件不得影响浇筑混凝土的流动。钻孔灌注桩纵向钢筋最小配筋面积 $A_{s,bpmin}$ 与桩基全截面面积 A_c 有关,建议按表 14-1 取值,也可由国家附录指定。

钻孔灌注桩最小配筋面积建议值　　　　表 14-1

桩基全截面面积 A_c	最小配筋面积 $A_{s,bpmin}$
$A_c \leqslant 0.5\text{m}^2$	$0.005A_c$
$0.5\text{m}^2 < A_c \leqslant 1.0\text{m}^2$	25cm^2
$A_c > 1.0\text{m}^2$	$0.0025A_c$

钻孔灌注桩纵向钢筋直径不应小于 16mm，数量不应少于 6 根。沿桩周边纵筋净距不应超过 200mm。关于桩基纵向钢筋和横向钢筋的其他构造细节参见 EN 1536。

14.5.3　承台

桩基承台可按压杆—拉杆模型或欧拉梁理论进行设计。桩基外边缘到承台外边缘的距离不应过小，需以满足承台底部受拉钢筋的锚固为宜，并应考虑桩基位置的施工偏差。桩基伸入承台的深度不应小于 50mm。

桥梁桩基承台主筋直径不应小于 12mm，应集中布置在桩顶间的主要受力区域，同时应满足最小配筋面积要求。横向钢筋可与主筋焊接，作为受拉主筋的锚固筋。

桩基反力在承台中产生的压力可假定从桩边沿 45°角扩散，如图 14-5 所示。当按第 13.5 节方法计算承台受拉主筋锚固长度时，这种压力可当作 σ_{cm} 考虑。

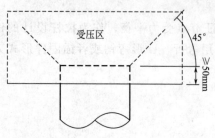

图 14-5　桩基反力在承台中的扩散

14.5.4　系梁

系梁可用于消除基础荷载的偏心影响，应按弯剪构件进行设计。抗弯钢筋直径不应小于 8mm。系梁设计还需考虑振捣设备作用的设计状况，设计荷载为方向向下的均布力，建议值为 10kN/m。

14.6　预应力混凝土梁

预应力混凝土构件应防止由预应力筋失效而导致的脆性受弯破坏。这种脆性破坏是因预应力筋锈断或锚固失效后，构件截面开裂，而普通钢筋不足以抵抗截面的开裂弯矩，使得构件开裂后立即发展到极限抗弯承载力，出现没有预兆的破坏。因此，预应力混凝土构件也应考虑普通钢筋的最小配筋率。EN 1992-2 规定，在荷载标准组合作用下，混凝土出现拉应力的构件区段应考虑受拉钢筋的最小配筋率。受拉钢筋最小配筋面积 $A_{s,min}$ 按下式计算：

$$A_{s,min} = \frac{\dfrac{M_{cr}}{z} - A_p \Delta\sigma_p}{f_{yk}} \tag{14-12}$$

其中，M_{cr} 为不计预应力效应的截面开裂弯矩，混凝土抗拉强度采用平均值 f_{ctm}；

z 为相应于承载能力极限状态的普通钢筋内力臂；

A_p 为荷载标准组合作用下，构件预拉区的有效预应力小于 $0.6f_{pk}$ 的预应力筋截面面积；

$\Delta\sigma_p$ 为 $0.4f_{pk}$ 和 500MPa 的较小值。

对于预应力混凝土连续梁，为了保证构件具有足够的延性，按式（14-12）确定的跨

中最小配筋面积 $A_{s,min}$ 应延伸到中支点进行锚固。如果中支点截面受拉区的预应力筋和普通钢筋面积满足下式要求，可不考虑 $A_{s,min}$ 的延伸锚固。

$$A_s f_{yk} + k_p A_p f_{p0.1k} < t_{inf} b_0 \alpha_{cc} f_{ck} \tag{14-13}$$

其中，t_{inf} 和 b_0 分别为中支点截面下翼缘的厚度和宽度，对于 T 形截面，t_{inf} 取为 b_0；

A_p 和 A_s 分别为中支点截面受拉区的预应力筋和普通钢筋截面面积；

k_p 值由国家附录指定，推荐取 1.0。

对于无粘结预应力或者体外预应力混凝土构件，截面抗弯承载力不应小于开裂弯矩的 1.15 倍。

第15章 地基和基础设计

地基是支承结构基础的土体或岩体,它不属于桥梁结构的组成部分,但对桥梁的坚固耐久具有非常重要的作用。基础是将上部结构荷载传递至地基的结构,是桥梁结构的重要组成部分。如果地基承载能力不足或基础形式选择不当,桥梁结构就会出现整体或局部破坏、产生过大的沉降,影响桥梁的正常使用。因此,地基、基础设计同上部结构设计一样重要。

本章主要介绍 EN 1997 中的土工设计基本原理和桥梁地基、基础设计方法,其他土工结构的设计方法参见 EN 1997-1 相关章节。

15.1 土工设计基础

土工设计首先需要勘察场地地质情况,获取岩土各项物理、力学参数,研究上部结构传给地基的外部荷载和岩土自身的水力作用,以及岩土在这些荷载作用下的破坏机理,在此基础上研究各种使用工况的土工设计方法。

15.1.1 土工工程分类

EN 1997 将土工设计和岩土勘察有机地结合在一起,采用统一的设计体系,不管是岩土规划、土工设计,还是岩土勘察,其等级划分都遵从同一个准则。EN 1997-1 要求根据结构的使用功能、结构的复杂程度、荷载条件、可接受风险水平和以往工程经验,将土工工程分为 GC1、GC2 和 GC3 共 3 个类别。一般情况下,GC1 适用于结构类型相对简单、风险水平可以忽略的工程结构;GC2 适用于常规荷载、场地条件,传统结构类型,风险水平适中的工程结构;GC3 则用于 GC1 和 GC2 以外的工程结构。表 15-1 给出了三种土工工程类别的相关要求。图 15-1 给出了一个辅助判断土工工程类别的流程图。

土工工程分类和相关要求 表 15-1

项 目	GC1	GC2	GC3
灾害严重性	低	中	高
易损性	低	中	高
风险水平	可忽略	中	高
需要的专业程度	具有足够经验的人员	合格的专业人员	经验丰富的岩土工程专家
勘察要求	定性调查,包括探坑	常规调查,钻孔、室内和现场试验	附加详细调查和室内试验

15.1 土工设计基础

续表

项目	GC1	GC2	GC3
结构示例	简单的低矮建筑；农用房屋；不超过2m的开挖支护、挡土墙	扩展基础、筏板基础、桩基础、挡土结构、桥墩桥台、堤防工程、土锚杆、硬岩中的隧道	大型结构、大桥、深开挖、软土上的堤坝、软土或高透水地层中的隧道
设计要求	地基条件简单明确；地基稳定性或地基滑移的风险可忽略	足量的土工数据和分析确保满足基本要求	采用EN 1997中的有关规定
设计方法	常规设计和施工	常规试验、设计和施工	

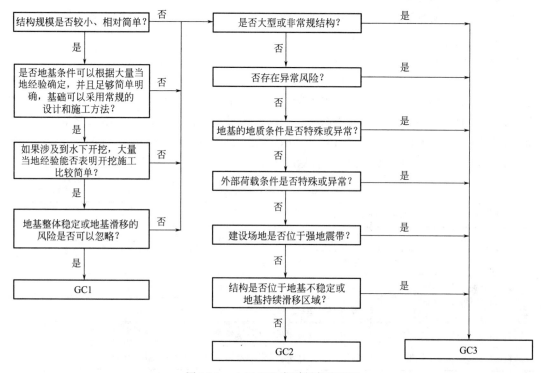

图 15-1 土工工程类别判断流程图

EN 1997-1 要求在岩土勘察之前，必须将结构物按土工工程类别做明确划分。如有特殊需要，土工工程类别在不同的设计阶段和施工过程中是可以变更的。

15.1.2 极限状态

地基、基础设计包括承载能力和正常使用两种极限状态。承载能力极限状态是指可能导致地基或结构失效的极限状态；正常使用极限状态主要包括地基滑移、基础产生不可接受位移等影响结构使用的极限状态。EN 1997-1 将与承载能力极限状态相关的失效模式分为五类：

(1) 静力平衡失稳（EQU）：指结构或地基作为刚体失去平衡，材料不能明显提高稳定承载力。该极限状态适用于描述挡土墙等的倾覆，不适用于普通基础。

(2) 强度破坏（STR）：指扩展基础、桩基或挡土墙等结构内部破坏或出现过度变形，这种失效模式受材料特性控制。

（3）地基破坏（GEO）：是指地基失效或出现过度的变形，这种失效模式受岩土特性控制。

（4）抗浮失稳（UPL）：是指基础结构无法抵抗地下水的浮力而导致的失稳。

（5）水力破坏（HYD）：是指由岩土中的水力梯度导致的突涌、内部侵蚀和管涌等地基破坏。

15.1.3 设计状况

设计状况代表一定时段内所有实际情况的一组设计条件，不同的设计状况反映了结构设计使用年限内荷载作用、环境影响及结构材料特性的变化。设计计算所选用的荷载，以及荷载和材料特性分项系数均依据设计状况而定。地基、基础设计也包括四种设计状况，分别为持久设计状况、短暂设计状况、偶然设计状况和地震设计状况。

土体是一种天然材料，其材料特性受土体颗粒间孔隙水的影响，在不排水条件下孔隙水压力较大，土体的抗剪强度会显著下降，而在排水条件下孔隙水压消散，土体抗剪强度将提高。然而，土体孔隙水压的消散是一个缓慢的过程，往往比结构的施工周期更长，因此，EN 1997-1 要求以上四种设计状况均要考虑长期（排水）和短期（不排水）两种情况。表 15-2 给出了土工工程几种设计状况的示例。

土工工程的设计状况　　　　　　　　表 15-2

设计状况	持续时间	长/短期	示　　　例
持久设计状况	≈设计使用年限	长期	建造于粗粒土层或完全排水细粒土层上的建筑和桥梁结构
		短期	部分排水的细粒土层边坡
短暂设计状况	≪设计使用年限	长期	粗粒土层上的临时工程
		短期	细粒土层上的临时工程
偶然设计状况	非常短	长期	建造于粗粒土层或快速排水细粒土层上的建筑和桥梁结构
地震设计状况	非常短	短期	建造于慢速排水细粒土层上的建筑和桥梁结构

15.1.4 土工设计方法

EN 1997-1 规定的土工设计主要采用定量分析的计算设计方法，当计算分析确有困难时，则可采用试验方法、跟踪监测方法和有关规定措施，以确保满足设计极限状态。

计算设计方法包括以下几个步骤：

（1）建立土工分析的荷载，如外加荷载或外加位移；

（2）建立土层物理参数模型和结构材料模型；

（3）定义极限状态限值，如变形、裂缝宽度、振动等；

（4）建立极限状态分析的计算模型；

（5）根据计算结果判断极限状态是否满足要求。

图 15-2 示出了土工工程计算设计方法的三大要素（作用、岩土特性和几何参数）与极限状态间的相互关系。

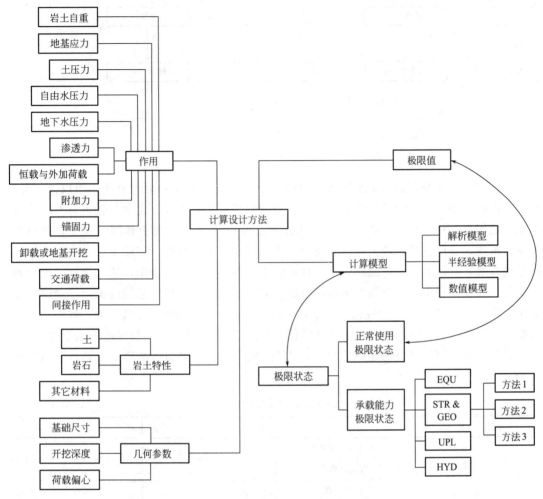

图 15-2　土工工程计算设计方法图示

15.1.4.1　参数标准值

欧洲规范的土工设计也是基于荷载与抗力分项系数设计方法，前提条件是要确定荷载作用、岩土特性及几何参数的标准值。其中，荷载作用和几何参数的标准值按 EN 1990 和 EN 1991 相关要求确定，而岩土参数具有离散性大的特点，其标准值的确定须遵循 EN 1997-1 的"谨慎估计"方法。图 15-3 示出了岩土参数从试验值到设计值的转化过程。

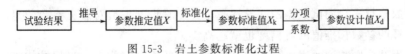

图 15-3　岩土参数标准化过程

岩土参数推定值一般通过对试验结果进行相关性分析、理论推导或者经验判断方法获得。如果能搜集到临近场地以往的岩土参数试验数据以及类似岩土的研究数据，可将这些成果作为确定推定值的补充资料。如果工程设计人员已知所需要的岩土参数，其推定值可根据试验结果直接评估得到。图 15-4 示出了从岩土试验结果提取参数推定值的主要技术路线。

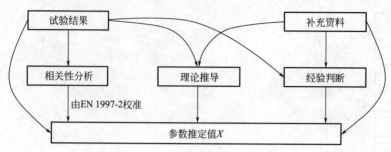

图 15-4 岩土参数推定值获取的技术路线

岩土在其形成和存在的整个地质历史过程中，经受了各种复杂的地质作用以及风化、搬运、沉积作用。由于形成条件不尽相同，即使同类岩土的物理、化学特性也具有很大的差别。这体现在材料自身的随机不确定性方面。表 15-3 给出了岩土和部分人工材料特性的变异系数，可以发现，岩土特性的变异比人工材料更大。另外，实际工程中岩土勘探点的数量有限，设计人员不可能对建设场地的岩土特性认识得非常全面，这又导致了对材料的认知不确定性。由于以上两种不确定性的共同影响，岩土参数标准值的确定不能简单地套用 EN 1990 中人工材料特性的统计估计方法。因此，EN 1997-1 要求岩土参数标准值应选取为影响极限状态出现的"谨慎估计"值。"选取"一词强调了工程判断的重要性，"谨慎估计"一词说明标准值的选取应保守，"极限状态"一词表明标准值是与某极限状态相关的。

岩土和人工材料特性的变异系数 表 15-3

材料	参数		变异系数
土	有效内摩擦系数	$\tan\varphi'$	5%～15%
	有效黏聚力	c'	30%～50%
	不排水黏聚力	c_u	20%～40%
	重度	γ	1%～10%
混凝土	强度		8%～21%
钢	强度		11%～15%
铝	强度		8%～14%

岩土参数标准值的选取主要考虑以下两个方面：

(1) 工程设计人员对岩土参数试验数据的置信度。显然，对岩土的现场实测或实验室测试的样本数量越多，测试数据的变异性越小，工程设计人员对岩土参数信息的判断更为准确，所选择的参数标准值的置信度也就越高。

(2) 工程结构影响到的岩土范围或结构对荷载的重分布能力。工程结构影响到的岩土范围越广，或者结构对荷载的重分布能力越强，岩土极限状态的参数控制值越接近其平均值，这种情况下参数标准值应按平均值取用，反之，参数标准值应选取其下限值。譬如，采用箱形基础或筏板基础的结构，即使地基存在局部软弱区域，然而由于基础的覆盖面较大，密实区域的地基承载力可以补偿软弱区域，结构不会因地基的局部软弱区域而失效。又如，采用群桩基础的结构，由于承台的承载力和刚度都非常大，即使某根桩基损坏，承台仍可以将外荷载重新分配到其他桩基,结构不会因这根坏桩而失效。

对于极限状态由岩土参数平均值控制的情况,岩土参数标准值按下式计算:

$$X_k = X_{c,mean} = \mu_X(1 - k_{n,mean}\delta_X) \tag{15-1}$$

对于极限状态由岩土参数下限值控制的情况,岩土参数标准值按下式计算:

$$X_k = X_{low} = \mu_X(1 - k_{n,fractile}\delta_X) \tag{15-2}$$

其中,μ_X 为岩土参数 X 的样本统计平均值;

δ_X 为岩土参数 X 的样本统计变异系数,$\delta_X = \sigma_X/\mu_X$;

σ_X 为岩土参数 X 的样本统计标准差;

$k_{n,mean}$ 和 $k_{n,fractile}$ 为统计系数,与统计样本容量 n、标准值类型和变异系数 δ_X 的先验信息有关。当有 δ_X 的先验信息时,称 δ_X 已知,反之,则称 δ_X 未知。

对于 δ_X 未知的情况,$k_{n,mean}$、$k_{n,fractile}$ 分别按下列公式计算:

$$k_{n,mean} = t_{n-1}^{0.95} \cdot \sqrt{1/n} \tag{15-3}$$

$$k_{n,fractile} = t_{n-1}^{0.95} \cdot \sqrt{1 + 1/n} \tag{15-4}$$

对于 δ_X 已知的情况,$k_{n,mean}$、$k_{n,fractile}$ 分别按下列公式计算:

$$k_{n,mean} = 1.64\sqrt{1/n} \tag{15-5}$$

$$k_{n,fractile} = 1.64\sqrt{1 + 1/n} \tag{15-6}$$

其中,$t_{n-1}^{0.95}$ 为自由度为 $n-1$ 的学生 t 分布的 95% 置信度临界值。表 15-4 和表 15-5 分别给出了 $k_{n,mean}$ 和 $k_{n,fractile}$ 的常用值。表 15-6 给出了学生 t 分布 95% 和 90% 置信度的临界值。

统计系数 $k_{n,mean}$ 值　　　　　　　　　　表 15-4

样本容量 n	δ_X 未知	δ_X 已知
3	1.69	0.95
4	1.18	0.82
5	0.95	0.74
6	0.82	0.67
8	0.67	0.58
10	0.58	0.52
20	0.39	0.37
30	0.31	0.30
∞	0	0

统计系数 $k_{n,fractile}$ 值　　　　　　　　　表 15-5

样本容量 n	δ_X 未知	δ_X 已知
3	3.37	1.89
4	2.63	1.83
5	2.33	1.80
6	2.18	1.77
8	2.00	1.74

续表

样本容量 n	δ_X 未知	δ_X 已知
10	1.92	1.72
20	1.76	1.68
30	1.73	1.67
∞	1.64	1.64

学生 t 分布临界值 t_r 表 15-6

r	$P = 95\%$	$P = 90\%$
2	2.920	1.886
3	2.353	1.638
4	2.132	1.533
5	2.015	1.476
6	1.943	1.440
7	1.895	1.415
8	1.860	1.397
9	1.833	1.383
10	1.812	1.372
12	1.782	1.356
15	1.753	1.341
20	1.725	1.325
25	1.708	1.316
30	1.686	1.310
∞	1.645	1.282

随样本容量 n 的增大，$X_{c,mean}$ 趋近于样本统计平均值 μ_X，X_{low} 趋近于概率分布 5% 分位值。

【例 15-1】 某挡土墙后的填土经三轴剪切板试验测试得到的有效内摩擦角和有效黏聚力见表 15-7。根据已被广泛证实的研究结果，有效内摩擦系数 $\tan\varphi'$ 的变异系数范围在 0.05~0.15 之间，有效黏聚力 c' 的变异系数范围在 0.3~0.5 之间。试采用统计方法选择用于挡土墙结构承载能力极限状态验算的填土内摩擦角和有效黏聚力的标准值。

填土三轴剪切板试验数据 表 15-7

探孔/试验编号	c' (kPa)	φ' (°)	$\tan\varphi'$
BH1/1	3	31	0.601
BH1/2	4	30	0.577
BH2/1	1	25	0.700
BH2/2	7	28	0.532

解答：

挡土墙结构达到承载能力极限状态是墙后大范围填土影响的结果，受填土特性参数平均值的控制。因此，填土的有效内摩擦系数和有效黏聚力标准值按式（15-1）计算。

根据表 15-7 中的试验结果，有效黏聚力的样本平均值 $\mu_{c'} = 3.75\text{kPa}$，标准差 $\sigma_{c'} = 2.5\text{kPa}$，变异系数 $\delta_{c'} = 0.667$；有效内摩擦系数的样本平均值 $\mu_{\tan\varphi'} = 0.603$，标准差 $\sigma_{\tan\varphi'} = 0.071$，变异系数 $\delta_{\tan\varphi'} = 0.118$。

(1) 按 δ_X 未知计算

查表 15-4，样本容量 $n=4$ 时的 $k_{n,\text{mean}} = 1.18$。根据式（15-1），有效内摩擦角标准值为

$$\tan\varphi'_k = 0.603 \times (1 - 1.18 \times 0.118) = 0.519$$

$$\varphi'_k = 27.4°$$

有效黏聚力标准值为

$$c'_k = 3.75 \times (1 - 1.18 \times 0.667) = 0.8\text{kPa}$$

(2) 按 δ_X 已知计算

查表 15-4，样本容量 $n=4$ 时的 $k_{n,\text{mean}} = 0.82$。假定有效内摩擦系数的变异系数取 0.1，有效黏聚力的变异系数取 0.4。根据式（15-1），有效内摩擦角标准值为

$$\tan\varphi'_k = 0.603 \times (1 - 0.82 \times 0.1) = 0.554$$

$$\varphi'_k = 29°$$

有效黏聚力标准值为

$$c'_k = 3.75 \times (1 - 0.82 \times 0.4) = 2.5\text{kPa}$$

15.1.4.2 静力平衡验算

桥梁地基基础的静力平衡问题主要为墩台的倾覆和滑移，静力平衡应满足下式要求：

$$S_{d,\text{dst}} \leqslant S_{d,\text{stb}} + R_d \tag{15-7}$$

其中，$S_{d,\text{dst}}$ 为导致失衡的作用效应设计值，按下式计算：

$$S_{d,\text{dst}} = S\{\gamma_F F_{\text{rep}}; X_k/\gamma_M; a_d\}_{\text{dst}} \tag{15-8}$$

$S_{d,\text{stb}}$ 为抗失衡作用的效应设计值，按下式计算：

$$S_{d,\text{stb}} = S\{\gamma_F F_{\text{rep}}; X_k/\gamma_M; a_d\}_{\text{stb}} \tag{15-9}$$

R_d 为使墩台结构保持稳定的抗力设计值。

作用分项系数 γ_F 和岩土特性分项系数 γ_M 由国家附录指定，推荐值分别见表 15-8 和表 15-9。

EQU 极限状态的作用分项系数　　　表 15-8

作　　用		γ_F	
永久作用	不利	$\gamma_{G,\text{dst}}$	1.05
	有利	$\gamma_{G,\text{stb}}$	0.95
可变作用	不利	$\gamma_{Q,\text{dst}}$	1.35（交通荷载） 1.5（其他可变作用）
	有利	$\gamma_{Q,\text{stb}}$	0

EQU 极限状态的岩土特性分项系数 表 15-9

作 用		γ_M
有效内摩擦系数	$\gamma_{\tan\varphi'}$	1.25
有效黏聚力	$\gamma_{c'}$	1.25
不排水黏聚力	γ_{cu}	1.4
无侧限抗压强度	γ_{qu}	1.4
重度	γ_γ	1.0

15.1.4.3 承载能力极限状态验算

桥梁地基基础的承载能力问题主要是地基、基础的破坏或基础出现过大位移，承载能力验算应满足下式要求：

$$S_d \leqslant R_d \tag{15-10}$$

其中，S_d 为基底压力、基础结构内力设计值；

R_d 为相应的地基承载力、基础结构抗力设计值。

与上部结构的承载能力验算不同的是，地基承受的外部作用和自身的承载能力是耦合的。因为土体作用有时取决于土体自身的抗力，如主动土压力；土体的承载力有时取决于外部作用，如浅基础的地基承载力取决于地基承受的荷载作用。因此，EN 1997-1 给出了 3 种岩土承载能力验算方法，确保地基和基础结构的设计安全可靠。具体采用哪一种方法，由国家附录指定。

（1）设计方法 1

设计方法 1 分别单独考虑荷载源或岩土特性的不确定性，采用两种组合对地基、基础结构承载力进行验算。组合 1 考虑荷载源的不确定性，组合 2 考虑岩土特性的不确定性。

除了承受轴向力的桩基及锚杆以外的地基和基础，采用以下两种组合：

$$\text{组合 1：A1}''+''\text{M1}''+''\text{R1} \tag{15-11}$$

$$\text{组合 2：A2}''+''\text{M2}''+''\text{R1} \tag{15-12}$$

组合表达式中的 A 表示荷载作用或作用效应，M 表示岩土特性，R 表示地基承载力，符号"+"表示组合。

对于承受轴向力的桩基和锚杆，采用以下两种组合：

$$\text{组合 1：A1}''+''\text{M1}''+''\text{R1} \tag{15-13}$$

$$\text{组合 2：A2}''+''\text{(M1 or M2)}''+''\text{R4} \tag{15-14}$$

M1 用于计算桩基或锚杆承载力，M2 用于计算桩基上的负摩阻力或水平力。

浅基础承载能力设计相关的分项系数见表 15-10，桩基础承载能力设计相关的分项系数见表 15-11。

浅基础承载能力设计相关的分项系数 表 15-10

参 数	分项系数符号	作用或效应		岩土特性		承载力		
		A1	A2	M1	M2	R1	R2	R3
永久作用	$\gamma_{G,\text{unfav}}$	1.35	1.0					
	$\gamma_{G,\text{fav}}$	1.0	1.0					

15.1 土工设计基础

续表

参　数	分项系数符号	作用或效应		岩土特性		承载力		
		A1	A2	M1	M2	R1	R2	R3
可变作用	$\gamma_{Q,unfav}$	1.35/1.5	1.15/1.3					
	$\gamma_{Q,fav}$	0	0					
有效内摩擦系数	$\gamma_{tan\varphi'}$			1.0	1.25			
有效黏聚力	$\gamma_{c'}$			1.0	1.25			
不排水黏聚力	γ_{cu}			1.0	1.4			
无侧限抗压强度	γ_{qu}			1.0	1.4			
重度	γ_{γ}			1.0	1.0			
地基承载力	γ_{Rv}					1.0	1.4	1.0
抗滑承载力	γ_{Rh}					1.0	1.1	1.0

注：可变作用分项系数 1.35 和 1.15 用于交通荷载，1.5 和 1.3 用于非交通荷载。

桩基础承载能力设计相关的分项系数 表 15-11

参　数		分项系数符号	作用或效应		岩土特性		承载力			
			A1	A2	M1	M2	R1	R2	R3	R4
永久作用		$\gamma_{G,unfav}$	1.35	1.0						
		$\gamma_{G,fav}$	1.0	1.0						
可变作用		$\gamma_{Q,unfav}$	1.35/1.5	1.15/1.3						
		$\gamma_{Q,fav}$	0	0						
有效内摩擦系数		$\gamma_{tan\varphi'}$			1.0	1.25				
有效黏聚力		$\gamma_{c'}$			1.0	1.25				
不排水黏聚力		γ_{cu}			1.0	1.4				
无侧限抗压强度		γ_{qu}			1.0	1.4				
重度		γ_{γ}			1.0	1.0				
打入桩	端阻力	γ_b					1.0	1.1	1.0	1.3
	摩阻力	γ_s					1.0	1.1	1.0	1.3
	合计阻力	γ_t					1.0	1.1	1.0	1.3
	抗拔	γ_{st}					1.25	1.15	1.1	1.6
钻孔桩	端阻力	γ_b					1.25	1.1	1.0	1.6
	摩阻力	γ_s					1.0	1.1	1.0	1.3
	合计阻力	γ_t					1.15	1.1	1.0	1.5
	抗拔	γ_{st}					1.25	1.15	1.1	1.6
CFA桩	端阻力	γ_b					1.1	1.1	1.0	1.45
	摩阻力	γ_s					1.0	1.1	1.0	1.3
	合计阻力	γ_t					1.1	1.1	1.0	1.4
	抗拔	γ_{st}					1.25	1.15	1.1	1.6

注：可变作用分项系数 1.35 和 1.15 用于交通荷载，1.5 和 1.3 用于非交通荷载。

259

图 15-5 以挡土墙结构的地基承载力验算为例,示出了设计方法 1 的两种组合在荷载作用、岩土特性和地基承载力三方面的设计值差别。

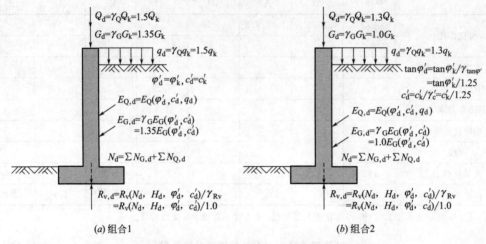

(a) 组合1　　　　　　　　　　(b) 组合2

图 15-5　设计方法 1 两种组合的区别(以挡土墙地基承载力为例)

(2) 设计方法 2

设计方法 2 同时考虑荷载源和地基承载力的不确定性,按以下组合验算地基、基础结构的承载力:

$$A1''+''M1''+''R2 \tag{15-15}$$

相关分项系数用于荷载作用或作用效应,以及地基承载力,分项系数取值参见表 15-10 和表 15-11。图 15-6 仍以上述挡土墙结构的地基承载力验算为例,给出了将分项系数用于荷载作用或作用效应的使用方法。

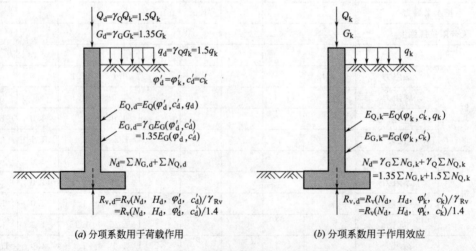

(a) 分项系数用于荷载作用　　　　　　　　(b) 分项系数用于作用效应

图 15-6　设计方法 2 分项系数应用的区别(以挡土墙地基承载力为例)

(3) 设计方法 3

设计方法 3 同时考虑荷载源和岩土特性的不确定性,按以下组合验算地基、基础结构的承载力:

$$(A1 \text{ or } A2)'' + ''M2'' + ''R3 \tag{15-16}$$

其中，A1 表示上部结构传递来的荷载作用，A2 表示土体产生的荷载作用。相关分项系数用于结构传递来的荷载作用或作用效应，以及岩土特性，分项系数取值参见表 15-10 和表 15-11。图 15-7 仍以上述挡土墙结构的地基承载力验算为例，示出了设计方法 3 的分项系数使用方法。

15.1.4.4 正常使用极限状态验算

桥梁地基基础的正常使用极限状态主要涉及基础沉降、基础不均匀沉降、基础变形和振动等问题，正常使用极限状态验算需满足下式要求：

$$S_d \leqslant C_d \tag{15-17}$$

其中，S_d 为沉降、变形设计值，C_d 为相应的容许值。荷载作用采用频遇组合或者准永久组合，作用分项系数和岩土特性分项系数均取 1.0，也可由国家附录指定。EN 1997-1 规定，具有独立基础的结构，基础沉降容许值为 50mm。

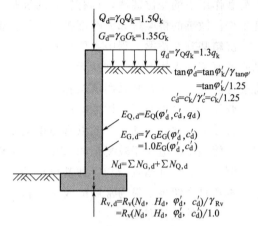

图 15-7 设计方法 3 的组合方式
（以挡土墙地基承载力为例）

对于没有具体指定位移要求，在已有类似地基工程经验的情况下，也可以通过限制基底压力，以保证基础沉降或变形在容许范围以内。EN 1997-1 没有明确给出基底压力的限制条件，这里参考《欧洲规范 EN1997 释义》（*Decoding Eurocode 7*）一书给出的验算建议公式：

$$S_k \leqslant R_k / \gamma_{R,SLS} \tag{15-18}$$

其中，S_k 为作用效应标准值，R_k 为相应的承载力标准值，承载力分项系数 $\gamma_{R,SLS}$ 不小于 3.0。

15.2 浅基础

基础是桥梁结构的组成部分之一，因其承受荷载巨大、施工技术复杂、建造工期长、造价高等特点，使得基础在整个桥梁结构中占据非常重要的地位。桥梁常用基础有浅基础、桩基础、沉井基础、沉箱基础和管柱基础。

浅基础是由混凝土浇筑而成的大块实体基础，因其埋置深度可较其他类型基础浅，故称为浅基础。它的构造简单，由于所用材料不能承受较大的拉应力，故基础的高宽比要足够大，使之成为所谓刚性基础，受力挠曲变形忽略不计。浅基础适用于浅层土较坚实，且水流冲刷不严重的浅水地区，在中小桥涵及旱桥中使用较广。

桩基础是由许多根打入或沉入土中的桩和连接桩顶的承台所构成的基础。墩底荷载通过承台分配到各桩头，再通过桩身及桩端把力传递到周围土体及桩端土层中，故属于深基础。桩基础适用于土质深厚地区，在所有深基础中，它的结构最轻，施工机械化程度较高,施工进度较快,是一种较经济的基础结构。

沉井基础是一种古老而又常见的深基础类型,它的刚度大、稳定性好,与桩基相比,在荷载作用下的变位甚微,具有较好的抗震性能,尤其适用于对基础承载力要求较高、对基础变位敏感的桥梁,如大跨度拱桥、斜拉桥和悬索桥等。

沉箱基础在桥梁工程中主要指气压沉箱基础。它主要用于大型桥梁,当水下土层中有障碍物而沉井无法下沉,桩基无法穿透时;或地基为不平整的基岩且风化严重,需要人工直接检验或处理时,常采用沉箱基础。

管柱基础是主要用于桥梁的深基础,其直径一般较大,最下端一节制成开口状,靠专门设备强迫振动或扭动,并辅以管内排土而下沉。如落于基岩,可以通过凿岩使其锚固于岩盘。管柱基础适用于较复杂的水文地质条件。

沉井基础、沉箱基础和管柱基础的设计方法已超出本书的讨论范畴,故不做深入介绍。本章只介绍桥梁最为常用的浅基础和桩基础的设计计算方法,本节以扩展基础为代表介绍浅基础的设计方法。

15.2.1 设计极限状态

扩展基础主要有如图15-8所示的四种承载能力极限状态,从左到右分别为基础倾覆、地基破坏、基础滑移和基础破坏,也可能出现这四种极限状态的组合失效模式。

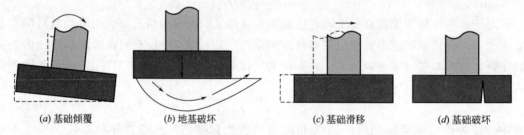

(a) 基础倾覆　　(b) 地基破坏　　(c) 基础滑移　　(d) 基础破坏

图15-8　扩展基础的四种主要承载能力极限状态

对于基础倾覆,主要是通过限制基础竖向力的偏心距予以避免。EN 1997-1规定,基础竖向力偏心距不宜超过矩形基础宽度的1/3,或圆形基础直径的30%。一般情况下,应尽量保证基础底面与地基之间不出现脱空,也即偏心距不大于基础宽度的1/6或基础直径的15%。

15.2.2 地基承载力

地基承载力的确定方法一般有两种:一种是根据土的极限平衡理论和已知边界条件,计算土中各点达到极限平衡时的应力及滑动方向,求得基底极限承载力;二是通过基础模型试验,研究地基的滑动面形状并进行简化,根据滑动土体的静力平衡条件求得极限承载力。EN 1997-1中的地基承载力使用的是普朗德尔和陈惠发公式,分不排水和排水两种情况计算。

15.2.2.1 不排水情况

如图15-9所示的矩形扩展基础,基础埋深为D,宽度B,长度L;H_d和N_d分别为作用于基底的水平力和竖向力;e_B和e_L分别为基底合力在基础宽度和长度方向的偏心距,基底有效宽度和有效长度分别为 $B'=B-2e_B$、$L'=L-2e_L$；基底有效设计面积 $A'=B'L'$；基底与水平面的夹角为 α，θ 为 H_d 与基础长边 L 的夹角；q 为基底以上覆土压力设计值，γ 为基底以下土体重度。

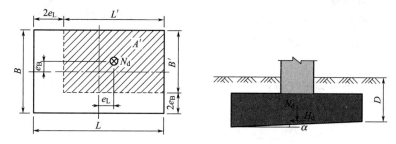

图 15-9　扩展基础相关几何参数

对于不排水情况，地基极限承载力 $R_{v,k}$ 按下式计算：

$$R_{v,k}=[(\pi+2)c_u b_c s_c i_c+q]A' \tag{15-19}$$

其中，c_u 为地基持力层土体的不排水黏聚力；

b_c 为基底倾斜系数，$b_c=1-2\alpha/(\pi+2)$；

s_c 为基底有效面积形状系数，当为矩形时，$s_c=1+0.2B'/L'$，当为方形或圆形时，$s_c=1.2$；

i_c 为基底合力的倾斜系数，$i_c=0.5[1+\sqrt{1-H_d/(A'c_u)}]$，且 $H_d \leqslant A'c_u$。

15.2.2.2　排水情况

对于排水情况，地基极限承载力 $R_{v,k}$ 按下式计算：

$$R_{v,k}=(c'N_c b_c s_c i_c+q'N_q b_q s_q i_q+0.5\gamma'B'N_\gamma b_\gamma s_\gamma i_\gamma)A' \tag{15-20}$$

其中，c' 为地基持力层土体的有效黏聚力；

q' 为基底以上覆土有效压力；

γ' 为基底以下土体有效重度；

N_q、N_c、N_γ 为承载力系数，按以下公式计算：

$N_q=e^{\pi\tan\varphi'}\tan^2(45°+\varphi'/2)$，$N_c=(N_q-1)\cot\varphi'$，$N_\gamma=2(N_q-1)\tan\varphi'$

b_q、b_c、b_γ 为基底倾斜系数，$b_q=b_\gamma=(1-\alpha\tan\varphi')^2$，$b_c=b_q-(1-b_q)/(N_c\tan\varphi')$；

s_q、s_c、s_γ 为基底有效面积形状系数，当为矩形时，$s_q=1+(B'/L')\sin\varphi'$，$s_\gamma=1-0.3B'/L'$，当为方形或圆形时，$s_q=1+\sin\varphi'$，$s_\gamma=0.7$，对于任何形状都有 $s_c=(s_q N_q-1)/(N_q-1)$；

i_q、i_c、i_γ 为基底合力的倾斜系数，按下式计算：

$$i_q=\left(1-\frac{H_d}{N_d+A'c'\cot\varphi'}\right)^m,\ i_c=i_q-\frac{1-i_q}{N_c\tan\varphi'},\ i_\gamma=\left(1-\frac{H_d}{N_d+A'c'\cot\varphi'}\right)^{m+1}$$

指数 m 根据 H_d 的作用方向取不同的值，当 H_d 作用方向平行于基础短边 B 时，按式（15-21）计算；当 H_d 作用方向平行于基础长边 L 作用时，按式（15-22）计算；当 H_d 作用方向与长边 L 夹角为 θ 时，按式（15-23）计算。

$$m=m_B=\frac{2+B'/L'}{1+B'/L'} \tag{15-21}$$

第15章 地基和基础设计

$$m = m_{\mathrm{L}} = \frac{2 + L'/B'}{1 + L'/B'} \tag{15-22}$$

$$m = m_{\theta} = m_{\mathrm{L}} \cos^2\theta + m_{\mathrm{B}} \sin^2\theta \tag{15-23}$$

15.2.2.3 承载力验算

按以上公式计算的极限承载力是在地基处于极限平衡状态时的承载力，为了保证结构的安全和正常使用，扩展基础的地基承载力验算应满足下式要求：

$$N_{\mathrm{d}} \leqslant R_{\mathrm{v,d}} \tag{15-24}$$

其中，$R_{\mathrm{v,d}}$ 为地基承载力设计值，$R_{\mathrm{v,d}} = R_{\mathrm{v,k}}/\gamma_{\mathrm{Rv}}$；$N_{\mathrm{d}}$ 为作用于基础底面的竖向力设计值，包括基础及覆土重量 W，按下式计算：

$$N_{\mathrm{d}} = \gamma_{\mathrm{G}}(P_{\mathrm{k}} + W_{\mathrm{k}}) + \sum \gamma_{\mathrm{Q},j} Q_{\mathrm{k},j} \tag{15-25}$$

P 和 Q 分别为由上部结构传递至基础顶面的永久荷载和可变荷载。

EN 1997-1 规定，对于不是由基底荷载引起的地下水压力应作为荷载考虑。不排水情况，覆土与地下水重量合并计算，不考虑浮力作用；而排水情况，则应将地下水对基础结构的浮力单独作为荷载考虑。

【例 15-2】 如图 15-10 所示的钢筋混凝土扩展基础，基础长度 L 和宽度 B 均为 1.7m，厚度为 0.5m，埋深为 1.0m。上部结构传递至基础顶面的永久荷载标准值 $P_{\mathrm{k}} = 270$kN，可变荷载标准值 $Q_{\mathrm{k}} = 70$kN。基础结构重度 25kN/m³，地基土重度 18kN/m³。地下水标高刚好位于场地土层表面，水重度 10kN/m³。基础持力层土体参数如图所示。试按三种设计方法验算地基的持久和短暂设计状况承载力。

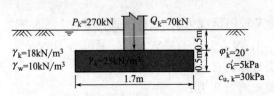

图 15-10　扩展基础几何尺寸及相关设计参数

解答：

由于上部结构荷载正好作用于基础结构中心，无弯矩作用，因此基底有效长度 L' 和有效宽度 B' 也等于 1.7m，有效设计面积 $A' = B'L' = 1.7 \times 1.7 = 2.89\mathrm{m}^2$。根据设计条件，需要对不排水和排水两种情况的地基承载力进行验算。

(1) 不排水情况

1) 设计方法 1 之组合 1

基础结构及覆土重标准值为 $W_{\mathrm{k}} = (18 \times 0.5 + 25 \times 0.5) \times 1.7^2 = 62$kN。根据表 15-10，荷载分项系数 $\gamma_{\mathrm{G}} = 1.35$，$\gamma_{\mathrm{Q}} = 1.5$。基础底面竖向力设计值为

$$N_{\mathrm{d}} = 1.35 \times (270 + 62) + 1.5 \times 70 = 553\mathrm{kN}$$

岩土特性参数 $\gamma_{\mathrm{cu}} = 1.0$，$\gamma_{\gamma} = 1.0$，不排水黏聚力设计值 $c_{\mathrm{u,d}} = c_{\mathrm{u,k}}/\gamma_{\mathrm{cu}} = 30/1.0 = 30$kPa，基底以上覆土压力设计值 $q_{\mathrm{d}} = \gamma_{\mathrm{k}} h/\gamma_{\gamma} = 18 \times 1.0/1.0 = 18$kPa。根据式 (15-19)，基底有效面积形状系数 $s_{\mathrm{c}} = 1.2$，基底倾斜系数 $b_{\mathrm{c}} = 1.0$，基底合力的倾斜系数 $i_{\mathrm{c}} = 1.0$。地基极限承载力 $R_{\mathrm{v,k}}$ 为

$$R_{v,k} = [(\pi+2) \times 30 \times 1.0 \times 1.2 \times 1.0 + 18] \times 2.89 = 587 \text{kN}$$

根据表 15-10 和式（15-24），地基承载力设计值 $R_{v,d} = R_{v,k}/\gamma_{Rv} = 587/1.0 = 587 \text{kN}$，大于 N_d，满足承载力要求。

2）设计方法 1 之组合 2

根据表 15-10，荷载分项系数 $\gamma_G = 1.0, \gamma_Q = 1.3$。基础底面竖向力设计值为

$$N_d = 1.0 \times (270+62) + 1.3 \times 70 = 423 \text{kN}$$

岩土特性参数 $\gamma_{cu} = 1.4, \gamma_\gamma = 1.0$，不排水黏聚力设计值 $c_{u,d} = c_{u,k}/\gamma_{cu} = 30/1.4 = 21.4 \text{kPa}$，基底以上覆土压力设计值 $q_d = \gamma_k h/\gamma_\gamma = 18 \times 1.0/1.0 = 18 \text{kPa}$。根据式（15-19），基底有效面积形状系数 $s_c = 1.2$，基底倾斜系数 $b_c = 1.0$，基底合力的倾斜系数 $i_c = 1.0$。地基极限承载力 $R_{v,k}$ 为

$$R_{v,k} = [(\pi+2) \times 21.4 \times 1.0 \times 1.2 \times 1.0 + 18] \times 2.89 = 434 \text{kN}$$

根据表 15-10 和式（15-24），地基承载力设计值 $R_{v,d} = R_{v,k}/\gamma_{Rv} = 434/1.0 = 434 \text{kN}$，大于 N_d，满足承载力要求。综合组合 1 与组合 2 的计算结果，组合 2 的 $R_{v,d}/N_d$ 比值更小，因此设计方法 1 受组合 2 控制。

3）设计方法 2

由于该地基承载力验算不涉及土压力问题，因此荷载分项系数用于荷载或荷载效应的结果完全相同。这种情况下，基础底面竖向力设计值 N_d、地基极限承载力 $R_{v,k}$ 与 1）相同，$N_d = 553 \text{kN}$，$R_{v,k} = 587 \text{kN}$。

根据表 15-10 和式（15-24），地基承载力设计值 $R_{v,d} = R_{v,k}/\gamma_{Rv} = 587/1.4 = 419 \text{kN}$，小于 N_d，不满足承载力要求，需要增大基础平面尺寸或增大基础埋深。

4）设计方法 3

根据表 15-10，荷载分项系数 $\gamma_G = 1.35, \gamma_Q = 1.5$。基础底面竖向力设计值为

$$N_d = 1.35 \times (270+62) + 1.5 \times 70 = 553 \text{kN}$$

岩土特性参数 $\gamma_{cu} = 1.4, \gamma_\gamma = 1.0$，不排水黏聚力设计值 $c_{u,d} = c_{u,k}/\gamma_{cu} = 30/1.4 = 21.4 \text{kPa}$，基底以上覆土压力设计值 $q_d = \gamma_k h/\gamma_\gamma = 18 \times 1.0/1.0 = 18 \text{kPa}$。根据式（15-19），基底有效面积形状系数 $s_c = 1.2$，基底倾斜系数 $b_c = 1.0$，基底合力的倾斜系数 $i_c = 1.0$。地基极限承载力 $R_{v,k}$ 为

$$R_{v,k} = [(\pi+2) \times 21.4 \times 1.0 \times 1.2 \times 1.0 + 18] \times 2.89 = 434 \text{kN}$$

根据表 15-10 和式（15-24），地基承载力设计值 $R_{v,d} = R_{v,k}/\gamma_{Rv} = 434/1.0 = 434 \text{kN}$，小于 N_d，不满足承载力要求，需要增大基础平面尺寸或增大基础埋深。

综上比较不排水情况下的三种设计方法，设计方法 2 和 3 计算所得地基承载力均不满足要求，且设计方法 2 的验算结果最为不利。

(2) 排水情况

1）设计方法 1 之组合 1

基础结构及覆土重标准值为 $W_k = (18 \times 0.5 + 25 \times 0.5) \times 1.7^2 = 62 \text{kN}$，地下水对基础和覆土的浮力标准值为 $F_{up,k} = 10 \times 1.0 \times 1.7^2 = 28.9 \text{kN}$。根据表 15-10，荷载分项系数 $\gamma_{G,unfav} = 1.35, \gamma_{G,fav} = 1.0, \gamma_Q = 1.5$。基础底面竖向力设计值为

$$N_d = 1.35 \times (270+62) + 1.5 \times 70 - 1.0 \times 28.9 = 524 \text{kN}$$

岩土特性参数 $\gamma_{\tan\varphi'} = 1.0, \gamma_{c'} = 1.0, \gamma_\gamma = 1.0$，有效黏聚力设计值 $c'_d = c'_k/\gamma_{c'} = 5/1.0 =$

5kPa，基底以上覆土有效压力设计值 $q'_\mathrm{d}=(\gamma_\mathrm{k}-\gamma_\mathrm{w})h/\gamma_\gamma=8\times1.0/1.0=8\mathrm{kPa}$，有效内摩擦系数设计值 $\tan\varphi'_\mathrm{d}=\tan\varphi'_\mathrm{k}/\gamma_{\tan\varphi'}=\tan20°/1.0=0.364$，有效内摩擦角 $\varphi'_\mathrm{d}=20°$。根据式（15-20），承载力系数、基底倾斜系数、基底有效面积形状系数、基底合力的倾斜系数为：

$$N_\mathrm{q}=6.40,\ N_\mathrm{c}=14.84,\ N_\gamma=3.93$$
$$b_\mathrm{q}=1.0,\ b_\mathrm{c}=1.0,\ b_\gamma=1.0$$
$$s_\mathrm{q}=1.34,\ s_\mathrm{c}=1.4,\ s_\gamma=0.7$$
$$i_\mathrm{q}=1.0,\ i_\mathrm{c}=1.0,\ i_\gamma=1.0$$

地基极限承载力 $R_\mathrm{v,k}$ 为

$$R_\mathrm{v,k}=(5\times14.84\times1.0\times1.4\times1.0+8\times6.4\times1.0\times1.34\times1.0$$
$$+0.5\times8\times1.7\times3.93\times1.0\times0.7\times1.0)\times2.89=553\mathrm{kN}$$

根据表 15-10 和式（15-24），地基承载力设计值 $R_\mathrm{v,d}=R_\mathrm{v,k}/\gamma_\mathrm{Rv}=553/1.0=553\mathrm{kN}$，大于 N_d，满足承载力要求。

2）设计方法 1 之组合 2

根据表 15-10，荷载分项系数 $\gamma_\mathrm{G,unfav}=1.0$，$\gamma_\mathrm{G,fav}=1.0$，$\gamma_\mathrm{Q}=1.3$。基础底面竖向力设计值为

$$N_\mathrm{d}=1.0\times(270+62)+1.3\times70-1.0\times28.9=394\mathrm{kN}$$

岩土特性参数 $\gamma_{\tan\varphi'}=1.25$，$\gamma_{c'}=1.25$，$\gamma_\gamma=1.0$，有效黏聚力设计值 $c'_\mathrm{d}=c'_\mathrm{k}/\gamma_{c'}=5/1.25=4\mathrm{kPa}$，基底以上覆土有效压力设计值 $q'_\mathrm{d}=(\gamma_\mathrm{k}-\gamma_\mathrm{w})h/\gamma_\gamma=8\times1.0/1.0=8\mathrm{kPa}$，有效内摩擦系数设计值 $\tan\varphi'_\mathrm{d}=\tan\varphi'_\mathrm{k}/\gamma_{\tan\varphi'}=\tan20°/1.25=0.291$，有效内摩擦角 $\varphi'_\mathrm{d}=16.2°$。根据式（15-20），承载力系数、基底倾斜系数、基底有效面积形状系数、基底合力的倾斜系数为：

$$N_\mathrm{q}=4.42,\ N_\mathrm{c}=11.77,\ N_\gamma=1.99$$
$$b_\mathrm{q}=1.0,\ b_\mathrm{c}=1.0,\ b_\gamma=1.0$$
$$s_\mathrm{q}=1.28,\ s_\mathrm{c}=1.36,\ s_\gamma=0.7$$
$$i_\mathrm{q}=1.0,\ i_\mathrm{c}=1.0,\ i_\gamma=1.0$$

地基极限承载力 $R_\mathrm{v,k}$ 为

$$R_\mathrm{v,k}=(4\times11.77\times1.0\times1.36\times1.0+8\times4.42\times1.0\times1.28\times1.0$$
$$+0.5\times8\times1.7\times1.99\times1.0\times0.7\times1.0)\times2.89=343\mathrm{kN}$$

根据表 15-10 和式（15-24），地基承载力设计值 $R_\mathrm{v,d}=R_\mathrm{v,k}/\gamma_\mathrm{Rv}=343/1.0=343\mathrm{kN}$，小于 N_d，不满足承载力要求，需要增大基础平面尺寸或增大基础埋深。

综合组合 1 和组合 2 的计算结果，组合 2 不满足承载力要求，故设计方法 1 不满足承载力要求，需要增大基础平面尺寸或增大基础埋深。

3）设计方法 2

由于该地基承载力验算不涉及土压力问题，因此荷载分项系数用于荷载或荷载效应的结果完全相同。这种情况下，基础底面竖向力设计值 N_d、地基极限承载力 $R_\mathrm{v,k}$ 与 1）相同，$N_\mathrm{d}=524\mathrm{kN}$，$R_\mathrm{v,k}=553\mathrm{kN}$。

根据表 15-10 和式（15-24），地基承载力设计值 $R_\mathrm{v,d}=R_\mathrm{v,k}/\gamma_\mathrm{Rv}=553/1.4=395\mathrm{kN}$，小于 N_d，不满足承载力要求，需要增大基础平面尺寸或增大基础埋深。

4）设计方法 3

根据表 15-10，荷载分项系数 $\gamma_{G,\text{unfav}}=1.35$，$\gamma_{G,\text{fav}}=1.0$，$\gamma_Q=1.5$。基础底面竖向力设计值为

$$N_d = 1.35 \times (270+62) + 1.5 \times 70 - 1.0 \times 28.9 = 524\text{kN}$$

岩土特性参数 $\gamma_{\tan\varphi'}=1.25$，$\gamma_{c'}=1.25$，$\gamma_\gamma=1.0$，有效黏聚力设计值 $c'_d=c'_k/\gamma_{c'}=5/1.25=4\text{kPa}$，基底以上覆土有效压力设计值 $q'_d=(\gamma_k-\gamma_w)h/\gamma_\gamma=8\times1.0/1.0=8\text{kPa}$，有效内摩擦系数设计值 $\tan\varphi'_d=\tan\varphi'_k/\gamma_{\tan\varphi'}=\tan 20°/1.25=0.291$，有效内摩擦角 $\varphi'_d=16.2°$。根据式 (15-20)，承载力系数、基底倾斜系数、基底有效面积形状系数、基底合力的倾斜系数为：

$$N_q = 4.42, N_c = 11.77, N_\gamma = 1.99$$
$$b_q = 1.0, b_c = 1.0, b_\gamma = 1.0$$
$$s_q = 1.28, s_c = 1.36, s_\gamma = 0.7$$
$$i_q = 1.0, i_c = 1.0, i_\gamma = 1.0$$

地基极限承载力 $R_{v,k}$ 为

$$R_{v,k} = (4 \times 11.77 \times 1.0 \times 1.36 \times 1.0 + 8 \times 4.42 \times 1.0 \times 1.28 \times 1.0$$
$$+ 0.5 \times 8 \times 1.7 \times 1.99 \times 1.0 \times 0.7 \times 1.0) \times 2.89 = 343\text{kN}$$

根据表 15-10 和式 (15-24)，地基承载力设计值 $R_{v,d}=R_{v,k}/\gamma_{Rv}=343/1.0=343\text{kN}$，小于 N_d，不满足承载力要求，需要增大基础平面尺寸或增大基础埋深。

综上比较排水情况下的三种设计方法，设计方法 1~3 计算所得地基承载力均不满足要求，且设计方法 3 的验算结果最为不利。

15.2.3 地基抗滑承载力

地基不仅需要为扩展基础提供足够的竖向承载力，还需要提供足够的抗滑承载力，防止基础产生相对滑动。地基的抗滑承载力一般来自于基础与地基接触面的摩阻力，以及被动土压力。但是，被动土压力可能会因黏土收缩、侵蚀或者局部开挖而减弱，甚至消失。因此，是否将被动土压力作为地基抗滑承载力的一部分，应当慎重考虑。EN 1997-1 规定，地基抗滑承载力验算应满足下式要求：

$$H_d \leqslant R_{h,d} + E_{p,d} \quad (15-26)$$

其中，H_d 为作用在基础底面的水平力设计值，包括主动土压力，如图 15-11 所示；

$R_{h,d}$ 为基础与地基接触面的抗滑承载力设计值，$R_{h,d}=R_{h,k}/\gamma_{Rh}$；

$E_{p,d}$ 为被动土压力设计值。

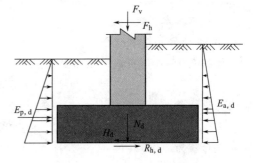

图 15-11 扩展基础水平作用力

EN 1997-1 规定，基础与地基接触面的抗滑承载力也按不排水和排水两种情况计算。

15.2.3.1 不排水情况

对于不排水情况，地基的抗滑由土体的不排水黏聚力承担，接触面的抗滑承载力 $R_{h,k}$ 按下式计算：

$$R_{h,k} = A'c_u \quad (15-27)$$

当基础底面与地基存在不完全接触的情况，应限制接触面的抗滑承载力设计值 $R_{h,d}$，EN 1997-1 规定其上限值为 $0.4N_d$。

15.2.3.2 排水情况

对于排水情况，地基的抗滑则由接触面的摩阻力承担，抗滑承载力 $R_{h,k}$ 按下式计算：

$$R_{h,k} = N'\tan\delta \tag{15-28}$$

其中，N' 为作用于基础底面的有效竖向力；

δ 为基础与地基接触面的摩擦角，对于现浇基础，δ 可取为地基土临界状态的有效内摩擦角 φ'_{cv}，对于预制基础，δ 可按 φ'_{cv} 的 2/3 取值。

【**例 15-3**】 如图 15-12 所示的现浇钢筋混凝土扩展基础，基础长度 L 和宽度 B 均为 5.6m，厚度为 2m，埋深为 3m。上部结构传递至基础顶面的竖向力标准值 $P_k = 600\text{kN}$，水平标准值 $Q_k = 300\text{kN}$，由水平力产生的弯矩标准值 $M_k = 3000\text{kN·m}$。基础结构重度 25kN/m^3，地基土重度 20kN/m^3。地下水埋深 2m，水重度为 10kN/m^3。基础持力层土体参数如图所示。不计被动土压力，试按三种设计方法验算地基持久和短暂设计状况的抗滑承载力。

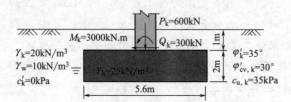

图 15-12 扩展基础几何尺寸及相关设计参数

解答：

根据设计条件，需要对不排水和排水两种情况进行抗滑验算。基础结构及覆土重标准值为 $W_k = (20 \times 1 + 25 \times 2) \times 5.6^2 = 2195\text{kN}$，地下水对基础的浮力标准值为 $F_{up,k} = 10 \times 1.0 \times 5.6^2 = 314\text{kN}$。

(1) 不排水情况

1) 设计方法 1 之组合 1

根据表 15-10，荷载分项系数 $\gamma_{G,fav} = 1.0$，$\gamma_{Q,unfav} = 1.5$。基础底面水平力设计值为

$$H_d = 1.5 \times 300 = 450\text{kN}$$

竖向力设计值为

$$N_d = 1.0 \times (600 + 2195) = 2795\text{kN}$$

弯矩设计值为

$$M_d = 1.5 \times (3000 + 300 \times 2) = 5400\text{kN·m}$$

竖向力偏心距 $e = M_d/N_d = 5400/2795 = 1.93\text{m}$，基底有效设计面积 $A' = 5.6 \times (5.6 - 2 \times 1.93) = 9.74\text{m}^2$。地基土不排水黏聚力分项系数 $\gamma_{cu} = 1.0$，不排水黏聚力设计值 $c_{u,d} = 35/1.0 = 35\text{kPa}$。抗滑承载力分项系数 $\gamma_{Rh} = 1.0$，地基抗滑承载力设计值 $R_{h,d}$ 为

$$R_{h,d} = 9.74 \times 35/1.0 = 341\text{kN}$$

$R_{h,d}$ 小于 H_d，不满足抗滑承载力要求。

2) 设计方法 1 之组合 2

根据表 15-10，荷载分项系数 $\gamma_{G,fav}=1.0$，$\gamma_{Q,unfav}=1.3$。基础底面水平力设计值为
$$H_d = 1.3 \times 300 = 390 \text{kN}$$
弯矩设计值为
$$M_d = 1.3 \times (3000 + 300 \times 2) = 4680 \text{kN} \cdot \text{m}$$
竖向力设计值同1），$N_d=2795$kN，竖向力偏心距 $e=M_d/N_d=4680/2795=1.67$m，基底有效设计面积 $A'=5.6\times(5.6-2\times1.67)=12.66\text{m}^2$。地基土不排水黏聚力分项系数 $\gamma_{cu}=1.4$，不排水黏聚力设计值 $c_{u,d}=35/1.4=25$kPa。抗滑承载力分项系数 $\gamma_{Rh}=1.0$，地基抗滑承载力设计值 $R_{h,d}$ 为
$$R_{h,d} = 12.66 \times 25/1.0 = 317 \text{kN}$$
$R_{h,d}$ 小于 H_d，不满足抗滑承载力要求。

综合组合1与组合2的计算结果，抗滑承载力均小于水平力设计值，因此设计方法1验算不满足要求，需要增大基础平面尺寸。

3) 设计方法2

由于不考虑土压力问题，因此荷载分项系数用于荷载或荷载效应的结果完全相同。这种情况下，基础底面水平力设计值 H_d、竖向力设计值 N_d、弯矩设计值 M_d、地基抗滑承载力标准值 $R_{h,k}$ 与1）相同。抗滑承载力分项系数 $\gamma_{Rh}=1.1$，地基抗滑承载力设计值 $R_{h,d}=R_{h,k}/\gamma_{Rh}=341/1.1=310$kN，小于 H_d，不满足抗滑承载力要求，需要增大基础平面尺寸。

4) 设计方法3

设计方法3的基础底面水平力设计值 H_d、竖向力设计值 N_d、弯矩设计值 M_d 与1）相同，故基底有效设计面积 $A'=9.74\text{m}^2$。不排水黏聚力设计值与2）相同，$c_{u,d}=25$kPa。抗滑承载力分项系数 $\gamma_{Rh}=1.0$，地基抗滑承载力设计值为 $R_{h,d}=9.74\times25/1.0=244$kN，小于 H_d，不满足抗滑承载力要求，需要增大基础平面尺寸。

综上比较不排水情况下的三种设计方法，地基抗滑承载力均不满足要求。

（2）排水情况

1) 设计方法1之组合1

根据表 15-10，荷载分项系数 $\gamma_{G,fav}=1.0$，$\gamma_{Q,unfav}=1.5$，地下水对基础的浮力按永久荷载考虑，$\gamma_{G,unfav}=1.35$。基础底面水平力设计值为
$$H_d = 1.5 \times 300 = 450 \text{kN}$$
有效竖向力设计值为
$$N'_d = 1.0 \times (600 + 2195) - 1.35 \times 314 = 2371 \text{kN}$$
有效内摩擦分项系数 $\gamma_{\tan\varphi'}=1.0$，现浇基础与地基接触面的摩擦角 $\delta=\varphi'_{cv,k}=30°$。根据式（15-28）和表 15-10，地基抗滑承载力设计值 $R_{h,d}$ 为
$$R_{h,d} = 2371 \times \tan 30°/1.0 = 1369 \text{kN}$$
$R_{h,d}$ 大于 H_d，满足抗滑承载力要求。

2) 设计方法1之组合2

根据表 15-10，荷载分项系数 $\gamma_{G,fav}=1.0$，$\gamma_{G,unfav}=1.0$，$\gamma_{Q,unfav}=1.3$。基础底面水平力设计值为
$$H_d = 1.3 \times 300 = 390 \text{kN}$$

有效竖向力设计值为

$$N'_d = 1.0 \times (600 + 2195) - 1.0 \times 314 = 2481\text{kN}$$

有效内摩擦分项系数 $\gamma_{\tan\varphi'} = 1.25$，现浇基础与地基接触面的摩擦系数 $\tan\delta = \tan 30°/1.25 = 0.462$。根据式（15-28）和表 15-10，地基抗滑承载力设计值 $R_{h,d}$ 为

$$R_{h,d} = 2481 \times 0.462/1.0 = 1146\text{kN}$$

$R_{h,d}$ 大于 H_d，满足抗滑承载力要求。

综合组合 1 与组合 2 的计算结果，两种组合均满足抗滑承载力要求，故设计方法 1 满足抗滑承载力要求。

3) 设计方法 2

由于不考虑土压力问题，因此荷载分项系数用于荷载或荷载效应的结果完全相同。这种情况下，基础底面水平力设计值 H_d、有效竖向力设计值 N'_d、地基抗滑承载力标准值 $R_{h,k}$ 与 1) 相同。抗滑承载力分项系数 $\gamma_{Rh} = 1.1$，地基抗滑承载力设计值 $R_{h,d} = R_{h,k}/\gamma_{Rh} = 1369/1.1 = 1245\text{kN}$，大于 H_d，满足抗滑承载力要求。

4) 设计方法 3

设计方法 3 的基础底面水平力设计值 H_d、有效竖向力设计值 N'_d 与 1) 相同，基础与地基接触面的摩擦系数与 2) 相同，$\tan\delta = 0.462$。抗滑承载力分项系数 $\gamma_{Rh} = 1.0$，地基抗滑承载力设计值为 $R_{h,d} = 2371 \times 0.462/1.0 = 1095\text{kN}$，大于 H_d，满足抗滑承载力要求。

综上比较排水情况下的三种设计方法，设计方法 1~3 计算所得地基抗滑承载力均满足要求。

15.2.4 地基沉降

土是矿物颗粒的松散堆积体，其压缩变形特性与钢材、混凝土等材料不同。钢、混凝土在受压后，其压缩在瞬间即可完成，而饱和土的孔隙中充满水，必须使土中水被排挤出后方能使孔隙减小。然而从土中排水需要一个过程，土的颗粒越大，孔隙越大，则透水性越强，土中水的排出和土体的压缩越快，反之，土体压缩则非常缓慢。这个过程叫做渗流固结过程。

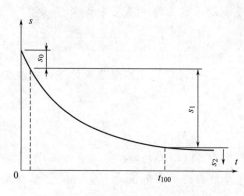

图 15-13 地基沉降历史的三个阶段

EN 1997-1 规定，对于饱和或部分饱和的土质地基，其沉降按发生时间的先后顺序分为以下三部分（图 15-13）：

（1）瞬时沉降 s_0。这部分沉降在加载后立即发生。饱和土体中，水尚未排出，土的体积没有发生变化，在荷载作用下，土体产生剪切变形而引起瞬时沉降。瞬时沉降的大小与基础的形状、基底尺寸、外荷载以及地基压缩模量等因素有关。

（2）固结沉降 s_1。这部分沉降需要较长的时间才能完成。饱和土体加载后，孔隙中的水逐渐排出，孔隙水压力逐渐消散，同时土中有效应力逐渐增长使土体产生压缩。这种由土的渗流固结过程产生体积压缩的沉降，称为固结沉降，或称主固结沉降。对一般黏性土来说，这部分沉降占的比重最大。

（3）蠕变沉降 s_2。当孔隙水压力已消散，土中有效应力恒定不变后，土由于蠕变继续产生长时间缓慢的变形，称为蠕变沉降或次固结沉降。这部分沉降与土的排水速率无关。大多数工程中，蠕变沉降占的比重很小，但对土中含有机物的软黏土或土层很厚、荷载施加的压力增量较小的情况下，蠕变沉降不能忽视。

一般情况下，地基沉降量可表示为上述三种沉降之和，即：

$$s = s_0 + s_1 + s_2 \tag{15-29}$$

若忽略蠕变沉降，则地基沉降量为

$$s = s_0 + s_1 \tag{15-30}$$

15.2.4.1 瞬时沉降计算

由于加载瞬间土体中的水尚未排出，因此瞬时沉降可按弹性理论计算。*Decoding Eurocode 7* 一书采用了 Christian 和 Carrier 修正过的瞬时沉降计算公式，如下：

$$s_0 = \mu_0 \mu_1 \frac{p_0 B}{E_u} \tag{15-31}$$

其中，p_0 为基底平均附加应力，等于基底平均压力与基底土体自重应力之差；

B 为基础宽度（矩形基础的短边尺寸）或直径；

E_u 为按不排水条件确定的地基压缩模量；

μ_0 为基础埋深修正系数，见图 15-14（a）；

μ_1 为地基压缩层厚度修正系数，见图 15-14（b），图中 L 基础的长边尺寸。

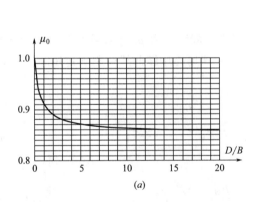
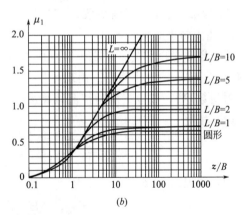

图 15-14 瞬时沉降修正系数 μ_0 和 μ_1

当地基压缩层厚度较大，或压缩层包含多个土层时，需要将压缩层在竖向分成若干层，分层计算瞬时沉降，再累加求和，如图 15-15 所示。

$$s_0 = p_0 B \sum_{i=1}^n \frac{\mu_{0,i}\mu_{1,i} - \mu_{0,i-1}\mu_{1,i-1}}{E_{u,i}} \tag{15-32}$$

地基沉降计算所考虑的压缩层厚度应根据基础的形状和尺寸、地基压缩弹性模量，以及基础间距等因素来确定。EN 1997-1 规定，可将地基

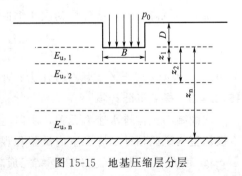

图 15-15 地基压缩层分层

附加应力水平等于基底土体自重应力20%处的厚度作为压缩层厚度。大多数情况下,压缩层厚度可按基础宽度 B 的 $1\sim2$ 倍估计。

15.2.4.2 固结沉降计算

计算固结沉降时,必须弄清土层的受压历史,对不同固结情况采用不同的计算公式。其计算的一般步骤是:①从 e-$\lg p$ 曲线找出土的先期固结压力 p_c;②消除由于制备土样时难于避免的扰动而带来的误差,即把实验室所得的 e-$\lg p$ 曲线恢复为土样现场初次压缩时的 e-$\lg p$ 曲线;③由现有土自重应力 p_1 与先期固结压力 p_c 的相对大小,区分出土是正常固结、超固结和欠固结三种情况,采用相应的公式计算地基固结沉降 s_1。以下介绍上述第三步。

1. 正常固结土的沉降计算

计算正常固结土的沉降时,由现场初次压缩曲线确定压缩指数 C_c,按以下公式计算最终沉降:

$$s_1 = \sum_{i=1}^{n} \frac{\Delta H_i}{1+e_{0i}} \left[C_{ci} \lg \left(\frac{p_{1i}+\Delta p_i}{p_{1i}} \right) \right] \tag{15-33}$$

其中,ΔH_i 为第 i 层土的厚度,$\Delta H_i = z_i - z_{i-1}$;

e_{0i} 为第 i 层土的初始孔隙比;

p_{1i} 为第 i 层土自重应力平均值;

Δp_i 为第 i 层土附加应力平均值;

C_{ci} 为第 i 层土的压缩指数。

2. 超固结土的沉降计算

若土层是超固结的,现有土自重应力 p_1 小于先期固结压力 p_c,计算孔隙比的变化要视附加应力 Δp 的大小而定。由现场初次压缩曲线和现场再压缩曲线分别确定压缩指数 C_c 和回弹指数 C_s,按以下两种情况计算最终沉降:

(1) 情况一:$\Delta p > p_c - p_1$

$$s_1 = \sum_{i=1}^{n} \frac{\Delta H_i}{1+e_{0i}} \left[C_{si} \lg \left(\frac{p_{ci}}{p_{1i}} \right) + C_{ci} \lg \left(\frac{p_{1i}+\Delta p_i}{p_{ci}} \right) \right] \tag{15-34}$$

(2) 情况二:$\Delta p \leq p_c - p_1$

$$s_1 = \sum_{i=1}^{n} \frac{\Delta H_i}{1+e_{0i}} \left[C_{si} \lg \left(\frac{p_{1i}+\Delta p_i}{p_{1i}} \right) \right] \tag{15-35}$$

3. 欠固结土的沉降计算

欠固结土的沉降包括由地基附加应力所引起的固结沉降,以及还将继续进行的未完成的自重固结沉降。近似按现场初次压缩曲线确定压缩指数 C_c,按以下公式计算最终沉降:

$$s_1 = \sum_{i=1}^{n} \frac{\Delta H_i}{1+e_{0i}} \left[C_{ci} \lg \left(\frac{p_{1i}+\Delta p_i}{p_{ci}} \right) \right] \tag{15-36}$$

其中,p_{ci} 为第 i 层土的实际有效压力,小于土的自重应力 p_{1i}。

15.2.4.3 蠕变沉降计算

次固结与土体排水速率无关,所以与土层的厚度无关。因此,土体的次固结速率可以直接从室内试验估计。许多室内试验和现场测量的结果都表明,次固结的大小与时间的关系 e-$\lg t$ 接近于直线,发生在主固结完成之后。因此,蠕变沉降可按以下公式计算:

$$s_2 = \sum_{i=1}^{n} \frac{\Delta H_i}{1+e_{1i}} \left(C_{ai} \lg \frac{t_2}{t_1} \right) \tag{15-37}$$

其中，e_{1i} 为第 i 层土在主固结完成时的孔隙比；

C_{ai} 为第 i 层土的次固结指数；

t_1 和 t_2 分别为主固结完成时间和需要计算的次固结时间。

15.2.5 基础结构

基础结构需要对受弯、受剪和冲切三种承载能力极限状态进行验算。

15.2.5.1 受弯

刚性扩展基础，地基反力可假定呈线性分布，如图 15-16 所示。当竖向力偏心距 e_L 不超过 $L/6$ 时，基础柱表面截面单位宽度的设计弯矩为：

$$M_d = \frac{(L-h_c)^2}{48} \left[5p_{j,\max} + p_{j,\min} + \frac{h_c}{L}(p_{j,\max} - p_{j,\min}) \right] \tag{15-38}$$

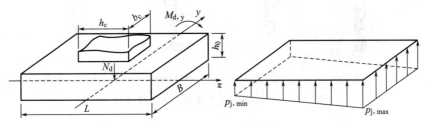

图 15-16　地基净反力分布

其中，$p_{j,\max}$ 和 $p_{j,\min}$ 分别为地基的最大和最小净反力。

基础柱表面截面单位长度的设计弯矩为：

$$M_d = \frac{p_{j,\max} + p_{j,\min}}{8}(B-b_c)^2 \tag{15-39}$$

对于双向受弯的基础，同样可以推导出弯矩的解析表达式，$p_{j,\max}$ 可取两个相邻较大净反力的平均值，$p_{j,\min}$ 取其余两个较小净反力的平均值，采用上述表达式计算足够精确。

15.2.5.2 受剪

应对距柱表面为基础有效高度 h_0 处截面的抗剪承载力进行验算。单位宽度的设计剪力为：

$$V_d = \frac{L - h_c - 2h_0}{8} \left[3p_{j,\max} + p_{j,\min} + \frac{h_c + 2h_0}{L}(p_{j,\max} - p_{j,\min}) \right] \tag{15-40}$$

只需验算混凝土的抗剪承载力 $V_{Rd,c}$ 和混凝土压碎时的最大抗剪承载力 $V_{Rd,\max}$，因为基础通常不配置抗剪钢筋。

15.2.5.3 冲切

基础的抗冲切按第 9 章相关公式验算。

15.3　桩基础

当建筑场地浅层地基土质不能满足桥梁对地基承载力和变形的要求，也不宜采用地基处理等措施时，往往需要以地基深层坚实土层或岩层作为持力层，采用深基础方案。桩基础是一种典型的深基础，承载力高、稳定性好、沉降小且均匀、便于机械化施工等优点而应用最广。

15.3.1 设计极限状态

桩基主要有如图 15-17 所示的四种承载能力极限状态，从左到右分别为受压破坏、受拉破坏、受推破坏和桩身结构破坏。对于群桩基础，也可能出现桩群及其所包围土体的整体受压、受拉破坏，或者承台结构受力破坏。桩基承载力应按单桩失效和群桩失效两种破坏机制确定的较小承载力取值。

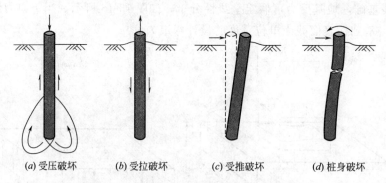

图 15-17 桩基的四种主要承载能力极限状态

15.3.2 桩基竖向承载力

单桩的竖向承载力主要取决于土体对桩的支承能力和桩身的材料强度。对于受压桩，桩基的承载力通常由桩侧摩阻力控制，桩身材料强度往往不能充分发挥，只有端承桩、超长桩及桩身质量有缺陷的桩，桩身材料强度才起控制作用。而对于抗拔桩，桩侧摩阻力和桩身强度都有可能控制桩基承载力。以下主要从土体的支承能力方面考虑桩基承载力的确定。

根据土体对桩的承载能力确定单桩竖向承载力的方法很多，EN 1997-1 建议了如下几种方法：静载试验法、现场试验法、土体参数法、动力冲击测试法、打桩公式法和波动方程法。以下针对受压桩和抗拔桩分别介绍前三种单桩承载力确定方法。

15.3.2.1 受压桩承载力

1. 静载试验法

静载试验是评价单桩承载力最为直观和可靠的方法，既考虑了土体的支承能力，又计入了桩身材料强度对承载力的影响。EN 1997-1 给出了直接根据静载试验结果确定单桩承载力标准值的方法，并考虑了试桩数量的影响。由桩基静载试验的实测值，可根据不同的修正系数 ξ 按下式确定受压承载力标准值 $R_{c,k}$

$$R_{c,k} = \min\left[\frac{(R_{c,m})_{\text{mean}}}{\xi_1}, \frac{(R_{c,m})_{\min}}{\xi_2}\right] \tag{15-41}$$

其中，$(R_{c,m})_{\text{mean}}$ 为桩基静载试验实测值的平均值；

$(R_{c,m})_{\min}$ 为桩基静载试验实测值的最小值；

ξ_1 和 ξ_2 为修正系数，由国家附录指定，推荐值见表 15-12，n 为试桩数量。

静载试验法桩基受压承载力修正系数   表 15-12

n	1	2	3	4	≥5
ξ_1	1.40	1.30	1.20	1.10	1.00
ξ_2	1.40	1.20	1.05	1.00	1.00

如果上部结构自身或承台结构的刚度和强度足够大，能在单桩之间进行竖向力重分配，表 15-12 中的系数 ξ_1 和 ξ_2 可除以 1.1，但折减后的 ξ_1 不能小于 1.0。

2. 现场试验法

单桩受压承载力也可通过在现场进行土工试验，利用试验结果与侧摩阻力和端阻力的换算关系计算桩基承载力，并考虑试验样本数量的影响，修正计算桩基承载力。工程中常用的现场土工试验方法有静力触探试验（CPT）、旁压试验（PMT）、标准贯入试验（SPT）等。单桩受压承载力标准值 $R_{c,k}$ 按下式计算：

$$R_{c,k} = \min\left[\frac{(R_{s,cal}+R_{b,cal})_{mean}}{\xi_3}, \frac{(R_{s,cal}+R_{b,cal})_{min}}{\xi_4}\right] \tag{15-42}$$

其中，$R_{s,cal}$ 为计算的侧摩阻力；

$R_{b,cal}$ 为计算的端阻力；

ξ_3 和 ξ_4 为修正系数，由国家附录指定，推荐值见表 15-13，n 为试验样本数量。

现场试验法桩基受压承载力修正系数   表 15-13

n	1	2	3	4	5	7	10
ξ_3	1.40	1.35	1.33	1.31	1.29	1.27	1.25
ξ_4	1.40	1.27	1.23	1.20	1.15	1.12	1.08

如果上部结构自身或承台结构的刚度和强度足够大，能在单桩之间进行竖向力重分配，表 15-13 中的系数 ξ_3 和 ξ_4 可除以 1.1，但折减后的 ξ_3 不能小于 1.0。

3. 土体参数法

基于土力学原理确定桩基侧摩阻力和端阻力是一种被广泛采用的桩基承载力计算方法。这种方法考虑了理论公式无法概括的一些因素，譬如土的类别、排水条件等，所以属于经验型方法。为此，EN 1997-1 规定，根据土力学原理确定桩基承载力设计值时应考虑计算模型不确定性修正因子 γ_{Rd}。但是 EN 1997-1 没有对 γ_{Rd} 的取值作明确规定，本书以爱尔兰国家附录给出的 $\gamma_{Rd}=1.75$ 作为参考值。单桩受压承载力标准值 $R_{c,k}$ 按下式计算：

$$R_{c,k} = R_{s,k} + R_{b,k} = \sum q_{sk,i} A_{s,i} + q_{bk} A_b \tag{15-43}$$

其中，$R_{s,k}$ 为桩基侧摩阻力标准值；

$R_{b,k}$ 为桩基端阻力标准值；

$q_{sk,i}$ 为第 i 土层的单位面积侧摩阻力标准值；

q_{bk} 为桩端土层单位面积端阻力标准值；

$A_{s,i}$ 和 A_b 分别为第 i 土层桩侧面积和桩端面积。

q_{sk} 和 q_{bk} 的计算方法与土体类别等条件有关，下面分别介绍黏性土和无黏性土较为常用的计算方法。

(1) 黏性土的计算方法

侧摩阻力标准值根据唐林森（Tomlinson）公式计算，

$$q_{sk} = \alpha c_u \tag{15-44}$$

其中，α 为附着力系数。软黏土的 α 可取 1.0 或更大，但随 c_u 的增大而迅速降低。对于全长打入硬黏土中的桩，由于靠近桩顶处出现土的开裂以及桩侧与土脱开现象，当桩长不超过 20 倍桩径时，α 取 0.4。当进入硬土层的长度不超过 20 倍桩径时，如上部土层为砂、砾，α 增至 1.25，上部土层为软土，则降为 0.4。不属于以上情况者取 $\alpha=0.7$。对打入桩，q_{sk} 不得超过 100kPa。对钻孔桩，α 取值约为 0.45。对扩底桩，桩底以上 2 倍桩径范围内的附着力不予考虑，即 $\alpha=0$。

端阻力标准值根据梅耶霍夫（Meyerhof）公式计算，

$$q_{bk} = N_c c_u \tag{15-45}$$

其中，c_u 为桩端以上 3 倍桩径至桩端以下 1 倍桩径范围内土的不排水黏聚力平均值。对裂隙黏土宜采用包含裂隙的大试样测定。对钻孔桩，裂隙黏土的 c_u 可取三轴不排水抗剪强度的 0.75 倍。N_c 为按塑性力学理论确定的深基础地基承载力系数，当长径比大于 5 时，$N_c = 9$。

(2) 无黏性土的计算方法

侧摩阻力按以下公式计算，

$$q_{sk} = \sigma'_{vc} K_s \tan\delta \tag{15-46}$$

其中，σ'_{vc} 为桩侧土的有效自重应力；K_s 和 δ 可取表 15-14 给出的建议值，φ' 为土体的有效内摩擦角。

K_s 和 δ 的建议值　　　　　表 15-14

桩身材料	δ	K_s	
		疏松的土	紧密的土
钢材	20°	0.5	1.0
混凝土	$0.75\varphi'$	1.0	2.0
木材	$0.67\varphi'$	1.5	4.0

侧摩阻力存在极限值，桩入土深度在 10～20 倍桩径时，q_{sk} 达到最大值。维西克（Vesic）建议的 q_{sk} 最大值按下式确定：

$$q_{sk} = 0.08 \times 10^{1.5 D_r^4} \tag{15-47}$$

其中，D_r 为无黏性土的相对密度。工程实践中，若按式（15-47）计算出的 q_{sk} 大于 100kPa 时，取为 100kPa。

端阻力按以下公式计算，

$$q_{bk} = \sigma'_{vb} \alpha_T N_q \tag{15-48}$$

其中，σ'_{vb} 为桩端土的有效自重应力；α_T 为折减系数，与桩基长径比 L/d 和土体有效内摩擦角 φ' 有关，常用值见表 15-15；N_q 为地基承载力系数，是土体有效内摩擦角 φ' 的函数，一般按别列赞策夫（Berezantzev）理论解取值，$N_q \sim \varphi'$ 关系曲线见图 15-18。维西克指出，端阻力 q_{bk} 不会随深度无限增大，而是在深度大约为 20 倍桩径处达到极限。

折减系数 α_T　　　　　　　　　　表 15-15

L/d	φ'			
	25°	30°	35°	40°
5	0.73	0.77	0.81	0.85
10	0.61	0.67	0.74	0.79
20	0.47	0.57	0.67	0.75
30	0.37	0.50	0.63	0.73
50	0.27	0.41	0.59	0.70
70	0.22	0.39	0.57	0.69

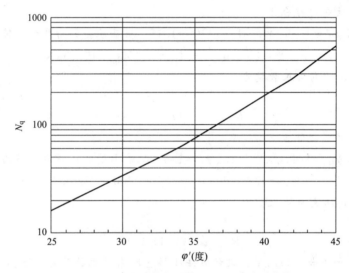

图 15-18　地基承载力系数 $N_q \sim \varphi'$ 关系曲线

4. 单桩受压承载力验算

按上述三种方法计算的是极限状态下的单桩受压承载力，为了保证结构的安全，桩基受压承载力验算应满足下式要求：

$$N_{cd} \leqslant R_{c,d} \tag{15-49}$$

其中，N_{cd} 为单桩竖向压力设计值；$R_{c,d}$ 为单桩受压承载力设计值，等于单桩受压承载力标准值除以相应的抗力分项系数。

$$R_{c,d} = R_{c,k}/\gamma_t \tag{15-50}$$

$$R_{c,d} = \frac{1}{\gamma_{Rd}} \left(\frac{R_{s,k}}{\gamma_s} + \frac{R_{b,k}}{\gamma_b} \right) \tag{15-51}$$

抗力分项系数 γ_t、γ_s 和 γ_b 的取值与桩基施工方法及承载能力设计方法有关，见表 15-11。

原则上，单桩竖向压力 N_{cd} 应计入桩身自重，单桩受压承载力应考虑桩端处覆土自重应力的有利影响。若桩身自重与桩端覆土自重压力相近时，二者的影响可相互抵消。

对于由静载试验法和现场试验法确定的桩基承载力，不能按设计方法 3 进行单桩受压承载力验算，因为设计方法 3 中的桩基承载力分项系数为 1.0，安全度过低。而由土体参数法确定的桩基承载力，则可按三种设计方法做承载力验算。

第 15 章 地基和基础设计

【例 15-4】 某桥墩的桩基承受来自上部结构的荷载标准值为 $G_k = 6000\text{kN}$，$Q_k = 1500\text{kN}$，采用桩长 15m、直径 1.2m 的钻孔灌注桩。通过静载试验获取了 4 根相同桩基在沉降为 10% 桩径时的实测压力值 $R_{c,m}$，分别为 2140kN、1960kN、1730kN、2330kN。桩身混凝土重度与土体重度相近，不考虑桩重和桩端覆土自重应力的影响。试按三种设计方法确定所需桩基数量。

解答：

根据设计条件，4 根桩基实测压力的平均值为 $(R_{c,m})_{mean} = 2040\text{kN}$，最小值 $(R_{c,m})_{min} = 1730\text{kN}$。实测桩基数量 $n=4$，查表 15-12，修正系数 $\xi_1=1.1$、$\xi_2=1.0$。根据式 (15-41)，桩基受压承载力标准值为：

$$R_{c,k} = \min(2040/1.1, 1730/1.0) = 1730\text{kN}$$

(1) 设计方法 1 之组合 1

查表 15-11，$\gamma_G = 1.35$、$\gamma_Q = 1.35$、$\gamma_t = 1.15$。桩基承受的荷载设计值为

$$F_{cd} = 1.35 \times 6000 + 1.35 \times 1500 = 10125\text{kN}$$

根据式 (15-49)，所需桩基数量为

$$n = \frac{F_{cd}}{R_{c,k}/\gamma_t} = \frac{10125}{1730/1.15} = 6.7$$

(2) 设计方法 1 之组合 2

查表 15-11，$\gamma_G = 1.0$、$\gamma_Q = 1.15$、$\gamma_t = 1.5$。桩基承受的荷载设计值为

$$F_{cd} = 1.0 \times 6000 + 1.15 \times 1500 = 7725\text{kN}$$

根据式 (15-49)，所需桩基数量为

$$n = \frac{F_{cd}}{R_{c,k}/\gamma_t} = \frac{7725}{1730/1.5} = 6.7$$

综合组合 1 和组合 2 的结果，设计方法 1 桩基所需桩基数量为 7 根。

(3) 设计方法 2

查表 15-11，$\gamma_G = 1.35$、$\gamma_Q = 1.35$、$\gamma_t = 1.1$。桩基承受的荷载设计值为

$$F_{cd} = 1.35 \times 6000 + 1.35 \times 1500 = 10125\text{kN}$$

根据式 (15-49)，所需桩基数量为

$$n = \frac{F_{cd}}{R_{c,k}/\gamma_t} = \frac{10125}{1730/1.1} = 6.4$$

设计方法 2 实际采用桩基数量为 7 根。

(4) 设计方法 3

查表 15-11，$\gamma_G = 1.35$、$\gamma_Q = 1.35$、$\gamma_t = 1.0$。桩基承受的荷载设计值为

$$F_{cd} = 1.35 \times 6000 + 1.35 \times 1500 = 10125\text{kN}$$

根据式 (15-49)，所需桩基数量为

$$n = \frac{F_{cd}}{R_{c,k}/\gamma_t} = \frac{10125}{1730/1.0} = 5.8$$

设计方法 3 实际采用桩基数量为 6 根。

综合比较三种设计方法的计算结果，设计方法 1 最为保守，设计方法 3 的桩基承载力分项系数取 1.0，安全富余度最低。因此，设计方法 3 不应用于静载试验确定桩基承载力

的情况。

【例 15-5】 某黏土地基中的钻孔灌注桩承受的竖向永久荷载标准值 $G_k=600\text{kN}$，可变荷载标准值 $Q_k=300\text{kN}$，桩径 $d=0.8\text{m}$，桩长 $L=25\text{m}$。通过现场钻孔取土，测试了 3 个孔不同深度土体的不排水黏聚力 c_u，经统计分析得到了桩侧土体的不排水黏聚力标准值 $c_{u,sk}=47\text{kPa}$，桩端土体的不排水黏聚力标准值 $c_{u,bk}=32\text{kPa}$。附着力系数 α 取 0.75。不计桩重，试按三种设计方法验算桩基承载力。

解答：

根据设计条件和式（15-43）、式（15-44），桩基侧摩阻力标准值为

$$R_{s,k} = \alpha c_{u,sk} A_s = 0.75 \times \pi \times 0.8 \times 25 c_{u,sk} = 47.1 c_{u,sk}$$

根据式（15-45），桩基端阻力标准值为

$$R_{b,k} = N_c c_{u,bk} A_b = 9 \times (\pi \times 0.8^2/4) c_{u,bk} = 4.5 c_{u,bk}$$

单桩受压承载力标准值为

$$R_{c,k} = R_{s,k} + R_{b,k} = 47.1 c_{u,sk} + 4.5 c_{u,bk}$$

(1) 设计方法 1 之组合 1

查表 15-11，$\gamma_G=1.35$、$\gamma_Q=1.5$、$\gamma_{cu}=1.0$、$\gamma_s=1.0$、$\gamma_b=1.25$。桩基承受的荷载设计值为

$$N_{cd} = 1.35 \times 600 + 1.5 \times 300 = 1260\text{kN}$$

根据式（15-51），单桩受压承载力设计值为

$$R_{c,d} = \frac{1}{1.75} \times \left(\frac{47.1 \times 47}{1.0} + \frac{4.5 \times 32}{1.25}\right) = 1331\text{kN}$$

$R_{c,d}$ 大于 N_{cd}，满足承载能力要求。

(2) 设计方法 1 之组合 2

查表 15-11，$\gamma_G=1.0$、$\gamma_Q=1.3$、$\gamma_{cu}=1.0$、$\gamma_s=1.3$、$\gamma_b=1.6$。桩基承受的荷载设计值为

$$N_{cd} = 1.0 \times 600 + 1.3 \times 300 = 990\text{kN}$$

根据式（15-51），单桩受压承载力设计值为

$$R_{c,d} = \frac{1}{1.75} \times \left(\frac{47.1 \times 47}{1.3} + \frac{4.5 \times 32}{1.6}\right) = 1024\text{kN}$$

$R_{c,d}$ 大于 N_{cd}，满足承载能力要求。

综合组合 1 和组合 2，两种组合均满足承载能力要求，故设计方法 1 满足承载能力要求。

(3) 设计方法 2

查表 15-11，$\gamma_G=1.35$、$\gamma_Q=1.5$、$\gamma_{cu}=1.0$、$\gamma_s=1.1$、$\gamma_b=1.1$。桩基承受的荷载设计值为

$$N_{cd} = 1.35 \times 600 + 1.5 \times 300 = 1260\text{kN}$$

根据式（15-51），单桩受压承载力设计值为

$$R_{c,d} = \frac{1}{1.75} \times \left(\frac{47.1 \times 47}{1.1} + \frac{4.5 \times 32}{1.1}\right) = 1225\text{kN}$$

$R_{c,d}$ 小于 N_{cd}，不满足承载能力要求。

(4) 设计方法 3

查表 15-11，$\gamma_G=1.35$、$\gamma_Q=1.5$、$\gamma_{cu}=1.4$、$\gamma_s=1.0$、$\gamma_b=1.0$。桩基承受的荷载设计值为

$$N_{cd} = 1.35 \times 600 + 1.5 \times 300 = 1260 \text{kN}$$

根据式 (15-51)，单桩受压承载力设计值为

$$R_{c,d} = \frac{1}{1.75} \times \left(\frac{47.1 \times 47}{1.0 \times 1.4} + \frac{4.5 \times 32}{1.0 \times 1.4} \right) = 962 \text{kN}$$

$R_{c,d}$ 小于 N_{cd}，不满足承载能力要求。

综合比较三种设计方法的桩基承载力结果，设计方法 2 和 3 均不能满足承载能力要求，并且设计方法 3 的 $R_{c,d}/N_{cd}$ 比值最小。这表明，当采用土体参数确定桩基承载力时，设计方法 3 通常最为保守。

15.3.2.2 桩侧负摩阻力

桩土之间相对位移的方向对荷载传递的影响很大。当桩周土层相对桩侧向下移动时，产生于桩侧向下的摩阻力称为负摩阻力，如图 15-19 所示。一般以下情况需考虑桩侧负摩阻力作用：

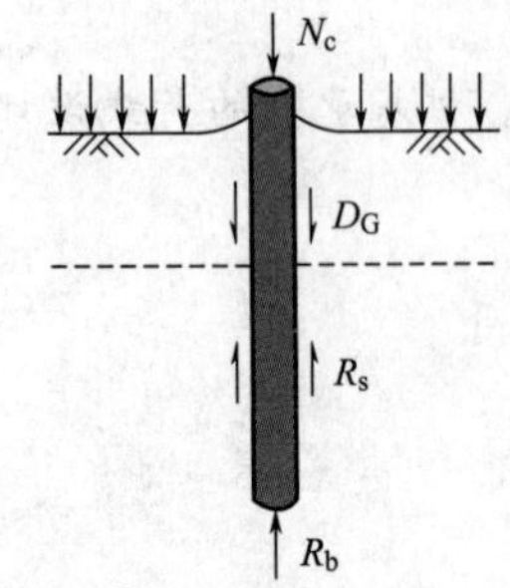

(1) 位于桩周欠固结的软黏土和新填土在重力作用下产生固结；

(2) 桩周大面积堆载，使桩间土层压密；

(3) 在正常固结或弱超固结的软黏土地区，由于地下水位全面降低，致使有效应力增加，引起土层大面积沉降；

(4) 湿陷性黄土浸水后产生自重湿陷。

图 15-19 桩侧负摩阻力

桩侧负摩阻力将使桩侧土的部分重力传递给桩，负摩阻力不但不能成为桩基承载力的一部分，反而变成施加在桩上的外荷载。因此，在确定桩基受压承载力时应特别重视负摩阻力出现的可能性。EN 1997-1 将桩侧负摩阻力作为一种起不利作用的永久荷载考虑。如果引起负摩阻力的土层为黏性土，桩侧负摩阻力设计值可按下式计算：

$$D_{Gd} = \alpha \cdot \gamma_{cu} c_{u,\sup} \cdot A_s \tag{15-52}$$

其中，$c_{u,\sup}$ 为黏性土的不排水黏聚力上限值。

15.3.2.3 抗拔承载力

桩基抗拔承载力的确定方法与前面介绍的受压桩相同，主要有静载试验法、现场试验法和土体参数法。对于静载试验法，EN 1997-1 规定试桩数量不应少于抗拔桩数量的 2%，且不能少于 1 根。这三种方法的桩基抗拔承载力标准值计算公式如下：

$$R_{t,k} = \min \left[\frac{(R_{t,m})_{\text{mean}}}{\xi_1}, \frac{(R_{t,m})_{\min}}{\xi_2} \right] \tag{15-53}$$

$$R_{t,k} = \min \left[\frac{(R_{s,cal})_{\text{mean}}}{\xi_3}, \frac{(R_{s,cal})_{\min}}{\xi_4} \right] \tag{15-54}$$

$$R_{t,k} = \sum q_{sk,i} A_{s,i} \tag{15-55}$$

式中的修正系数 ξ_1、ξ_2、ξ_3 和 ξ_4 取值参见表 15-12 和表 15-13，但不再考虑折减。

相应于式 (15-53) 和式 (15-54) 的桩基抗拔承载力设计值按下式计算，

$$R_{t,d} = R_{t,k}/\gamma_{st} \tag{15-56}$$

相应于式（15-55）的桩基抗拔承载力设计值还应考虑计算模型不确定性修正，按下式计算，

$$R_{t,d} = R_{t,k}/(\gamma_{Rd}\gamma_{st}) \tag{15-57}$$

其中，抗力分项系数 γ_{st} 的取值与桩基施工方法及承载能力设计方法有关，见表 15-11。

15.3.3 桩基水平承载力

以承受水平力为主的桩基，其失效模式与桩基的长度有关。对于短桩，桩基自身的弯曲刚度大，失效模式为土体破坏，桩基产生刚体位移和转动；对于长桩，桩基的弯曲刚度相对较小，周围土体对桩基的约束作用较强，失效模式一般为桩基结构的弯曲破坏，并伴随有桩顶附近土体的局部破坏。

EN 1997-1 规定，桩基水平承载力可通过桩基抗推试验，或者根据土体参数及桩基材料强度计算确定。

15.3.4 桩基和承台结构

桩基结构的失效模式与其受力形式有关。对于承受竖向压力为主的桩基，主要以失稳控制，EN 1997-1 规定，当桩基穿过厚度较大的软弱土层（c_u 小于 10kPa）时，应对其进行受压稳定性验算。对于承受水平力较大的桩基，则可能出现弯曲或剪切破坏，桩身最大内力部位与桩顶的边界条件有关，桩身内力可按弹性地基梁理论求解，也可通过有限元方法计算，建模方法可参考第 17.4 节的相关内容。

受施工条件的影响，现场浇筑的桩基结构（如钻孔灌注桩）的截面几何尺寸往往存在较大的随机不确定性。因此，设计桩基结构时须考虑这种几何参数变异的不利影响。EN 1992-1-1 规定，用于设计计算的桩径 d 应根据名义桩径 d_{nom} 按下式折减。

$$d = \begin{cases} d_{nom} - 20\text{mm} & d_{nom} < 400\text{mm} \\ 0.95 d_{nom} & 400\text{mm} \leqslant d_{nom} \leqslant 1000\text{mm} \\ d_{nom} - 50\text{mm} & d_{nom} > 1000\text{mm} \end{cases} \tag{15-58}$$

群桩基础的承台结构主要验算抗弯、抗剪和抗冲切承载力，具体可参考例题 9-2。

第16章 耐久性设计

欧洲规范定义混凝土结构的耐久性是指在设计使用年限内，在不出现严重的功能损失或不可预见的维修情况下，结构保持承载能力、使用性和稳固性的能力。耐久性在本质上是构件和材料抵抗腐蚀和性能退化的能力。桥梁的混凝土材料劣化过程短则几年，长则几十年，不仅影响结构的正常使用和结构安全，而且频繁维修或者大规模维修还会增加结构的全寿命成本。所以，耐久性设计是混凝土桥梁结构设计需要考虑的一个重要问题。

16.1 环境暴露等级

影响混凝土结构耐久性的一个主要因素是使用环境。对混凝土结构进行耐久性设计，首先需要对结构所处的环境条件进行分类。欧洲规范对环境条件的分类等级称作暴露等级，主要考虑结构周围的物理、化学条件，以及外部机械作用。再根据不同的暴露等级，从混凝土选材、配合比设计、结构设计、施工、监管等多方面对耐久性措施提出要求。EN 1992-2 的环境条件和暴露等级沿袭了欧洲标准 EN 206-1 的分类方法，并考虑了结构的使用环境特点，见表 16-1。除此之外，EN 1992-2 还强调下面形式的化学侵蚀和间接作用：

与环境条件相关的暴露等级　　　　　表 16-1

等级符号		环境描述	暴露等级示例
无腐蚀或侵蚀风险	X0	无钢筋或无钢骨的混凝土：除冻融、磨损或化学侵蚀之外的暴露等级 钢筋或钢骨混凝土：非常干燥	空气湿度非常低的建筑室内混凝土
碳化引起的腐蚀	XC1	干燥或长期潮湿环境	空气湿度很低的建筑室内混凝土 长期浸于水中的混凝土
	XC2	潮湿，很少出现干燥	长期与水接触的混凝土 多种基础
	XC3	中等潮湿	空气湿度中等或很高的建筑室内混凝土 挡雨结构的外部混凝土 空心板梁或箱形桥梁中远离排水管道的内部混凝土 桥梁结构表面有防水层保护的混凝土
	XC4	干湿交替	表面与水接触，但不属于 XC2 的混凝土

续表

等级符号		环境描述	暴露等级示例
氯化物引起的腐蚀	XD1	中等潮湿	表面暴露于空气氯化物的混凝土
	XD2	潮湿,很少出现干燥	游泳池 暴露于含氯化物的工业水中的混凝土构件
	XD3	干湿交替	暴露于含有氯化物喷溅区的桥体,主要指车行道以外和以上 6m 范围内的混凝土表面,以及伸缩缝以下的混凝土表面 路面 停车场的板
海水氯化物引起的腐蚀	XS1	暴露于空气氯化物但不直接与海水接触	近海或海岸结构
	XS2	长期浸泡	海工结构
	XS3	潮汐、冲刷和浪溅区	海工结构
冻融环境	XF1	中等饱水,无除冰剂	暴露于雨水和冰冻环境的竖向混凝土表面
	XF2	中等饱水,有除冰剂	暴露于冰冻和空气除冰盐环境的公路结构竖向混凝土表面,包括车行道 6m 以上的混凝土表面
	XF3	高度饱水,无除冰剂	暴露于雨水和冰冻环境的水平混凝土表面
	XF4	高度饱水,有除冰剂或海水	直接暴露于除冰盐的路面和桥面板 暴露于直接喷除冰盐和冰冻环境的混凝土表面,包括车行道以外和以上 6m 范围内的混凝土表面,以及伸缩缝以下的混凝土表面 暴露于冰冻浪溅区的海工结构
化学侵蚀	XA1	表 16-2 规定的轻度化学侵蚀环境	天然土壤和地下水
	XA2	表 16-2 规定的中度化学侵蚀环境	天然土壤和地下水
	XA3	表 16-2 规定的重度化学侵蚀环境	天然土壤和地下水

(1) 建筑物或结构的用途;
(2) 酸或硫酸盐溶液;
(3) 混凝土中所含氯化物;
(4) 碱—骨料反应。

以及由下面原因引起的物理作用:
(1) 温度变化;
(2) 磨损;
(3) 水渗透。

由表 16-1 可以看出,EN 1992-2 的环境类别是按环境对混凝土结构的作用形式划分的,每一类别中,根据环境作用的程度,再进一步划分等级。环境类别不反映环境影响的程度,只代表环境形式的不同,而等级才反映环境影响的程度。如 XC、XD、XS、XF 和 XA 分别表示碳化、氯化物、海水氯化物、冻融循环和化学侵蚀,字母 X 后面的字母表示环境类别,而最后的数字才表示一种环境类别中环境作用的程度,数字越大,对结构的侵蚀越强。

化学侵蚀环境是根据水/土温度为 5～25℃、水流速度很低的近似静态条件中的天然土壤和地下水的化学成分来划分的。当只有一种化学物质侵蚀时，等级根据最严重的值决定；当两种或多种化学物质导致相同的等级时，应划入下一更高的等级，除非可以证明无此必要。

天然土壤和地下水的化学侵蚀暴露等级参考值　　　　表 16-2

化学物质	XA1	XA2	XA3
地 下 水			
SO_4^{2-} (mg/L)	≥200 且 ≤600	>600 且 ≤3000	>3000 且 ≤6000
pH 值	≥5.5 且 ≤6.5	≥4.5 且 <5.5	≥4.0 且 <4.5
生效 CO_2 (mg/L)	≥15 且 ≤40	>40 且 ≤100	>100,直至饱和
NH_4^+ (mg/L)	≥15 且 ≤30	>30 且 ≤60	>60 且 ≤100
Mg^{2+} (mg/L)	≥300 且 ≤1000	>1000 且 ≤3000	>3000,直至饱和
土 壤			
SO_4^{2-} (mg/kg)①	≥2000 且 ≤3000②	>3000② 且 ≤12000	>12000 且 ≤24000
酸度 (mL/kg)	>200 Baumann-Gully	实际不会遇到③	

注：① 当黏土的渗透率低于 10^{-5} m/s 时可降低 1 级；
② 当因干湿交替或毛细管吸力使混凝土存在硫酸根离子积聚的风险时，限值应从 3000mg/kg 降至 2000mg/kg。
③ 表中化学物质含量检测方法所参考的标准详见 EN 206-1。

16.2　混凝土材料要求

人们近年来已经普遍认识到，对于混凝土结构的耐久性，合理选材、正确设计、严格施工管理和使用中的养护是最基本和最有效的措施，然后才是采用辅助措施，如使用钢筋阻锈剂、混凝土表面涂层、阴极保护等。在混凝土结构耐久性设计方面，通常有"4C"之称，即材料组成、混凝土保护层、密实性和养护。混凝土材料方面主要包括最大水灰比、最小水泥用量、最低混凝土强度等级和最大氯离子含量。总之，混凝土材料是使用混凝土结构具有良好耐久性的最关键条件。提高混凝土的耐久性，材料选择和控制是第一步。

表 16-3 是按 50 年设计使用年限确定的混凝土结构材料性能要求，适用于符合 EN 197-1 的 CEM Ⅰ 水泥，最大骨料粒径为 20～32mm 的混凝土。最小强度等级是按强度与水灰比的关系及水泥强度等级 32.5 推定的。

混凝土中的氯离子可破坏钢筋的钝化膜，从而引起钢筋锈蚀。所以需要限制混凝土中的氯离子含量。表 16-4 为 EN 206-1 规定的混凝土最大氯离子含量。

EN 206-1 建议的混凝土组成和性能限值 表 16-3

暴露等级	最大水灰比	最低强度等级	最小水泥用量（kg/m³）	最小含气量（%）	其他要求
X0	/	C12/15	/	/	
XC1	0.65	C20/25	260	/	
XC2	0.60	C25/30	280	/	
XC3	0.55	C30/37	280	/	
XC4	0.50	C30/37	300	/	
XD1	0.55	C30/37	300	/	
XD2	0.55	C30/37	300	/	
XD3	0.45	C35/45	320	/	
XS1	0.50	C30/37	300	/	
XS2	0.45	C35/45	320	/	
XS3	0.45	C35/45	340	/	
XF1	0.55	C30/37	300	/	
XF2	0.55	C25/30	300	4.0[①]	按 EN 12620 具有足够抗冻融性能的骨料
XF3	0.50	C30/37	320	4.0[①]	
XF4	0.45	C30/37	340	4.0[①]	
XA1	0.55	C30/37	300	/	
XA2	0.50	C30/37	320	/	抗硫酸盐水泥[②]
XA3	0.45	C35/45	360	/	

注：① 对于没有引气的混凝土，应按照适当的试验方法对其性能进行检验，与相关暴露等级下抗冻融性能已得到证明的混凝土相比较；
② 当 SO_4^{2-} 使得暴露等级划为 XA2 和 XA3 时，必须采用抗硫酸盐水泥。水泥按抗硫酸盐侵蚀能力划分等级时，如果暴露等级为 XA2，应采用抗硫酸盐侵蚀能力为中或高的水泥（适当情况下也用于 XA1 暴露等级）；如果暴露等级为 XA3，应采用抗硫酸盐侵蚀能力为高的水泥。

EN206-1 规定的混凝土最大氯离子含量 表 16-4

混凝土种类	氯离子含量等级[①]	最大氯离子含量（占水泥质量的百分比）[②]
无钢筋或无钢骨混凝土	Cl 1.0	1.0%
钢筋或钢骨混凝土	Cl 0.20	0.20%
	Cl 0.40	0.40%
预应力混凝土	Cl 0.10	0.10%
	Cl 0.20	0.20%

注：① 对于特殊用途的混凝土，所采用的等级取决于混凝土的使用位置；
② 当使用Ⅱ型掺合料并按胶凝材料考虑时，氯离子含量表示为与水泥、掺合料质量之和的百分比。

16.3 混凝土保护层厚度

混凝土保护层厚度的确定与三个因素有关：第一是钢筋向混凝土传力的需要，即钢筋通过与混凝土的粘结将钢筋受的力传递至混凝土,当混凝土保护层较薄时,可能会使保护层剥落而丧失向混凝土传力的能力,导致锚固破坏;第二是保护钢筋免受外界腐蚀介质侵蚀的需要,混凝土保护层越厚,腐蚀介质扩散到钢筋表面的距离越长,需要的时间也越长;第三是耐火的需要,混凝土保护层越厚,钢筋受热软化而丧失强度的时间越长。大气环境中混凝土碳化引起的混凝土中性化和海洋环境或除冰盐环境中氯离子的渗透和扩散是钢筋锈蚀的前提,两者都与混凝土保护层厚度有关。

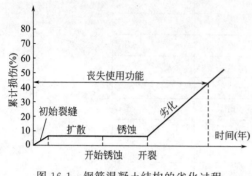

图 16-1 钢筋混凝土结构的劣化过程

图 16-1 示出了大气环境和海洋环境中钢筋混凝土结构的劣化过程,分为三个阶段。第一阶段为混凝土碳化到钢筋表面或氯离子渗透到钢筋表面,达到临界浓度,钢筋钝化膜破坏,开始锈蚀;第二阶段为钢筋锈蚀到一定程度,引起混凝土保护层开裂;第三阶段为混凝土开裂后钢筋腐蚀速度加快,明显影响结构使用性能和安全性。设计中一般以碳化到钢筋表面或渗透到钢筋表面的氯离子达到临界浓度作为混凝土结构耐久性控制的标准。

16.3.1 混凝土碳化

混凝土碳化是大气中的二氧化碳向混凝土扩散的过程,当混凝土孔隙中的二氧化碳与孔隙水形成的弱酸使混凝土的 pH 值降到 10 以下时,钢筋的钝化膜即失去了碱性环境的保护条件,如果存在氧和水,钢筋开始锈蚀。

大量实验室试验和工程实践表明,短期内的混凝土碳化深度服从 Fick 第一定律,这时可以近似认为混凝土扩散系数为常数。但实际上,随着混凝土中水泥水化过程的发展,混凝土密实性增大,扩散系数减小。CEB 第 5 工作组给出的混凝土碳化深度计算公式为:

$$x_c(t) = \sqrt{\frac{2k_e k_c D_{\text{eff},0} \Delta c}{a}} \cdot \sqrt{t} \cdot \left(\frac{t_0}{t}\right)^n \tag{16-1}$$

其中,$x_c(t)$ 为 t 时刻混凝土的碳化深度;

$D_{\text{eff},0}$ 为温度 20℃、相对湿度 65% 的标准条件下,干混凝土的二氧化碳有效扩散系数;

a 为混凝土完全碳化时二氧化碳的量;

n 为外部条件变化影响系数;

Δc 为混凝土中碳化前沿与空气中二氧化碳的浓度差;

k_e 为描述混凝土平均湿度的宏观气候条件系数;

k_c 为养护条件系数;

t_0 为参考时间。

16.3.2 氯离子渗透

在海洋环境或使用除冰盐的环境中,氯离子渗透是引起钢筋锈蚀的主要原因,即使这种环境也存在混凝土碳化，但与氯离子的有害作用相比微不足道，影响可忽略不计。氯离子渗透到钢筋表面引起钢筋锈蚀的临界浓度与多种因素有关，一般认为是水泥质量的$0.4\% \sim 1.0\%$。氯离子引起钢筋锈蚀的原因也非常复杂，包括局部酸化、形成"活化—钝化"腐蚀原电池、起催化剂作用及降低混凝土电阻等。

试验和工程实测表明，混凝土中氯离子的渗透浓度可近似用修正的Fick第二定律描述。CEB第5工作组给出的混凝土氯离子渗透预测模型为：

$$x(t) = 2\mathrm{erf}^{-1}\left(1 - \frac{C_{\mathrm{crit}}}{C_{\mathrm{SN}}}\right)\sqrt{D_0 k_c k_e k_t \left(\frac{t_0}{t}\right)^n t} \tag{16-2}$$

其中，$x(t)$为t时刻氯离子的渗透深度；

t_0为参考时间；

D_0为在规定的密实度、养护和环境条件下t_0时刻测定的有效氯离子扩散系数；

C_{crit}为临界氯离子含量；

C_{SN}为表面氯离子含量；

n为考虑龄期对材料性能的影响因子；

k_c为养护条件系数；

k_e为环境影响系数；

k_t为试验方法影响系数；

$\mathrm{erf}^{-1}(\cdot)$为误差函数的反函数。

$$\mathrm{erf}(u) = 2\pi^{-1/2}\int_0^u \mathrm{e}^{-t^2}\mathrm{d}t$$

16.3.3 混凝土保护层厚度的确定

由混凝土碳化和氯离子侵蚀引起的钢筋锈蚀与多种因素有关，即使在实验室条件下，试验数据也非常离散，所以在确定混凝土保护层厚度时，用可靠度方法进行了分析，根据环境等级定义了不同的目标可靠度指标。由于混凝土碳化到钢筋表面及氯离子渗透到钢筋表面并达到临界浓度只是引起钢筋锈蚀的前提条件，并不会立即使构件丧失承载力，所以，将这一前提定义为正常使用极限状态。在钢筋钝化膜破坏后，氧气和水是钢筋锈蚀的基本条件。如果完全干燥无水，即使有充足的氧气，也不会发生锈蚀或锈蚀过程缓慢；如果环境潮湿，水分充足但没有足够的氧气，锈蚀也不严重。因此，处于中等潮湿或干湿交替的环境条件时，应比处于完全干燥和完全潮湿的环境条件具有更高的可靠度指标。同样，与混凝土碳化相比，氯离子侵蚀引起钢筋锈蚀的风险更大，可靠度指标也应更高。表16-5为根据暴露等级确定的使用年限50年的目标可靠度指标。

不同暴露等级的目标可靠度　　　　　　　表16-5

暴露等级	XC4、XD1、XS1、XS3、XD3	XC2、XC3、XS2、XD2	XC1
可靠度指标β	2.0	1.5	0.5

在耐久性分析的基础上，EN 1992-1-1综合考虑粘结条件、附加要求、是否采用不锈钢、外加保护措施等多个方面，提出了确定混凝土保护层厚度的方法。按粘结要求需考虑钢筋品种，按耐久性要求需先根据环境条件、结构使用年限、混凝土强度等级、专门的质

量控制措施等确定结构等级,然后再根据暴露等级和结构等级确定保护层厚度。EN 1992-1-1 规定的混凝土保护层厚度是指最外层钢筋表面(包括箍筋、连接筋和表面筋)到邻近混凝土表面的距离,名义混凝土保护层厚度 c_{nom} 按下式计算:

$$c_{nom} = c_{min} + \Delta c_{dev} \tag{16-3}$$

其中,c_{min} 为混凝土最小保护层厚度;

Δc_{dev} 为设计容许偏差,由国家附录指定,推荐值取 10mm。

同时满足粘结和环境要求的混凝土最小保护层厚度 c_{min} 按下式计算:

$$c_{min} = \max(c_{min,b}, c_{min,dur} + \Delta c_{dur,\gamma} - \Delta c_{dur,st} - \Delta c_{dur,add}, 10\text{mm}) \tag{16-4}$$

其中,$c_{min,b}$ 为粘结要求的最小保护层厚度(mm),见表 16-6;

$c_{min,dur}$ 为环境条件要求的最小保护层厚度(mm),见表 16-8 和表 16-9;

$\Delta c_{dur,\gamma}$ 为附加安全厚度,由国家附录指定,推荐值为 0;

$\Delta c_{dur,st}$ 为采用不锈钢时减小的保护层厚度,需考虑所使用材料性能的影响,由国家附录指定,推荐值为 0;

$\Delta c_{dur,add}$ 为采用其他保护措施(如涂层)减小的保护层厚度,由国家附录指定,推荐值为 0。

粘结要求的最小保护层厚度　　　　　　　　　　表 16-6

钢筋布置方式	$c_{min,b}$(mm)
单根布置	钢筋直径
绑扎成束布置	等效直径(ϕ_n)

注:1. 当名义最大骨料粒径大于 32mm 时,$c_{min,b}$ 增加 5mm。
    2. 有粘结后张预应力圆形和矩形孔道预应力筋及先张预应力筋的 $c_{min,b}$ 值见国家附录。对于后张预应力孔道的推荐值为:圆形孔道取孔道直径;矩形孔道取孔道最小尺寸和最大尺寸一半的较大者;对于圆形和矩形孔道,保护层厚度大于 80mm 时不作要求。
    3. 先张预应力筋的推荐值:(1) 钢绞线或钢丝直径的 1.5 倍;(2) 刻痕钢丝直径的 2.5 倍。

对于 $c_{min,dur}$,EN 1992-1-1 从结构的暴露等级和结构等级两个方面确定。结构等级和 $c_{min,dur}$ 由国家附录指定。对于结构混凝土采用表 16-3 中的最低强度等级时,结构等级(设计使用年限 50 年)的推荐值为 S4。表 16-7 给出了其他条件下结构等级的修正值,但经修正后的结构等级不能低于 S1。

结构等级修正值　　　　　　　　　　表 16-7

准则	暴露等级						
	X0	XC1	XC2/XC3	XC4	XD1	XD2/XS1	XD3/XS2/XS3
设计使用年限 100 年	提高 2 个等级	提高 2 个等级	提高 2 个等级	提高 2 个等级	提高 2 个等级	提高 2 个等级	提高 2 个等级
混凝土强度等级[①][②]	≥C30/37 时降低 1 个等级	≥C30/37 时降低 1 个等级	≥C35/45 时降低 1 个等级	≥C40/50 时降低 1 个等级	≥C40/50 时降低 1 个等级	≥C40/50 时降低 1 个等级	≥C45/55 时降低 1 个等级
板式构件(钢筋位置不受施工过程影响)	降低 1 个等级	降低 1 个等级	降低 1 个等级	降低 1 个等级	降低 1 个等级	降低 1 个等级	降低 1 个等级

续表

准则	暴露等级						
	X0	XC1	XC2/XC3	XC4	XD1	XD2/XS1	XD3/XS2/XS3
采用专门的质量控制措施	降低1个等级	降低1个等级	降低1个等级	降低1个等级	降低1个等级	降低1个等级	降低1个等级

注：① 混凝土强度等级与水灰比是相关的。混凝土组成（水泥品种、水灰比、细填充料）应使产品具有较低的渗透性；
② 含气量超过4%时，对强度等级的限制可降低1个等级。

按钢筋耐久性考虑的最小保护层厚度 $c_{min,dur}$（单位：mm）　　表16-8

结构等级	暴露等级						
	X0	XC1	XC2/XC3	XC4	XD1/XS1	XD2/XS2	XD3/XS3
S1	10	10	10	15	20	25	30
S2	10	10	15	20	25	30	35
S3	10	10	20	25	30	35	40
S4	10	15	25	30	35	40	45
S5	15	20	30	35	40	45	50
S6	20	25	35	40	45	50	55

按预应力筋耐久性考虑的最小保护层厚度 $c_{min,dur}$（单位：mm）　　表16-9

结构等级	暴露等级						
	X0	XC1	XC2/XC3	XC4	XD1/XS1	XD2/XS2	XD3/XS3
S1	10	15	20	25	30	35	40
S2	10	15	25	30	35	40	45
S3	10	20	30	35	40	45	50
S4	10	25	35	40	45	50	55
S5	15	30	40	45	50	55	60
S6	20	35	45	50	55	60	65

对于混凝土叠合构件，如果：①预制构件的室内存放时间不少于28天，②预制构件的叠合面粗糙，③预制构件混凝土强度等级不低于C25/30，则预制构件在叠合面的最小混凝土保护层厚度可按钢筋粘结要求确定。

在磨蚀环境中使用的混凝土构件，可以通过增加混凝土保护层厚度的方式允许混凝土被磨蚀（牺牲磨耗层）。在这种情况下，混凝土最小保护层厚度 c_{min} 在磨蚀等级为XM1、XM2和XM3时分别增加 k_1、k_2 和 k_3。其中，XM1表示中度磨蚀，如工业场地频繁受车辆轮胎作用的情况；XM2表示重度磨蚀，如工业场地频繁受气胎或实心橡胶轮胎的叉车起重机作用的情况；XM3表示极其严重的磨蚀，如工业场地频繁受橡胶轮胎或金属轮胎的叉车起重机作用的情况。k_1、k_2 和 k_3 由国家附录指定，推荐值分别为5mm、10mm和15mm。

对于无防水层或铺装层的桥梁上部结构，其磨蚀等级可划分为XM2级。对于受泥沙或融冰冲蚀的桥梁下部结构，最小保护层厚度应增加 10mm。对于可能出现表面不平整的构件（如骨料暴露），最小保护层厚度应增加 5mm。

【例 16-1】 某防水层下的混凝土桥面板结构，混凝土强度等级 C40/50，钢筋直径为 20mm，桥梁设计使用年限 100 年。试确定该桥面板的混凝土名义保护层厚度。

解答：

根据表 16-1，因桥面板上有防水层保护，其暴露等级为 XC3。初始结构等级为 S4，根据表 16-7，设计使用年限 100 年，提高 2 级；混凝土强度等级 C40/50，高于 C35/45，降低 1 级；板式结构，再降低 1 级。故该桥面板的最终结构等级为 S4。根据表 16-8，按耐久性考虑的最小保护层厚度 $c_{\min,\,dur}=25\text{mm}$。

钢筋直径为 20mm，根据表 16-6，按粘结要求考虑的最小保护层厚度 $c_{\min,\,b}=20\text{mm}$。根据式（16-4），同时满足粘结和耐久性要求的最小保护层厚度为

$$c_{\min}=\max(20,25+0-0-0,10)=25\text{mm}$$

考虑设计容许偏差 $\Delta c_{\text{dev}}=10\text{mm}$，因此该桥面板的名义混凝土保护层厚度为

$$c_{\text{nom}}=c_{\min}+\Delta c_{\text{dev}}=25+10=35\text{mm}$$

【例 16-2】 某海岸附近桥面上使用除冰盐的钢筋混凝土桥，其设计特性为：使用年限 100 年；梁和墩的暴露等级为 XS1，混凝土强度等级为 C40/50；桥面的暴露等级为 XD3，混凝土强度等级为 C30/37；钢筋最大直径为 25mm。试确定混凝土最小保护层厚度。

解答：

根据表 16-3 的要求，暴露等级 XS1 要求的最低混凝土强度等级为 C30/37，梁和墩采用 C40/50 是符合要求的；暴露等级 XD3 要求的最低混凝土强度等级为 C35/45，原设计中桥面板 C30/37 不符合耐久性要求，故调整为 C35/45。梁和墩、桥面板的混凝土最小保护层厚度计算见表 16-10。

混凝土最小保护层厚度计算过程　　　　　　　　　　　表 16-10

条　件	梁 和 墩	桥 面 板
暴露等级	XS1	XD3
最低混凝土强度等级要求	C30/37	C35/45
最终采用的混凝土强度等级	C40/50	C35/45
初始结构等级	S4	S4
设计使用年限 100 年	+2	+2
强度等级	−1	/
板式构件	/	−1
专门质量控制	/	/
最终结构等级	S5	S5
耐久性要求的最小保护层厚度	40mm	50mm
粘结要求的最小保护层厚度	25mm	25mm
最终的最小保护层厚度 $c_{\min}$	40mm	50mm

第17章 桥梁抗震设计

地震作用是一种特殊的桥梁结构设计荷载。桥梁抗震在设计概念和设计原理方面与常规设计相比存在着较大差别。完整的桥梁设计过程应包括常规设计和抗震设计,前者主要用于满足桥梁的使用功能,后者是在前者的基础上进行深化设计,使得桥梁具有足够的防灾减灾能力,满足震后使用的需求。本章主要介绍 EN 1998-1、EN 1998-2 和 EN 1998-5 中关于桥梁抗震的一般规定、建模分析方法,以及混凝土桥梁结构抗震设计、构造等方面的内容。

17.1 抗震性能要求与抗震结构体系

17.1.1 桥梁抗震性能要求

桥梁的抗震性能是指桥梁结构在地震作用下的行为表现。基于性能的桥梁抗震设计,则是指通过合理的结构设计,使得桥梁在施工或者使用过程中遭受地震作用时,能够按照预定的力学行为工作。

EN 1998-2 规定,桥梁结构应具有不倒塌和最小损伤两种抗震性能要求。不倒塌是指桥梁在遭受大震作用后,仍能保持结构的整体性,在不需修复的情况下仍具有足够的残余承载力供应急交通车辆通行,并且桥梁结构损伤易于修复。与不倒塌抗震性能要求对应的设计地震作用水准由两个参数定义:①50 年超越概率为 P_{NCR}(或重现期为 T_{NCR})的基准地震作用;②考虑不同可靠度要求的结构重要性系数 γ_1。设计地震作用重现期 T_{NCR} 由国家附录指定,推荐值为 475 年,相应的 50 年超越概率 $P_{NCR}=10\%$。

根据桥梁建造场地所属地震带和震后桥梁对公众安全的影响程度,EN 1998-2 将桥梁结构重要性划分为 Ⅰ、Ⅱ 和 Ⅲ 三个等级,大致对应于 EN 1990 中结构失效后果类别 CC1、CC2 和 CC3。重要性等级划分及相应的重要性系数 γ_1 见表 17-1。

桥梁结构抗震重要性等级 表 17-1

重要性等级	桥 梁 特 征	γ_1
Ⅰ	对交通通行影响不严重,或者按 50 年设计使用年限设计不太经济的桥梁	0.85
Ⅱ	一般桥梁	1.0
Ⅲ	对交通通行影响严重,震后需立即使用,或破坏后对公众安全影响巨大的桥梁	1.3

最小损伤是指桥梁在遭受较低超越概率或较小重现期的地震作用后,结构损伤仅局限于次要构件或能量耗散部件。然而,这种抗震性能的设计不具备可操作性。一般认为,当

桥梁结构满足大震不倒塌的设计准则时，即可自动满足小震最小损伤的性能要求。

17.1.2 抗震结构体系

为了达到大震不倒的抗震性能要求，EN 1998-2 推荐采用两种抗震结构体系：一种是延性抗震结构体系，即至少将一个桥墩设置固定支座或者墩梁固结，其余桥墩和桥台设置水平活动支座，固定墩在地震作用下形成塑性铰，耗散地震输入能量，以达到承受地震作用的目的；另一种是隔震结构体系，即在所有桥墩、桥台设置水平活动支座，延长桥梁的水平自振周期，避开地震输入中能量集中的高频部分，从而减小结构的地震效应。

17.2 场地类别与地震作用

17.2.1 场地类别

地震是由地层深处的岩层断裂或错动引起的震动，并产生地震波在岩层中快速传播。传播到地面的地震动已经是经过基岩覆盖土层"过滤"的地震波，软土场地对基岩地震波具有放大作用。EN 1998 采用场地类别来反映不同地质土层对所传播的地震波的影响。根据地面以下 30m 范围内土层或岩层的平均剪切波速 $v_{s,30}$ 或者标准贯入试验锤击数 N_{SPT} 将建筑场地划分为 A~E 类，具体见表 17-2。对于 S_1 和 S_2 类场地，地震作用须根据专门研究确定。对于 S_2 类场地，尚应考虑地震作用下土体破坏的可能。表 17-2 中的平均剪切波速 $v_{s,30}$ 按下式计算：

$$v_{s,30} = \frac{30}{\sum_{i=1}^{N} \frac{h_i}{v_i}} \tag{17-1}$$

其中，N 为地面以下 30m 范围内的土层或岩层层数；h_i 和 v_i 分别为第 i 层土层或岩层的厚度（m）和剪切波速（m/s，剪切应变不高于 10^{-5}）。

场地类别划分表 表 17-2

场地类别	土层描述	参数		
		$v_{s,30}$ (m/s)	N_{SPT}	c_u (kPa)
A	由岩石或其他类岩石的地质构成,软弱土覆盖层厚度不超过 5m	>800	/	/
B	由非常密实的砂土、砂砾或非常硬的黏土组成的至少数十米厚的沉积层，其力学特性值随深度逐渐增加	360~800	>50	>250
C	密实或中密的砂土、砂砾或硬黏土的深层沉积层，其厚度从数十米到几百米	180~360	15~50	70~250
D	从松散到中等密实的非黏性土(有或没有软黏土层)，或主要以由软到硬的黏土组成的沉积层	<180	<15	<70
E	v_s 值为 C 类或 D 类，深度为 5~20m 的表面冲积层，并且其下层为 v_s>800m/s 的坚硬岩石			

续表

场地类别	土层描述	参 数		
		$v_{s,30}$ (m/s)	N_{SPT}	c_u (kPa)
S_1	由(或包括)至少10m厚,具有高塑性指数(PI>40)和高含水率的软黏土/淤泥组成	<100(示意性的)	/	10~20
S_2	液化土、敏感黏土或不属于A~E类和S_1类的其他土类型			

注:c_u为土的不排水黏聚力。

17.2.2 地震作用

17.2.2.1 地震区划

地震区划是指根据局部场地的地震危险性程度,将国土面积划分为不同的区域,并假定各个区域内的地震危险性相同。各区域的地震危险性均用A类场地的基准地面峰值加速度a_{gR}来描述,根据国家的地震区划图确定。

考虑桥梁结构的重要性,A类场地的设计地面加速度a_g等于基准地面峰值加速度a_{gR}与结构重要性系数γ_1的乘积,即$a_g = \gamma_1 a_{gR}$。

17.2.2.2 弹性反应谱

弹性反应谱是具有5%阻尼比的理想单自由度系统在地震加速度作用下的最大加速度反应谱。设计反应谱是在弹性反应谱的基础上经性能因子q折减得到。

1. 水平弹性反应谱

EN 1998规定的地震作用水平分量的弹性反应谱$S_e(T)$表示为:

$$S_e(T) = \begin{cases} a_g S[1+(2.5\eta-1)T/T_B] & 0 \leqslant T \leqslant T_B \\ 2.5 a_g S\eta & T_B < T \leqslant T_C \\ 2.5 a_g S\eta T_C/T & T_C < T \leqslant T_D \\ 2.5 a_g S\eta T_C T_D/T^2 & T_D < T \leqslant 4s \end{cases} \quad (17\text{-}2)$$

其中,T为结构的水平自振周期;

η为阻尼修正系数,$\eta = \sqrt{0.1/(0.05+\xi)} \geqslant 0.55$,$\xi$为结构的黏滞阻尼比;

T_B为加速度反应谱常数段的起点周期;

T_C为加速度反应谱常数段的终点周期;

T_D为位移反应谱常数段的起点周期;

S为场地系数。

周期T_B、T_C、T_D和场地系数S决定了水平弹性反应谱的形状。EN 1998-1建议采用两种类型的反应谱,即1型和2型反应谱,如图17-1所示。如果在地震概率风险评估中,决定场地地震危险性的面波震级M_s不高于5.5,建议采用2型反应谱。A~E类场地类别的T_B、T_C、T_D和S见表17-3和表17-4。

2. 竖向弹性反应谱

地震作用竖向分量的弹性反应谱$S_{ve}(T)$为:

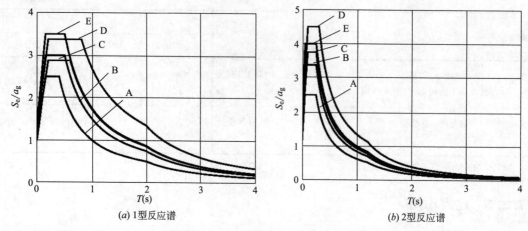

图 17-1 水平弹性反应谱（阻尼比 5%）

1 型水平弹性反应谱参数　　　　　　　　　　　　　　　表 17-3

场地类别	S	$T_B(s)$	$T_C(s)$	$T_D(s)$
A	1.0	0.15	0.4	2.0
B	1.2	0.15	0.5	2.0
C	1.15	0.20	0.6	2.0
D	1.35	0.20	0.8	2.0
E	1.4	0.15	0.5	2.0

2 型水平弹性反应谱参数　　　　　　　　　　　　　　　表 17-4

场地类别	S	$T_B(s)$	$T_C(s)$	$T_D(s)$
A	1.0	0.05	0.25	1.2
B	1.35	0.05	0.25	1.2
C	1.5	0.10	0.25	1.2
D	1.8	0.10	0.30	1.2
E	1.6	0.05	0.25	1.2

$$S_{ve}(T)=\begin{cases} a_{vg}[1+(3.0\eta-1)T/T_B] & 0\leqslant T\leqslant T_B \\ 3.0a_{vg}\eta & T_B<T\leqslant T_C \\ 3.0a_{vg}\eta T_C/T & T_C<T\leqslant T_D \\ 3.0a_{vg}\eta T_C T_D/T^2 & T_D<T\leqslant 4s \end{cases} \tag{17-3}$$

EN 1998-1 规定采用两种类型的竖向弹性反应谱，即 1 型和 2 型，但不考虑场地类别的影响。如果在地震概率风险评估中，决定场地地震危险性的面波震级 M_s 不高于 5.5，建议采用 2 型反应谱。反应谱参数见表 17-5。

17.2 场地类别与地震作用

竖向弹性反应谱参数　　　　　　　　　　　　表 17-5

反应谱类型	a_{vg}/a_g	T_B (s)	T_C (s)	T_D (s)
1 型	0.9	0.05	0.15	1.0
2 型	0.45	0.05	0.15	1.0

17.2.2.3 设计反应谱

在地震作用下，真实结构会因材料非线性而耗散地震能量，因此在设计中允许结构的承载力低于按弹性反应谱和线弹性分析计算的地震效应。EN 1998 将弹性反应谱降低到与结构弹性状态相应的水平，形成用于结构设计的设计反应谱。设计时，利用设计反应谱对结构进行线弹性分析，即可得到结构的设计地震力。

将弹性反应谱折减为设计反应谱是通过性能因子 q 实现的。性能因子 q 定义为结构（阻尼比为5%）在完全弹性状态下遭受的地震作用力与设计中采用的对应于弹性分析模型，并保证结构具有足够抗震性能的地震作用力的比值。对于同一结构而言，不同水平方向的延性等级尽管是相同的，但其性能因子可以采用不同的数值。

根据桥梁结构的抗震性能要求，可以将桥梁设计成延性性能或者有限延性性能。二者的区别可用桥梁整体结构的力-位移曲线描述，并用性能因子 q 的取值范围作为划分依据，如图 17-2 所示。性能因子 $q > 1.5$ 表示按延性性能设计，$1 < q \leqslant 1.5$ 表示按有限延性性能设计，$q = 1.0$ 则表示按理想弹性性能设计。

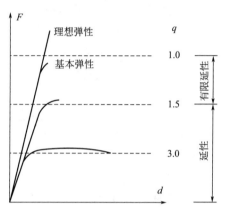

图 17-2　桥梁抗震性能与性能因子的关系

地震作用水平分量的设计反应谱 $S_d(T)$ 为：

$$S_d(T) = \begin{cases} a_g S \left[\dfrac{2}{3} + \dfrac{T}{T_B}\left(\dfrac{2.5}{q} - \dfrac{2}{3}\right) \right] & 0 \leqslant T \leqslant T_B \\ 2.5 a_g S / q & T_B < T \leqslant T_C \\ a_g S \cdot \dfrac{2.5}{q} \cdot \dfrac{T_C}{T} \geqslant \beta a_g & T_C < T \leqslant T_D \\ a_g S \cdot \dfrac{2.5}{q} \cdot \dfrac{T_C T_D}{T^2} \geqslant \beta a_g & T > T_D \end{cases} \quad (17\text{-}4)$$

其中，β 为水平设计反应谱的下限系数，由国家附录指定，建议值为 0.2。

地震作用竖向分量的设计反应谱形式同式（17-4），只是将 a_g 用竖向设计地面加速度 a_{vg} 代替，并取 $S = 1.0$，其他参数见表 17-5。

17.2.2.4 地震动加速度时程

强震作用下，按延性性能设计的桥梁结构会进入屈服状态，精确计算结构的地震响应需使用非线性时程分析方法，此时，应采用地震动加速度时程作为地震输入。EN 1998-2 规定地震动加速度时程的反应谱特征应与弹性反应谱一致，包括震级、震距和发震机制。地震动加速度时程可采用原始的实测地震波，也可采用模拟地震波或者经修正的实测地震波。

当使用非线性时程分析方法用于抗震设计，至少需要3组地震波数据（每组数据包含2个水平分量和1个竖向分量），取3组分析结果的最大值作为结构设计效应；若使用7组及以上的地震波数据用于计算分析，则取分析结果的平均值作为结构设计效应。

实测地震波的反应谱特征同弹性反应谱相比，往往有较大的差异，需经修正后方可用于桥梁抗震设计。地震波的水平分量和竖向分量应分别修正。修正方法如下：

1. 地震波水平分量修正

（1）计算每一组实测地震波两个水平分量的5%阻尼比加速度反应谱的SRSS谱，即先计算单个水平分量的5%阻尼比加速度反应谱，再计算对应于同一周期的两个谱值平方和的算术平方根；

（2）计算以上所有组的SRSS谱在各周期点的平均值，得到一个集成谱；

（3）在 $[0.2T_1, 1.5T_1]$ 周期范围内，集成谱的谱值不能小于5%阻尼比弹性反应谱谱值的1.3倍，若不满足，则将各组地震波水平分量的幅值放大，最终满足该要求。其中，T_1 为桥梁结构进入延性状态后的水平振动基本周期，或隔震桥梁的水平振动等效基本周期；

（4）在 $[0.2T_1, 1.5T_1]$ 周期范围内，若单组地震波水平分量的SRSS谱与5%阻尼比弹性反应谱的比值变异性较大，则需要对该组地震波进行修正，使得SRSS谱和弹性反应谱尽量接近。

2. 地震波竖向分量修正

（1）计算每一组实测地震波竖向分量的5%阻尼比加速度反应谱；

（2）将以上所有组的加速度反应谱求平均值，得到一个集成谱；

（3）在 $[0.2T_v, 1.5T_v]$ 周期范围内，集成谱的谱值不能小于5%阻尼比竖向弹性反应谱谱值的0.9倍，若不满足，则将各组地震波竖向分量的幅值放大，最终满足该要求。其中，T_v 为桥梁结构竖向振动的基本周期；

（4）在 $[0.2T_v, 1.5T_v]$ 周期范围内，若单组地震波竖向分量的反应谱与5%阻尼比竖向弹性反应谱的比值变异性较大，则需要对该组地震波的竖向分量进行修正。

17.2.2.5 设计地面位移

对应于设计地面加速度的设计地面位移 d_g 由下式计算：

$$d_g = 0.025 a_g S T_C T_D \tag{17-5}$$

17.2.2.6 近场效应

上述几种地震作用的表述形式，都是建立在地震远场效应的基础上，即震源可作为点源考虑。而在震源活动断裂一两百公里范围内，地震动具有明显的破裂方向性效应，这是近场地震的基本特征之一。EN 1998-2规定，在可能发生距震级高于6.5级的活动断层10km范围内的场地需要考虑近场效应，但没有指明受近场效应影响的地震作用如何近似考虑。

目前，地震工程界认为破裂方向性主要影响地震动大于0.5s的长周期成分。借鉴美国加州抗震设计标准的简化处理方法，周期大于1s的加速度反应谱谱值增大20%，周期小于0.5s的谱值保持不变，0.5~1s范围内的增大比例按线性插值确定，如图17-3所示。

17.2 场地类别与地震作用

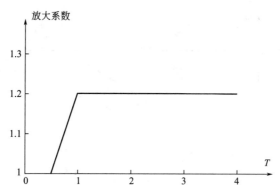

图 17-3 近场效应地震加速度反应谱放大系数

17.2.2.7 地震作用空间变异性

桥梁是一种线形延展结构，特别是大跨度桥梁或者超长桥梁，各桥墩基础所在的场地类别可能存在明显的差异，同时行波效应、散射效应会在各桥墩基础产生非一致的地震作用激励，这些现象统称为"失相关性"。这种情况下需要考虑地震作用的空间变异性。

EN 1998-2 规定，对于连续梁桥，当遇到以下两种情况之一时，需要考虑地震作用的空间变异性：

（1）沿桥梁长度方向，桥墩、桥台基础所在的地质条件存在多种场地类别；

（2）桥墩、桥台基础位于近似均匀的地质土层，但桥长超过限制长度 $L_{\min}$。$L_{\min}$ 由国家附录指定，推荐值取 $L_g/1.5$。L_g 为地震动失相关距离，不同场地类别的 L_g 值见表 17-6。

不同场地类别的地震动失相关距离　　　　表 17-6

场地类别	A	B	C	D	E
L_g(m)	600	500	400	300	500

考虑地震作用空间变异性的精确分析方法非常复杂，EN 1998-2 建议采用一种拟静力强加位移的方法进行简化模拟。这种简化模拟方法包括两种独立的模式，一种是同号横向相对位移模式（模式 A），另一种是交错异号横向相对位移模式（模式 B）。这两种强加位移模式分别计算，取最不利模式的作用效应。

1. 模式 A

桥墩 $1 \sim n$ 相对于 0 号桥墩的同号横向位移按下式计算：

$$d_{ri} = \varepsilon_r L_i \leqslant \sqrt{2} d_g \tag{17-6}$$

其中，L_i 为 i 号桥墩到 0 号桥墩的距离；$\varepsilon_r = \sqrt{2} d_g / L_g$。

2. 模式 B

桥墩 i 相对于桥墩 $i-1$ 和 $i+1$（桥墩 $i-1$ 和 $i+1$ 静止不动）的横向位移 Δd_i 按下式计算：

$$\Delta d_i = \pm \beta_r \varepsilon_r L_{av,i} \tag{17-7}$$

其中，$L_{av,i}$ 为 i 号桥墩与相邻桥墩 $i-1$ 和 $i+1$ 距离的平均值；

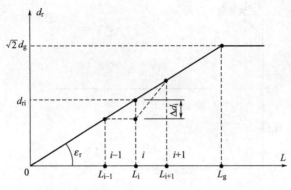

图 17-4　位移模式 A

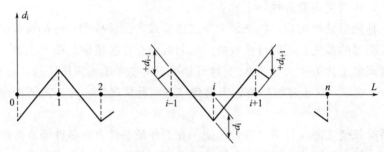

图 17-5　位移模式 B

β_r 为相邻桥墩处地面反向位移幅值因子，由国家附录指定。建议值为：若相邻 3 个桥墩位于相同类别的场地，$\beta_r=0.5$，若相邻 3 个桥墩中某个桥墩与其余两个桥墩位于不同类别的场地，$\beta_r=1.0$。

桥墩 i 和 $i+1$ 的异号横向绝对位移为：

$$\begin{cases} d_i = \pm \Delta d_i/2 \\ d_{i+1} = \pm \Delta d_{i+1}/2 \end{cases} (i=0,1,\cdots,n-1) \tag{17-8}$$

地震作用空间变异性强加横向位移的计算结果需要同第 17.4 节中单一地震输入的计算结果组合，组合方法按 SRSS 规则。

17.3　抗震概念设计

桥梁结构抗震设计包含两个设计范畴，即概念设计和参数设计。概念设计是从总体上考虑结构抗震方案的工程决策；参数设计主要是地震作用计算、构件强度验算、结构和支座变形验算等。二者是相辅相成的。作为一个正确的抗震设计，必须重视概念设计，灵活而又合理地运用抗震设计思想，才能不致陷入盲目的计算工作。

由于地震是一种随机发生的自然现象，它对桥梁结构造成的损害也是随机的，按照地震区划和规范确定的地震作用，也只代表具有一定概率的作用值。长期以来，人们通过震害实践认识到，计算再"精确"，如果桥梁抗震方案不当，设计出来的结构也达不到计算所追求的抗震能力，因此抗震概念设计的重要性不亚于计算。

17.3.1 一般原则

17.3.1.1 主梁连续化

桥梁抗震设计的重要目标是：在遭遇强震作用时，避免上部主梁结构从支座上脱落，甚至落梁情况的发生。多跨简支桥梁结构，各跨上部梁体之间没有关联，地震作用下发生落梁的风险较高。一种有效的措施是将各跨梁端用现浇混凝土板连接，使之成为"连续梁"。对于总体长度较大的桥梁结构，也需要在中间适当部位设置伸缩缝，但伸缩缝应预留足够间隙，防止相邻两跨梁端发生碰撞。

17.3.1.2 不等高桥墩处理

设置固定支座的桥梁或者刚构桥梁，其地震动力响应主要受桥墩结构抗侧移刚度的影响，而桥墩的抗侧移刚度与墩高的三次方成反比，若承受上部结构水平地震力的桥墩高度差异较大，将会导致水平地震力分布严重不均。这种情况往往使得结构设计复杂，材料浪费，因此需要在概念设计阶段予以处理。墩高差异处理一般有以下几种措施：

(1) 若桥墩高度差异较小，可增大矮墩的基础埋深，使之与其他桥墩等高，但也不能过量增大矮墩基础的埋深，需要方便潜在塑性铰区的震后检测。

(2) 对于桥墩高度差异较大的桥梁，应选择较高的几个桥墩与主梁固结，其余桥墩设置纵向活动支座。

(3) 对于桥墩高度差异较大的桥梁，也可以通过调整墩柱截面形式，减小高墩和矮墩抗侧移刚度的差异，譬如，高墩采用整体式截面，而矮墩采用分离式的"双刀片"薄壁截面。

(4) 采用弹性橡胶支座的桥梁，可通过调整支座橡胶层厚度的方式来调整桥墩和支座所组成的串联体系的整体抗侧移刚度，以减小各墩整体抗侧移刚度的差异。

(5) 对于总体长度较小（3～5 跨）的柔性桥墩、刚性桥台桥梁，若桥墩按延性性能设计，则桥台支座不应约束主梁的横向位移。

(6) 如图 17-6 所示的桥梁，桥台及相邻桥墩的横向抗侧移刚度远大于中间桥墩，若所有墩台处的主梁横向位移均受到约束，那么桥台及相邻桥墩将分担较多的横向水平地震力。对于这种布局的桥梁结构，桥台及相邻桥墩应设置横向弹性支座。

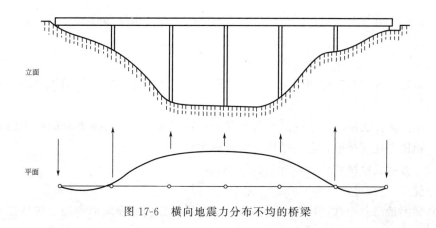

图 17-6 横向地震力分布不均的桥梁

17.3.2 桥墩结构选型

常用的桥墩结构按截面形式分类，主要有实心圆柱桥墩、实心矩形桥墩、薄壁桥墩、空心桥墩等。

实心圆柱桥墩的纵向钢筋沿周边均匀布置，并配有螺旋箍筋或环形箍筋。这类截面不仅经济有效，还便于施工。螺旋箍筋或环形箍筋可以对混凝土形成横向约束。截面的抗弯、抗剪承载力以及延性性能在各个方向均相同。对于在正交方向有相同抗弯要求的情况，实心圆柱桥墩是最佳选择。但直径超过 3~4m 的实心圆柱桥墩尽量避免使用，因为中心混凝土的利用率不高，而且大部分混凝土中没有钢筋穿插。

实心矩形桥墩的特点是塑性铰区域的钢筋构造复杂，需要大量的箍筋和拉结筋才能起到约束混凝土的作用。两个主要方向的截面承载能力和抗侧移刚度均不相等。为了像圆柱一样简化钢筋构造和提高箍筋的约束效果，对于长宽比约为 1.5：1 的截面，可以采用两个相互嵌套的圆周布筋方式，同时对四个角做倒角处理。

薄壁桥墩在横桥向有较高的强度与刚度，其作用类似于剪力墙，而在顺桥向的刚度低，可以减弱纵向地震力。如果在横向有延性要求，则应在截面的端部区域用闭合箍筋约束，形成暗柱形式的构造。这种截面的桥墩，通常轴压比较低，而且纵筋配筋率也低，即使没有箍筋约束，也有相当的延性能力。

空心桥墩主要用于超高桥梁或者大跨度的斜拉桥、悬索桥。这种截面形式可以在不严重损失承载能力和抗侧移刚度的情况下，有效减轻桥墩质量，从而减小地震惯性力。但是这类截面需要配置大量的拉结筋，以保证对混凝土的约束作用。

桥墩结构按墩柱的数量，又可分为单柱式和多柱式两种类型。这两种形式的桥墩各有优缺点，比较如下。

17.3.2.1 单柱式桥墩

主要优点：

（1）如果上部结构由支座支承，则单柱式桥墩在纵、横向的地震反应特征相同，可以对它进行优化设计。然而，如果采用剪力键抵抗位移，则横向和纵向的自振周期以及设计地震力都将是不同的。

（2）如果上部结构由支座支承，则单柱式桥墩只有一个位于墩底的塑性铰，性能容易确定。

（3）如果桥墩与上部结构固结，则墩顶与墩底都允许出现塑性铰，而上部结构不能进入塑性状态。

主要缺点：

（1）如果桥墩与上部结构固结，则截面横向设计弯矩比纵向大，而纵向的抗剪要求却相对重要。

（2）相比多柱式桥墩，单柱式桥墩承受的弯矩更大，由它传至基础的弯矩也大。

（3）相比多柱式桥墩，上部结构的位移较大。

17.3.2.2 多柱式桥墩

主要优点：

（1）如果桥墩与上部结构固结，则多柱式桥墩在纵向和横向的地震反应特征相同。

(2) 如果墩底与基础固结，则桥墩中的弯矩可以大大小于单柱式桥墩情况。

(3) 如果墩底与基础铰接，则基础的设计弯矩可以大大减小，但桥墩中的设计弯矩将增大。

(4) 由于增加了结构的超静定次数，相应增加了抵抗地震力的防线。

(5) 与单柱式桥墩相比，上部结构的位移减小。

(6) 与单柱式桥墩相比，与上部结构固结时可以将墩顶弯矩较好分布到上部结构中。

主要缺点：

(1) 如果上部结构由支座支承，则截面纵向设计弯矩比横向大。

(2) 由于动轴压的影响和盖梁刚度的影响，临界截面的塑性铰不一定同时产生。因此，临界截面的延性要求更难以确定。

(3) 盖梁在横桥向会受到非常大的地震弯矩和剪力作用。

对于较高的多柱式桥墩，可以在中部设置一道或多道横系梁。采用这种形式，可以减小横桥向的上部结构位移和桥墩设计弯矩。

17.3.3 桥墩与上部结构的连接

在概念设计阶段，就应当考虑桥墩与上部结构的连接方式。桥墩与上部结构的连接方式主要有两种：固结和支座连接。这两种方案的选择与桥梁抗震性能以及设计地震力的水平关系极大，下面简要论述它们各自的特点。

17.3.3.1 固结

桥墩与上部结构固结，最适合于细长桥墩或小跨径桥梁。这种连接方式在抵抗水平地震力，特别是顺桥向的地震力上，具有一定优势，因为它与支座连接方式相比，增加了结构的超静定次数。在顺桥向地震反应中，这种连接将使桥墩产生双向弯曲，从而使桥墩在截面尺寸和配筋量不变的条件下，提高桥墩的顺桥向抗剪能力。

桥墩与上部结构固结的主要缺点是，桥墩与上部结构形成框架，顺桥向地震作用将对上部结构产生附加弯矩。该附加弯矩与恒载弯矩叠加，可能成为上部结构设计的控制弯矩。如果上部结构较宽，而下部结构是单柱式桥墩，由于剪力滞效应，上部结构的有效宽度被严重削弱，从而使得问题更加严重。另外，这种连接方式也对节点构造提出了更高要求，桥墩钢筋需要伸入上部结构足够锚固长度后方可截断。

17.3.3.2 支座连接

桥墩与上部结构如果采用支座连接，则可以通过设计，使上部结构在支座处只发生转动，或者只能沿支座的一个或几个方向平动。这种连接方式的优点是上部结构和桥墩之间几乎没有地震弯矩的传递，与固结方式相比，只是增大了桥墩的地震弯矩，但上部结构的抗震设计大大简化。另一个优点是可以设置弹性支座，适当延长桥梁的水平自振周期，这对于大部分场地条件都是有利的，但对于软土地基，效果可能相反。

采用支座连接，给设计者提供了较大的抗震方案选择余地。譬如，在刚性桥墩设置弹性橡胶支座，通过调整支座的橡胶层厚度来调整支座的水平刚度，弥补桥墩高度差异形成的不均匀抗侧移刚度。

支座连接方式的主要缺点是支座的柔性增大了上部结构的地震位移反应。为了限制支座的横向位移，通常需要在横桥向设置支座挡块。另外，支座需要定期检测，这也增加桥梁的养护难度，同时要求设计者在桥梁设计时预留足够的支座更换操作空间。

为了减小桥梁结构的共振反应，还可以选择特殊的隔震支座和耗能装置组合使用，这些支座包括高阻尼橡胶支座、铅芯橡胶支座和摩擦摆支座，耗能装置可选用黏滞液体阻尼器、防屈曲支撑和磁流变液阻尼器等。

桥墩与上部结构通过隔震支座连接的主要优点是减震能力好，震后复位能力比普通支座强，而且力学模型更为明确，方便计算模拟，特别适合于强震地区。当然也存在一些不足，譬如隔震支座的价格较高，需要设计者掌握相关理论和计算分析方法。

17.3.4 桥台与上部结构的连接

桥台的抗震设计往往容易被忽视，已有地震灾害表明，不合理的桥台设计其震害可能是相当严重的。以下从抗震角度简要讨论桥台与上部结构的连接方式。

17.3.4.1 固结

桥台与上部结构采用固结方式，仅对两跨桥梁是合适的，这种方式很少能适合大跨桥梁。由于桥台刚度相比跨内桥墩的刚度大，常假定所有的地震抗力由桥台提供，因此，跨内桥墩可设计成只承受竖向力，但在墩顶和墩底的潜在塑性铰区仍应满足延性构造要求，确保适当的位移延性。

17.3.4.2 支座连接

桥台与上部结构通过支座连接，需要在桥台前墙和上部结构之间预留适当宽度的间隙，以适应温度、收缩和徐变变形。当桥台前墙和上部结构相向运动时，二者可能出现相互碰撞。考虑到前墙一般难以抵抗这种撞击力，而且前墙损坏通常是可以接受的，因而可以特意在前墙上设计一个薄弱面，如图 17-7 所示。当薄弱面在强震作用下断裂后，可以起到耗能的作用，同时放宽了上部结构在顺桥向的位移限制。

图 17-7 桥台前墙薄弱面示意图

若采用隔震支座作为桥台与上部结构的连接方式，相关优点和不足如第 17.3.3 节所述。

17.3.5 基础选型

基础类型的选择，对于整个桥梁结构的地震反应以及抗侧力桥墩和基础设计地震力的分布，均有非常重要的影响。桥梁结构常用的基础类型主要有扩展基础、整体桩柱式基础和桩基础。

17.3.5.1 扩展基础

扩展基础主要用于硬土或岩石地基，只要基础不出现倾覆，塑性铰就能在桥墩底部形成。当按延性性能设计时，桥墩传给基础的弯矩和剪力应考虑塑性铰抗弯能力的超强。在最不利荷载组合下，允许基底出现一定范围的零应力区。桥墩传递给基础的水平力，主要由基础底面和地基之间的摩阻力承担。为了改善剪力传递方式，可在基础底面设置剪力键。

17.3.5.2　整体桩柱式基础

桩与柱一体化式桥墩，可以避免桩基—承台体系在桥墩和承台固结处形成较大弯矩。桩柱式桥墩除塑性铰外，桩和柱之间没有本质区别，最大弯矩出现在地面以下 15～25 倍桩径的深度。由于靠近临界截面的弯矩是逐渐变化的，因此塑性铰区相对较长。这种基础的主要缺点是塑性铰埋藏较深，震后不易于发现，而且结构的刚度小，水平向弹性位移很大，导致对塑性铰截面的转动延性需求与结构的位移延性需求之比变得很高。

为了克服这个缺点，可以采用墩柱以下桩径增大的方案，这样就可以确保塑性铰只出现在桥墩底部。同时，有利于减小结构的水平位移。

17.3.5.3　桩基础

桥梁结构的桩基础通常是承台、桩基组成的群桩体系，桥墩与承台固结。这种基础一般按能力保护设计，保证塑性铰出现在桥墩底部，并使桩基在地震作用下保持弹性。但在某些情况下，强制塑性铰只出现在桥墩上的难度很大，这时可允许桩基中产生有限的塑性铰。

17.4　计算模型与分析方法

17.4.1　计算模型

桥梁结构抗震计算属于动力分析范畴，计算建模比单纯的静力分析更为复杂，不能过度地简化。模型不仅要体现结构的力学平衡关系，还要合理反映结构的质量、刚度和阻尼的分布。下面介绍抗震计算建模的几个要点。

17.4.1.1　模型单元划分

（1）上部和下部结构应划分足够数量的单元，确保模态分析能够涵盖对地震动敏感的模态振型。

（2）若上部结构为整体式箱梁，可将其模拟为沿箱梁轴线的梁单元。

（3）若上部结构为并排的预制 T 梁（或其他截面形式的预制梁），则适合采用梁格模型模拟上部结构。

17.4.1.2　质量

（1）模型中的质量应包含结构构件的质量、非结构构件的质量，以及交通车辆的质量。

（2）与永久荷载相应的质量取平均值。

（3）代表交通车辆质量的 LM1 模型均布质量 $\alpha_q q_k / g$ 取准永久值，对于一般公路桥梁和人行桥梁，准永久值系数 ψ_2 取 0，对于交通拥堵的桥梁，ψ_2 取 0.2。

（4）模型的质量分布应能体现结构的惯性特征，梁格模型可只考虑集中质量，而单梁模型除了集中质量外，还应考虑集中转动惯量。

（5）对于水中墩，桥墩与水的相互作用可简化地考虑为水平方向的附加质量。半径 R 的圆形截面桥墩，浸入水下部分单位长度的附加质量 m_a 为

$$m_a = \rho_w \pi R^2 \tag{17-9}$$

对于如图 17-8 所示的椭圆截面桥墩，长轴与地震作用方向夹角 θ，附加质量为

$$m_a = \rho_w \pi (a_y^2 \cos^2\theta + a_x^2 \sin^2\theta) \tag{17-10}$$

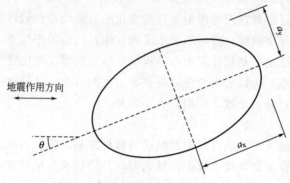

图 17-8 椭圆截面参数定义

对于如图 17-9 所示的矩形桥墩，附加质量为

$$m_a = k\rho_w \pi a_y^2 \tag{17-11}$$

其中，ρ_w 为水的质量密度；系数 k 与 a_y/a_x 有关，见表 17-7。

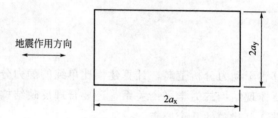

图 17-9 矩形截面参数定义

矩形截面附加质量系数　　　　　　　　表 17-7

a_y/a_x	0.1	0.2	0.5	1.0	2.0	5.0	10.0	∞
k	2.23	1.98	1.70	1.51	1.36	1.21	1.14	1.0

（6）若在模型中用单元模拟了埋置于土中的结构，如承台、桩基，这部分单元可不计质量，但需考虑结构重力。

17.4.1.3　刚度

（1）上部结构使用全截面刚度。

（2）连接相邻两跨简支梁的桥面连续板，其截面弯曲刚度取全截面刚度的 25%。

（3）按延性性能设计的桥墩结构应采用有效弯曲刚度，即理想弹塑性模型屈服点的割线刚度。

（4）按有限延性性能设计的桥墩结构，根据情况采用有效弯曲刚度，或者全截面刚度。

（5）桥墩、桥台上的剪力键或挡块的水平刚度可简化地模拟为割线刚度，即抗剪承载力除以剪切屈服时的弹性变形与间隙之和。

17.4.1.4　阻尼比

反应谱分析采用的黏性阻尼比 ξ 主要取决于桥墩的结构形式，焊接钢结构取 0.02，螺

栓连接钢结构取 0.04，钢筋混凝土结构取 0.05，预应力混凝土结构取 0.02。若桥墩由几种不同形式的构件组成，其等效粘滞阻尼比 ξ_{eff} 按下式计算：

$$\xi_{\text{eff}} = \frac{\sum \xi_i E_{di}}{\sum E_{di}} \tag{17-12}$$

其中，E_{di} 为第 i 种构件的变性能。

17.4.1.5 桩基与土相互作用

桥梁结构的地震响应对基础约束刚度非常敏感，计算模型中需要将基础约束刚度合理地反映出来。群桩基础的约束刚度主要受桩、土相互作用的影响。桩基对墩台的刚度约束有三种模拟方法：一是直接建立桩基单元，用弹簧模拟土层刚度，这种建模方法比较繁琐，但可以得到桩身内力；二是采用 6×6 刚度矩阵模拟单桩的桩顶约束刚度；三是采用 6×6 刚度矩阵模拟群桩的合成约束刚度。三种模拟方法如图 17-10 所示。

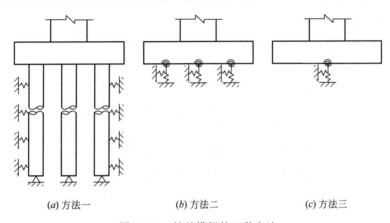

(a) 方法一　　　　(b) 方法二　　　　(c) 方法三

图 17-10　桩基模拟的三种方法

1. 桩基单元和土弹簧

桩基单元长度取实际桩长，桩基的轴向约束刚度近似取为桩身结构的轴压刚度，桩底边界条件约束竖向位移，桩基单位长度的侧向刚度 k_h 为

$$k_h = E_s d \tag{17-13}$$

其中，d 为桩基直径，E_s 为所在土层的弹性模量。理论上，土体不排水的泊松比为 0.5，则弹性模量 E_s 等于剪切模量 G 的 3 倍。根据波动理论，$G = \rho v_s^2$，ρ 为土体的质量密度，v_s 为剪切波速。

2. 单桩的桩顶约束刚度

根据弹性地基梁理论，单桩的桩顶约束刚度可表示成一个 6×6 的刚度矩阵 K：

$$K = \begin{bmatrix} k_2 & 0 & 0 & 0 & -k_3 & 0 \\ 0 & k_2 & 0 & k_3 & 0 & 0 \\ 0 & 0 & k_1 & 0 & 0 & 0 \\ 0 & k_3 & 0 & k_4 & 0 & 0 \\ -k_3 & 0 & 0 & 0 & k_4 & 0 \\ 0 & 0 & 0 & 0 & 0 & k_5 \end{bmatrix} \begin{matrix} x \\ y \\ z \\ R_x \\ R_y \\ R_z \end{matrix} \tag{17-14}$$

（列标为 x　y　z　R_x　R_y　R_z）

刚度矩阵中元素的排布位置与桩基在计算模型总体坐标系中的方位有关，式（17-14）的形式对应于桩基的轴线方向沿总体坐标系的 z 轴。k_1 为桩基轴向刚度，k_5 为桩基扭转刚度，可认为分别近似等于桩身结构的轴压刚度和扭转刚度，

$$k_1 = E_p A_p / L \tag{17-15}$$

$$k_5 = G_p J_p / L \tag{17-16}$$

根据 EN 1998-5，当土体的弹性模量随埋深线性递增时，剪切刚度、弯曲刚度和弯剪刚度分别为：

$$k_2 = 0.6 (E_p/E_s)^{0.35} E_s d \tag{17-17}$$

$$k_4 = 0.14 (E_p/E_s)^{0.8} E_s d^3 \tag{17-18}$$

$$k_3 = 0.17 (E_p/E_s)^{0.6} E_s d^2 \tag{17-19}$$

其中，E_s 为地面以下 1 倍桩径处的土体弹性模量；E_p、G_p、A_p、J_p 和 L 分别为桩身结构的弹性模量、剪切模量、截面面积、扭转惯性矩和桩长。

3. 群桩的合成约束刚度

群桩的桩顶约束刚度是单桩约束刚度的集成，可表示为：

$$K = \begin{bmatrix} K_2 & 0 & 0 & 0 & -K_3 & 0 \\ 0 & K_2 & 0 & K_3 & 0 & 0 \\ 0 & 0 & K_1 & 0 & 0 & 0 \\ 0 & K_3 & 0 & K_4 & 0 & 0 \\ -K_3 & 0 & 0 & 0 & K_5 & 0 \\ 0 & 0 & 0 & 0 & 0 & K_6 \end{bmatrix} \begin{matrix} x \\ y \\ z \\ R_x \\ R_y \\ R_z \end{matrix} \tag{17-20}$$

其中，

$$K_1 = N k_1 \tag{17-21}$$

$$K_2 = N k_2 \tag{17-22}$$

$$K_3 = N k_3 \tag{17-23}$$

$$K_4 = N k_4 + k_1 \sum n_i y_i^2 \tag{17-24}$$

$$K_5 = N k_4 + k_1 \sum m_i x_i^2 \tag{17-25}$$

$$K_6 = N k_5 + k_2 \sum r_i^2 \tag{17-26}$$

N 为群桩的桩基根数，m_i 和 n_i 分别为 x 和 y 方向第 i 排桩的根数，r_i 为第 i 根桩到群桩中心的距离。

17.4.2 线性分析性能因子取值

性能因子用于线性抗震设计方法，是对理想弹性结构地震力的折减，反映实际结构的设计延性性能。引入性能因子的最大好处是将基于位移的非线性分析转化成基于力的线性分析，降低了结构抗震设计难度。性能因子的最大值取决于延性构件屈服后的耗能能力。同一结构中不同类型的延性构件可以采用不同的性能因子，而且两个水平方向的性能因子取值也可以不同。

桥梁结构可以按延性或者有限延性两种抗震性能设计。EN 1998-2 规定了桥梁结构中

不同类型构件的性能因子最大值（表 17-8），具体取值由设计者根据抗震设计意图自行决定。

桥梁构件性能因子最大值　　　　　　　　　表 17-8

延性构件类型		抗震性能	
		有限延性	延　性
钢筋混凝土桥墩	竖向桥墩	1.5	$3.5\lambda(\alpha_s)$
	斜向桥墩	1.2	$2.1\lambda(\alpha_s)$
与主梁固结的桥台	水平自振周期 $T>0.03\mathrm{s}$	1.5	1.5
	水平自振周期 $T\leqslant 0.03\mathrm{s}$	1.0	1.0
承台下桩基	竖向桩基	1.0	2.1
	斜向桩基	1.0	1.5
拱		1.2	2.0

注：$\alpha_s=L_s/h$ 为桥墩结构的剪跨比，L_s 为塑性铰中心到桥墩零弯矩点的距离，h 为桥墩塑性铰弯曲方向的截面高度，$\sqrt{1/3}\leqslant\lambda(\alpha_s)=\sqrt{\alpha_s/3}\leqslant 1.0$。

表 17-8 中的性能因子适用于构件轴压比 $n_k=N_d/(A_c f_{ck})$ 不超过 0.3 的情况。当轴压比超过 0.6 时，应按弹性性能设计。当轴压比范围 $0.3<n_k\leqslant 0.6$ 时，性能因子按下式进行修正：

$$q_r=q-\frac{n_k-0.3}{0.3}(q-1) \tag{17-27}$$

对于按延性性能设计的构件，若出现塑性铰的部位不便于震后检测和维修加固，表 17-8 中的延性性能因子应乘折减系数 0.6。对延性构件进行竖向抗震设计时，性能因子 q 应取为 1.0。

17.4.3　等效静力分析方法

EN 1998-2 推荐的桥梁结构地震作用线性分析方法有两种，一种是等效静力分析方法，另一种是反应谱分析方法。类似于城市高架桥这种"头重脚轻"的桥梁结构，这两种计算方法均可以使用，而且计算结果比较接近。但诸如拱桥、斜拉桥和悬索桥之类的复杂体系桥梁结构，等效静力分析方法不再适用，而应采用反应谱分析方法，或者时程分析方法。

等效静力分析方法实际上是一种特殊的反应谱分析方法，适用于动力特性近似于悬臂单自由度系统的桥梁结构。EN 1998-2 规定，当桥梁结构满足以下条件之一时，可视其为悬臂单自由度系统：

(1) 上部结构连续的近似直线型桥梁，承受顺桥向地震力的桥墩质量小于上部结构质量的 20%；

(2) 上部结构连续的近似直线型桥梁，承受横桥向地震力的墩台刚度中心与上部结构质量中心的距离 e_o 不超过上部结构长度的 5%；

(3) 近似直线型简支桥梁，各桥墩之间无显著的相互作用，且单个桥墩的质量小于所支承的上部结构质量的 20%。

等效静力分析方法中的"静力"是相应于桥梁结构水平向基本振型的惯性力。这种方法的关键是计算桥梁在所考虑地震作用方向的基本周期和总地震力在各墩之间的分配。对于顺桥向震动，主梁的轴向刚度远大于桥墩的抗侧移刚度，桥梁的水平向基本周期可按悬臂单自由度结构计算。对于横桥向震动，主梁与桥墩的相对抗侧移刚度决定了基本周期的计算方法和地震力的分配方法。由此，等效静力分析方法可细分为刚性主梁模型、柔性主梁模型和独立桥墩模型。

在顺桥向，近似直线型的连续梁桥，在横桥向，主梁的长宽比 $L/B \leqslant 4$，或者墩顶的横向相对位移 Δ_d 与平均位移 d_a 的比值满足式（17-28）时，均按刚性主梁模型计算。若主梁为无桥面连续的纯简支结构，相邻桥墩在横桥向的震动无相互约束，则按独立桥墩模型计算。其他情况，均按柔性主梁模型计算。

$$\Delta_d/d_a \leqslant 0.2 \tag{17-28}$$

17.4.3.1 刚性主梁模型

当上部结构满足刚性主梁条件，整个桥梁的水平向震动与单自由度悬臂结构相似，水平向基本周期可按下式计算：

$$T = 2\pi\sqrt{M/K} \tag{17-29}$$

其中，M 为结构有效质量，等于上部结构质量、桥墩结构上半部分质量，以及交通车辆质量准永久值之和；$K = \sum K_i$ 为相关抗侧力桥墩的刚度之和。总水平地震力为结构有效质量和设计反应谱谱值的乘积：

$$F = MS_d(T) \tag{17-30}$$

总水平地震力在各桥墩之间按抗侧力刚度的比例 K_i/K 进行分配。

17.4.3.2 柔性主梁模型

当满足柔性主梁条件，桥梁的水平向基本周期可按广义单自由度系统计算：

$$T = 2\pi\sqrt{\frac{\sum M_i d_i^2}{g \sum M_i d_i}} \tag{17-31}$$

其中，g 为重力加速度；M_i 为 i 号节点的集中质量；d_i 为以各 $M_i g$ 作为水平力施加于相应节点时 i 号节点的水平位移。于是，i 号节点水平地震力 F_i 可按下式计算：

$$F_i = \frac{4\pi^2}{gT^2}S_d(T)M_i d_i \tag{17-32}$$

将水平地震力 F_i 作用于相应节点，即可得到全桥的地震作用效应。

17.4.3.3 横向扭转效应

按刚性主梁模型或柔性主梁模型计算横向地震作用效应时，还应计入横向偏心引起的扭转效应。计算偏心距 e 等于桥墩刚度中心与上部结构质量中心距离 e_0 的基础上附加一个偶然偏心 e_a，其中，$e_a = 0.05L$。偏心引起的扭矩按下式计算：

$$M_t = Fe \tag{17-33}$$

其中，F 按式（17-30）确定，或为按式（17-32）确定的各节点横向水平地震力之和 $\sum F_i$。

17.4.3.4 独立桥墩模型

当满足独立桥墩条件，每个桥墩的横向水平地震力便可独立进行计算。第 i 号桥墩的水平向基本周期按下式计算：

$$T_i = 2\pi \sqrt{M_i/K_i} \quad (17\text{-}34)$$

其中，K_i 为 i 号桥墩的抗侧力刚度，M_i 为附属于 i 号桥墩的有效质量。M_i 的分配应使相邻桥墩的基本周期比值 T_i/T_{i+1} 在 0.9~1.1 之间。作用于 i 号桥墩的横向水平地震力为

$$F_i = M_i S_d(T_i) \quad (17\text{-}35)$$

17.4.4 反应谱分析方法

对于不能视为单自由度悬臂系统的桥梁结构，则应采用另一种更为精确的地震作用线性分析方法——振型分解反应谱分析方法，简称反应谱分析方法。一个多自由度系统的桥梁结构，地震作用的动力平衡方程可表示为：

$$\mathbf{M}\ddot{\mathbf{u}} + \mathbf{C}\dot{\mathbf{u}} + \mathbf{K}\mathbf{u} = -\mathbf{MI}\ddot{u}_g \quad (17\text{-}36)$$

其中，$\ddot{u}_g$ 为地面运动加速度，$\mathbf{u}$ 为结构相对于地面的位移向量，$\mathbf{M}$、$\mathbf{C}$ 和 $\mathbf{K}$ 分别为结构的质量矩阵、阻尼矩阵和刚度矩阵，$\mathbf{I}$ 为影响向量。

利用振型的正交性，对位移向量 $\mathbf{u}$ 作振型分解 $\mathbf{u} = \mathbf{\Phi}\mathbf{q}$。于是，式 (17-36) 可转化成类似于单自由度系统的动力平衡方程：

$$M_i \ddot{q}_i + C_i \dot{q}_i + K_i q_i = -\mathbf{\Phi}_i^T \mathbf{MI} \ddot{u}_g \quad (17\text{-}37)$$

其中，q_i 为第 i 阶振型的广义坐标；$\mathbf{\Phi}_i$ 为第 i 阶振型向量；$M_i = \mathbf{\Phi}_i^T \mathbf{M} \mathbf{\Phi}_i$，$C_i = \mathbf{\Phi}_i^T \mathbf{C} \mathbf{\Phi}_i$，$K_i = \mathbf{\Phi}_i^T \mathbf{K} \mathbf{\Phi}_i$ 分别为第 i 阶振型的广义质量、广义阻尼和广义刚度。定义参数 $\gamma_i = \mathbf{\Phi}_i^T \mathbf{MI}/M_i$ 为第 i 阶振型的振型参与系数。

这样就将一个多自由度系统分解成一系列的广义单自由度系统，每个广义单自由度系统可以很方便地用反应谱方法计算最大地震响应。于是，第 i 阶振型的最大惯性力向量为

$$\mathbf{F}_i = \mathbf{M} \mathbf{\Phi}_i \gamma_i S_d(T_i) \quad (17\text{-}38)$$

将 $\mathbf{F}_i$ 施加于结构的相应节点，即可得到第 i 阶振型地震作用效应 S_i。

结构的地震作用效应是各阶振型地震作用效应的组合，一般采用 SRSS 组合方式，即

$$S = \sqrt{\sum S_i^2} \quad (17\text{-}39)$$

当结构相邻两阶振型的自振周期 T_i 和 T_j（$T_i < T_j$）比较接近，即当 T_i 和 T_j 之比满足以下公式时，应采用 CQC 组合方式。

$$\frac{0.1}{0.1 + \sqrt{\xi_i \xi_j}} \leqslant \rho_{ij} = T_i/T_j \leqslant 1 + 10\sqrt{\xi_i \xi_j} \quad (17\text{-}40)$$

CQC 组合方式为

$$S = \sqrt{\sum \sum S_i r_{ij} S_j} \quad (17\text{-}41)$$

其中，r_{ij} 为振型相关系数，按下式计算：

$$r_{ij} = \frac{8\sqrt{\xi_i \xi_j}(\xi_i + \rho_{ij}\xi_j)\rho_{ij}^{3/2}}{(1-\rho_{ij}^2)^2 + 4\xi_i \xi_j \rho_{ij}(1+\rho_{ij}^2) + 4(\xi_i^2 + \xi_j^2)\rho_{ij}^2} \quad (17\text{-}42)$$

根据上述反应谱分析方法的基本原理，可以看出参与分析的振型数量越多，计算结果的精度越高。EN 1998-2 要求所有参与振型的广义质量之和 $\sum M_i$ 不应小于结构总质量的 90%。若所有周期 $T \geqslant 0.033$s 的振型广义质量之和不符合此要求，则须同时满足以下两

个条件：

(1) 广义质量之和与结构总质量之比 $(\sum M_i)/M \geqslant 0.7$；

(2) 将计算地震作用效应乘上放大系数 $M/(\sum M_i)$。

实际桥梁结构遭受的地震作用都具有空间方向性，不可能恰好沿桥梁轴线方向或者垂直轴线方向，因此还需要考虑地震作用的方向组合。EN 1998-2 推荐了两种组合方式，任选其一：

(1) SRSS 方式

$$S = \sqrt{S_x^2 + S_y^2 + S_z^2} \tag{17-43}$$

(2) "100%+30%" 组合方式，取以下三项的最不利值作为地震作用效应

$$\begin{cases} S = S_x + 0.3S_y + 0.3S_z \\ S = 0.3S_x + S_y + 0.3S_z \\ S = 0.3S_x + 0.3S_y + S_z \end{cases} \tag{17-44}$$

17.4.5 动力非线性时程分析方法

非线性时程分析方法与前面两种线性分析方法不同，等效静力分析方法和反应谱分析方法是从频域角度计算结构地震响应的最大值，而非线性时程分析方法则是从时域角度反映结构的地震响应特征，譬如塑性铰屈服的先后顺序和屈服程度。按延性性能设计的桥梁，基于设计反应谱的线性分析只是一种近似计算，更为精确的计算便是非线性时程分析方法。非线性时程分析不再以强度设计为目标，更侧重的是研究结构在强震作用下的位移和变形，并通过对塑性铰的设计，使得结构的变形能力满足工程需求。

非线性时程分析方法的重点是结构非线性元件的模拟和时域求解算法。下面以抗震分析常用的两款专业有限元软件 Sap2000 和 Midas Civil 的功能为背景，对以上两方面做简要介绍，以便设计人员能掌握非线性时程分析功能。

17.4.5.1 主要非线性元件模型

钢筋混凝土桥梁抗震分析涉及的非线性元件主要有钢筋混凝土塑性铰、隔震支座，以及黏滞阻尼器。其中，确定塑性铰模型的过程比较复杂，需要从材料层次的应力-应变模型逐级建立截面层次的弯矩-曲率滞回模型和构件层次的弯矩-转角滞回模型，隔震支座和黏滞阻尼器有专门的模型元件。

1. 材料应力-应变模型

塑性铰区的钢筋混凝土，材料模型包括约束混凝土模型、无约束混凝土模型，以及钢筋模型。模型参数中的材料强度和弹性模量应采用平均值。

(1) 混凝土模型

受箍筋约束的混凝土具有较好的延性，混凝土极限强度与极限应变都会得到显著提高。约束混凝土的应力-应变关系常采用 Mander 模型进行描述，见图 17-11。混凝土保护层由于未受到箍筋的约束，可采用第 4 章中的混凝土应力-应变模型。

无约束混凝土的抗压强度平均值 f_{cm}，相应的压应变为 ε_{c1}。约束混凝土 Mander 模型的形式如下：

$$\sigma_c = \frac{f_{cm,c} \cdot x \cdot r}{r - 1 + x^r} \tag{17-45}$$

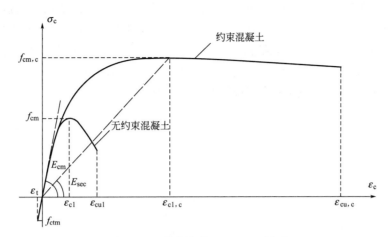

图 17-11 约束混凝土 Mander 模型

其中，x 为混凝土压应变 ε_c 与约束混凝土峰值应变 $\varepsilon_{c1,c}$ 的比值，$x=\varepsilon_c/\varepsilon_{c1,c}$；

$r=E_{cm}/(E_{cm}-E_{sec})$；

E_{cm} 和 E_{sec} 分别为无约束混凝土的弹性模量平均值和约束混凝土峰值应力 $f_{cm,c}$ 对应的割线模量（MPa），$E_{sec}=f_{cm,c}/\varepsilon_{c1,c}$；

$f_{cm,c}$ 为约束混凝土的峰值应力，由无约束混凝土的抗压强度平均值 f_{cm} 及箍筋的有效约束应力 σ_e 确定：

$$f_{cm,c}=f_{cm}\left(2.254\sqrt{1+\frac{7.94\sigma_e}{f_{cm}}}-2\frac{\sigma_e}{f_{cm}}-1.254\right)$$

$$\varepsilon_{c1,c}=0.002\left[1+5\left(\frac{f_{cm,c}}{f_{cm}}-1\right)\right]$$

箍筋的有效约束应力 σ_e 为箍筋屈服时所能达到的约束效果。对于圆形截面：

$$\sigma_e=\frac{1}{2}\alpha\rho_w f_{ywm} \tag{17-46}$$

其中，f_{ywm} 为箍筋的屈服强度平均值，可取 $1.15 f_{ywk}$；$\rho_w=4A_{sp}/(D_{core}s_L)$ 为箍筋的体积配箍率；α 为有效约束系数，其值取决于核心混凝土的最小有效约束面积与周边箍筋中心线包围面积之比。圆形截面的 α 值可取 0.95。

对于矩形截面，两个正交方向的箍筋有效约束应力分别为：

$$\sigma_{e,x}=\alpha\rho_{s,x}f_{ywm},\sigma_{e,y}=\alpha\rho_{s,y}f_{ywm} \tag{17-47}$$

其中，$\rho_{s,x}=A_{sw,x}/(bs_L)$ 和 $\rho_{s,y}=A_{sw,y}/(bs_L)$ 分别为两个方向的箍筋面积配箍率。矩形截面的 α 值可取 0.75，薄壁矩形截面的 α 值可取 0.6。

Mander 模型认为，当箍筋断裂时约束混凝土达到极限压应变。由能量守恒原则，可以估计得到一个较为保守的极限压应变值：

$$\varepsilon_{cu,c}=0.004+\frac{1.4\rho_s f_{ywm}\varepsilon_{su}}{f_{cm,c}} \tag{17-48}$$

其中，ρ_s 约束箍筋的含箍率，圆形截面 $\rho_s=\rho_w$，矩形截面 $\rho_s=\rho_{s,x}+\rho_{s,y}$；$\varepsilon_{su}$ 为箍筋峰值应力 f_{twm} 对应的拉应变。

(2) 钢筋模型

单调荷载作用下，普通钢筋的应力-应变曲线如图 17-12（a）所示。在达到屈服强度 f_{ywm} 之前，钢筋呈线性本构关系；达到屈服强度之后，是一段应力保持不变的屈服平台；在屈服平台段后直至应力达到峰值 $f_{twm}(=1.2f_{twk})$，是应变强化段；之后是软化段，在设计中通常被忽略。由于屈服平台段较短，而且平台段末端的应变值不恒定，因此钢筋的材料特性常简化为具有应变强化的双折线模型，如图 17-12（b）所示。

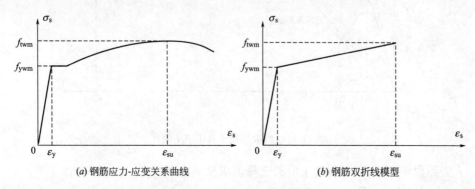

图 17-12　钢筋应力-应变模型

2. 截面弯矩-曲率滞回模型

由上述单调荷载作用下的混凝土和钢筋应力-应变模型，基于平截面假定，通过截面应力积分，可以得到单调荷载作用下的截面弯矩-曲率关系。若同时考虑轴力作用，还可以得到截面的轴力-弯矩-曲率关系。

然而，地震作用是一种往复荷载，结构的变形特征与单调荷载作用时的情形不同。因此，结构的地震响应分析需要考虑往复作用的影响，这种影响是通过定义滞回模型来体现的。滞回模型是对结构往复受力过程的复杂力学行为的一种简化描述，包括骨架曲线和滞回规则两方面，模型通常以滞回规则而命名。

骨架曲线是将同向加载的荷载-位移曲线中，超过前一次加载最大荷载的区段平移相连后得到的曲线，也可表述为滞回曲线上同向各次加载的荷载极值点依次相连得到的包络曲线。已有结构试验表明，往复荷载作用下的变形轮廓线与单调荷载作用下的荷载-位移曲线基本一致，为方便起见，常把单调荷载作用下的荷载-位移曲线近似地作为滞回模型的骨架曲线。图 17-13 为三种不同的骨架曲线简化形式，分别为双折线模型、三折线模型和四折线模型，图中的字母 O、C、Y、M、U 分别表示原点、开裂点、屈服点、荷载最高点和极限点。

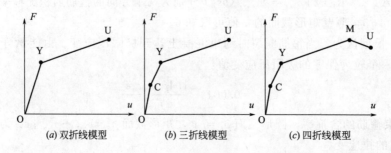

图 17-13　骨架曲线模型

滞回规则用于描述正负向加载、卸载行走路线，以及强度退化、刚度退化和滑移等特征。钢筋混凝土构件往复加载常用 Clough 和 Takeda 滞回模型。Clough 模型是在常规的双折线滞回模型基础上加以改进，考虑再加载时刚度退化的双折线滞回模型。Takeda 模型是在 Clough 模型的基础上，将骨架曲线细化成考虑开裂点的三折线，并考虑卸载刚度退化的三折线滞回模型，在钢筋混凝土结构弹塑性地震反应分析中应用最为广泛。Takeda 模型的不足之处是没有考虑强度退化、裂缝开合造成的滞回环捏缩和纵向钢筋粘结滑移等影响，因而不适合轴压比较大、滑移变形较大或以剪切变形为主的构件。

有限元软件 Sap2000 和 Midas Civil 中的塑性铰有分布铰和集中铰两种形式，其中分布铰由截面弯矩-曲率关系和塑性铰长度确定。EN 1998-2 规定，塑性铰长度 L_p 可按下式估算：

$$L_p = 0.1L_s + 0.015 f_{yk} d_{bL} \tag{17-49}$$

其中，L_s 为塑性铰中心到构件零弯矩截面的距离，d_{bL} 为纵向主筋直径，f_{yk} 为纵向主筋屈服强度标准值（MPa）。

3. 构件弯矩-转角滞回模型

钢筋混凝土构件塑性铰的弯矩-转角滞回模型也可采用 Clough 或 Takeda 模型描述，关键是确定骨架曲线上对应于混凝土开裂、主筋屈服和极限曲率三个关键点的弯矩和转角。转角可按墩顶水平位移等效的原则，由截面曲率积分得到。计算分析中，塑性铰的力学模型是在塑性铰长度 L_p 的中间设置一个弹塑性回转弹簧来模拟，上、下各 $L_p/2$ 视为刚体。

(1) 混凝土开裂时的转角 θ_{cr} 和开裂弯矩 M_{pcr}

如图 17-14 所示，在墩顶水平集中力 P_{cr} 作用下，墩底截面达到开裂临界弯矩 M_{cr}，此时，沿墩高的曲率 $k(x)$ 呈线性变化。由墩顶水平位移等效，可以得到开裂转角 θ_{cr} 和开裂曲率 k_{cr} 的转换条件：

$$\int_0^L \frac{k_{cr}}{L} x^2 dx = \theta_{cr}(L - L_p/2) + \int_0^{L-L_p} \frac{k_{cr}}{L} x^2 dx \tag{17-50}$$

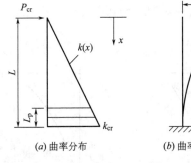
(a) 曲率分布

(b) 曲率计算位移

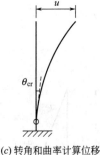
(c) 转角和曲率计算位移

图 17-14 开裂状态

得到开裂时的转角 θ_{cr}：

$$\theta_{cr} = k_{cr} L_p \frac{3L^2 - 3LL_p + L_p^2}{3L(L - L_p/2)} \approx k_{cr} L_p \tag{17-51}$$

塑性铰开裂弯矩 M_{pcr}：

$$M_{pcr} = M_{cr}(1 - L_p/2L) \approx M_{cr} \tag{17-52}$$

(2) 主筋开始屈服时的转角 θ_y 和屈服弯矩 M_{py}

墩顶水平集中力增大到 P_y，墩底截面的主筋开始屈服，相应的截面屈服弯矩为 M_y。沿墩高的曲率 $k(x)$ 仍呈线性变化，如图 17-15 所示。同样由墩顶水平位移等效，可得到主筋开始屈服时的转角 θ_y 和塑性铰屈服弯矩 M_{py}：

$$\theta_y = k_y L_p \frac{3L^2 - 3LL_p + L_p^2}{3L(L - L_p/2)} \approx k_y L_p \tag{17-53}$$

$$M_{py} = M_y(1 - L_p/2L) \approx M_y \tag{17-54}$$

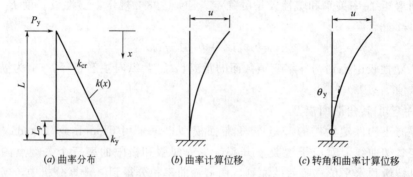

(a) 曲率分布　　(b) 曲率计算位移　　(c) 转角和曲率计算位移

图 17-15　主筋开始屈服状态

(3) 极限曲率时的转角 θ_u 和极限弯矩 M_{pu}

墩顶水平集中力增大到 P_u，墩底截面达到极限曲率，相应的截面极限弯矩为 M_u。塑性铰区的曲率 k_u 由屈服曲率 k_y 和塑性变形曲率 $k_u - k_y$ 两部分组成，如图 17-16 所示。这种情况下，墩顶位移由桥墩的弯曲变形和刚体转动两部分组成。由墩顶水平位移等效，可以得到极限曲率状态的转角 θ_u 和塑性铰极限弯矩 M_{pu}：

$$\int_0^L \frac{k_y}{L} x^2 \, dx + \int_{L-L_p}^L (k_u - k_y) x \, dx = \theta_u (L - L_p/2) + \int_0^{L-L_p} \frac{k_y}{L} x^2 \, dx \tag{17-55}$$

$$\theta_u = k_y L_p \frac{3L^2 - 3LL_p + L_p^2}{3L(L - L_p/2)} + (k_u - k_y) L_p \approx \theta_y + (k_u - k_y) L_p \tag{17-56}$$

$$M_{pu} = M_u \tag{17-57}$$

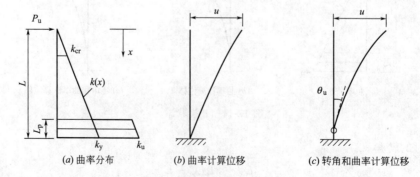

(a) 曲率分布　　(b) 曲率计算位移　　(c) 转角和曲率计算位移

图 17-16　极限曲率状态

17.4.5.2 常用时域分析算法

强震作用下，桥梁结构的非线性元件通常会进入弹塑性状态，振型分解反应谱分析方法不再适用，只能采用数值积分方法进行求解。

数值积分方法是将时间轴划分成许多微小的时间段 Δt，通过时间轴的离散，将微分方程转化为线性递推方程，这样就可以从前一时刻已获得的位移、速度、加速度和下一时刻的荷载，计算下一时刻的位移、速度和加速度。不断重复这一过程，即可得到整个时间轴上结构的地震响应。

数值积分算法有显式和隐式算法之分。所谓显式积分，是指用 t_i 时刻满足运动方程的位移、速度和加速度计算 $t_{i+1}=t_i+\Delta t$ 时刻的结构响应，而不考虑 t_{i+1} 时刻的位移、速度和加速度是否满足运动方程。为了提高显式积分的计算精度，时间间隔 Δt 需足够小，否则会造成过大的累计误差，甚至出现不收敛现象。中心差分法就是一种典型的显式积分。与显式积分不同，隐式积分在 t_{i+1} 时刻的位移、速度和加速度满足运动方程，可以很好地控制累计误差，计算结果稳定性好，是结构地震反应分析的主流求解算法。Sap2000 和 Midas Civil 两款有限元软件就采用了属于隐式积分的 Newmark-β 法和 Wilson-θ 法。

运用 Newmark-β 法和 Wilson-θ 法时，需要注意数值算法的收敛性和稳定性问题。收敛性是指当 $\Delta t \rightarrow 0$ 时，数值算法的数值解能趋于解析解。Newmark-β 法和 Wilson-θ 法都能满足收敛性的要求。稳定性是指某一步上产生的误差不会在后续的计算中被无限地放大。对于 Newmark-β 法，$\beta \geqslant 1/4$ 时算法是无条件稳定的，一般情况下 β 按 1/4 取值，这也就是平均加速度法；对于 Wilson-θ 法，$\theta \geqslant 1.37$ 时算法是无条件稳定的，θ 的推荐取值为 1.4。

需要说明的是，无条件稳定并不意味着无论积分时间间隔 Δt 取多大值，计算结果的精度都能得到保证。时间间隔 Δt 的选取要考虑两个因素：

(1) 外部作用的变化程度，Δt 必须小到足以准确地描述外部作用的时程特征。对于地震作用分析，Δt 一般按地震波的采样时间间隔取值，0.01s 或 0.02s。

(2) 结构自振周期的长短，Δt 的取值还必须能刻画结构周期振动的特征。假如结构的前 n 阶振型对地震响应贡献较大，那么 $\Delta t = T_n/10$ 才能保证必要的精度。由采样定理可知，周期小于 $2\Delta t$ 的高阶振型影响会被自动过滤掉。

17.4.6 静力非线性分析方法

静力非线性分析是基于性能抗震设计中最具代表性的分析方法，典型的静力非线性分析方法是众所周知的 Pushover 分析。严格地讲，静力非线性分析不是直接用于结构抗震设计，而是用于检验结构是否满足预期的抗震性能目标，包括：

(1) 估计结构塑性铰的发展和最终形成的机构形式；

(2) 估计结构形成塑性铰后的内力重分布；

(3) 分析结构的能力曲线和结构达到目标位移后的塑性铰变形需求。

Pushover 分析方法本质上是一种静力分析方法，采用静力的方法来近似反映结构的动力性能。开始阶段，在已施加结构自重荷载的前提下，对结构逐步施加水平侧向力，结构的内力和变形随之增大，在结构的薄弱部位首先出现混凝土因拉应力过大而开裂；当侧向力增加到一定程度，主筋应力达到屈服强度，伸长量急剧增大，导致混凝土受压区压应变过大而被压碎，形成塑性铰；当结构的多个部位形成塑性铰，结构转变成机构，整个结构宣告失效。Pushover 分析假定每一步加载的结构整体变形可以用一个形状向量来描述，整个推覆过程中，该形状向量恒定不变。

桥梁结构 Pushover 分析的实施步骤如下：

(1) 将 $q=1$ 的设计反应谱作为地震输入，采用反应谱分析方法计算主梁结构质心处在纵向和横向的水平位移，按"100%+30%"的方式组合水平位移，并作为 Pushover 分析的目标位移。结构的延性构件应采用有效刚度。

(2) 建立桥梁 Pushover 分析计算模型，须尽可能正确反映桥梁结构的质量分布特征和边界条件，选取潜在的塑性铰部位和塑性铰的非线性模型。

(3) 采用合适的水平侧向力分布模式，对 Pushover 模型进行逐级加载，直到参考点的水平位移达到步骤 (1) 的目标位移，得到塑性铰的转角需求。

(4) 评定塑性铰的转动能力是否满足转角需求，若不满足，则调整塑性铰的延性设计，重复步骤 (1)~(3)，直至塑性铰的转动能力满足需求。

17.5 结构验算

EN 1998-2 给出的桥梁抗震设计有两种路线：一种是基于力的设计方法，采用反映结构延性的性能因子对地震作用进行折减，将弹性反应谱转换成设计反应谱，减小结构的地震响应，其本质是体现结构屈服后的强度退化。这种设计方法可用于延性和有限延性两种抗震性能的桥梁结构，通过塑性铰区和非塑性铰区的强度验算，确保结构达到目标抗震性能。另一种是基于位移的设计方法，将同弹性反应谱匹配的地震动加速度作为输入，使用塑性铰来反映结构屈服后的强度退化，通过验算塑性铰转动能力以保证结构的延性性能。这种设计方法主要用于延性抗震性能的桥梁结构。

17.5.1 材料及设计强度要求

钢筋的材料特性是保证构件延性性能的关键因素之一。塑性铰区应采用具有较大强屈比和伸长率的钢筋，以适应塑性铰的大变形。EN 1998-2 对桥梁主要抗震构件的钢筋等级作了具体规定，见表 17-9。

桥梁抗震构件的钢筋等级要求　　　　表 17-9

受 力 部 位	钢 筋 等 级
延性构件塑性铰区	C 级❶
延性构件非塑性铰区、有限延性构件、隔震桥梁抗震构件	B 级或 C 级❷

构件的承载能力计算需考虑因地震往复变形导致的材料强度退化，这种强度退化可采用材料强度分项系数 γ_C 和 γ_S 表示，一般情况下宜按持久/短暂设计状况保守地取值，也

---

❶❷ 参见 4.2.3 节。

可按偶然设计状况取值。

17.5.2 有限延性性能结构验算

17.5.2.1 抗弯承载力验算

截面抗弯承载力应满足下式要求:

$$M_d \leqslant M_{Rd} \tag{17-58}$$

其中,M_d 为包括地震二阶效应的地震设计状况弯矩设计值;M_{Rd} 为考虑轴力影响的截面抗弯承载力设计值。地震二阶效应弯矩可按下式估算:

$$\Delta M_{2nd} = (1+q)N_d u_d/2 \tag{17-59}$$

其中,N_d 和 u_d 分别为地震设计状况轴力设计值和构件两端的相对横向位移。

17.5.2.2 抗剪承载力验算

构件抗剪承载力应满足下式要求:

$$V_d \leqslant V_{Rd}/\gamma_{Bd1} \tag{17-60}$$

其中,V_d 为地震设计状况剪力设计值,地震剪力效应 V_{Ed} 需在线性分析结果的基础上乘以性能因子 q;V_{Rd} 为构件的抗剪承载力设计值(参见第 7 章的相关计算方法);γ_{Bd1} 为防止脆性破坏的附加安全系数,由国家附录指定,推荐值取 1.25。

17.5.3 延性性能结构验算

17.5.3.1 基于力的线性分析方法设计的结构

按延性性能设计的桥梁结构,需通过能力保护设计,使得塑性铰出现在预定部位,塑性铰以外区域以及所有非延性传力机制保持弹性。EN 1998-2 规定的能力保护设计内容包括:

(1) 延性桥墩塑性铰以外的区域;

(2) 塑性铰内部和塑性铰以外的非延性传力机制,主要为剪切;

(3) 能力保护构件,譬如主梁、基础,以及支座、连接等用于维持桥梁整体性的装置。

所谓能力保护设计,就是使上述受能力保护的区域不能在指定塑性铰达到极限强度之前屈服或破坏。因此,能力保护区域的荷载效应不能直接采用反应谱分析计算结果,而是由非地震荷载和塑性铰的超强弯矩 M_0 共同确定。塑性铰的超强弯矩 M_0 按下式计算:

$$M_0 = \gamma_0 M_{Rd} \tag{17-61}$$

其中,M_{Rd} 为考虑材料强度退化的截面抗弯承载力设计值,材料强度分项系数与持久设计状况相同,压弯构件或拉弯构件须考虑轴力影响;

γ_0 为超强因子,用于考虑材料强度的不确定性和材料从屈服到极限强度的硬化效应。钢筋混凝土构件的超强因子与轴压比 $n_k = N_d/(A_c f_{ck})$ 有关:

$$\gamma_0 = \begin{cases} 1.35 & n_k \leqslant 0.1 \\ 1.35[1+2(n_k-0.1)^2] & n_k > 0.1 \end{cases} \tag{17-62}$$

延性桥墩塑性铰以外区域的能力设计弯矩 M_c 按图 17-17 所示方式确定,且不应大于邻近塑性铰的抗弯承载力 M_{Rd}。

图 17-17 中的 L_h 为延性桥墩潜在塑性铰的构造长度,也与轴压比 n_k 有关:

$$L_h = \begin{cases} \max(h_c, L_s/5) & n_k \leqslant 0.3 \\ 1.5\max(h_c, L_s/5) & 0.3 < n_k \leqslant 0.6 \end{cases} \tag{17-63}$$

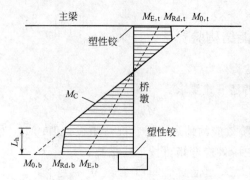

图 17-17 延性桥墩的能力设计弯矩

其中，h_c 为弯矩作用方向的截面高度；L_s 为桥墩的剪跨长度，其值近似等于端部截面地震弯矩 M_{Ed} 与地震剪力 V_{Ed} 之比。

延性桥墩塑性铰和塑性铰以外区域的能力设计剪力 V_C 应按下式确定：

$$V_C = V_G + \Delta V_C = V_G + \frac{\Delta M_h^b + \Delta M_h^t}{H} \tag{17-64}$$

其中，V_G 为非地震荷载引起的桥墩剪力；H 为墩柱高度；ΔM_h 是超强弯矩 $\gamma_0 M_{Rd}$ 与非地震弯矩 M_G 的差值，即 $\Delta M_h = \gamma_0 M_{Rd} - M_G$。$\Delta V_C$ 不须大于反应谱分析计算得到的地震剪力 V_{Ed} 与性能因子 q 的乘积，即 $\Delta V_C \leqslant q V_{Ed}$。

低矮桥墩和桥台结构不能形成塑性铰，因此其能力保护设计不能用超强弯矩计算，而是由支座的"超强"水平承载力确定能力设计弯矩和能力设计剪力：

（1）对于滑动支座，最大水平力为 $\gamma_{0f} R_{df}$。R_{df} 为支座的最大设计摩阻力，γ_{0f} 为考虑老化效应的放大系数，按 1.3 取值。

（2）对于弹性橡胶支座，最大水平力为 $\gamma_{0f} k_b d_d$。γ_{0f} 取值 1.3，k_b 为支座的水平剪切刚度，d_d 为按地震设计状况荷载组合确定的支座最大水平剪切变形，包括恒载、地震和温度效应。

1. 塑性铰抗弯承载力验算

塑性铰区域的截面抗弯承载力应满足下式要求：

$$M_d \leqslant M_{Rd} \tag{17-65}$$

其中，M_d 为包括地震二阶效应的地震设计状况弯矩设计值；M_{Rd} 是与 N_d 对应的压弯构件抗弯承载力。

2. 塑性铰抗剪承载力验算

塑性铰区域的抗剪承载力应满足下式要求：

$$V_C \leqslant V_{Rd,0} / \gamma_{Bd} \tag{17-66}$$

其中，$V_{Rd,0}$ 按第 7 章的相关公式计算，截面尺寸只考虑约束箍筋所包围的核心混凝土区域，抗剪承载力公式中混凝土压杆的倾角 θ 按 45° 取值。对于圆形截面，截面有效高度可按下式计算：

$$h_0 = r + 2 r_s / \pi \tag{17-67}$$

r 为截面半径，r_s 为纵向钢筋所处圆周半径，内力臂 $z = 0.9 h_0$。γ_{Bd} 为防止脆性破坏的附加安全系数，有两种取值方式，具体由国家附录指定。第一种方式直接取 $\gamma_{Bd} = \gamma_{Bd1} = 1.25$；

第二种方式按下式计算：

$$\gamma_{Bd} = \gamma_{Bd1} + 1 - \frac{qV_{Ed}}{V_{C,0}} \tag{17-68}$$

且 $1 \leqslant \gamma_{Bd} \leqslant \gamma_{Bd1}$，$V_{C,0}$ 按式（17-64）中 ΔV_C 的方法计算，但不考虑限制条件 $V_{C,0} \leqslant qV_{Ed}$。

3. 塑性铰以外区域抗弯承载力验算

塑性铰以外区域的截面抗弯承载力应满足下式要求：

$$M_C \leqslant M_{Rd} \tag{17-69}$$

4. 塑性铰以外区域抗剪承载力验算

塑性铰以外区域的抗剪承载力应满足下式要求：

$$V_C \leqslant V_{Rd}/\gamma_{Bd} \tag{17-70}$$

其中，V_{Rd} 按第 7 章的相关公式计算；γ_{Bd} 的取值同上。

17.5.3.2 节点验算

与延性桥墩固结的主梁节点、盖梁节点或基础节点，也需按能力保护设计，使得桥墩塑性铰达到极限承载力之前，这些节点不致出现脆性剪切破坏。如图 17-18 所示的梁柱节点，墩柱相关参数用下标"c"表示，梁相关参数用下标"b"表示。

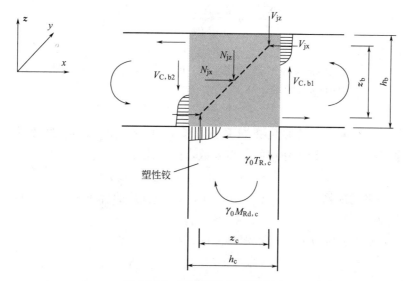

图 17-18　梁柱节点受力示意图

墩柱弯曲方向的截面宽度和高度分别为 b_c 和 h_c，节点有效宽度 b_j 根据构造形式按以下几种情况取值：

（1）当墩柱与实心板或空心板的横梁固结时，$b_j = b_c + 0.5h_c$；

（2）当墩柱与腹板宽度为 b_w 的主梁固结时，$b_j = \min(b_w, b_c + 0.5h_c)$；

（3）当墩柱为直径等于 d_c 的圆形截面时，（1）和（2）中的 $b_c = h_c = 0.9d_c$。

1. 节点内力与应力

节点区域受力比较复杂，水平力作用下会形成对角拉、压杆区域。在图 17-18 的节点受力模式下，节点中的斜向虚线表示压杆的受力方向。压杆的竖向剪力为：

$$V_{jz} = \gamma_0 T_{R,c} - V_{C,bl} \tag{17-71}$$

其中，$T_{R,c}$ 为墩柱塑性铰的纵筋拉力，$T_{R,c} \approx M_{Rd,c}/z_c$；$V_{C,bl}$ 为按能力保护计算的梁端剪力设计值。

压杆的水平向剪力为：

$$V_{jx} = V_{jz} z_c / z_b \tag{17-72}$$

其中，z_c 和 z_b 分别为墩柱和梁截面的内力臂，$z_c = 0.9 h_{0,c}$，$z_b = 0.9 h_{0,b}$。

节点的平均剪应力为：

$$\tau_j = \tau_x = \tau_z = \frac{V_{jx}}{b_j z_c} = \frac{V_{jz}}{b_j z_b} \tag{17-73}$$

节点区域的三向围压对节点起到约束保护作用，可以提高节点的抗剪能力。三向围压由 x、y、z 方向的轴力形成。节点竖向轴力为：

$$N_{jz} = \frac{b_c}{2 b_j} N_{cG} \tag{17-74}$$

其中，N_{cG} 为非地震荷载产生的地震设计状况墩柱轴力设计值。x 向轴力 N_{jx} 按能力保护确定，且应计入 b_j 范围内预应力筋产生的轴力。y 向轴力 N_{jy} 仅考虑 h_c 范围内预应力筋产生的轴力。于是，节点三向围压的正应力按下式计算：

$$\sigma_z = \frac{N_{jz}}{b_j h_c}, \quad \sigma_x = \frac{N_{jx}}{b_j h_b}, \quad \sigma_y = \frac{N_{jy}}{h_b h_c} \tag{17-75}$$

2. 节点完整性验算

节点抗剪的关键是节点核心区域的混凝土压杆在剪力作用下不出现剪压破坏。EN 1998-2 规定，节点平均剪应力须满足下式要求：

$$\tau_j \leqslant 0.5 \alpha_c v f_{cd} \tag{17-76}$$

其中，v 为混凝土剪压开裂的强度折减系数，按式（7-5）计算；α_c 为考虑 y 向压应力（σ_y）和闭合箍筋（ρ_y）约束作用的提高系数，按下式计算：

$$\alpha_c = 1 + 2(\sigma_y + \rho_y f_{sd})/f_{cd} \leqslant 1.5 \tag{17-77}$$

ρ_y 为 y 向闭合箍筋的配箍率，$\rho_y = A_{sy}/(h_c h_b)$；$f_{sd}$ 为箍筋的折减应力，按 300MPa 取值。

3. 节点配筋

如果节点的平均剪应力 τ_j 不超过混凝土的开裂抗剪强度 $\tau_{j,cr}$：

$$\tau_{j,cr} = f_{ctd} \sqrt{(1 + \sigma_x/f_{ctd})(1 + \sigma_z/f_{ctd})} \leqslant 1.5 f_{ctd} \tag{17-78}$$

可按最小配箍率配置约束箍筋，否则应根据平均剪应力和围压计算配置 x 向和 z 向箍筋。配箍计算公式如下：

$$A_{sx} = \frac{\tau_j - \sigma_x}{f_{ywd}} b_j h_b \tag{17-79}$$

$$A_{sz} = \frac{\tau_j - \sigma_z}{f_{ywd}} b_j h_c \tag{17-80}$$

其中，f_{ctd} 为混凝土的抗拉强度设计值；f_{ywd} 为箍筋屈服强度设计值。

17.5.3.3 基于位移的非线性分析方法设计的结构

按非线性分析方法设计的桥梁结构，仍应采用能力保护方法对塑性铰以外区域、非延性传力机制、能力保护构件和节点作强度验算。其中，构件抗弯承载力按式（17-58）验算；构件和节点的剪切，以及需保持弹性状态的基础结构、支座和连接应考虑能力保护，按下式验算：

$$S_d \leqslant R_d / \gamma_{Bd1} \tag{17-81}$$

其中，S_d 为按非线性分析方法计算的地震设计状况荷载效应；R_d 为构件或装置的承载力设计值；γ_{Bd1} 取值同式（17-60）。

按非线性分析方法设计的桥梁结构，除了构件和装置的强度验算外，还应确保塑性铰的转动能力满足转动需求，按下式验算：

$$\theta_{pE} \leqslant \theta_{pd} = \theta_{pu} / \gamma_{Rp} \tag{17-82}$$

其中，θ_{pE} 为按非线性分析方法计算的塑性铰转角；θ_{pu} 为极限曲率状态下不计屈服分量的塑性铰转角：

$$\theta_{pu} = (k_u - k_y) L_p [1 - L_p / (2L)] \tag{17-83}$$

式（17-83）中变量的含义与式（17-56）相同。γ_{Rp} 为考虑结构局部缺陷、计算模型不确定性的安全系数，按 1.4 取值。

17.5.4 支座与抗震连接

17.5.4.1 支座

这里所指的支座包括固定支座、活动支座和普通弹性橡胶支座，不包括隔震支座。对于固定支座，如果便于更换且有抗震连接作为第二道防线，支座的水平地震力可直接采用计算分析值，否则应按能力设计方法计算。活动支座的水平位移量须适应地震设计状况的位移设计值，且不出现损坏。普通弹性橡胶支座不用于承受水平地震力，需联合固定支座或抗震连接一起使用。

17.5.4.2 抗震连接

抗震连接包括剪力键、缓冲器、连杆螺栓和拉索。其作用是承受上部结构传递到下部结构的水平地震力，但不能妨碍上部结构的非地震位移。当与普通弹性橡胶支座或固定支座联合使用，以及作为防落梁装置时，抗震连接应按能力保护构件设计。

17.6 构造设计

桥梁结构的抗震分析理论已日臻完善，然而还有很多复杂的现象是不能由计算确定的，只能通过构造措施予以解决，即所谓的"三分计算，七分构造"。构造设计是桥梁抗震设计的另一项重要内容，它是在许多结构试验和震害的基础上形成的经验性措施。延性桥梁的塑性铰之所以能够发挥预期的转动能力，钢筋的细部构造是关键因素。某些桥梁在地震中出现上部结构整体塌落，而非结构破坏，主要是因为下部结构的支承长度不足。这些都属于构造设计的范畴，可见，构造设计在桥梁抗震设计中具有举足轻重的地位。

17.6.1 桥墩

桥墩的抗震构造设计主要针对塑性铰的约束箍筋，其他构造要求参考第 13 章相关内容。对于按有限延性性能设计的桥梁，如果桥墩中某截面的抗弯承载力与地震设计状况的

弯矩设计值之比 M_{Rd}/M_d 小于 1.3，该区域可视为潜在塑性铰区，须按延性桥墩的构造要求进行设计。

17.6.1.1 塑性铰的箍筋加强范围

桥墩结构潜在塑性铰区的轴压比 $n_k = N_d/(A_c f_{ck}) > 0.08$ 时，除了在极限状态下，延性桥墩的曲率延性因子（k_u/k_y）可达到 13，或者有限延性桥墩的曲率延性因子可达到 7，且混凝土最大压应变不超过 0.35% 的情况，塑性铰不需要加强箍筋约束外，其余情况的塑性铰均应加强箍筋约束。

塑性铰的箍筋加强范围也即按式（17-63）确定的塑性铰构造长度 L_h，它与第 17.4.5 节中用于估计塑性铰转动能力的塑性铰长度 L_p 在概念上是不同的，不能混淆。塑性铰箍筋加强区以外的箍筋须逐渐过渡到一般构造要求。在紧邻箍筋加强区，长度为 L_h 区段内的箍筋用量不应小于箍筋加强区的 50%。

17.6.1.2 塑性铰的箍筋构造要求

1. 箍筋层间间距

对于矩形截面，箍筋层间间距 s_L 应满足：

$$s_L \leqslant \min(6d_{bL}, b_{\min}/5) \tag{17-84}$$

对于圆形截面，箍筋层间间距 s_L 应满足：

$$s_L \leqslant \min(6d_{bL}, D_{core}/5) \tag{17-85}$$

其中，d_{bL} 为纵向钢筋直径，$b_{\min}$ 为混凝土核心约束区截面最小边长，D_{core} 为混凝土核心约束区截面直径。

2. 角部纵筋间距

位于闭合箍筋弯折部位的纵筋，或者与拉结筋相连的纵筋都属于角部纵筋。矩形截面角部纵筋的间距应满足：

$$s_T \leqslant \min(200\text{mm}, b_{\min}/3) \tag{17-86}$$

3. 力学配箍率

矩形截面，延性桥墩的力学配箍率 ω_{wd} 应满足：

$$\omega_{wd} = \frac{A_{sw}}{bs_L} \cdot \frac{f_{ywd}}{f_{cd}} \geqslant \max[0.37 n_k A_c/A_{cc} + 0.13(\rho_L - 0.01) f_{ywd}/f_{cd}, 0.12] \tag{17-87}$$

矩形截面，有限延性桥墩的力学配箍率 ω_{wd} 应满足：

$$\omega_{wd} = \frac{A_{sw}}{bs_L} \cdot \frac{f_{ywd}}{f_{cd}} \geqslant \max[0.28 n_k A_c/A_{cc} + 0.13(\rho_L - 0.01) f_{ywd}/f_{cd}, 0.08] \tag{17-88}$$

圆形截面，延性桥墩的力学配箍率 ω_{wd} 应满足：

$$\omega_{wd} = \frac{4A_{sp}}{D_{core} s_L} \cdot \frac{f_{ywd}}{f_{cd}} \geqslant \max[0.52 n_k A_c/A_{cc} + 0.18(\rho_L - 0.01) f_{ywd}/f_{cd}, 0.18] \tag{17-89}$$

圆形截面，有限延性桥墩的力学配箍率 ω_{wd} 应满足：

$$\omega_{wd} = \frac{4A_{sp}}{D_{core} s_L} \cdot \frac{f_{ywd}}{f_{cd}} \geqslant \max[0.39 n_k A_c/A_{cc} + 0.18(\rho_L - 0.01) f_{ywd}/f_{cd}, 0.12] \tag{17-90}$$

其中，A_{sw}为单个方向箍筋和拉结筋的截面面积之和；

A_{sp}为螺旋箍筋或环形箍筋的截面面积；

b为与箍筋方向垂直的混凝土核心区截面边长，按箍筋外周测量；

A_c为混凝土全截面面积；

A_{cc}为混凝土核心约束区的截面面积；

f_{ywd}为约束箍筋的屈服强度设计值；

f_{cd}为混凝土抗压强度设计值；

ρ_L为纵向钢筋配筋率。

17.6.1.3 塑性铰区纵筋稳定性要求

塑性铰区的纵向钢筋遭受往复弯曲作用时容易出现压屈失稳。为防止纵筋失稳，可以通过控制横向约束钢筋最大纵向间距s_L的方式予以保证，EN 1998-2规定：

$$s_L \leqslant \delta \cdot d_{bL} \tag{17-91}$$

其中，$\delta=2.5f_{tw}/f_{ywk}+2.25$，且$5\leqslant\delta\leqslant6$，$f_{tw}$和$f_{ywk}$分别为箍筋抗拉强度和屈服强度标准值。

箍筋弯折角部可以起到对纵筋的约束作用，除此之外还可使用拉结筋进行约束。同一截面内，横向约束钢筋的肢距s_t不应超过200mm。一般情况下，拉结筋的两个末端中应至少有一个是135°弯钩，另一个可以是90°弯钩，且两种弯钩须交错布置。当轴压比n_k大于0.3时，两个末端均应做成135°弯钩。135°弯钩伸入混凝土核心区的长度不应小于10倍钢筋直径。

单肢横向约束钢筋的截面面积A_t应满足下式要求：

$$A_t/s_L \geqslant \frac{f_{yk}\sum A_s}{1.6f_{ywk}}(\text{mm}^2/\text{m}) \tag{17-92}$$

其中，$\sum A_s$为单肢横向钢筋所约束的纵筋截面面积之和；f_{yk}和f_{ywk}分别为纵筋和横向约束钢筋的屈服强度标准值；s_L的单位为m。

17.6.2 节点

如图17-18所示节点，x和y两个水平方向箍筋的最小面积配箍率和最大面积配箍率分别为：

$$\rho_{\min} = f_{ctd}/f_{ywd} \tag{17-93}$$

$$\rho_{\max} = vf_{cd}/(2f_{ywd}) \tag{17-94}$$

其中，f_{ctd}为混凝土抗拉强度设计值，f_{ywd}为箍筋屈服强度设计值，v按式（7-5）计算。两个水平方向的箍筋应采用闭合箍形式。

17.6.3 桩基础

如果受设计条件限制，地震设计状况下桩基会出现塑性铰，则应按能力保护设计。承台以下的桩顶区域、桩身最大弯矩区域和相邻土层剪切模量差异较大的桩身区域都应视为潜在塑性铰区。其中，桩顶以下3倍桩径范围、桩身最大弯矩截面上下各2倍桩径范围、剪切模量差异较大土层界面上下各 2 倍桩径范围，属于塑性铰约束箍筋加强区。加强区的箍筋最小力学配箍率按式（17-87）～式（17-90）确定。

17.6.4 主梁的搭接长度

强震作用下，桥梁上、下部结构之间可能产生非常大的相对位移，甚至可能导致主梁塌落事故。一种有效的措施是在上、下部结构之间预留足够的搭接长度。如图 17-19 所示，EN 1998-2 规定主梁在桥台上的最小搭接长度 $l_{\text{ov,min}}$ 为：

$$l_{\text{ov,min}} = l_{\text{m}} + d_{\text{eg}} + d_{\text{es}} \tag{17-95}$$

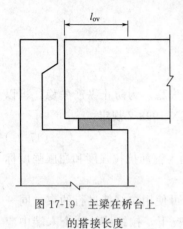

图 17-19 主梁在桥台上的搭接长度

其中，l_{m} 为支座的支承长度，且不小于 0.4m；

d_{eg} 为考虑地震作用空间变异性的上下部结构相对位移，$d_{\text{eg}} = 2d_{\text{g}} \cdot \min(1, L_{\text{eff}}/L_{\text{g}})$，$d_{\text{g}}$ 按式（17-5）计算，L_{g} 为地震动失相关距离，按表 17-6 取值，L_{eff} 为主梁的有效长度，可取为梁端到临近固定墩的距离。当建筑场地到可产生不低于 6.5 级地震的活动断层的距离小于 5km 时，前述 d_{eg} 值尚应增大 1 倍；

d_{es} 为桥台支座的有效地震位移，等于固定墩处主梁水平位移 d_{d} 与桥台抗震连接的间隙量 s 之和。$d_{\text{d}} = d_{\text{E}} + d_{\text{G}} + \psi_2 d_{\text{T}}$，$d_{\text{E}}$ 为地震引起的位移，d_{G} 为恒载引起的位移，$\psi_2 d_{\text{T}}$ 为准永久温度作用引起的位移。

按式（17-95）计算的主梁在桥台上的最小搭接长度，实际上隐含了桥台固定不动的假定条件。对于梁端支承在桥墩的情况，则必须考虑桥墩的柔性，最小搭接长度 $l_{\text{ov,min}}$ 需在式（17-95）的基础上额外增加墩顶的地震位移。

17.7 桥梁隔震设计

以延性、有限延性为抗震性能目标的桥梁结构主要是依靠结构自身的强度、延性和耗能能力来抵抗地震作用，并通过塑性铰的构造设计保证桥墩结构具有足够的延性变形能力。

桥梁隔震设计的思想则是延长结构的自振周期，从而减小传递到结构上的地震力和能量，并通过增加阻尼的方式控制结构的位移。这种体系一般是在上部结构和墩台之间设置隔震支座，实现延长结构水平自振周期的目的。隔震支座在运动过程中的滞回耗能本身就是阻尼的一种表现形式，也可通过设置阻尼器额外增加阻尼。

隔震体系通常用于不具备发展延性或延性较差的矮墩桥梁结构。中等高度桥墩的桥梁具备发展延性的条件，这类桥梁既可以按延性性能设计，也可以采用隔震设计。高墩桥梁，即使不设隔震支座，结构的水平自振周期也比较长，这类桥梁抗震的关键不再是控制结构内力，而是控制结构位移，采用隔震设计的效果不佳，甚至带来不利影响。

延性抗震以结构自身损坏为代价，前期造价相对较低，震后需要大规模维修加固，且加固难度大，费用高；隔震桥梁则以牺牲支座为代价，前期造价相对较高，但结构得到了有效保护，震后只需维修或者更换支座。

17.7.1 计算模型

17.7.1.1 叠层橡胶支座

EN 1998-2 规定叠层橡胶支座可以作为隔震支座使用。叠层橡胶支座分为低阻尼（等效粘滞阻尼比小于 6%）和高阻尼（等效粘滞阻尼比在 10%～20%之间）两种类型，其动力特性均可近似为线性元件，采用线性方法进行计算分析。低阻尼支座可以忽略其阻尼贡献。支座的水平剪切刚度按下式计算：

$$k_R = G_b A_b / t_c \tag{17-96}$$

其中，G_b 为橡胶的名义剪切模量，等于按规范《结构支座：第 3 部分——弹性橡胶支座》（EN 1337-3）确定的表观剪切模量 G_g 和系数 α 的乘积，α 取值范围 1.1～1.4，名义剪切模量还须考虑老化和低温硬化的影响；

A_b 为有效剪切面积；

t_c 为橡胶层的总厚度。

17.7.1.2 铅芯橡胶支座

在低阻尼叠层橡胶支座中插入铅芯，可以构成一种性能更稳定的铅芯橡胶支座。铅芯提供地震作用下的耗能和静力荷载作用下所需的屈服强度与刚度。在较低水平力作用下，支座具有较大的初始刚度，水平变形很小；在地震作用下，铅芯剪切屈服，一方面耗散地震能量，另一方面刚度退化，达到延长桥梁水平自振周期的目的。

铅芯橡胶支座的恢复力特征可以简化为双折线模型，如图 17-20 所示。可采用非线性分析方法或线性分析方法计算。

铅芯橡胶支座双折线滞回模型的初始弹性刚度 k_e 为叠层橡胶支座水平剪切刚度 k_R 与铅芯水平剪切刚度 k_L 之和，即：

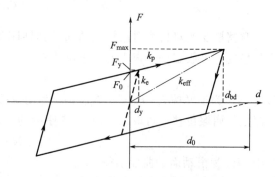

图 17-20 恢复力双折线滞回模型

$$k_e = k_L + k_R \tag{17-97}$$

支座屈服后，铅芯的水平剪切刚度退化为零，屈服后刚度 $k_p = k_R$。支座屈服力为：

$$F_y = F_{Ly}(1 + k_R / k_L) \tag{17-98}$$

其中，F_{Ly} 为铅芯的剪切屈服力。

若采用线性分析方法计算，需要将双折线滞回模型转换为等效线性化模型。等效线性化模型包含等效刚度 k_{eff} 和等效阻尼比 ξ_{eff} 两个力学参数，可根据滞回模型按下式计算：

$$k_{eff} = F_{max} / d_{bd} \tag{17-99}$$

$$\xi_{eff} = \frac{2(F_y d_{bd} - F_{max} d_y)}{\pi k_{eff} d_{bd}^2} + \xi_0 \tag{17-100}$$

其中，d_y 为支座的屈服位移；

d_{bd} 为支座的设计水平位移；

F_{max} 为相应于设计水平位移 d_{bd} 的恢复力；

ξ_0 为支座的材料阻尼比，通常取为 0.05。

17.7.1.3 摩擦摆支座

摩擦摆支座是将滑动支座和钟摆的概念相结合构成的一种隔震装置，如图17-21（a）所示。其滑动面是圆曲面，通过上部结构自重提供所需的自复位能力，帮助上部结构回到原来的位置，利用钟摆原理延长结构的水平自振周期。

摩擦摆支座的恢复力也可以简化为双折线模型，如图17-21（b）所示，同样可采用非线性分析方法或线性分析方法计算。

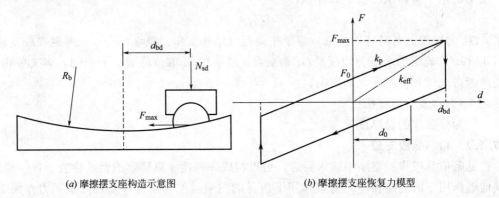

(a) 摩擦摆支座构造示意图　　　　(b) 摩擦摆支座恢复力模型

图17-21　摩擦摆支座构造示意和恢复力模型

摩擦摆支座双折线滞回模型的初始弹性刚度 k_e 理论上是无穷大，为避免出现数值计算不稳定，可假定一个很小的屈服位移来计算 k_e：

$$k_e = F_0/d_y \tag{17-101}$$

其中，F_0 为动摩擦力，$F_0 = \mu_d N_{sd}$，μ_d 为动摩擦系数，N_{sd} 为支座承受的竖向力设计值；d_y 为假定的屈服位移，可取 0.1mm。支座滑动后，即进入"屈服"状态，屈服后刚度为：

$$k_p = N_{sd}/R_b \tag{17-102}$$

其中，R_b 为滑动面的曲面半径。

摩擦摆支座等效线性化模型的两个力学参数等效刚度 k_{eff} 和等效阻尼比 ξ_{eff} 分别为：

$$k_{eff} = N_{sd}/R_b + \mu_d N_{sd}/d_{bd} \tag{17-103}$$

$$\xi_{eff} = \frac{2\mu_d N_{sd}}{\pi k_{eff} d_{bd}} \tag{17-104}$$

17.7.1.4 液体黏滞阻尼器

液体黏滞阻尼器是一种速度相关型的阻尼器，通常为液缸活塞构造形式。其原理是让活塞驱使液体流动而产生阻尼力。这种阻尼器一般联合隔震支座共同参与抗震，主要用于减小主梁和下部结构的相对位移。液体黏滞阻尼器的恢复力与速度有关，形状近似椭圆形，如图17-22所示。

$$F = Cv^{\alpha_b} \tag{17-105}$$

其中，v 为活塞的运动速度，指数 α_b 的取值范围在 0.01～1 之间，设备常数 C 须由试验确定。

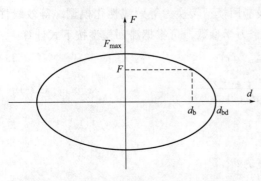

图17-22　液体黏滞阻尼器恢复力模型

17.7.2 分析方法

隔震分析可以采用第 17.4 节中的等效静力分析方法、反应谱分析方法和动力非线性时程分析方法，EN 1998-2 给出了这三类方法的适用条件，见表 17-10。地震作用采用弹性反应谱，时程分析输入的地震动加速度时程的反应谱特征也应与弹性反应谱一致。隔震分析时，弹性反应谱的阻尼修正系数 $\eta \geqslant 0.4$。

隔震分析计算方法适用条件 表 17-10

分析方法	适用条件		
	与活动断层距离	场地类别	桥梁等效阻尼比
等效静力分析方法	$\geqslant 10 \text{km}$	A、B、C 或 E 类	$\xi_{\text{eff}} \leqslant 0.3$
反应谱分析方法	无限制	A、B、C 或 E 类	$\xi_{\text{eff}} \leqslant 0.3$
动力非线性时程分析方法	无限制	无限制	无限制

17.7.2.1 等效静力分析方法

桥梁设置隔震支座后，地震作用时上部结构近似于刚体运动，水平位移主要集中在隔震支座。等效静力分析方法采用刚性主梁模型。此方法的关键是确定隔震桥梁的整体等效水平刚度 K_{eff}、等效阻尼比 ξ_{eff} 和等效基本周期 T_{eff}。

如图 17-23 所示，单个桥墩的等效刚度 $K_{\text{eff},i}$ 可由一个串联系统得到，包括基础平移刚度 $k_{\text{t},i}$、基础转动刚度 $k_{\text{f},i}$、墩柱抗侧移刚度 $k_{\text{s},i}$ 和支座等效刚度 $k_{\text{eff},i}$：

$$\frac{1}{K_{\text{eff},i}} = \frac{1}{k_{\text{eff},i}} + \frac{1}{k_{\text{t},i}} + \frac{1}{k_{\text{s},i}} + \frac{H_i^2}{k_{\text{f},i}} \quad (17\text{-}106)$$

桥梁整体等效水平刚度 K_{eff} 由各桥墩的等效刚度并联而成：

$$K_{\text{eff}} = \sum K_{\text{eff},i} \quad (17\text{-}107)$$

桥梁整体等效阻尼比 ξ_{eff} 可由能量耗散相等的原则将支座耗能转换成黏滞系统的耗能，即：

$$\xi_{\text{eff}} = \frac{1}{2\pi} \cdot \frac{\sum E_{\text{D},i}}{K_{\text{eff}} d_{\text{cd}}^2} \quad (17\text{-}108)$$

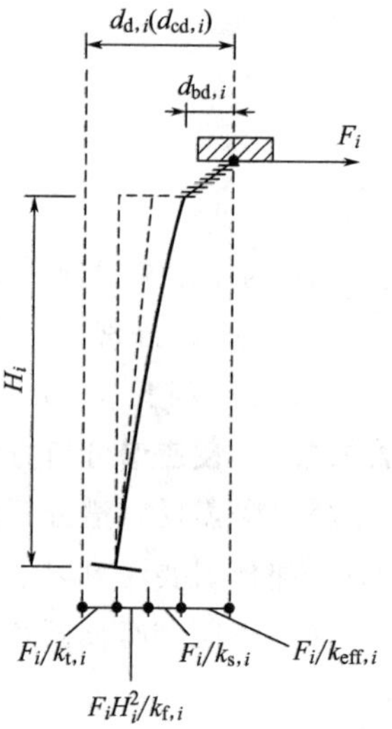

图 17-23 隔震桥墩的组合刚度

其中，$\sum E_{\text{D},i}$ 为桥梁达到设计水平位移 d_{cd} 时隔震支座（支座位移 d_{bd}）的滞回耗能。隔震桥梁的等效基本周期 T_{eff} 可由等效水平刚度 K_{eff} 和上部结构有效质量 M 计算得到：

$$T_{\text{eff}} = 2\pi \sqrt{M/K_{\text{eff}}} \quad (17\text{-}109)$$

桥梁设计水平位移 d_{cd} 为等效基本周期对应的弹性位移反应谱 $S_{\text{De}}(T_{\text{eff}})$，可由加速度弹性反应谱换算得到：

$$d_{\text{cd}} = S_{\text{De}}(T_{\text{eff}}) = \left(\frac{T_{\text{eff}}}{2\pi}\right)^2 \cdot S_{\text{e}}(T_{\text{eff}}) \quad (17\text{-}110)$$

式 (17-110) 只能计算得到周期 $T \leqslant 4\text{s}$ 的位移反应谱。对于周期 $T > 4\text{s}$ 的情况，参照

EN 1998-1 规定的 1 型弹性位移反应谱 $S_{De}(T)$ 延伸段，其中，T_E 和 T_F 的取值与场地类别有关，见表 17-11。

$$S_{De}(T) = \begin{cases} \dfrac{2.5}{4\pi^2}a_g S\eta T_C T_D & T_D < T \leqslant T_E \\ \dfrac{2.5}{4\pi^2}a_g S T_C T_D \left[\eta + \dfrac{T-T_E}{T_F-T_E}(0.4-\eta)\right] & T_E < T \leqslant T_F \\ \dfrac{1}{4\pi^2}a_g S T_C T_D & T > T_F \end{cases} \quad (17\text{-}111)$$

1 型弹性位移反应谱延伸段控制周期 　　　　　表 17-11

场地类别	A	B	C	D	E
T_E (s)	4.5	5.0	6.0	6.0	6.0
T_F (s)	10.0	10.0	10.0	10.0	10.0

对于横桥向隔震分析，还需要考虑横向偏心 e_x（桥墩的有效刚度中心与上部结构质量中心的距离）对桥墩设计水平位移 d_{cd} 的增大效应。这样，i 号桥墩的横向设计水平位移为：

$$d_{d,i} = \delta_i d_{cd,i} \quad (17\text{-}112)$$

$$\delta_i = 1 + e_x x_i/(rr_x) \quad (17\text{-}113)$$

$$r_x^2 = \sum(x_i^2 K_{yeff,i} + y_i^2 K_{xeff,i})/\sum K_{yeff,i} \quad (17\text{-}114)$$

其中，r 为主梁关于质量中心竖向轴的回转半径；

x_i 和 y_i 分别为 i 号桥墩相对于桥墩等效刚度中心的 x、y 轴坐标；

$K_{xeff,i}$ 和 $K_{yeff,i}$ 分别为 i 号桥墩在 x 和 y 方向的等效水平刚度。

17.7.2.2 反应谱分析方法

桥梁隔震反应谱分析的基本理论与第 17.4.4 节相同，需对纵、横两个水平方向分别计算。建模需要注意以下三点：

（1）隔震支座在两个水平方向的等效刚度 k_{eff} 应分别考虑，并由等效静力分析方法确定；

（2）上、下部结构单元截面刚度按未开裂截面计算；

（3）周期 $T < 0.8T_{eff}$ 的振型阻尼比 ξ 取 0.05，其余振型阻尼比 ξ 按式（17-108）计算，T_{eff} 为式（17-109）确定的等效基本周期。

隔震设计的反应谱分析方法对参与分析的振型数量也有要求，但不是从参与振型的广义质量所占比重考虑，而是考察桥梁的水平位移和支座传递的地震剪力。EN 1998-2 规定，反应谱分析计算的桥墩有效刚度中心处的主梁水平位移 $d_{cd,rsp}$ 和所有隔震支座传递的地震剪力 $V_{d,rsp}$ 与按等效静力分析计算的 d_{cd} 和 V_d 的比值下限为：

$$\rho_d = d_{cd,rsp}/d_{cd} \geqslant 0.8 \quad (17\text{-}115)$$

$$\rho_v = V_{d,rsp}/V_d \geqslant 0.8 \quad (17\text{-}116)$$

若不满足上述条件，则反应谱分析的结构位移和内力应分别乘上放大系数 $0.8/\rho_d$ 和 $0.8/\rho_v$。

17.7.2.3 动力非线性时程分析方法

桥梁隔震的非线性时程分析同样可以采用 Newmark-β 和 Wilson-θ 时域分析算法，上、下部结构单元截面刚度按未开裂截面计算，隔震支座以及粘滞阻尼器的力-位移滞回模型参考第 17.7.1 节，或者使用 Sap2000 和 Midas Civil 中自带的更为精细的滞回模型。同时需要满足式（17-115）和式（17-116）的限制条件以及修正方法。

17.7.3 结构验算

17.7.3.1 叠层橡胶支座验算

低阻尼叠层橡胶支座需要验算剪切变形和抗滑稳定性。支座的最大剪应变 $\varepsilon_{t,d}$ 包括竖向荷载引起的剪应变 $\varepsilon_{c,d}$、水平荷载引起的剪应变 $\varepsilon_{q,d}$ 和支座角位移引起的剪应变 $\varepsilon_{\alpha,d}$，按 EN 1337-3 第 5.3.3 节相关公式计算。最大剪应变应满足以下条件：

$$\varepsilon_{t,d} = \varepsilon_{c,d} + \varepsilon_{q,d} + \varepsilon_{\alpha,d} \leqslant \varepsilon_{u,k}/\gamma_m \tag{17-117}$$

其中，$\varepsilon_{u,k}$ 为最大容许剪应变，EN 1337-3 规定承载能力极限状态下取 7.0；γ_m 为安全系数，由国家附录指定，推荐值取 1.0。同时，水平荷载引起的剪应变 $\varepsilon_{q,d}$ 不应大于 2.0。

作用于支座的水平剪力不应超过最小摩阻力，即：

$$F_{xy,d} \leqslant \mu_e F_{z,dmin} \tag{17-118}$$

其中，$F_{xy,d}$ 为支座在 x 或 y 向的地震设计状况水平剪力设计值，$F_{z,dmin}$ 为与 $F_{xy,d}$ 同时发生的支座最小压力；μ_e 为摩擦系数：

$$\mu_e = 0.1 + 1.5K_f/\sigma_m \tag{17-119}$$

混凝土接触面 K_f 取 0.6，其他接触面 K_f 取 0.2；σ_m 为 $F_{z,dmin}$ 在支座接触面上产生的压应力，单位为 MPa。

17.7.3.2 其他隔震支座验算

隔震支座的水平承载力应能满足最大水平位移情况下的剪力需求，以及风荷载产生的水平剪力。支座的容许水平位移 d_m 应满足地震和其他荷载联合作用的需求，即：

$$d_m \geqslant d_G + \gamma_{IS} d_{bd} \tag{17-120}$$

其中，d_G 为永久荷载、50%温度作用，以及预应力、收缩徐变等长期作用共同引起的支座水平位移；

d_{bd} 为不考虑空间变异性的地震作用支座设计水平位移；

γ_{IS} 为放大系数，由国家附录指定，推荐值取 1.5。

17.7.3.3 隔震支座自复位能力验算

理想的隔震支座不仅要有延长结构自振周期的能力，还应使结构在震后回到初始平衡位置。但由于阻尼和摩擦等因素的影响，支座的恢复力并不能使结构完全回到初始平衡位置，而会出现一定量的残余位移。为了控制残余位移，EN 1998-2 规定支座的设计水平位移 d_{bd} 与最大残余位移 d_0（图 17-20 和图 17-21）需满足下式要求：

$$d_{bd}/d_0 \geqslant \delta \tag{17-121}$$

其中，δ 由国家附录指定，建议值取 0.5。

如果不能满足式（17-121）的要求，则支座的容许水平位移 d_m 应能适应多次地震作用引起的累计残余位移，即满足下式要求：

$$d_m \geqslant d_G + \gamma_{du} d_{bd} \rho_d \tag{17-122}$$

其中，γ_{du}为反映位移估计不确定性的放大系数，由国家附录指定，推荐值取 1.2；ρ_d 为表示残余位移累计可能性的增大系数，按下式计算：

$$\rho_d = 1 + 1.35 \frac{1-(d_y/d_{bd})^{0.6}}{1+80(d_{bd}/d_y)^{1.5}} \tag{17-123}$$

d_y 为隔震支座的屈服位移，摩擦摆支座的 d_y 可取为 0。

17.7.3.4 结构验算

隔震桥梁的主梁、墩台和基础结构按有限延性性能结构进行验算，参照第 17.5.2 节相关内容。地震作用效应设计值 S_{Ed} 需在计算分析结果的基础上除以相应于有限延性的性能因子 q，q 的取值不应大于 1.5。

17.7.4 构造措施

隔震支座的屈服力和初始剪切刚度通常较小，需要在部分墩台的上下部结构之间设置"熔断"装置，保证桥梁在正常使用条件下满足相关位移或变形要求，同时在地震作用下又不会阻碍隔震支座的水平位移。EN 1998-2 规定，"熔断"装置的屈服承载力不能高于隔震支座传递的地震力设计值的 40%。

17.8 算例

17.8.1 桥梁延性抗震设计

【例 17-1】 某重型交通公路上的一座三跨连续梁桥，跨径 23.5m+35.5m+23.5m，桥面宽度 10m，道路宽度 7.5m，如图 17-24 所示。上部结构采用现浇预应力混凝土连续梁，与下部独柱桥墩固接，与桥台采用水平向完全自由的支座连接。M1 桥墩高度 8m，M2 桥墩高度 8.5m，桥墩直径 1.2m，核心混凝土直径 1.04m。桥墩混凝土强度等级 C30/37，M1 桥墩配置强度等级为 B500 的 C 级钢筋 25ϕ32。上部结构自重 14903kN，护栏、铺装等二期恒载自重 43.65kN/m。桥梁建设所在地的基准地面峰值加速度 $a_{gR}=0.16g$，场地类别 C 类，反应谱采用 1 型谱。(1) 按延性性能设计，用等效静力分析方法计算桥墩塑性铰的顺桥向弯矩设计值；(2) M1 桥墩地震设计状况的轴力设计值为 $N_d=7200$kN，抗弯承载力设计值 $M_{Rd}=4779$kN·m，试确定塑性铰的顺桥向剪力设计值和箍筋配置。

解答：

(1) 假定桥墩与基础固结，较矮桥墩 M1 的剪跨比 $\alpha_s = L_s/h = (8/2)/1.2 = 3.3 > 3$，根据表 17-8，按延性设计的桥梁性能因子 $q=3.5$。

桥梁道路宽度 7.5m，根据第 3 章对名义车道的定义以及荷载模型 LM1 的 UDL 均布力取值规定，名义车道和保留区的均布力合计为：$q_{UDL}=9\times3+2.5\times4.5=38.25$kN/m。

M1 和 M2 桥墩上半部分重量为：$25\times\pi\times1.2^2/4\times(8/2+8.5/2)=233$kN。结构有效质量为：

$$M = [14903+233+(43.65+38.25\times0.2)\times82.5]/9.806 = 1975 \text{t}$$

桥墩全截面惯性矩 $I=\pi\times1.2^4/64=0.1018\text{m}^4$，假定桥墩截面有效惯性矩 I_{eff} 为全截

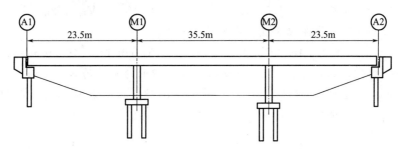

图 17-24 三跨连续梁桥布局

面惯性矩的 40%。C30/37 混凝土的弹性模量 $E_{cm}=33\text{GPa}$，M1 和 M2 桥墩抗侧移刚度分别为：

$$K_1 = 12E_{cm}I_{eff}/H^3 = 12\times 33\times 10^6\times (0.4\times 0.1018)/8^3 = 31494\text{kN/m}$$

$$K_2 = 12E_{cm}I_{eff}/H^3 = 12\times 33\times 10^6\times (0.4\times 0.1018)/8.5^3 = 26257\text{kN/m}$$

桥梁顺桥向振动基本周期为：

$$T = 2\pi\sqrt{M/K} = 2\pi\times\sqrt{1975/(31494+26257)} = 1.16\text{s}$$

根据表 17-3，C 类场地 1 型设计反应谱的场地系数 $S=1.15$，周期 $T_B=0.2\text{s}$，$T_C=0.6\text{s}$，$T_D=2.5\text{s}$。桥梁结构重要性系数 $\gamma_I=1.0$。对应于基本周期的设计反应谱谱值为：

$$S_d = a_g S(2.5/q)(T_C/T) = 1.0\times 0.16\times 1.15\times (2.5/3.5)\times (0.6/1.16)$$
$$= 0.068g > \beta a_g = 0.032g$$

M1 和 M2 桥墩共同承受的水平地震力为：

$$V_{Ed} = MS_d = 1975\times 0.068\times 9.806 = 1317\text{kN}$$

M1 和 M2 桥墩承受的水平地震力按抗侧移刚度进行分配：

$$V_{Ed1} = 31494/(31494+26257)\times 1317 = 718\text{kN}$$

$$V_{Ed2} = 1317 - 718 = 599\text{kN}$$

于是，M1 和 M2 桥墩顺桥向的地震弯矩设计值分别为：

$$M_{Ed1} = V_{Ed1}H_1/2 = 718\times 8/2 = 2872\text{kN}\cdot\text{m}$$

$$M_{Ed1} = V_{Ed2}H_2/2 = 599\times 8.5/2 = 2546\text{kN}\cdot\text{m}$$

（2）M1 桥墩的轴压比 $n_k = N_d/(A_c f_{ck}) = 7200/(1.13\times 30000) = 0.212$，因 $n_k > 0.1$，根据式 (17-62)，塑性铰区弯矩超强因子 $\gamma_0 = 1.35[1+2(n_k-0.1)^2] = 1.35\times[1+2\times(0.212-0.1)^2] = 1.38$，于是，M1 桥墩塑性铰的超强弯矩为

$$M_0 = \gamma_0 M_{Rd} = 1.38\times 4779 = 6595\text{kN}\cdot\text{m}$$

由能力设计方法，M1 桥墩塑性铰的能力设计剪力为：

$$V_C = 2M_0/H_1 = 2\times 6595/8 = 1649\text{kN} < qV_{Ed1} = 3.5\times 718 = 2513\text{kN}$$

塑性铰的抗剪承载力计算只考虑核心混凝土的截面尺寸，根据式 (17-67)，塑性铰截面有效高度为：

$$h_0 = r + 2r_s/\pi = 0.52 + 2\times 0.52/\pi = 0.85\text{m}$$

截面内力臂 $z = 0.9h_0 = 0.9\times 0.85 = 0.765\text{m}$。根据式 (17-68)，防止脆性破坏的附加安全系数为：

$$\gamma_{Bd} = \gamma_{Bd1} + 1 - qV_{Ed1}/V_{C,0} = 1.25 + 1 - 3.5\times 718/1649 = 0.726$$

因 $\gamma_{Bd} < 1.0$，所以取 $\gamma_{Bd} = 1.0$。根据式（17-66），$V_C \leqslant V_{Rd,0}/\gamma_{Bd}$，其中，$V_{Rd,0} = (A_{sw}/s_L)f_{ywd}z\cot\theta$，可得单位长度上的配箍面积为：

$$A_{sw}/s_L = 1.0 \times 1649000/0.765/(500/1.15)/\cot 45° = 4958\text{mm}^2/\text{m}$$

因 M1 桥墩的轴压比 $n_k = 0.212 > 0.08$，塑性铰的约束箍筋需要加强。M1 桥墩纵向钢筋配筋率为 $\rho_L = 25 \times \pi \times 32^2/4/1130000 = 0.0178$。核心混凝土截面面积 $A_{cc} = \pi \times 1.04^2/4 = 0.849\text{m}^2$。根据式（17-89），圆形截面延性桥墩的力学配箍率应满足：

$$\omega_{wd} = \frac{4A_{sp}}{D_{core}s_L} \cdot \frac{f_{ywd}}{f_{cd}} \geqslant \max[0.52n_kA_c/A_{cc} + 0.18(\rho_L - 0.01)f_{ywd}/f_{cd}, 0.18]$$
$$= \max[0.52 \times 0.212 \times 1.13/0.849 + 0.18 \times (0.0178 - 0.01)$$
$$\times (500/1.15)/(0.85 \times 30/1.5), 0.18]$$
$$= 0.183$$

所以，$A_{sp}/s_L \geqslant 1859\text{mm}^2/\text{m}$。单位长度上的配箍面积 $A_{sw}/s_L \geqslant 2 \times 1859 = 3718\text{mm}^2/\text{m}$。

根据式（17-85），箍筋构造最大层间距 $s_L = \min(6 \times 32, 1040/5) = 192\text{mm}$。为防止纵筋失稳，根据式（17-91），箍筋最大层间距 $s_L = \delta d_{bL}$，其中，$\delta = 2.5f_{tw}/f_{ywk} + 2.25 = 2.5 \times 1.15 + 2.25 = 5.125$（根据表 4-11，C 级钢筋的 f_t/f_{yk} 不小于 1.15），满足 $5 \leqslant \delta \leqslant 6$ 的要求，故 $s_L = \delta d_{bL} = 164\text{mm}$。

综上，M1 桥墩塑性铰顺桥向抗剪所需约束箍筋面积取为 $A_{sw}/s_L = 4958\text{mm}^2/\text{m}$，因此，选用箍筋直径 $\phi 16$，间距 $s_L = 80\text{mm}$。

17.8.2 桥梁隔震设计

【例 17-2】 某重型交通公路上的一座三跨连续梁桥，跨径 60m＋80m＋60m，桥面宽度 12m，道路宽度 11m，如图 17-25 所示。上部结构采用钢混组合梁，下部结构为钢筋混凝土桥墩和桥台，主梁与墩台之间设置摩擦摆支座。P1 和 P2 桥墩高度 10m，桥墩截面尺寸 5m×2.5m。桥墩混凝土强度等级 C35/45，钢筋强度等级为 B500B。支座动摩擦系数 μ_d 的下限值为 0.051，上限值为 0.09，滑动球面半径 $R_b = 1.83\text{m}$。上部结构及二期恒载最大重量 34871kN，各墩台的永久荷载支座反力见表 17-12。桥梁建设所在地的基准地面峰值加速度 $a_{gR} = 0.4g$，场地类别 B 类，反应谱采用 1 型谱。当地最低气温 $T_{min} = -20\text{℃}$，最高气温 $T_{max} = 40\text{℃}$，假定桥梁结构初始温度 $T_0 = 10\text{℃}$。(1) 试按等效静力分析方法计算桥墩顺桥向地震剪力和支座水平位移；(2) 确定支座顺桥向的水平容许位移。

墩台永久荷载支座反力 表 17-12

墩台编号	结构自重(kN)	最小设备重(kN)	最大设备重(kN)	最小总重(kN)	最大总重(kN)
C0	2328	664	1020	2993	3348
P1	10380	2440	3744	12819	14123
P2	10258	2441	3745	12699	14003
C3	2377	664	1019	3041	3396
合计	25343	6209	9528	31552	34871

解答：

由于桥墩高度较小，且截面尺寸较大，桥墩抗侧移刚度较大，而隔震支座的水平等效

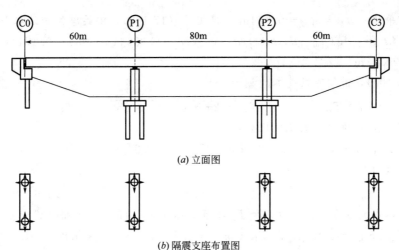

(a) 立面图

(b) 隔震支座布置图

图 17-25 三跨连续梁桥布局及支座布置

刚度远小于桥墩抗侧移刚度，故可将桥梁下部结构视为刚体，上部结构的地震水平位移等于支座的水平位移。

（1）桥梁道路宽度 11m，根据第 3 章对名义车道的定义以及荷载模型 LM1 的 UDL 均布力取值规定，名义车道和保留区的均布力合计为：$q_{UDL}=9\times3+2.5\times8=47$kN/m。上部结构有效质量为：

$$M=(34871+47\times0.2\times200)/9.806=3748\text{t}$$

1) 动摩擦系数 $\mu_d=0.051$ 的情况：

迭代步骤 1：

假设桥梁的设计水平位移 $d_{cd}=0.15$m，支座水平位移 $d_{bd}=d_{cd}=0.15$m。根据式 (17-103)，桥梁整体等效水平刚度为：

$$K_{eff}=F_{max}/d_{bd}=Mg(\mu_d+d_{bd}/R_b)/d_{bd}=3748\times9.806\times(0.051+0.15/1.83)/0.15$$
$$=32578\text{kN/m}$$

根据式 (17-109)，桥梁等效基本周期为：

$$T_{eff}=2\pi\sqrt{M/K_{eff}}=2\pi\times\sqrt{3748/32578}=2.13\text{s}$$

下部结构为刚体，支座的等效阻尼比即为桥梁的等效阻尼比，由式 (17-104) 得

$$\xi_{eff}=2\mu_d N_{sd}/(\pi K_{eff}d_{bd})=2\times0.051\times3748\times9.806/(\pi\times32578\times0.15)=0.244$$

阻尼修正系数为：

$$\eta=\sqrt{0.1/(0.05+\xi_{eff})}=\sqrt{0.1/(0.05+0.244)}=0.583$$

根据表 17-3 和表 17-10，B 类场地 1 型弹性反应谱的场地系数 $S=1.2$，周期 $T_B=0.15$s，$T_C=0.5$s，$T_D=2.0$s，$T_E=5.0$s，$T_F=10$s。桥梁结构重要性系数 $\gamma_I=1.0$。因桥梁等效基本周期 T_{eff} 在 T_D 和 T_E 之间，根据式 (17-111)，桥梁设计水平位移为：

$$d_{cd}=S_{De}(T_{eff})=2.5a_g S\eta T_C T_D/(4\pi^2)=2.5\times1.0\times0.4\times9.806\times1.2\times0.583$$
$$\times0.5\times2/(4\pi^2)=0.174\text{m}$$

由于计算桥梁设计水平位移 d_{cd} 大于假设位移 0.15m，且差异较大，因此以 0.174m 作为初始值，按上述过程进行第 2 次迭代。

迭代步骤 2：

支座水平位移 $d_{bd}=d_{cd}=0.174\mathrm{m}$。根据式（17-103），桥梁整体等效水平刚度为：

$$K_{\mathrm{eff}}=F_{\max}/d_{bd}=Mg(\mu_d+d_{bd}/R_b)/d_{bd}=3748\times9.806\times(0.051+0.174/1.83)/0.174$$
$$=30856\mathrm{kN/m}$$

根据式（17-109），桥梁等效基本周期为：

$$T_{\mathrm{eff}}=2\pi\sqrt{M/K_{\mathrm{eff}}}=2\pi\times\sqrt{3748/30856}=2.19\mathrm{s}$$

根据式（17-104），桥梁等效阻尼比为：

$$\xi_{\mathrm{eff}}=2\mu_d N_{sd}/(\pi K_{\mathrm{eff}}d_{bd})=2\times0.051\times3748\times9.806/(\pi\times30856\times0.174)=0.222$$

阻尼修正系数为：

$$\eta=\sqrt{0.1/(0.05+\xi_{\mathrm{eff}})}=\sqrt{0.1/(0.05+0.222)}=0.606$$

因桥梁等效基本周期 T_{eff} 仍在 T_D 和 T_E 之间，根据式（17-111），桥梁设计水平位移为：

$$d_{cd}=S_{De}(T_{\mathrm{eff}})=2.5a_g S\eta T_C T_D/(4\pi^2)=2.5\times1.0\times0.4\times9.806\times1.2\times0.606$$
$$\times0.5\times2/(4\pi^2)=0.181\mathrm{m}$$

重复以上迭代过程，直至桥梁设计水平位移 d_{cd} 收敛。不失一般性，这里假定迭代步骤 2 的计算结果已经满足收敛条件。于是，可根据 d_{cd} 计算桥墩顺桥向地震剪力：

$$V_{Ed}=K_{\mathrm{eff}}d_{bd}=30856\times0.181=5585\mathrm{kN}$$

2) 动摩擦系数 $\mu_d=0.09$ 的情况：

按以上步骤，也经过 2 次迭代，假定计算结果满足收敛条件，得到 $d_{cd}=0.139\mathrm{m}$。于是，根据 d_{cd} 计算桥墩顺桥向地震剪力为 $V_{Ed}=K_{\mathrm{eff}}d_{bd}=6029\mathrm{kN}$。

(2) 根据第 3 章第 3.5 节温度作用的计算方法，钢混组合梁属于类型 2，构件的最低温度 $T_{e,\min}=T_{\min}+4=-20+4=-16℃$，最高温度 $T_{e,\max}=T_{\max}+4=40+4=44℃$。主梁的最大收缩温差 $\Delta T_{N,\mathrm{con}}$ 和最大膨胀温差 $\Delta T_{N,\mathrm{exp}}$ 分别为：

$$\Delta T_{N,\mathrm{con}}=T_0-T_{e,\min}=10-(-16)=26℃$$
$$\Delta T_{N,\mathrm{exp}}=T_{e,\max}-T_0=44-10=34℃$$

对于支座的设计，最大收缩和最大膨胀温差应在结构温差的基础上增加 20℃，即：

$$\Delta T_{N,\mathrm{con}}+20=26+20=46℃$$
$$\Delta T_{N,\mathrm{exp}}+20=34+20=54℃$$

假定温度收缩/膨胀的不动点位于某个桥墩，那么桥墩的温度位移计算长度 L_T 为 80m，桥台的温度位移计算长度 L_T 为 140m。50% 温度作用引起的支座水平位移为：

桥台支座：

$$0.5\alpha L_T\Delta T_{N,\mathrm{con}}=0.5\times1\times10^{-5}\times140000\times(-46)=-32\mathrm{mm}$$
$$0.5\alpha L_T\Delta T_{N,\mathrm{exp}}=0.5\times1\times10^{-5}\times140000\times54=38\mathrm{mm}$$

桥墩支座：

$$0.5\alpha L_T\Delta T_{N,\mathrm{con}}=0.5\times1\times10^{-5}\times80000\times(-46)=-18\mathrm{mm}$$
$$0.5\alpha L_T\Delta T_{N,\mathrm{exp}}=0.5\times1\times10^{-5}\times80000\times54=22\mathrm{mm}$$

由于永久作用和收缩徐变引起的上部结构水平位移相对较小，本算例忽略二者的影响，因此，桥台支座的 $d_G=38\mathrm{mm}$，桥墩支座的 $d_G=22\mathrm{mm}$。根据前面的计算结果，支座动摩擦系数 $\mu_d=0.051$ 时的地震水平位移 d_{bd} 最大为 181mm。

根据式（17-120），桥台支座的水平容许位移 d_m 应满足：

$$d_m\geqslant d_G+\gamma_{IS}d_{bd}=38+1.5\times181=310\mathrm{mm}$$

桥墩支座的水平容许位移 d_m 应满足：
$$d_m \geqslant d_G + \gamma_{IS} d_{bd} = 22 + 1.5 \times 181 = 294 \text{mm}$$

同时，支座水平容许位移 d_m 取值还须考虑支座的自复位能力验算。$\mu_d = 0.051$ 和 $\mu_d = 0.09$ 时摩擦摆支座的最大残余位移 d_0 分别为：
$$d_0 = F_0 / k_p = \mu_d N_{sd} / (N_{sd} / R_b) = \mu_d R_b = 0.051 \times 1830 = 93 \text{mm}$$
$$d_0 = \mu_d R_b = 0.09 \times 1830 = 165 \text{mm}$$

两种情况的 d_{cd}/d_0 分别等于 1.95 和 0.84，均大于 0.5。因此，d_m 无需考虑式（17-122）的要求。

综上，桥台支座顺桥向的水平容许位移不应小于 310mm，桥墩支座顺桥向的水平容许位移不应小于 294mm。

附录 A 欧洲地面雪荷载标准值

按不同气候类型，欧洲被划分为 9 个区域板块。每个区域板块包含若干个地带，地带的划分与海拔高度有关。地面雪荷载的标准值可表示为地带编号 N 和海拔高度 A 的函数，见表 A-1。其中，挪威的地面雪荷载标准值在地图中直接给出。

各气候区域地面雪荷载标准值　　　　　　　　表 A-1

气候区域	地面雪荷载标准值 s_k
阿尔卑斯区域	$s_k = (0.642N + 0.009)\left[1 + \left(\dfrac{A}{728}\right)^2\right]$
中东部	$s_k = (0.264N - 0.002)\left[1 + \left(\dfrac{A}{256}\right)^2\right]$
希腊	$s_k = (0.42N - 0.03)\left[1 + \left(\dfrac{A}{917}\right)^2\right]$
伊比利亚半岛	$s_k = (0.19N - 0.095)\left[1 + \left(\dfrac{A}{524}\right)^2\right]$
地中海区域	$s_k = (0.498N - 0.209)\left[1 + \left(\dfrac{A}{452}\right)^2\right]$
中西部	$s_k = 0.164N - 0.082 + \dfrac{A}{966}$
瑞典、芬兰	$s_k = 0.79N + 0.375 + \dfrac{A}{336}$
英国、爱尔兰共和国	$s_k = 0.14N - 0.1 + \dfrac{A}{501}$

注：表中地带编号 N 和海拔高度 A 参见各区域的地带划分图。

参 考 文 献

[1] EN 1990: 2002. Eurocode: Basic of Structural Design [S]. 2005.
[2] EN 1991-1-1: 2002. Eurocode 1: Actions on Structures-Part 1-1: General Actions-Densities, Self-weight, Imposed Loads for Buildings [S]. 2009.
[3] EN 1991-1-3: 2003. Eurocode 1: Actions on Structures-Part 1-3: General Actions-Snow Loads [S]. 2009.
[4] EN 1991-1-4: 2005. Eurocode 1: Actions on Structures-Part 1-4: General Actions-Wind Actions [S]. 2010.
[5] EN 1991-1-5: 2003. Eurocode 1: Actions on Structures-Part 1-5: General Actions-Thermal Actions [S]. 2009.
[6] EN 1991-1-6: 2005. Eurocode 1: Actions on Structures-Part 1-6: General Actions-Actions During Execution [S]. 2008.
[7] EN 1991-1-7: 2006. Eurocode 1: Actions on Structures-Part 1-7: General Actions-Accidental Actions [S]. 2010.
[8] EN 1991-2: 2003. Eurocode 1: Actions on Structures-Part 2: Traffic Loads on Bridges [S]. 2010.
[9] EN 1992-1-1: 2004. Eurocode 2: Design of Concrete Structures-Part 1-1: General Rules and Rules for Buildings [S]. 2010.
[10] EN 1992-2: 2005. Eurocode 2: Design of Concrete Structures-Concrete Bridges Design and Detailing Rules [S]. 2008.
[11] EN 1997-1: 2004. Eurocode 7: Geotechnical Design-Part 1: General Rules [S]. 2004.
[12] EN 1998-1: 2004. Eurocode 8: Design of Structures for Earthquake Resistance-Part 1: General Rules, Seismic Actions and Rules for Buildings [S]. 2009.
[13] EN 1998-2: 2005. Eurocode 8: Design of Structures for Earthquake Resistance-Part 2: Bridges [S]. 2010.
[14] EN 1998-5: 2004. Eurocode 8: Design of Structures for Earthquake Resistance-Part 5: Foundations, Retaining Structures and Geotechnical Aspects [S]. 2004.
[15] EN 12390-2: 2000. Testing Hardened Concrete-Part 2: Making and Curing Specimens for Strength Tests [S]. 2000.
[16] EN 12390-3: 2001. Testing Hardened Concrete-Part 3: Compressive Strength of Test Specimens [S]. 2001.
[17] EN 12390-6: 2001. Testing Hardened Concrete-Part 6: Tensile Splitting Strength of Test Specimens [S]. 2000.
[18] EN 206-1+A1: 2004. Concrete - Part 1: Specification, Performance, Production and Conformity [S]. 2004.
[19] EN 10080: 2005. Steel for the Reinforcement of Concrete-Weldable Reinforcing Steel - General [S]. 2005.
[20] prEN 10138-1: 2000. Prestressing Steels-Part 1: General Requirements [S]. 2000.

参考文献

[21] prEN 10138-2：2000. Prestressing Steels-Part 2：Wire [S]. 2000.

[22] prEN 10138-3：2000. Prestressing Steels-Part 3：Strand [S]. 2000.

[23] prEN 10138-4：2000. Prestressing Steels-Part 4：Bars [S]. 2000.

[24] EN 1337-3：2005. Structural Bearings-Part 3：Elastomeric Bearings [S]. 2005.

[25] ISO 2394：1998. General Principals on Reliability for Structures [S]. 1998.

[26] Gulvanessian CBE H., Calgaro J. A. and Holicky M. Designers' Guide to Eurocode：Basis of Structural Design 2nd Edition [M]. London：Thomas Telford, 2012.

[27] Cook N.. Designers' Guide to EN 1991-1-4 Eurocode 1：Actions on Structures, General Actions [M]. London：Thomas Telford, 2007.

[28] Calgaro J. A, Tschumi M. and Gulvanessian H.. Designers' Guide to Eurocode 1：Actions on Bridges [M]. London：Thomas Telford, 2010.

[29] Beeby A. W. and Narayanan R. S.. Designers' Guide to Eurocode 2：Design of Concrete Structures [M]. London：Thomas Telford, 2009.

[30] Hendy C. R. and Smith D. A.. Designers' Guide to EN 1992-2 [M]. London：Thomas Telford, 2007.

[31] Frank R., Bauduin C. et al. Designers' Guide to EN 1997-1 Eurocode 7：Geotechnical Design-General Rules [M]. London：Thomas Telford, 2004.

[32] Kolias B., Fardis M. N. and Pecker A.. Designers' Guide to Eurocode 8：Design of Bridges for Earthquake Resistance [M]. London：Thomas Telford, 2012.

[33] European Concrete Platform ASBL. Commentary Eurocode 2, June 2008.

[34] Stacy M., Shave J. and Denton S. et al. EN 1990 and EN 1991-Practice Paper：Understanding Combination of Actions [J]. Institution of Civil Engineers.

[35] Martin L. H. and Purkiss J. A.. Concrete Design to EN 1992 (second edition) [M]. London：Butterworth-Heinemann, 2000.

[36] Andrew B. and Andrew H.. Decoding Eurocode 7 [M]. London：Taylor & Francis, 2008.

[37] Andrew J. B., Bernd S. and Giuseppe S.. Eurocode 7：Geotechnical Design Worked Examples [R]. Italy：Joint Research Centre, 2013.

[38] Sanpaolesi L. and Croce P.. Handbook 4：Design of Bridges [M]. 2005.

[39] Baker J. and Calle E.. JCSS Probabilistic Model Code, Section 3.7：Soil Properties. JCSS：2006.

[40] Heinemeyer C. and Feldmann M.. European Design Guide for Footbridge Vibration [C]. The Third Footbridge International Conference, 2008.

[41] Schlaich J., Schafer K. and Jennewein M.. Toward to Consistent Design of Structural Concrete [R]. PCI Journal, 1987, 32 (3)：74-150.

[42] Mander J. B., Priestley M. J. N. and Park R.. Theoretical Stress-Strain Model for Confined Concrete [J]. Journal of Structural Engineering, 1988, 114 (8)：1804-1826.

[43] Priestley M. J. N., Seible F. and Calvi G. M.. Seismic Design and Retrofit of Bridges [M]. New York：John Wiley, 1996.

[44] 中华人民共和国住房和城乡建设部. GB 50153-2008 工程结构可靠性设计统一标准 [S]. 北京：中国建筑工业出版社, 2009.

[45] 贡金鑫, 车轶, 李荣庆. 混凝土结构设计（按欧洲规范）[M]. 北京：中国建筑工业出版社, 2009.

[46] 贡金鑫, 魏巍巍, 胡家顺. 中美欧混凝土结构设计 [M]. 北京：中国建筑工业出版社, 2007.

[47] 徐秉业, 刘信声. 应用弹塑性力学 [M]. 北京：清华大学出版社, 1995.

[48] 杨桂通. 弹塑性力学引论 [M]. 北京：清华大学出版社，2004.

[49] 叶见曙. 结构设计原理（第二版）[M]. 北京：人民交通出版社，2007.

[50] 哈尔滨工业大学，华北水利水电学院. 混凝土及砌体结构（下册）[M]. 北京：中国建筑工业出版社，2003.

[51] 杨位洸. 地基及基础 [M]. 北京：中国建筑工业出版社，1998.

[52] 殷志建，张诚大，关文光. 土力学与地基基础 [M]. 北京：中国建筑工业出版社，1980.

[53] 郑大同. 地基极限承载力的计算 [M]. 北京：中国建筑工业出版社，1979.

[54] 钱家欢，殷宗泽. 土工原理与计算（第2版）[M]. 北京：中国水利水电出版社，1996.

[55] 刘启方，袁一凡，金星等. 近断层地震动的基本特征 [J]. 地震工程与工程振动，2006，26（1）：1-10.

[56] 范立础. 桥梁抗震 [M]. 上海：同济大学出版社，1997.

[57] 范立础，卓卫东. 桥梁延性抗震设计 [M]. 北京：人民交通出版社，2001.

[58] 谢旭. 桥梁结构地震响应分析与抗震设计 [M]. 北京：人民交通出版社，2006.

[59] 范立础，王志强. 桥梁减隔震设计 [M]. 北京：人民交通出版社，2001.